# DIREITOS FUNDAMENTAIS E VULNERABILIDADE SOCIAL

Em homenagem ao
Professor Ingo Wolfgang Sarlet

*Conselho Editorial*
André Luís Callegari
Carlos Alberto Molinaro
Daniel Francisco Mitidiero
Darci Guimarães Ribeiro
Draiton Gonzaga de Souza
Elaine Harzheim Macedo
Eugênio Facchini Neto
Giovani Agostini Saavedra
Ingo Wolfgang Sarlet
Jose Luis Bolzan de Morais
José Maria Rosa Tesheiner
Leandro Paulsen
Lenio Luiz Streck
Paulo Antônio Caliendo Velloso da Silveira

---

Dados Internacionais de Catalogação na Publicação (CIP)

D598    Direitos fundamentais e vulnerabilidade social : em homenagem ao professor Ingo Wolfgang Sarlet / Márcia Rodrigues Bertoldi, Alexandre Fagundes Gastal, Simone Tassinari Cardoso (organizadores) ; Alexandre Fernandes Gastal ... [et al.]. – Porto Alegre : Livraria do Advogado Editora, 2016.
333 p. : il. ; 23 cm.
ISBN 978-85-69538-23-3

1. Direitos fundamentais. 2. Vulnerabilidade social. 3. Direitos humanos. 4. Dignidade humana. I. Bertoldi, Márcia Rodrigues. II. Gastal, Alexandre Fagundes. III. Cardoso, Simone Tassinari.

CDU 342.7
CDD 342.085

Índice para catálogo sistemático:
1. Direitos fundamentais    342.7

(Bibliotecária responsável: Sabrina Leal Araujo – CRB 10/1507)

Márcia Rodrigues Bertoldi
Alexandre Fernandes Gastal
Simone Tassinari Cardoso
(organizadores)

# DIREITOS FUNDAMENTAIS e VULNERABILIDADE SOCIAL

Em homenagem
ao Professor
Ingo Wolfgang Sarlet

Alexandre Fernandes Gastal
Carlos Alberto Molinaro
Carolina Machado Cyrillo da Silva
César Carranza Alvarez
Daniel Mitidiero
Flávia Piovesan
Gilmar Ferreira Mendes
Isabela Figueroa
Jânia Maria Lopes Saldanha
Jayme Weingartner Neto
Jónatas E. M. Machado
Luiz Edson Fachin
Márcia Rodrigues Bertoldi
Miguel Ángel Presno Linera
Regina Linden Ruaro
Simone Tassinari Cardoso

livraria
DO ADVOGADO
editora

Porto Alegre, 2016

©
Alexandre Fernandes Gastal, Carlos Alberto Molinaro,
Carolina Machado Cyrillo da Silva, César Carranza Alvarez,
Daniel Mitidiero, Flávia Piovesan, Gilmar Ferreira Mendes,
Isabela Figueroa, Jânia Maria Lopes Saldanha,
Jayme Weingartner Neto, Jónatas E. M. Machado,
Luiz Edson Fachin, Márcia Rodrigues Bertoldi,
Miguel Ángel Presno Linera, Regina Linden Ruaro
e Simone Tassinari Cardoso
2016

*Capa, projeto gráfico e diagramação*
Livraria do Advogado Editora

*Revisão dos textos em português*
Rosane Marques Borba

*Direitos desta edição reservados por*
**Livraria do Advogado Editora Ltda.**
Rua Riachuelo, 1300
90010-273 Porto Alegre RS
Fone: 0800-51-7522
editora@livrariadoadvogado.com.br
www.doadvogado.com.br

Impresso no Brasil / Printed in Brazil

# Prefácio

1. O Brasil vem atravessando, nos últimos vinte e sete anos, um extraordinário desenvolvimento e fulgor no estudo e na aplicação do Direito Constitucional, sem paralelo noutros países, mesmo da Europa.

Para isso, contribuiu, antes de mais, a Constituição de 1988, a "Constituição cidadã", baseada nos valores, nos princípios e nas regras do Estado democrático de Direito. Assim como a abertura ao exterior, com a frequência de Universidades, pesquisas, congressos, colóquios, manifestações diversas de intercâmbio. Mas ainda – não menos importante – uma plêiade de juristas empenhados em ir sempre mais longe e mais a fundo.

Um desses juristas eminentes é INGO WOLFGANG SARLET, doutorado e pós-doutorado pela Universidade de Munique, professor da Pontifícia Universidade Católica do Rio Grande do Sul, participante nos mais importantes eventos, autor de livros e artigos numerosos com larguíssima difusão e influência nos meios universitários e judiciários.

Conheci-o há já bastantes anos numa das minhas estadas em Porto Alegre (suponha na primeira) e impressionaram-me logo a sua simpatia, a vontade de diálogo, a inteligência das suas falas, a sua grande cultura. E temo-nos reencontrado variadas vezes tanto no Brasil quanto em Portugal (porque aqui igualmente tem vindo dar aulas, proferir palestras, intervir em colóquios e congressos).

O seu principal polo de atração e de elaboração doutrinal – sem nele, contudo, se fechar – tem sido a seara dos direitos fundamentais, imensa e complexa seara em que, cada vez mais, se reconhece se encontrar o centro do Direito Constitucional, o ponto de partida para a constitucionalização da ordem jurídica estatal e a porta de comunicação com o Direito Internacional.

Entre tantos contributos que tem trazido recordarei o que nos tem deixado sobre multifuncionalidade dos direitos fundamentais, bipolaridade entre direitos de liberdade e direitos sociais, eficácia e efetividade, tutela jurisdicional, proibição de retrocesso.

2. O presente volume, que recebi a honra de prefaciar, compreende estudos de vários Autores (e não apenas brasileiros) que, assim, quiseram homenagear o professor Ingo, escolhendo o enfoque sensível da vulne-

rabilidade social, à qual deve, justamente, dar resposta a promoção em concreto dos direitos sociais.

Numa primeira parte, são sucessivamente abordados:

– Os problemas gerais da dignidade da pessoa humana, da interculturalidade e da interdependência de direitos humanos e direitos fundamentais;

– Os direitos dos povos tradicionais, em especial em conexão com a propriedade e o meio ambiente;

– A proteção dos consumidores;

– A compatibilização da liberdade de expressão e da liberdade religiosa;

– As informações genéticas em face do respeito devido à intimidade da vida privada;

– A tutela da integridade do corpo humano;

– O tráfico de órgãos das pessoas como outra forma de escravidão;

– Os direitos políticos das pessoas dentro de estabelecimentos penitenciários e das pessoas com deficiência.

Numa segunda parte, aparecem tratados:

– Os direitos à organização e ao procedimento ao serviço dos direitos sociais;

– Os direitos humanos na Constituição brasileira, mormente das pessoas com deficiência;

– O processo civil e o Direito da prova vistos à luz da realização dos direitos fundamentais;

– Os diálogos interjurisdicionais;

– O papel da mediação como forma de solução de conflitos.

3. O enunciado dos temas mostra, além do mais, riqueza do livro, o esforço conjugado dos Autores e dos seus Organizadores, a elaboração, a coordenação das matérias, o sentimento partilhado por todos de que, assim fazendo, estão prestando homenagem não somente ao emérito constitucionalista mas também ao ser humano profundamente solidário que é INGO WOLFGANG SARLET.

A afirmação da dignidade da pessoa humana postula, por coerência, o envolvimento na solidariedade entre todas as pessoas e para com todas as pessoas – como resulta dos preâmbulos e dos primeiros artigos das Constituições brasileira e portuguesa. E como vai relembrando o Papa Francisco em todas as suas intervenções e agora na encíclica *Laudato Si*.

Jorge Miranda

# Ingo Wolfgang Sarlet

Nascido em Porto Alegre, Rio Grande do Sul, o professor Ingo Sarlet tem dedicado seus estudos ao Direito Constitucional, sobretudo, aos Direitos Fundamentais. Concluiu o Doutoramento em Direito na Ludwig-Maximillians-Universität-München, em 1997, sob a orientação do professor Heinrich Scholler. Lá defendeu a tese "A Problemática dos Direitos Fundamentais Sociais na Constituição Brasileira e na Lei Fundamental da Alemanha". Finalizou os estudos de pós-doutoramento em 2005, na mesma instituição, agora como bolsista do DAAD, Bolsista e Pesquisador do Instituto Max-Planck de Direito Social, Estrangeiro e Internacional – Alemanha – (2001-2002 e 2003), bem como no Georgetown Law Center (Washington DC, no ano de 2004).

O professor Ingo Sarlet é Desembargador do Tribunal de Justiça do Estado do Rio Grande do Sul, foi juiz de Direito de Entrância Final na cidade de Porto Alegre, Juiz do Tribunal Regional Eleitoral do Rio grande do Sul entre março de 2013 e março de 2015. É docente da escola Superior da Magistratura do Rio Grande do Sul – AJURIS –, onde Coordenou Cursos de Aperfeiçoamento para Magistrados em Direito Público, desde 1999, sendo diretor da Revista da AJURIS, desde o ano de 2011.

No que diz com os destaques na tarefa de pesquisador cabe referir o reconhecimento como "Pesquisador Destaque Área Ciências Humanas" – FAPERGS 2011, bem como a outorga, pelo conjunto da atuação profissional, da Comenda da Ordem do Mérito Judiciário do Trabalho – TST, 2013.

Tendo participado de forma intensa da formação de gerações de pesquisadores e profissionais do Direito, – dentre os quais estão nomes ilustres – é, sem dúvida, na tarefa de professor que se manifesta com maior destaque a atuação de Ingo Sarlet. Com seu fazer docente disponível e inclusivo, marcado com o compromisso social de seriedade no estudo do Direito, torna-se referencial de atuação, não somente profissional, mas desperta cada um de seus estudantes para o compromisso ético de significação das práticas jurídicas.

Desde 09.12.2006, tem sob sua coordenação o Programa de Pós-Graduação em Direito – Mestrado e Doutorado da PUCRS –, onde também é professor titular. Além disso, coordena o Grupo de Estudos e Pesquisa de

Direitos Fundamentais (GEDF), sendo responsável pelo interesse de muitos acadêmicos em pesquisa, desde a graduação, pois oportuniza debate horizontal, aberto e qualificado.

Como autor e conferencista, vem apresentando trabalhos em eventos e publicado em periódicos e obras coletivas no Brasil e no exterior (Alemanha, Áustria, África do Sul, Argentina, Bélgica, Chile, Espanha, EUA, Itália, México, Suíça e Portugal). É Professor convidado do Mestrado em Direito Constitucional Europeu da Universidade de Granada (Espanha).

Foi Professor visitante (como bolsista do Programa Erasmus Mundus, da União Europeia) da Faculdade de Direito da Universidade Católica Portuguesa – Lisboa (2009). Foi Professor do Mestrado e Doutorado em Direitos Humanos e Desenvolvimento da Universidade Pablo de Olavide, Sevilha, pesquisador visitante na Harvard Law School (2008), pesquisador convidado (Fellow) do Stellenbosh Institute for Advanced Studies (STIAS) – (2011), com bolsa do Instituto. Professor convidado da Universidade de Lisboa (2012), Pesquisador junto ao Instituto Max-Planck e Universidade de Hamburgo (2013).

Atua especialmente nas áreas de Direito Constitucional e Teoria dos Direitos Fundamentais, cuja principal linha de pesquisa a eficácia e efetividade dos direitos fundamentais no direito público e privado, com ênfase em direitos sociais, dignidade da pessoa humana e direitos fundamentais na sociedade tecnológica. É autor, entre outras, das seguintes obras: *Die Problematik der sozialen Grundrechte in der brasilianischen Verfassung und dem deutschen Grundgesetz – Eine rechtsvergleichende Untersuchung*, Frankfurt am Main: Peter Lang, 1997; *A Eficácia dos Direitos Fundamentais*, 12ª ed., Porto Alegre: Livraria do Advogado, 2015; *Dignidade da Pessoa Humana e Direitos Fundamentais na Constituição Federal de 1988*, 10ª ed., Porto Alegre: Livraria do Advogado, 2015; *Direito Constitucional Ambiental* (em coautoria com Tiago Fensterseifer), 4ª ed., São Paulo: RT, 2014; *Curso de Direito Constitucional* (em coautoria com Luiz Guilherme Marinoni e Daniel Mitidiero), 4ª ed., São Paulo: Saraiva, 2015. *Princípios de Direito Ambiental* e *Direito Ambiental: introdução, fundamentos e teoria geral*, ambos em coautoria com Tiago Fensterseifer, publicados pela Saraiva, São Paulo, em 2014.

# Sumário

**Apresentação**..................................................................................11

**P a r t e I – OS DIREITOS FUNDAMENTAIS DOS GRUPOS VULNERÁVEIS**........15

1. Dignidade, interculturalidade e direitos humanos e fundamentais –
uma nova tecnologia?
*Carlos Alberto Molinaro*..................................................................17

2. Proteção dos direitos humanos sob as perspectivas de raça, etnia, gênero e orientação sexual.Perspectivas do constitucionalismo brasileiro à luz dos sistemas global e regional de proteção
*Flávia Piovesan*..............................................................................35

3. Casamento, individualidade e universalidade. Breves reflexões
*Jónatas E. M. Machado*....................................................................59

4. Terras indígenas e palavras escuras no STF
*Isabela Figueroa*.............................................................................79

5. Relatos falados, populares, intercambiados no tempo e no espaço e promoção do direito ao meio ambiente equilibrado
*Márcia Rodrigues Bertoldi*...............................................................99

6. Elementos da recente jurisprudência e a proteção dos consumidores
*Luiz Edson Fachin*.........................................................................117

7. De la tutela constitucional del consumidor al reconocimiento de su vulnerabilidad en el derecho peruano
*César Carranza Álvarez*..................................................................129

8. O que é ser Charlie para a minoria religiosa? A dignidade da pessoa humana como ponte intercultural para proteger vidas e harmonizar liberdades em tempos de cólera
*Jayme Weingartner Neto*.................................................................149

9. O exercício da liberdade de pesquisa genética e o direito à privacidade em face do meio ambiente virtual: princípios informadores
*Regina Linden Ruaro*.....................................................................171

10. Derecho de voto, dignidad y libre determinación de algunas personas en situación de vulnerabilidad en Europa
*Miguel Ángel Presno Linera*............................................................199

**Parte II – PERSPECTIVAS E GARANTIAS DE EFETIVAÇÃO**..........................217

11. Os direitos à organização e ao procedimento como paradigmas à efetivação dos direitos sociais
*Gilmar Ferreira Mendes*..........................219

12. A Convenção Internacional sobre os Direitos das Pessoas com Deficiência e a hierarquia entre direitos humanos e direitos fundamentais da Constituição Brasileira de 1988
*Carolina Machado Cyrillo da Silva*..........................237

13. A tutela dos direitos como fim do processo civil no estado constitucional
*Daniel Mitidiero*..........................251

14. Verdade e verossimilhança: a facilitação da prova como instrumento de tutela dos direitos materiais
*Alexandre Fernandes Gastal*..........................273

15. Diálogos entre juízes e direitos humanos: a legitimidade e a atratividade entre novas formas de autoridade
*Jânia Maria Lopes Saldanha*..........................291

16. Judiciário multiportas: a mediação como ferramenta efetiva para tratamento de conflitos – uma análise a partir dos movimentos de ADRs (*Alternative Dispute Resolution*) Norte-Americanas
*Simone Tassinari Cardoso*..........................309

# Apresentação

Eficácia e efetividade dos direitos fundamentais no âmbito do Direito Público e Privado são temas relevantes que têm ocupado a agenda contemporânea do Direito. Pensar, debater e promover com maestria a discussão comprometida dos direitos fundamentais, os contornos e aplicações dos fundamentos da Constituição Federal do Brasil, os limites axiológicos e possibilidades da dignidade da pessoa humana, bem como as perspectivas de sua plena realização, tem sido o exponencial contributo do Professor Ingo Wolfgang Sarlet ao Estado Democrático de Direito, em sua teoria e prática.

Com tema central voltado aos grupos considerados vulneráveis, ou sujeitos à exclusão, esta coletânea pretende destacar uma das ocupações mais ímpares da produção acadêmica do professor Ingo Sarlet, a preocupação com a efetividade dos direitos e a emancipação humana. A realidade tem testemunhado crescentes vozes, cada vez mais articuladas de movimentos em defesa dos direitos dos seres humanos em situação de vulnerabilidade, entretanto, em que pese este trabalho, estes grupos ainda têm dificultados e/ou vetados alguns de seus direitos fundamentais.

Nessa perspectiva, a pretensão desta obra é contribuir para o debate em torno da efetivação de tais direitos, iluminado pelas discussões trazidas nos textos do professor homenageado. Para desenvolver este objetivo, optou-se por sistematizar a obra em duas partes: a primeira, intitulada Os Direitos Fundamentais dos Grupos Vulneráveis, e a segunda denominada Perspectivas e Garantias de Efetivação.

Na primeira, os autores analisam questões relativas ao consumidor, aos povos tradicionais, a pessoas com deficiência, ao gênero, à opção sexual, à religião, às formas contemporâneas de escravidão, ao meio ambiente virtual. Já na segunda parte, abordam instrumentos de execução e efetividade dos direitos fundamentais, tais como os diálogos interjurisdicionais, as possibilidades da mediação de conflitos, as opções do processo civil como tutela dos direitos, bem como o direito à organização e ao procedimento.

Decerto, os textos aqui refletidos vigiam tais grupos e promovem uma discussão desde o ponto de vista material e procedimental, tendo como base o postulado de nosso homenageado: "onde não houver respeito pela vida e pela integridade física ou moral do ser humano, onde as condições mínimas para a existência digna não forem asseguradas, onde não houver limitação do poder, enfim, onde a liberdade e a autonomia, a igualdade (em direitos e dignidade) e os direitos fundamentais não forem reconhecidos e minimamente assegurados, não haverá espaço para a dignidade da pessoa e esta (a pessoa), por sua vez, poderá não passar de mero objeto de arbítrio e injustiças".

Para inaugurar a primeira parte da obra, Carlos Alberto Molinaro reflete acerca das categorias da Dignidade, da Interculturalidade, dos Direitos Humanos e dos Fundamentais que, relacionadas, podem formatar uma "Nova Tecnologia" de inclusão de cada um e de todos.

Como revisitar a concepção da igualdade à luz do direito à diferença e do direito ao reconhecimento de identidades? A partir dessa indagação, Flávia Piovesan examina a temática no contexto do constitucionalismo brasileiro sob as perspectivas global e regional. Ainda sobre o direito à diferença, Jónatas Machado, investiga, desde a ótica do princípio da igualdade, em que medida a união entre um homem e uma mulher está em condições de reclamar para si um estatuto de especial dignidade jurídica e social.

Os dois capítulos seguintes abordam os povos tradicionais; enquanto Isabela Figueroa analisa o direito à propriedade dos indígenas no território brasileiro, apontando algumas das últimas decisões do Superior Tribunal Federal que tendem a decidir de modo restrito ou escuro os processos demarcatórios de terras indígenas, Márcia Rodrigues Bertoldi expõe as relações entre tais povos e o meio ambiente, a sociobiodiversidade e sua potência (instrumento) para promover o estabelecimento de ferramentas e valores universais necessários à implementação do princípio/objetivo/programa/paradigma do desenvolvimento sustentável e, por consequência, da efetivação do direito fundamental ao meio ambiente equilibrado.

Sob outro enfoque, a vulnerabilidade dos consumidores é investigada sob a ótica das relações jurídicas no Brasil e no Peru. Luis Edson Fachin ocupa-se da proteção dos vulneráveis no consumo em ambiente brasileiro, desde seu aspecto histórico e seus arranjos normativos, inclusive a mais recente Jurisprudência. César Carranza Álvarez aprecia aquela proteção no direito peruano e apresenta o significado de vulnerabilidade e o desenvolvimento jurisprudencial do tema no Peru.

Atento às questões culturais, Jayme Weingartner Neto, utilizando como palco os atentados à irreverente e advertida Revista Charlie Hebdo, estuda algumas liberdades relacionadas (expressão, imprensa, artística e religiosa) em uma visão intercultural e, de maneira especial, da minoria islâmica francesa. Ocupada com o desenvolvimento tecnológico e suas consequências, Regina Linden Ruaro, ainda sob o tema do direito à liberdade, examina as possibilidades e os limites da pesquisa científica, analisando o tratamento de informações genéticas em confronto com os direitos fundamentais à intimidade e à vida privada nos contornos do meio ambiente virtual, no qual estamos todos em situação de vulnerabilidade.

Ao encerrar esse primeiro momento, a contribuição de Miguel Ángel Presno Linera explora o direito ao voto de pessoas em situação de vulnerabilidade no território europeu, como expressão de sua dignidade, especialmente daquelas em estabelecimentos penitenciários e com deficiências. Tem-se, portanto, uma interface significativa entre dos Direitos Fundamentais em suas dimensões de efetividade, no público e no privado.

A segunda parte dessa coletânea inicia-se com o aporte de Gilmar Ferreira Mendes sobre a perspectiva dos direitos à organização e ao procedimento como paradigmas à efetivação dos direitos sociais, cuja concretização impõe ao Estado uma série de tarefas, prestações, bem como atos procedimentais e organizatórios.

O capítulo seguinte, escrito por Carolina Machado Cyrillo da Silva, debate o *status* do Direito Internacional dos Direitos Humanos na Constituição Brasileira, tomando por base a necessidade de reconhecimento normativo máximo aos direitos fundamentais das pessoas deficientes, como primeiro passo para efetividade de tais direitos.

Adentrando a matéria processual, Daniel Mitidiero explora o processo civil no Estado Constitucional em sua função de tutela de direitos mediante a prolação de decisão justa para o caso concreto e a formação de precedente para promoção da unidade do direito, a qual responde a dois fundamentos bem evidentes do Estado Constitucional: a dignidade da pessoa humana e a segurança jurídica. Segue a contribuição de Alexandre Fernandes Gastal, que, à luz dos direitos fundamentais, examina o Novo Código de Processo Civil, suas premissas e seus compromissos.

Para fechar o momento das perspectivas e garantias de efetivação dos direitos, dois textos imprimem possibilidades de efetividade de direitos fundamentais mediante o diálogo e as novas formas de solução de conflitos, onde se encontra a mediação. Enquanto Jânia Maria Lopes Saldanha trata dos diálogos interjurisdicionais, um tema ainda em construção capaz de enfrentar o cumprimento dos direitos fundamentais e promover uma mediação cultural, Simone Tassinari Cardoso, a partir do modelo americano das *Alternative Dispute Resolutions* (ADRs), estuda as possibilidades da mediação e do Judiciário Multiportas, como forma mais adequada para solução de determinados conflitos, respeitando-se os direitos fundamentais envolvidos.

Antes de concluir essa apresentação, é necessário fazer explícitos nossos agradecimentos aos coautores e coautoras, com suas instigantes reflexões muito contribuíram ao ideário desse livro coletivo e, por consequência, à discussão sobre direitos que têm como finalidade essencial a de assegurar condições necessárias ao desenvolvimento pleno de todo e qualquer ser humano.

Aos leitores, sinceros desejos de que essa obra possa auxiliar em outras reflexões acerca do dilema contemporâneo, que significa ultrapassar a noção do reconhecimento dos direitos e exigir-se das instituições econômicas, jurídicas, políticas, sociais e familiares o compromisso com a efetividade de sua implementação. O desafio, hoje, é migrar do discurso à prática.

Julho de 2015.

*Márcia Rodrigues Bertoldi*
*Alexandre Fernandes Gastal*
*Simone Tassinari Cardoso*
(organizadores)

# Parte I

## OS DIREITOS FUNDAMENTAIS DOS GRUPOS VULNERÁVEIS

— 1 —

# Dignidade, interculturalidade e direitos humanos e fundamentais – uma nova tecnologia?[1]

### CARLOS ALBERTO MOLINARO[2]

*Sumário:* Introdução; 1. O discurso dos direitos humanos; 2. Dignidade e interculturalidade; 3. Dignidade como atributo do humano; 4. Teoria da humilhação e dignidade; 5. Dignidade, interculturalidade e respeito; 6. Direitos humanos e direitos fundamentais, individuais e sociais. Bases de um constitucionalismo contemporâneo; Considerações finais

## Introdução

O mundo globalizado em que estamos incluídos, em suas variantes tecnológicas, econômico-financeiras, culturais, comunicativas, políticas e jurídicas é o responsável pela criação de sua própria experiência: a apercepção da compressão do tempo e do espaço, o jogo da obsolescência, a manipulação genética, a degradação ambiental, a marginação crescente, a consciência dos riscos e problemas comuns para as atuais e futuras gerações e o fato da pertença a uma mesma sociedade global.

Daí as graves questões: o Estado de Direito como catalisador social das aspirações de paz e desenvolvimento confrontado com os interesses marginais de uma economia de acumulação e de uma política de predominância dos interesses mercantis. As transformações do Estado de Direito e a atual formatação de um Estado Socioambiental e Democrático de Direito. Os direitos humanos como instrumentos de proteção frente à intervenção do Estado: a administração da dialética público/privado; a

---

[1] Este estudo tem endereço certo: o Jurista e Professor Ingo Wolfgang Sarlet, que de há muito vem dedicando seus esforços intelectuais no aprimoramento acadêmico e científico do estudo do Direito Constitucional, notadamente das questões que envolvem Direitos Humanos e Fundamentais fortes na emanação do Princípio/Regra da Dignidade da Pessoa Humana, notadamente no que diz com a Proteção e Segurança Jurídica no cenário de um Estado Socioambiental e Democrático de Direito. A contribuição do Homenageado tem sido valiosa e decisiva para o desenvolvimento da ciência e da tecnologia aplicada ao campo do Direito.

[2] Doutor em Direito. Professor no Programa de Pós-Graduação, Mestrado e Doutorado, da Faculdade de Direito da Pontifícia Universidade Católica do Rio Grande do Sul – PUCRS.

desconcentração do poder de gestão por interferências políticas e econômicas, e o encobrimento da soberania estatal no concerto das nações.

## 1. O discurso dos direitos humanos

Um discurso dos direitos humanos, um discurso da dignidade humana, encontra como cenário uma globalização marcada por assimetrias na produção e desfrute de seus processos em tanto que benefícios, custos, riscos e responsabilidades. Embora o transcurso de largo tempo, o debate havido entre Maritain[3] e Bobbio,[4] sobre a questão da fundamentação filosófica e jurídica dos direitos humanos, continua atualíssimo. A temática textual desses direitos parece – à primeira vista – de grande simplicidade. Contudo, examinada com apuro topamos com sua essência que revela de uma enorme complexidade de significados.

Assim, embora a aparência seja simplificada, sua essência é implexa e altamente sofisticada. Desde uma primeira aproximação, os direitos humanos conformam um composto normativo (internacional e nacional), de outra, eles estão imbricados em um estado consciencial plural (atores sociais) cuja dimensão encontra abrigo na ética. Em qualquer dos casos (seja qual for o modo pelo qual nos acercamos deles) eles são o resultado de reflexões legográficas; mas, como projeto existencial, eles implicam uma decisão política de poder.

Os direitos humanos são direito positivo, expressos em princípios e regras jurídicas, seja de direito das gentes, seja de direito estatal, contudo são precedidos de princípios de distintas ordens normativas: filosóficas, religiosas, sociológicas, políticas, antropológicas, econômicas, psicológicas, biológicas e cosmológicas entre outras possíveis.

Há ainda, a perspectiva culturalista[5] desses direitos que os contempla como processos de lutas de homens e mulheres no sentido da conquista plena da dignidade humana. Essas lutas são gestadas em circuitos permanentes de reação cultural na busca dos bens necessários para o preenchimento das necessidades, sejam elas tangíveis ou intangíveis. Mesmo nesta perspectiva, os direitos humanos são positivados por ordens jurídicas plurais e constituem verdadeiras garantias contra o arbítrio e contra a

---

[3] Maritain, Jacques. Acerca de la filosofía de los derechos del hombre. In: *Los derechos del hombre*. Barcelona: Editorial Laia, 1976, p. 111-119; e *Acerca de la filosofía de los derechos del hombre*. Madrid: Debate, 1991.

[4] Bobbio, Norberto. *L'età dei diritti*. Torino: Einaudi, 1990. Atente-se, contudo, que Bobbio considerava dois direitos como absolutos: o direito a não ser escravizado e o direito a não ser torturado (p. 42), isto remete à necessidade de fundamentação, pelo menos em relação ao escravismo e ao suplício.

[5] De um culturalismo que não está dissociado do social, pois entende a cultura integrada à sociabilidade de todas as manifestações humanas.

indignidade em que se encontram submetidas grandes parcela da população planetária.

Neste cenário, o discurso dos direitos humanos inflecte o contemporâneo discurso do Estado de Direito, da Democracia, da Globalização. Encontrar os fundamentos dos direitos humanos leva, necessariamente, aos fundamentos dessas categorias políticas. Não mais é possível pensar um Estado de Direito sem ter em conta os direitos humanos, aí, em dois vetores básicos: pensar o Estado enquanto sujeito de direito das gentes, e enquanto pessoa política na ordem interna, onde, ou os direitos humanos são normas de superdireito, ou de supradireito, conforme estejam eles alocados na ordem internacional, ou internalizados nas ordens nacionais por sua recepção constitucional. De qualquer forma, as origens de sua legitimidade são preocupações de filósofos, juristas, sociólogos e de cientistas políticos.[6]

Em todos eles, inseparável a herança da Ilustração que ainda projeta suas sombras, são os séculos XXVII e XVIII enrodilhados no presente que se prolonga.

Esta mesma Ilustração que deu origem ao Despotismo Esclarecido, ou uma reformada forma de governar que mesclava o absolutismo às ideias do iluminismo, nos dá agora um novo modo de governança em que a centralização do poder econômico induz a desconcentração do poder político planetário, propiciando uma expansão e pluralização em escala mundial dos processos de demarcação cultural das necessidades e aspirações radicalizadas e a estrutura de oportunidade política ampliados para expressá-las, sentando as bases do questionamento de uma forma de poder que carrega ínsito injustos efeitos assimétricos.

Marcos e oportunidades expandidas que constitui o terreno de emergência de uma rede global de localismos, de movimentos sociais e organizações críticas, algumas delas tipificadas como de terceiro setor, que a partir dessas necessidades e aspirações ressignificam os direitos e a cidadania e, portanto, são portadores de uma cultura renovada dos direitos humanos, cujo eixo central apoia-se na afirmação da dignidade atribuída ao humano. É preciso, pois, em certa medida, resgatar os fundamentos da Ilustração, depurada de seus excessos de idealização da razão e da demasia na crença no progresso científico, ou em seu preconceito cultural

---

[6] Cf., Gould, Carol C. *Globalizing democracy and human rights*. Cambridge: Cambridge University Press, 2004; Merry, Sally Engle. *Human rights and gender violence*: Translating international law into local justice. University of Chicago Press, 2009; Slaughter, Anne-Marie. "Judicial globalization". *Va. J. Int'l L.* 40 (1999): 1103; Ishay, Micheline R. *The history of human rights*: From ancient times to the globalization era. Univ of California Press, 2008. Ainda, Dulce, María José Fariñas. *Globalización, ciudadanía y derechos humanos*. Vol. 16. Librería-Editorial Dykinson, 2000; Santos, Boaventura. "Hacia una concepción multicultural de los derechos humanos". In: *De la mano de Alicia. Lo social y lo político en la postmodernidad*. Bogotá: Siglo del Hombre/Universidad de los Andes (1998): 345-367.

eurocêntrico, sim, e apenas naquilo que diz com os ideais de justiça e de decência na vida pública.

Por tudo isso, necessário refletir:

(a) O debate em torno à questão de se os direitos humanos devem ser considerados desde uma perspectiva estritamente jurídica, ou bem desde uma perspectiva prévia, ou pelo menos não redutível à esfera estritamente jurídica – isto é, uma perspectiva ética e moral – compromete, evidentemente, a questão geral das relações entre direito estrito e a ética ou a moral, bem como a questão geral das relações entre as normas éticas e as normas morais. Para a reflexão, partimos da hipótese ampla segundo a qual as normas jurídicas (os direitos em sentido estrito) pressupõem as normas éticas e morais, algo como uma reexposição reflexiva de normas pré-jurídicas. A toda evidência, as normas jurídicas não podem ser compreendidas como um pleonasmo das normas éticas ou das normas morais. Se às normas jurídicas corresponde uma função peculiar, e não àquela de mera redundância das normas éticas ou morais, tampouco se pode dizer que elas se mantêm a margem da ética ou da moral, isto porque as próprias normas morais ou éticas, em um momento dado de seu desenvolvimento, necessitam ser formuladas como normas jurídicas. Se isto é assim, é porque as normas morais e as normas éticas não só não são idênticas entre si, senão que nem sequer são estritamente comensuráveis. É neste ponto onde indicaríamos a função mais característica das normas jurídicas, praticamente conectas a constituição do Estado, como sistematização das normas éticas e morais, orientada a resolver as contradições, a preencher as lacunas e a coordenar as normas justapostas (e também, é verdade, a gerar um processo indeterminado de "normas intercalares" especificamente jurídicas).

(b) Nesse processo de sistematização, os deveres éticos ou morais, em geral, cobrarão a forma de direitos positivos estritos garantidos pelo Estado. Segundo esta concepção, dizer, por exemplo, que a política (ou o direito) "deve respeitar a ética" não tem o sentido de que a ética ou a moral seja algo como uma regra superior, ou inspiradora da política, pois não se trata de que se inspire por ela, sim e melhor, porque a ética e a moral são a matéria sobre a que se baseia a política e o direito. Segundo esta notação, a crítica ao direito desde a perspectiva ética ou moral, só encontra seu verdadeiro ponto de apoio quando pode tomar a forma de "crítica a um direito" desde "outros direitos".

(c) A dialética da sistematização jurídica inclui, desde logo, a aparição de normas jurídicas que violentam determinadas normas éticas ou morais, isto é, aquelas que foram sacrificadas à sistematização global. Este esquema geral das relações entre o direito, a moral e a ética é o que podemos aplicar a um caso particular, para dar conta das relações entre os direitos humanos, como normas jurídicas, e aos direitos humanos como normas éticas e morais, incluída aí a norma que consagra a dignidade atribuída ao humano.

## 2. Dignidade e interculturalidade

Ao lado do discurso dos direitos humanos se encontra uma narrativa inderrogável: a narrativa da dignidade humana e o percurso dessa narrativa no âmbito cultural. Falar, pois, sobre dignidade e interculturalidade é um desafio. Primeiro, que o substantivo *dignidade* pertence – como compreendido universalmente – a uma matriz judaico-cristã; segundo, porque desde uma perspectiva intercultural, a ideia de dignidade humana perpassa, sob diferentes apercepções, todas as manifestações culturais desde uma constatação fática sempre recorrente: o circuito de reação cultural a que todos estão submetidos (no sentido que lhe emprestou Joaquin Herrera Flores),[7] isto é, a permanente busca dos bens para a satisfação das necessidades, percurso no qual é construída a dignidade.

Em todo caso, necessário estabelecer-se um prévio acordo semântico.

O que queremos dizer quando pronunciamos os substantivos *dignidade* e *interculturalidade*. Aqui vamos tomar dignidade como prerrogativa, ou atributo, emprestado ou assinado ao humano. Portanto *um especial privilégio ou qualificativo* que se acrescenta ao significado de um substantivo: humano. Um humano que se apresenta como uma pessoa, portanto atribuído de certas características que o individua, o capacita para a linguagem, para o razoamento e para o agir.

Como indivíduo se distingue dos demais do seu grupo, torna-se sujeito, cidadão. Pela linguagem comunica e articula ideias, sentimentos ou emoções, valora e expressa conteúdo. Pelo arrazoar faz uso do raciocínio, para estabelecer relações entre sujeitos, coisas e fatos, para entender, deduzir ou julgar algo. E, pelo agir, procede de modo determinado no seu entorno, provoca reações e produz efeitos. É a este humano, agora pessoa, que lhe é atribuída dignidade, uma prerrogativa ou qualidade moral que infunde respeito.

Portanto, aqui, *dignidade* e *respeito* são tomados como sinônimos quando relacionados à pessoa humana.

De outro lado, neste momento, quando falamos de interculturalidade queremos dar significado a uma especial forma de relacionamento entre um conjunto de conhecimentos, informações, saberes adquiridos e que ilustram indivíduos, grupos sociais, ou sociedades, segundo uma perspectiva evolutiva.

Cada manifestação cultural edifica sua própria expectativa de mundo, via de regra, neste perceber o mundo, pretende considerar esta apercepção como universal, mediante uma matriz tipicamente etnocêntrica.

Deste modo, a perspectiva intercultural habilita-nos a compreender e rearticular a existência de outros modos pelos quais são possíveis as apercepções dos conhecimentos, ademais de outras possibilidades de interpretar a realidade percebida.

Portanto, uma aproximação interdisciplinar e transversal utilizada pela perspectiva intercultural comporta o reencontro com os múltiplos aspectos da sociedade, o que permite compreender sua complementaridade

---

[7] Cf. Herrera Flores, J. *El Proceso Cultural. Materiales para la creatividad humana*. Sevilla: Aconcagua, 2005; e, também, Hacia una visión compleja de los derechos humanos, in, *El vuelo de Anteo. Derechos humanos y crítica de la razón liberal*. Bilbao: Desclée de Brouwer, 2000, p. 19-78.

em vista de uma integração participativa de todos os atores sociais. Neste sentido, e somente nesta condição, relacionamos dignidade e interculturalidade como processos.

A primeira, imbricada em processos emancipatórios de toda e qualquer humilhação a que pode ser submetida à pessoa humana; a segunda, constitutiva de processos de comunicação que intentam estabelecer um diálogo entre diferentes manifestações culturais, tendo como pressuposto básico o reconhecimento e o respeito. Dotados destes significados, vamos enfrentar o tema.

### 3. Dignidade como atributo do humano

Interessa-nos no momento focar dignidade humana como atributo. Para tanto, vamos nos aproximar de sentido histórico, neurobiológico, psicológico e ético. Nesta aproximação, devemos considerar o "ser social" da pessoa humana, uma das suas dimensões mais importantes.[8]

Assim, a pessoa humana como "sujeito plural" (ser social) presenta, não representa, o grupo social, aí este sujeito é indeterminado e, só depois, integrado. Integração que o define e determina como "sujeito singular" e, nesta condição, vai incluir-se em um circuito de reação cultural, percorrendo um largo caminho: a busca dos bens necessários para a satisfação de necessidades básicas.

Neste percurso, este sujeito singular apreende os padrões ou modelos de conduta mediante as identificações com outros "sujeitos de percurso" e com os objetos que identifica. Com ambos ingressa na culturalidade mediante a qual vai projetar seus ideais e aspirações por alcançar.

O predicado histórico forjado no longo percurso é inderrogável.

Historicamente, o humano que se personaliza vai sendo construído no aprendizado da apropriação dos bens. Deste aprendizado, sua conduta é função do manejo de seus impulsos psicológicos e biológicos, seja mediante a satisfação ou frustração na aquisição desses bens, ademais, que possui também desejos e necessidades provenientes da vida em

---

[8] Aqui não faremos referência à perspectiva dimensional do conceito de dignidade humana como o faz Sarlet (As dimensões da dignidade da pessoa humana: construindo uma compreensão jurídico-constitucional necessária e possível, in: SARLET, Ingo Wolfgang (org.). *Dimensões da Dignidade. Ensaios de Filosofia do Direito e Direito Constitucional*. Porto Alegre: Livraria do Advogado, 2009; contudo, implícita a nossa aceitação ao conceito que articula na p. 37: "Qualidade intrínseca e distintiva reconhecida em cada ser humano que o faz merecedor do mesmo respeito e consideração por parte do Estado e da comunidade, implicando, neste sentido, um complexo de direitos e deveres fundamentais que assegurem a pessoa tanto contra todo e qualquer ato de cunho degradante e desumano, como venham a lhe garantir as condições existenciais mínimas para uma vida saudável, além de propiciar e promover sua participação ativa e corresponsável nos destinos da própria existência e da vida em comunhão com os demais seres humanos".

comunidade que são transmitidos não somente por sua interação, mas pela herança de suas representações.

Nas antigas sociedades, a dignidade estava associada ao guerreiro. O homem guerreiro ocupava o seu espaço social pelo poder que lhe advinha de suas conquistas, o que incluía os escravos que apropriava e aos quais, por óbvio, dignidade nenhuma se lhes atribuía.[9]

Dignidade e riqueza reuniam-se no mesmo agente de poder.

A apropriação da riqueza era um trunfo e um triunfo, sem qualquer trauma moral para quem a realizava pelo exercício puro da violência. O guerreiro submetia o econômico e o saber e, adquiria dignidade.

Nas modernas sociedades, vemos modificado este cenário.

Agora, o denominado agente econômico (que sucede e envolve o agente de poder) é quem submete, ademais de instrumentalizar o guerreiro. Ao assim proceder, mercancia com o saber, formata a propriedade econômica e induz a ideologia do trabalho, substituindo o escravo pelo obreiro, o guerreiro pelo rentista (em sentido amplo, pois não só aquele que vive de rendas, mas o financista, o capitalista).[10]

Para ultrapassar a ambos, devemos considerá-los no contexto histórico, e como partes de um processo universal, para suplantarmos as ideias que lhes dão sustentação.

Podemos colocar ambos como se no presente estivessem por igual. As ideias do primeiro ainda subsistem na constituição do poder, como a força de fundo que garante o sistema. A economia tornou-se a senhora da guerra, a dignidade um ficto limite da sua extensão. Contudo, em ambos os momentos históricos – e no percurso da busca dos bens necessários para a satisfação das necessidades básicas – ainda persiste a humilhação que exclui, e que discrimina e submete ampla parcela da sociedade.

Necessário, pois, afastar qualquer noção ficta de dignidade. Necessário concretizá-la no humano. Uma dignidade concreta que repila qual-

---

[9] Cf., para uma visão mais profunda da "jornada do guerreiro", Campbell, Bernard G. *Humankind Emerging*. New York: Allyn & Bacon, 1999. Freeman, Charles. Egypt, *Greece, and Rome*: Civilizations of the Ancient Mediterranean. New York: Oxford University Press, 1996. Liberati, Anna Maria and Bourbon, Fabio. *Ancient Rome*: History of a Civilization that Ruled the World. New York: Barnes & Noble, 2000. Cipolla, Carlo M. Guns, *Sails, and Empires*: Technological Innovation and the Early Phases of European Expansion, 1400-1700. Manhattan, KS: Sunflower University Press, 1965. Landes, David S. *The Wealth and Poverty of Nations*: Why Some Are So Rich and Some So Poor. New York: W. W. Norton, 1998.

[10] Cf., McCloskey, Donald N., and Deirdre N. McCloskey. *Knowledge and persuasion in economics*. Cambridge University Press, 1994. Também, Grenier, Guillermo, and Raymond L. Hogler. *Labor Law and Managerial Ideology Employee Participation as a Social Control System*. Work and Occupations 18.3 (1991): 313-333. Ainda, Hyde, Alan. *Economic Labor Law v. Political Labor Relations*: Dilemmas for Liberal Legalism. Tex. L. Rev. 60 (1981): 1. E, Yan, Zi-Ling. Economic Investigations in Twentieth-Century Detective Fiction: Expenditure, Labor, Value. Ashgate Publishing, Ltd., 2015.

quer humilhação, pois a humilhação é uma forma perversa de violar a dignidade.[11]

Este atributo – o de dignidade concreta – no seu longo percurso de construção tem uma raiz neurobiológica, e mesmo esta se atrela ao agente econômico (também humano) que agora detém o poder e mercancia o conhecimento, discrimina os iguais em maior ou menor dignidade.

Contudo, dignidade como rizoma lança as mais variadas gemas, uma delas o biológico, o neural, numa única função: o corpo da pessoa humana.

Corpo singular, corporeidade onde o corpo não é tão só biológico, é um "corpo-existencial", ou uma mediação compulsória do sujeito em todas as relações que estabelece, pois quando pensa, ou reflete ou decide imediatamente se comunica com os demais, ou ao contrário se deles captura informações é invariavelmente com o seu corpo, com a sua dimensão biológica, ou com a sua estrutura neural que intercede no mundo.

Nesse sentido, todo o biológico humano é assumido pela pessoa e, nessa medida, toda a violência contra o corpo biológico pode ser tida como violência contra a pessoa, e toda a instrumentalização do corpo significa instrumentalização da pessoa.

Portanto, como atributo, a dignidade pode ser sentida e expressada por via da corporeidade humana, suporte biológico da existência. Uma existência despregada da posição que a pessoa ocupa no *cronotopos* social, pois a pessoa não é apenas seu corpo e tampouco proprietária de seu corpo, apenas *"ex-siste"*, ou é lançada para "fora", aparece ou está presente.

Mas está presente com identidade!

Por conseguinte, sempre necessário o estabelecimento de interfaces entre as neurociências e o fenômeno psíquico da consciência. Que bioquímica é responsável pela cerebração de nossos estados conscienciais, que estímulos elétricos aguçam nossa consciência? A resposta está por vir, mas há um elo essencial que permite compreender como uma estrutura tão complexa quanto o cérebro humano alcança os fundamentos da dignidade: a consciência da própria pessoa que à experiência (aqui do verbo), a capacidade de seu relacionamento com outros, e ainda a capacidade de expressar um pensamento simbólico ou abstrato, que são partes integrantes da expressão cultural e da história da própria humanidade.

---

[11] Cf., Honneth, Axel. *The struggle for recognition*: The moral grammar of social conflicts. Cambridge, MA: Polity, 1995. Especialmente, Kretzmer, David & Eckart Klein. *The concept of human dignity in human rights discourse*. New York: Kluwer Academic Publishers, 2002. Ainda, e notadamente, Paulus Kaufmann, Hannes Kuch, Christian Neuhäuser & Elaine Webster. *Humiliation, Degradation, Dehumanization – Human Dignity Violated*. Dordrecht/Heidelberg/London/New York: Spinger, 2011. No contraponto, Wetz, Franz Josef. *Illusion Menschenwürde*: Aufstieg und Fall eines Grundwerts. Stuttgart: Klett-Cotta, 2005.

Se a dignidade humana tem como suporte corpóreo a biologia do ser humano, podemos também concluir que não é menos crível que da dimensão biológica decorre o pertinente suporte psicológico. E, é deste suporte psicológico que podemos intuir que o conceito de autoconsciência, ou apercepção da dignidade pessoal é flutuante: ao longo da vida, em todos os tempos e em todos os espaços onde se relaciona, cada pessoa tem conceitos diferentes da sua própria dignidade.

Logo, quando falamos de dignidade concreta devemos distinguir duas variantes. Uma vem da percepção de cada sujeito sobre a sua dignidade pessoal; outra, que é manifestação exterior, que vem de fora, que se constroi pelos "outros" e pelo o que eles pensam de nós. A primeira está imbricada na nossa autoestima, resultado de nossa autoconsciência que se torna imagética: a imagem que tenho de mim mesmo. A segunda tem a ver com a alteridade, com a representação e com a imagem que posso reproduzir no outro, ou que o outro vê em mim.

O trunfo é fazer coincidir estas duas imagens. Tarefa das mais difíceis, um hercúleo esforço de confrontação, mas na maioria das vezes, o que vemos é ou um *eu* miserável, ou humilde, ou sereno em que nos espelhamos e um *eu* hipertrofiado, que vem de fora, que é imaginado pelo outro; talvez, o contrário, um *eu* pleno e auto realizado que sinto dinâmico com um *eu* invisibilizado por uma sociedade agressora e que nos torna vítimas.

Dada esta dualidade, pode-se intuir que a dignidade concreta se revela ora numa perspectiva de uma consciência empírica (consciência psicológica), onde me vejo e vejo ao outro com igual dignidade e por isso o reconheço e respeito, ora como consciência ética (construída na manifestação cultural que valora) onde já não basta o reconhecimento e o respeito do outro, mas onde se exige a reciprocidade no reconhecimento e respeito.

Da reunião destas duas perspectivas vai-se formando o conceito de dignidade humana, um conceito variável no desenvolver da vida, ora evolui ou retrocede pendente da personalização percebida. Por exemplo, a criança apercebe a dignidade, na medida exata pela qual lhe são dispensados os cuidados e o tratamento, na medida em que é respeitada pelos pais ou responsáveis; mais tarde apreende igual dignidade para com os outros na medida em que é ensinada a respeitar e a partilhar os limites dos outros.

Nesse sentido, somos o resultado da educação que recebemos. Esta educação viabiliza o nosso modo de viver e o nosso comportamento público e privado.

Contudo, essa mesma dignidade pode sofrer reduções, pode ser violada ou exaltada, mas sempre que concreta, possibilita uma aproximação intercultural. Antes, porém, vamos deambular por uma especial forma de violação da concretude da dignidade.

## 4. Teoria da humilhação e dignidade

A teoria da humilhação é ainda pouco estudada em nosso meio, especialmente pela comunidade jurídica. Na psicologia, nas ciências sociais e nos estudos sob teoria das relações internacionais o tema tem sido objeto das mais interessantes investigações. Assim os trabalhos Paul Saurette,[12] Robert Harkavy,[13] Blema Steinberg[14] e Evelin Lindner, entre outros.

Para a Evelin Lindner, humilhação se caracteriza como uma redução forçada de uma pessoa ou grupo de pessoas mediante um processo de subjugação que agride a sua honra, a sua autoestima e dignidade, ademais de colocar a potência de uns contra outros onde esses são sempre inferiores. Seu núcleo duro é a colocação do humilhado na condição de passividade, o que lhe acarreta profundas cicatrizes psíquicas que têm efeito direito na sua apercepção de dignidade, a própria e a do outro.

Talvez, o mais importante nestes estudos é o relacionamento entre humilhação e dignidade de matriz impositiva. A percepção de dignidade adquire um polissêmico entendimento entre as manifestações culturais mais diversas, seja com relação ao seu mínimo conteúdo significante, seja com os efeitos decorrentes do seu significado, já humilhação não. Como agravo, pode ser encontrada nas mais distintas manifestações culturais com a mesma tipologia, e produzindo os mesmos efeitos.

Pense-se no móbil dos grandes estudos sobre dignidade: a Segunda Grande Guerra e os horrores praticados contra a dignidade humana. Será que a grande humilhação sofrida pelo povo alemão com a derrota na primeira guerra mundial e o consequente Tratado de Versailles, com seus efeitos perversos na cidadania e com os agravos econômicos indenizatórios não foi a causa principal do surgimento de um messiânico Hitler? Não foi a humilhação sofrida, a dignidade apagada que produziu a indignidade do holocausto? Vale dizer, da indignidade se fez mais indignidade (Lindner, 2005).

Lindner nos aponta três sentidos para o substantivo *humilhação*, primeiro é um ato, segundo um sentimento, e terceiro um processo. Ato,

---

[12] *The Kantian Imperative*: Humiliation, Common Sense, Politics, Toronto: University of Toronto Press, 2005.

[13] *Defeat, National Humiliation, and the Revenge Motif in International Politics*, International Politics, 2000, 37, 3, p. 345-368.

[14] *Psychoanalytic concepts in international politics*: The role of shame and humiliation. International Review of Psycho-Analysis, V. 18, 1991, p. 65-85.

sentimento e processo dirigido contra qualquer percepção que tenhamos de dignidade.

A humilhação como ato e como sentimento está intimamente vinculada a estados de reação neurobiológicos e psicológicos a que todos estamos submetidos. Esses mesmos estados que também confortam nossa percepção de dignidade. A mescla aí é perigosíssima. Atos de força que impõem passividade, que abastardam qualquer sentimento de dignidade pelo outro, numa mão de via dupla: não há reconhecimento, apaga-se o respeito e qualquer reciprocidade é impossível, portanto até mesmo a responsabilidade comum passa a ser inexigível.

A humilhação como processo tem objetivos mais alargados, pois trata de fomentar o sentimento de vingança de represália, e quando sofrida pela *massa*, basta o encontrar o líder que pode potencializar um movimento social perigoso.

A humilhação pode objetivamente acarretar perda da dignidade nas situações de guerra, de prisão política, na miséria social. Contudo, pessoas nessas situações podem manter uma postura de enorme dignidade, não se sentindo, por isso, indignas aos olhos dos outros. Aí a dimensão subjetiva do conceito. Todavia, existem situações de grande indignidade, independentemente dessa subjetividade. Pense-se na perda da liberdade por razões políticas, ideológicas ou religiosas, ou a degradação física e psíquica por motivos de natureza social, ou pelo abandono familiar, ou mesmo, se bem que sob outra perspectiva, a degeneração a que submetem certas doenças terminais, são situações que podem pôr em causa a dignidade humana, seja qual for a percepção que tenhamos. A perda de dignidade é aqui explicitamente objetiva.[15]

Mas, independentemente da legitimidade e significado destes aspectos da dignidade humana e o que a humilhação acarreta, é importante sobrepor-lhes, no momento devido, a realidade ética e jurídica da dignidade.

As sociedades evoluídas, que compartiram as lições da História e adquiriram conhecimento, estão cada vez mais apetrechadas para fazer valer os direitos dos agravados, dos prisioneiros e dos condenados, enfim dos mais vulneráveis, dos mais desassistidos. É neles que, com maior nitidez, avulta a dignidade concreta, atribuída que se vai tornar princípio e regra em normativos éticos ou jurídicos, pois se baseia em nada mais que não seja no ser humano atribuído de dignidade.

---
[15] Cf., detalhado estudo editado por Paulus Kaufmann, Hannes Kuch, Christian Neuhäuser & Elaine Webster. *Humiliation, Degradation, Dehumanization – Human Dignity Violated*. Dordrecht/Heidelberg/London/New York: Spinger, 2011.

Neste momento, os direitos humanos são, pois, a expressão da dignidade ética da pessoa. E, é neste momento que a dedicação aos estudos interculturais é importantíssima.

## 5. Dignidade, interculturalidade e respeito

Extremamente necessário colocar a dialogar as mais distintas expressões culturais das sociedades. Contudo, como produzir um instrumento de tradução dos conteúdos expressivos da culturalidade?

Poderá a dignidade, como atributo do humano, ser a chave de leitura dessas manifestações culturais?

Ou, por outra, a humilhação presente em todas as formas culturais poderia ser o elo comum de inteligibilidade da violabilidade da dignidade concreta a todas essas formas expressivas?

A resposta é difícil, pois passa por uma cartografia geocultural, política e econômica cujo núcleo essencial deve ser o humano concretamente considerado. Um humano que é igual independentemente de qualquer latitude espacial. Que é igual na atribuição de dignidade independentemente da manifestação cultural que expresse. O mínimo de atribuição está em não vedar-lhe o percurso de aquisição dos bens necessários para a sua subsistência material e identificação como único, portanto irrepetível (a máxima violação da dignidade humana: impedir a luta pela sua conquista).

Aliás, a igualdade é condição de conformação da própria dignidade. Igualdade substantiva, pois todos são constituídos da mesma matéria e com os mesmos mecanismos biopsicológicos.

Não somos diferentes. Qualquer diferença discrimina. Somos iguais, por isso, podemos nos reconhecer no outro, por isso, o respeitamos e exigimos igual respeito. Somos iguais, por isso, igualmente dignos. Contudo, nossa igualdade admite distintas qualificações naturais e culturais (adjetivos que sobrepomos à natureza e à cultura), o que já é *posterius*, igualdade é *prius*. Somos iguais em dignidade e somos iguais frente às humilhações a que podemos estar submetidos. Em rigor, sofrer humilhação em qualquer latitude cultural representa o mesmo agravo à dignidade.

Portanto, a construção de qualquer mecanismo de tradução entre as diversas manifestações culturais, exige de todo tradutor, o reconhecimento do outro como igual, logo o respeito que lhe é devido, ainda que suas qualificações naturais e culturais sejam distintas, de outro grau de desenvolvimento de percepção do mundo e de sua realidade (aquela que ele pode perceber).[16]

---

[16] Cf., para desdobramento, Honneth, A. *Recognition and Justice*. Acta Sociologica, 2004; 47(4), 351-364.

Distintos são os saberes nas latitudes culturais, todos igualmente importantes, alguns em uma perspectiva podem parecer perversos a outra, outros inadequados ou primitivos. Mas todos são saberes. Formas especialíssimas de perceber o entorno e integrar-se nele. Todos reconhecíveis e respeitáveis. Alguns necessitarão adquirir outros padrões segundo a ótica do investigador-tradutor. Outros jamais obterão condições de qualquer tentativa de universalização. A dignidade é um desses, não obstante a igualdade de todos.

A dignidade, numa perspectiva intercultural não é universalizável, porquanto distintos são os processos de lutas para a sua aquisição. Neste sentido, e só neste sentido, a dignidade que é igualdade de gênero (atribui-se ao humano), particulariza-se nas mais diversas expressões culturais, é sempre igualdade, mas uma igualdade que se vai construindo a passos lentos, pela educação, pela política e pela integração social. A dignidade passa, por conseguinte, inevitavelmente, pelo acolhimento – ou recolhimento – da alteridade e pelo reconhecimento do outro, seus atos de valoração, seus desejos. Pelo sentido que damos a vida, não à vida em geral, em abstrato, mas à vida tal qual ela se apresenta: solitária, difícil, breve, medonha, desesperada, terrível, insuportável, impossível, primitiva, indigna, ou não, aqui, agora ou mais adiante, pela vida boa, rica, plena e tecnológica. Uma vida que revela muitas faces, onde podemos ser as máscaras culturais de cada momento histórico.

Dignidade e interculturalidade são formas expressivas de nosso "estar" no mundo que percebemos. Quando dignidade se transforma em norma, perdemos um pouco do atributo, pois os conjuntos normativos carregam sempre consigo uma ideologia que pode de algum modo reduzir-lhe o conteúdo. Quando a interculturalidade estuda esses normativos, de algum modo limita o âmbito da expressão cultural investigada.

Deste modo, precisamos permanecer alertas. Dignidade e interculturalidade devem, a rigor, ser tidas como especiais características de um humano que cada vez mais se humaniza, independentemente da ciência que as investiga, desde cinco bem postados pressupostos: reconhecimento, respeito e reciprocidade, pois de nada vale o reconhecimento e o respeito sem ser reconhecido e respeitado, ademais, só com o reconhecimento, com o respeito e a reciprocidade consequente podemos falar de responsabilidade, responsabilidade mutuamente exigível que possibilita, afinal, a redistribuição do poder social.

O ideal de uma dignidade como atributo, pode ser concebida interculturalmente por esses cinco "erres" (**r**econhecimento, **r**espeito, **r**eciprocidade, **r**esponsabilidade, **r**edistribuição) presentes em todas as manifestações culturais, desde distintas formas e graus de evolução, mas todas tendo como centro um ser humano igual, e livre das humilhações que pode perceber, pois algumas são imperceptíveis.

## 6. Direitos humanos e direitos fundamentais, individuais e sociais. Bases de um constitucionalismo contemporâneo

Os direitos humanos e os direitos fundamentais, entendidos os primeiros como direitos positivados na ordem internacional, e os segundos como direitos positivados nas Constituições estatais, guardam semelhanças quanto a sua conformação de proteção e promoção da dignidade da pessoa humana na qualidade de sujeito de direito individual ou plural. Em qualquer sentido, ao menos no mundo ocidental e democrático, os direitos humanos e os direitos fundamentais constituem o arcabouço de qualquer Estatuto Internacional, ou das Constituições dos Estados Nacionais, e adquirem a forma de direitos de defesa e de direitos a prestações.

Assim, direitos humanos e fundamentais, individuais e sociais, se complementam e se exigem reciprocamente. Não há a menor possibilidade de pensar-se a liberdade despida da igualdade, assim como não podemos pensar a democracia sem o indispensável laço de solidariedade entre os cidadãos e cidadãs, entre Estado e Sociedade. De outro modo, inimaginável, num Estado Democrático, um sistema de direitos de defesa sem a correlação dos direitos a prestações, ainda que possam entre eles existir diferentes graus de densidade normativa.

Os direitos humanos e os direitos fundamentais, portanto, são direitos que albergam os civis e políticos (incluídos aí, as liberdades política, de expressão, religiosa e aquelas próprias a iniciativa privada) em íntima conexão com os direitos sociais, econômicos, culturais e ambientais, fortes na geração de direitos ao desenvolvimento em um ambiente sadio e equilibrado, e na metábase ao direito à informação, à democracia direta, ao pluralismo político e a paz.

A Constituição antes de constituir-se como norma fundante do Estado, é um estatuto político, como estatuto político, prefigura, no dizer de Pontes de Miranda,[17] um sistema de "conclusões sociológicas" nesta condição, ao incluir o princípio estruturante da dignidade da pessoa humana, faz dos direitos fundamentais (e dos direitos humanos gestados no direito das gentes, acolhidos por ela) o monólito que demarca o poder e a autoridade do Estado nos exatos limites tributados à dignidade e a sua necessária extensão protética: universalidades, instituições, pessoas jurídicas e demais, em que subjace, imanente, uma ação humana.

---

[17] Pontes de Miranda, F. C. *Sistema de Ciência Positiva do Direito*. Vol. III. 2ª ed. Rio de Janeiro: Borsoi, 1972, p. 51.

Em síntese apertada: os direitos humanos (e os fundamentais também) não seguem qualquer "linha" ficta ou ideal: liberdade, igualdade, fraternidade... Eles estão no imaginário social, e na realidade concreta, desde espaços fractais, e subsistem num tempo kairológico, isto é, são memórias exemplares, indivisíveis e solidárias: direitos civis e políticos, direitos econômicos, sociais, culturais e ambientais, à democracia direta, o pluralismo, à informação, à tecnologia, à genética humana, o novo "ius communi" efeito da globalização, e tantos outros, são direitos que derivam da dignidade humana, são cumulativos integrais e não sucessivos.

São processos de consolidação de pretensões – são processos (normativos, institucionais e sociais) que abrem e consolidam espaços de luta pela dignidade humana (Herrera Flores).[18] São, pois, os Direitos Humanos e os Direitos Fundamentais processos culturais de permanente construção, dedicados ao desvelamento e proteção da "dignidade humana". São normativos (desde fatos, narrativas, textos, sinais, costumes, e outras formas de manifestação dos seres humanos) que a humanidade vem construindo através de sua história para evitar ou inibir a violência e promover a simpatia no contexto de uma evolução cultural permanente.

Vale lembrar que as experiências constitucionais nos mais diversos Estados contemporâneos são nitidamente influenciadas pela historicidade dos procedimentos que condicionaram as agrupações humanas detentoras do poder político na busca de estabelecer um equilíbrio entre os seus membros que obstaculizasse a natural entropia do sistema.

Essa persistência, este *conatus*, na linguagem spinoziana, vai revelar-se no constitucionalismo como "campo" onde se cristalizaram os debates sobre as garantias constitucionais dos direitos fundamentais, remanescendo formatada a organização social, econômica, política, cultural e ambiental do Estado, sejam em seus princípios, seja na conformação de um modelo de sociedade democrática. Estas mesmas garantias constitucionais vão ordenar o poder e delimitar o seu exercício, portanto, avulta a plenitude da juridicidade na legitimação de todos os atos do Estado motivados em consonância com a máxima realização dos direitos fundamentais.

## Considerações finais

Pensar os direitos humanos e fundamentais – num constitucionalismo de resultados, isto é, naquele em que a tônica é a máxima eficácia e efetivação desses direitos no viés individual e social – implica pensar uma moralidade pública em que cada ator social confronta quando seus

---
[18] Herrera Flores, J. La riqueza humana como criterio de valor. En: *El vuelo de Anteo. Derechos humanos y crítica de la razón liberal*, op. cit., p. 247.

interesses legítimos e constitucionalmente assegurados se encontram colapsados em processos destrutivos engendrados pelo sistema a que estão submetidos. Por isso, até mesmo tem que enfrentar os seus próprios interesses (o viver em paz é um deles), para poder confrontar os interesses compactos do sistema. É a afirmação do humano que se exige. Logo, e em todos os casos, sempre o critério de verdade será o humano.

A sociedade contemporânea está imersa em profundas transformações que alteram substantivamente as significações e o imaginário, individual e coletivo. Neste cenário, os fenômenos sociais reproduzem a violência, com a deslocação de grandes coletivos humanos da contenção social. A inquietação que é produzida pela exclusão e reclusão (na marginalidade social) indutora de deterioração da qualidade de vida organiza a construção de subjetividades marcadas pela miséria em suas mais diversas manifestações. O problema é gravíssimo e não reside no "acesso à justiça" dos excluídos, mas, sim, de sua "participação na justiça".

A dificuldade de acesso à justiça não é só devida pela escassez de recursos, adequação normativa, etc., é mais profundo, é um problema que envolve os paradigmas de racionalidade do direito (razão jurídica), de sua ideologia ademais dos papéis que representam aqueles que participam da atividade jurídica.

Por consequência, necessitamos confrontar o standard sobre o qual se assenta o discurso e a prática do direito. Necessário pensar um novo direito – um direito crítico – cuja produção depende das necessidades das pessoas – pessoas concretas, de carne e osso (para não dizer, mais de osso que de carne!), necessidades existenciais que exigem satisfação positiva. Mais além da lei, o jurídico tem por endereço a satisfação dos interesses privados marginados (que são coletivos) e não à letra da norma.

Este direito crítico tem de habitar um real Estado Socioambiental e Democrático, onde o objetivo fundante esteja ancorado na produção da igualdade material de todos os seus cidadãos e cidadãs, rearticulando espaços sociais e empoderando a comunidade para efetivamente participar das decisões que lhe afetam e possam assim "aparecer" como produtoras de Direito.

Um novo direito que não se albergue na "ideia do pai", mas construtor uma rede geradora de Justiça. Um direito crítico que pense uma justiça concreta deve objetivar a ocupação de um espaço de grande potencialidade transformadora: os "movimentos sociais" de todas as espécies, inclusive aquelas atividades alocadas no terceiro setor. É neste espaço onde o empoderamento pode frutificar desde uma perspectiva sociopolítica e jurídica de construção e integração de identidade e cidadania.

A convergência objetiva das sociedades e de cada um de seus cidadãos e cidadãs na percepção das categorias da Dignidade, da Interculturalidade, dos Direitos Humanos e dos Fundamentais, quando relacionados e bem entendidos, podem formatar uma "Nova Tecnologia". Uma tecnologia sociopolítica, econômica e jurídica fundada nos Sistemas de Informação, mediante bem articuladas técnicas de comunicação que superem a natural entropia do sistema pela exclusão fundada na falta de "expertise" das partes.

Em um texto de 1991,[19] Habermas vai dizer que os "sentimentos de culpa" mostram uma cisão da vontade. A vontade empírica, cindida da vontade autônoma, desempenha um notável papel na dinâmica de nossos processos morais de aprendizagem. Pois a cisão da vontade só é um sintoma de debilidade da vontade se os mandados morais que essa vontade transgrediu, são efetivamente legítimos, e seu cumprimento resulta exigível nas circunstâncias dadas. Sem embargo, na manifestação de uma "vontade desviante" se revela também, e às vezes com demasiada frequência, como muito bem sabemos, a voz "do outro" excluído por princípios morais anquilosados, a ferida infligida à integridade da dignidade humana, ou o reconhecimento não obtido, o interesse sistematicamente preterido, a diferença negada. Por isso, dizia Habermas, para romper as cadeias de uma universalidade falsa, isto é, da universalidade simplesmente suposta de princípios universalistas, seletivamente escolhidos e aplicados de forma insensível ao contexto, sempre foi necessário (e segue sendo hoje) movimentos sociais e lutas políticas, afim de que de essas experiências dolorosas e a dor dos humilhados e ofendidos, dos feridos e destroçados, dessa dor que já não se pode reparar, aprendamos que em nome do universalismo moral não se pode excluir a ninguém, especialmente as classes não privilegiadas, as nações exploradas, as mulheres dominadas, as minorias marginadas.

Quem em nome do universalismo exclua o outro, *"outro"* que tem direito por seguir sendo um estranho, está traindo suas próprias ideias. Só mediante uma radical liberação de todo individual e diferente, só mediante uma liberação radical das biografias individuais e das formas de vida particular, se pode acreditar um universalismo de igual respeito a todos e a cada um, e da solidariedade com todo aquele que tem um rosto humano.

---

[19] Cf., Habermas, Jürgen. *Erläuterungen zur Diskursethik*. Berlin: Suhrkamp, 1991, p. 34, 45, 137.

# — 2 —

# Proteção dos direitos humanos sob as perspectivas de raça, etnia, gênero e orientação sexual. Perspectivas do constitucionalismo brasileiro à luz dos sistemas global e regional de proteção[1]

## FLÁVIA PIOVESAN[2]

*Sumário:* Introdução; 1. Revisitando a concepção da igualdade à luz do direito à diferença; 2. Proteção dos direitos à igualdade e à diferença no sistema global; 3. Proteção dos direitos à igualdade e à diferença no sistema regional interamericano; 4. Proteção dos direitos à igualdade e à diferença no constitucionalismo brasileiro.

## Introdução

Como revisitar a concepção da igualdade à luz do direito à diferença e do direito ao reconhecimento de identidades? De que modo o constitucionalismo brasileiro tem enfrentado a temática da igualdade e da diferença à luz dos sistemas global e regional de proteção? Qual é o alcance do direito à igualdade e da cláusula da não discriminação nos sistemas global e regional? A partir de um diálogo global e regional, quais são as perspectivas do constitucionalismo brasileiro em avançar na proteção do direito à igualdade e à diferença?

---

[1] Um especial agradecimento é feito à Alexander von Humboldt Foundation pela *fellowship* que tornou possível este estudo e ao Max-Planck Institute for Comparative Public Law and International Law por prover um ambiente acadêmico de extraordinário vigor intelectual.

[2] Professora doutora em Direito Constitucional e Direitos Humanos da Pontifícia Universidade Católica de São Paulo, Professora de Direitos Humanos dos Programas de Pós-Graduação da Pontifícia Universidade Católica de São Paulo, da Pontifícia Universidade Católica do Paraná e da Universidade Pablo de Olavide (Sevilha, Espanha); visiting fellow do Human Rights Program da Harvard Law School (1995 e 2000), visiting fellow do Centre for Brazilian Studies da University of Oxford (2005), visiting fellow do Max Planck Institute for Comparative Public Law and International Law (Heidelberg – 2007 e 2008); Humboldt Foundation Georg Forster Research Fellow (2009-2011 e 2012-2014); procuradora do Estado de São Paulo, membro do CLADEM (Comitê Latino-Americano e do Caribe para a Defesa dos Direitos da Mulher), membro do Conselho Nacional de Defesa dos Direitos da Pessoa Humana e membro da SUR – Human Rights University Network.

São estas as questões centrais a inspirar o presente estudo, que tem por objetivo maior enfocar os direitos à igualdade e à diferença no constitucionalismo brasileiro sob as perspectivas global e regional, fomentando um diálogo emancipatório nas arenas global e regional sob a ótica dos direitos humanos, no marco do multiculturalismo contemporâneo.

## 1. Revisitando a concepção da igualdade à luz do direito à diferença

A ética dos direitos humanos é a ética que vê no outro um ser merecedor de igual consideração e profundo respeito, dotado do direito de desenvolver as potencialidades humanas, de forma livre, autônoma e plena. É a ética orientada pela afirmação da dignidade e pela prevenção ao sofrimento humano.

Os direitos humanos refletem um construído axiológico, a partir de um espaço simbólico de luta e ação social. No dizer de Joaquin Herrera Flores,[3] compõem uma racionalidade de resistência, na medida em que traduzem processos que abrem e consolidam espaços de luta pela dignidade humana. Invocam uma plataforma emancipatória voltada à proteção da dignidade humana. Para parafrasear Luigi Ferrajoli,[4] os direitos humanos simbolizam a lei do mais fraco contra a lei do mais forte, na expressão de um contrapoder em face dos absolutismos, advenham do Estado, do setor privado ou mesmo da esfera doméstica. O *victim centric approach* é a fonte de inspiração que move a arquitetura protetiva internacional dos direitos humanos – toda ela destinada a conferir a melhor e mais eficaz proteção às vítimas reais e potenciais de violação de direitos.

Ao longo da história, as mais graves violações aos direitos humanos tiveram como fundamento a dicotomia do "eu *versus* o outro", em que a diversidade era captada como elemento para aniquilar direitos. A diferença era visibilizada para conceber o "outro" como um ser menor em dignidade e direitos, ou, em situações limites, um ser esvaziado mesmo de qualquer dignidade, um ser descartável, um ser supérfluo, objeto de compra e venda (como na escravidão) ou de campos de extermínio (como no nazismo). Nesta direção, merecem destaque as violações da escravidão, do nazismo, do sexismo, do racismo, da homofobia, da xenofobia e de outras práticas de intolerância. Como leciona Amartya Sen, "identity can be a source of richness and warmth as well as of violence and

---

[3] HERRERA FLORES, Joaquín. *Direitos Humanos, Interculturalidade e Racionalidade de Resistência*, mimeo, p. 7.
[4] FERRAJOLI, Luigi. *Diritti fondamentali – Um dibattito teórico*, a cura di Ermanno Vitale. Roma, Bari: Laterza, 2002, p. 338.

terror".⁵ O autor ainda tece aguda crítica ao que denomina como *"serious miniaturization of human beings"*, quando é negado o reconhecimento da pluralidade de identidades humanas, na medida em que as pessoas são *"diversily different"*.⁶

O temor à diferença é fator que permite compreender a primeira fase de proteção dos direitos humanos, marcada pela tônica da proteção geral e abstrata, com base na igualdade formal – eis que o legado do nazismo pautou-se na diferença como base para as políticas de extermínio, sob o lema da prevalência e da superioridade da raça pura ariana e da eliminação das demais.

Torna-se, contudo, insuficiente tratar o indivíduo de forma genérica, geral e abstrata. Faz-se necessária a especificação do sujeito de direito, que passa a ser visto em sua peculiaridade e particularidade. Nesta ótica, determinados sujeitos de direitos, ou determinadas violações de direitos, exigem uma resposta específica e diferenciada. Neste cenário, as mulheres, as crianças, as populações afrodescendentes, os povos indígenas, os migrantes, as pessoas com deficiência, dentre outras categorias vulneráveis, devem ser vistas nas especificidades e peculiaridades de sua condição social. Ao lado do direito à igualdade, surge, também como direito fundamental, o direito à diferença. Importa o respeito à diferença e à diversidade, o que lhes assegura um tratamento especial.

Destacam-se, assim, três vertentes no que tange à concepção da igualdade: a) a igualdade formal, reduzida à fórmula "todos são iguais perante a lei" (que, ao seu tempo, foi crucial para a abolição de privilégios); b) a igualdade material, correspondente ao ideal de justiça social e distributiva (igualdade orientada pelo critério socioeconômico); e c) a igualdade material, correspondente ao ideal de justiça enquanto reconhecimento de identidades (igualdade orientada pelos critérios de gênero, orientação sexual, idade, raça, etnia e demais critérios).

Para Nancy Fraser, a justiça exige, simultaneamente, redistribuição e reconhecimento de identidades. Como atenta a autora: "O reconhecimento não pode se reduzir à distribuição, porque o *status* na sociedade não decorre simplesmente em função da classe. (...) Reciprocamente, a distribuição não pode se reduzir ao reconhecimento, porque o acesso aos recursos não decorre simplesmente em função de *status*".⁷ Há, assim, o

---

⁵ Amartya Sen, *Identity and Violence: The illusion of destiny*, New York/London, W.W. Norton & Company, 2006, p. 4.

⁶ Amartya Sen, op. cit., p. XIII e XIV.

⁷ Afirma Nancy Fraser: "O reconhecimento não pode se reduzir à distribuição, porque o status na sociedade não decorre simplesmente em função da classe. Tomemos o exemplo de um banqueiro afro-americano de Wall Street, que não consegue tomar um taxi. Neste caso, a injustiça da falta de reconhecimento tem pouco a ver com a má distribuição. (...) Reciprocamente, a distribuição não pode se reduzir ao reconhecimento, porque o acesso aos recursos não decorre simplesmente da função de

caráter bidimensional da justiça: redistribuição somada ao reconhecimento. No mesmo sentido, Boaventura de Sousa Santos afirma que apenas a exigência do reconhecimento e da redistribuição permite a realização da igualdade.[8] Atente-se que esta feição bidimensional da justiça mantém uma relação dinâmica e dialética, ou seja, os dois termos relacionam-se e interagem mutuamente, na medida em que a discriminação implica pobreza e a pobreza implica discriminação.

Ainda Boaventura acrescenta: "temos o direito a ser iguais quando a nossa diferença nos inferioriza; e temos o direito a ser diferentes quando a nossa igualdade nos descaracteriza. Daí a necessidade de uma igualdade que reconheça as diferenças e de uma diferença que não produza, alimente ou reproduza as desigualdades".[9]

Se, para a concepção formal de igualdade, esta é tomada como pressuposto, como um dado e um ponto de partida abstrato, para a concepção material de igualdade, esta é tomada como um resultado ao qual se pretende chegar, tendo como ponto de partida a visibilidade às diferenças. Isto é, essencial mostra-se distinguir a diferença e a desigualdade. A ótica material objetiva construir e afirmar a igualdade com respeito à diversidade.

Este estudo permitirá analisar o modo pelo qual o constitucionalismo brasileiro incorpora o valor da diversidade, bem como adota instrumentos protetivos específicos voltados à proteção dos grupos socialmente mais vulneráveis à luz do diálogo com os sistemas global e regional de proteção dos direitos humanos.

---

*status*. Tomemos, como exemplo, um trabalhador industrial especializado, que fica desempregado em virtude do fechamento da fábrica em que trabalha, em vista de uma fusão corporativa especulativa. Neste caso, a injustiça da má distribuição tem pouco a ver com a falta de reconhecimento. (...) Proponho desenvolver o que chamo concepção bidimensional da justiça. Esta concepção trata da redistribuição e do reconhecimento como perspectivas e dimensões distintas da justiça. Sem reduzir uma à outra, abarca ambas em um marco mais amplo". (Nancy Fraser, Redistribución, reconocimiento y participación: hacia un concepto integrado de la justicia, In: Unesco, *Informe Mundial sobre la Cultura*, 2000-2001, p. 55-56). Ver ainda da mesma autora o artigo From Redistribution to Recognition? Dilemmas of Justice in a Postsocialist age em seu livro *Justice Interruptus. Critical reflections on the "Postsocialist" condition*, NY/London, Routledge, 1997. Sobre a matéria, consultar Axel Honneth, *The Struggle for Recognition: The moral grammar of social conflicts*, Cambridge/Massachussets, MIT Press, 1996; Nancy Fraser e Axel Honneth, *Redistribution or Recognition? A political-philosophical exchange*, London/NY, verso, 2003; Charles Taylor, The politics of recognition, in: Charles Taylor et al., *Multiculturalism – Examining the politics of recognition*, Princeton, Princeton University Press, 1994; Iris Young, *Justice and the politics of difference*, Princenton, Princeton University Press, 1990; Amy Gutmann, *Multiculturalism: examining the politics of recognition*, Princeton, Princeton University Press, 1994.

[8] A respeito, ver Boaventura de Sousa Santos, Introdução: para ampliar o cânone do reconhecimento, da diferença e da igualdade. In: *Reconhecer para Libertar: Os caminhos do cosmopolitanismo multicultural*, Rio de Janeiro: Civilização Brasileira, 2003, p. 56. Ver ainda do mesmo autor Por uma Concepção Multicultural de Direitos Humanos, op. cit., p.429-461.

[9] Ver Boaventura de Sousa Santos, op. cit.

## 2. Proteção dos direitos à igualdade e à diferença no sistema global

Considerando a historicidade dos direitos humanos, destaca-se a chamada concepção contemporânea de direitos humanos, que veio a ser introduzida pela Declaração Universal de 1948 e reiterada pela Declaração de Direitos Humanos de Viena de 1993.

Esta concepção é fruto do movimento de internacionalização dos direitos humanos, que surge, no pós-guerra, como resposta às atrocidades e aos horrores cometidos durante o nazismo. É neste cenário que se vislumbra o esforço de reconstrução dos direitos humanos, como paradigma e referencial ético a orientar a ordem internacional. A barbárie do totalitarismo significou a ruptura do paradigma dos direitos humanos, por meio da negação do valor da pessoa humana como valor fonte do Direito. Se a Segunda Guerra significou a ruptura com os direitos humanos, o Pós-Guerra deveria significar a sua reconstrução. Nas palavras de Thomas Buergenthal: "O moderno Direito Internacional dos Direitos Humanos é um fenômeno do pós-guerra. Seu desenvolvimento pode ser atribuído às monstruosas violações de direitos humanos da era Hitler e à crença de que parte destas violações poderiam ser prevenidas se um efetivo sistema de proteção internacional de direitos humanos existisse".[10]

Fortalece-se a ideia de que a proteção dos direitos humanos não deve se reduzir ao domínio reservado do Estado, porque revela tema de legítimo interesse internacional. Prenuncia-se, deste modo, o fim da era em que a forma pela qual o Estado tratava seus nacionais era concebida como um problema de jurisdição doméstica, decorrência de sua soberania. Para Andrew Hurrell: "O aumento significativo das ambições normativas da sociedade internacional é particularmente visível no campo dos direitos humanos e da democracia, com base na ideia de que as relações entre governantes e governados, Estados e cidadãos, passam a ser suscetíveis de legítima preocupação da comunidade internacional; de que os maus-tratos a cidadãos e a inexistência de regimes democráticos devem demandar ação internacional; e que a legitimidade internacional de um Estado passa

---

[10] Thomas Buergenthal, *International human rights*, op. cit., p. 17. Para Henkin: "Por mais de meio século, o sistema internacional tem demonstrado comprometimento com valores que transcendem os valores puramente 'estatais', notadamente os direitos humanos, e tem desenvolvido um impressionante sistema normativo de proteção desses direitos". (*International law*, op. cit., p. 2). Ainda sobre o processo de internacionalização dos direitos humanos, observa Celso Lafer: "Configurou-se como a primeira resposta jurídica da comunidade internacional ao fato de que o direito *ex parte populi* de todo ser humano à hospitalidade universal só começaria a viabilizar-se se o 'direito a ter direitos', para falar com Hannah Arendt, tivesse uma tutela internacional, homologadora do ponto de vista da humanidade. Foi assim que começou efetivamente a ser delimitada a 'razão de estado' e corroída a competência reservada da soberania dos governantes, em matéria de direitos humanos, encetando-se a sua vinculação aos temas da democracia e da paz". (Prefácio ao livro *Os direitos humanos como tema global*, op. cit., p. XXVI).

crescentemente a depender do modo pelo qual as sociedades domésticas são politicamente ordenadas".[11]

Neste contexto, a Declaração de 1948 vem a inovar a gramática dos direitos humanos, ao introduzir a chamada concepção contemporânea de direitos humanos, marcada pela universalidade e indivisibilidade destes direitos. Universalidade porque clama pela extensão universal dos direitos humanos, sob a crença de que a condição de pessoa é o requisito único para a titularidade de direitos, considerando o ser humano como um ser essencialmente moral, dotado de unicidade existencial e dignidade, esta como valor intrínseco à condição humana. Indivisibilidade porque a garantia dos direitos civis e políticos é condição para a observância dos direitos sociais, econômicos e culturais e vice-versa. Quando um deles é violado, os demais também o são. Os direitos humanos compõem, assim, uma unidade indivisível, interdependente e inter-relacionada, capaz de conjugar o catálogo de direitos civis e políticos com o catálogo de direitos sociais, econômicos e culturais.

A partir da Declaração de 1948, começa a se desenvolver o Direito Internacional dos Direitos Humanos, mediante a adoção de inúmeros instrumentos internacionais de proteção. A Declaração de 1948 confere lastro axiológico e unidade valorativa a este campo do Direito, com ênfase na universalidade, indivisibilidade e interdependência dos direitos humanos.

O processo de universalização dos direitos humanos permitiu a formação de um sistema internacional de proteção destes direitos. Este sistema é integrado por tratados internacionais de proteção que refletem, sobretudo, a consciência ética contemporânea compartilhada pelos Estados, na medida em que invocam o consenso internacional acerca de temas centrais aos direitos humanos, na busca da salvaguarda de parâmetros protetivos mínimos – do "mínimo ético irredutível". Os tratados internacionais refletem a consciência ética contemporânea compartilhada pelos Estados, na busca de assegurar o "mínimo ético irredutível". Nesse sentido, cabe destacar que, até 2014, o Pacto Internacional dos Direitos Civis e Políticos contava com 167 Estados-partes; o Pacto Internacional dos Direitos Econômicos, Sociais e Culturais contava com 161 Estados-partes; a Convenção contra a Tortura contava com 154 Estados-partes; a Convenção sobre a Eliminação da Discriminação Racial contava com 176 Estados-partes; a Convenção sobre a Eliminação da Discriminação contra a

---

[11] Andrew Hurrell, Power, principles and prudence: protecting human rights in a deeply divided world, In: Tim Dunne e Nicholas J. Wheeler, *Human Rights in Global Politics*, Cambridge, Cambridge University Press, 1999, p. 277.

Mulher contava com 187 Estados-partes; e a Convenção sobre os Direitos da Criança apresentava a mais ampla adesão, com 193 Estados-partes.[12]

Ao lado do sistema normativo global, surgem os sistemas regionais de proteção, que buscam internacionalizar os direitos humanos nos planos regionais, particularmente na Europa, América e África. Consolida-se, assim, a convivência do sistema global da ONU com os sistemas regionais, por sua vez, integrados pelos sistemas interamericano, europeu e africano de proteção aos direitos humanos.

Os sistemas global e regional não são dicotômicos, mas complementares. Inspirados pelos valores e princípios da Declaração Universal, compõem o universo instrumental de proteção dos direitos humanos, no plano internacional. Nesta ótica, os diversos sistemas de proteção de direitos humanos interagem em benefício dos indivíduos protegidos. Ao adotar o valor da primazia da pessoa humana, estes sistemas se complementam, somando-se ao sistema nacional de proteção, a fim de proporcionar a maior efetividade possível na tutela e promoção de direitos fundamentais. Esta é inclusive a lógica e principiologia próprias do Direito dos Direitos Humanos.

Ressalte-se que a Declaração de Direitos Humanos de Viena, de 1993, reitera a concepção da Declaração de 1948, quando, em seu § 5º, afirma: "Todos os direitos humanos são universais, interdependentes e inter-relacionados. A comunidade internacional deve tratar os direitos humanos globalmente de forma justa e equitativa, em pé de igualdade e com a mesma ênfase".

Pelo prisma do sistema global de proteção, constata-se que o direito à igualdade e a proibição da discriminação foram enfaticamente consagrados pela Declaração Universal de 1948, pelo Pacto Internacional dos Direitos Civis e Políticos e pelo Pacto Internacional dos Direitos Econômicos, Sociais e Culturais.

A Declaração Universal de 1948, em seu artigo I, desde logo enuncia que "todas as pessoas nascem livres e iguais em dignidade e direitos. São dotadas de razão e consciência e devem agir em relação umas às outras com espírito de fraternidade". Prossegue, no artigo II, a endossar que "toda pessoa tem capacidade para gozar os direitos e as liberdades estabelecidos na Declaração, sem distinção de qualquer espécie, seja de raça, cor, sexo, língua, religião, opinião política ou de outra natureza, origem nacional ou social, riqueza, nascimento, ou qualquer outra condição. Estabelece o artigo VII a concepção da igualdade formal, prescrevendo que "todos são iguais perante a lei e têm direito, sem qualquer distinção, a igual proteção da lei". Portanto, se o primeiro artigo da Declaração afirma

---

[12] Alto Comissariado de Direitos Humanos das Nações Unidas, *Status of Ratifications of the Principal International Human Rights Treaties*, <http://www.unhchr.ch/pdf/report.pdf>.

o direito à igualdade, o segundo artigo adiciona a cláusula da proibição da discriminação de qualquer espécie, como corolário e consequência do princípio da igualdade. O binômio da igualdade e da não discriminação, assegurado pela Declaração, sob a inspiração da concepção formal de igualdade, impactará a feição de todo sistema normativo global de proteção dos direitos humanos.

Com efeito, o Pacto Internacional dos Direitos Civis e Políticos de 1966, já em seu artigo 2º (1), consagra que "os Estados-partes no Pacto comprometem-se a garantir a todos os indivíduos que se encontrem em seu território e que estejam sujeitos à sua jurisdição os direitos reconhecidos no presente Pacto, sem discriminação alguma por motivo de raça, cor, sexo, língua, religião, opinião política ou de qualquer outra natureza, origem nacional ou social, situação econômica, nascimento ou qualquer outra situação". Uma vez mais, afirma-se a cláusula da proibição da discriminação para o exercício dos direitos humanos. A relevância de tal cláusula é acentuada pelo artigo 4º do Pacto, ao prever um núcleo inderrogável de direitos, a ser preservado ainda que em situações excepcionais e ameaçadoras, admitindo-se, contudo, a adoção de medidas restritivas de direitos estritamente necessárias, "desde que tais medidas não acarretem discriminação alguma apenas por motivo de raça, cor, sexo, língua, religião ou origem social". A concepção da igualdade formal, tal como na Declaração, é prevista pelo Pacto, em seu artigo 26, ao determinar que "todas as pessoas são iguais perante a lei e têm direito, sem discriminação alguma, a igual proteção da lei. (...) a lei deverá proibir qualquer forma de discriminação e garantir a todas as pessoas proteção igual e eficaz contra qualquer discriminação por motivo de raça, cor, sexo, língua, religião, opinião política ou de outra natureza, origem nacional ou social, situação econômica, nascimento ou qualquer outra situação". O Comitê de Direitos Humanos, em sua Recomendação Geral nº18, a respeito do artigo 26, entende que o princípio da não discriminação é um princípio fundamental previsto no próprio Pacto, condição e pressuposto para o pleno exercício dos direitos humanos nele enunciados. No entender do Comitê: "A não discriminação, assim como a igualdade perante a lei e a igual proteção da lei sem nenhuma discriminação, constituem um princípio básico e geral, relacionado à proteção dos direitos humanos".[13]

Quanto à proteção das minorias étnicas, religiosas ou linguísticas, assegura o Pacto às pessoas a elas pertencentes o direito de ter, conjuntamente com outros membros de seu grupo, sua própria vida cultural,

---

[13] No mesmo sentido, destaca a Recomendação Geral n. 14 do Comitê sobre a Eliminação de todas as formas de Discriminação Racial, adotada em 1993: "Non-discrimination, together with equality before the law and equal protection of the law without any discrimination, constitutes a basic principle in the protection of human rights".

de professar e praticar sua própria religião e usar sua própria língua (artigo 27).[14]

Por sua vez, o Pacto Internacional dos Direitos Econômicos, Sociais e Culturais de 1966, em seu artigo 2º, estabelece que os Estados-partes se comprometem a garantir que os direitos nele previstos serão exercidos sem discriminação alguma por motivo de raça, cor, sexo, língua, religião, opinião política ou de qualquer outra natureza, origem nacional ou social, situação econômica, nascimento ou qualquer outra situação. Uma vez mais, consagra-se a cláusula da proibição da discriminação. O Comitê dos Direitos Econômicos, Sociais e Culturais, em sua Recomendação Geral n. 16, adotada em 2005, realça que "guarantees of non-discrimination and equality in international human rights treaties mandate both *de facto* and *de jure* equality. *De jure* (or formal) equality and *de facto* (or substantive) equality are different but interconnected concepts. Formal equality assumes that equality is achieved if a law or policy treats men and women in a neutral manner. Substantive equality is concerned, in addition, with the effects of laws, policies and practices and with ensuring that they do not maintain, but rather alleviate, the inherent disadvantage that particular groups experience. Substantive equality for men and women will not be achieved simply through the enactment of laws or the adoption of policies that are, prima facie, gender-neutral. In implementing article 3, States parties should take into account that such laws, policies and practice can fail to address or even perpetuate inequality between men and women because they do not take account of existing economic, social and cultural inequalities, particularly those experienced by women".

Ao diferenciar a igualdade de direito e de fato, o Comitê prossegue distinguindo a discriminação direta da denominada discriminação indireta, considerando a perspectiva de gênero, nos termos seguintes: "Direct discrimination occurs when a difference in treatment relies directly and explicitly on distinctions based exclusively on sex and characteristics of men or of women, which cannot be justified objectively. Indirect discrimination occurs when a law, policy or programme does not appear to be discriminatory, but has a discriminatory effect when implemented. This can occur, for example, when women are disadvantaged compared to men with respect to the enjoyment of a particular opportunity or benefit due

---

[14] A Recomendação Geral n. 23 se refere ao artigo 27 do Pacto, com o objetivo de proteger as minorias étnicas. O Comitê faz uma diferenciação entre o direito protegido no artigo 27 e os direitos protegidos nos artigos 2º e 26. Os artigos 2º e 26 tratam da não discriminação e da igualdade perante a lei, independentemente do indivíduo pertencer a uma minoria étnica ou não. As pessoas às quais se destina o artigo 27 são aquelas que pertencem a um grupo e têm uma cultura, religião e/ou língua comum. Apesar dos direitos protegidos pelo artigo 27 serem individuais, eles dependem da existência de uma minoria étnica, ou seja, de uma coletividade. A Recomendação n. 23, assim como a n.18, prevê a possibilidade de ações afirmativas que garantam a igualdade dessas minorias étnicas, respeitando o disposto nos artigos 2º e 26 do Pacto.

to pre-existing inequalities. Applying a gender-neutral law may leave the existing inequality in place, or exacerbate it".

A Recomendação Geral n.16 ainda avança para a temática das ações afirmativas, entendendo que: "the principles of equality and non-discrimination, by themselves, are not always sufficient to guarantee true equality. Temporary special measures may sometimes be needed in order to bring disadvantaged or marginalized persons or groups of persons to the same substantive level as others. Temporary special measures aim at realizing not only de jure or formal equality, but also de facto or substantive equality for men and women. However, the application of the principle of equality will sometimes require that States parties take measures in favour of women in order to attenuate or suppress conditions that perpetuate discrimination. As long as these measures are necessary to redress de facto discrimination and are terminated when de facto equality is achieved, such differentiation is legitimate".

Merece destaque a atuação construtiva dos Comitês de Direitos Humanos e de Direitos Econômicos, Sociais e Culturais em transcender os limites das cláusulas da igualdade formal e da proibição da discriminação enunciadas nos Pactos. A jurisprudência criativa destes Comitês, por meio da adoção de recomendações gerais, têm permitido delinear a concepção material de igualdade, com a distinção da igualdade de direito e de fato (*de jure and de facto* equality). É a partir desta distinção que é lançado o questionamento a respeito do papel do Estado, demandando-se, por vezes, se transite de uma posição de neutralidade para um protagonismo (por exemplo, mediante a adoção de ações afirmativas), capaz de aliviar e remediar o impacto não igualitário da legislação e de políticas públicas no exercício de direitos.

De todo modo, em si mesmos, a Declaração Universal e os Pactos invocam a primeira fase de proteção dos direitos humanos, caracterizada pela tônica da proteção geral, genérica e abstrata, sob o lema da igualdade formal e da proibição da discriminação.

A segunda fase de proteção, reflexo do processo de especificação do sujeito de direito, será marcada pela proteção específica e especial, a partir de tratados que objetivam eliminar todas as formas de discriminação que afetam de forma desproporcional determinados grupos, como as minorias étnico-raciais, as mulheres, dentre outros.

Neste contexto é que se inserem a Convenção sobre a Eliminação de todas as Formas de Discriminação Racial (1965) e a Convenção sobre a Eliminação de todas as Formas de Discriminação contra a Mulher (1979).[15]

---

[15] No campo do sistema especial de proteção, merecem também menção a recente Convenção sobre os Direitos de Pessoas com Deficiência (texto disponível em: <http://www.ohchr.org/english/law/

Desde seu preâmbulo, a Convenção sobre a Eliminação de todas as Formas de Discriminação Racial assinala que qualquer "doutrina de superioridade baseada em diferenças raciais é cientificamente falsa, moralmente condenável, socialmente injusta e perigosa, inexistindo justificativa para a discriminação racial, em teoria ou prática, em lugar algum". Adiciona a urgência em se adotar todas as medidas necessárias para eliminar a discriminação racial em todas as suas formas e manifestações e para prevenir e combater doutrinas e práticas racistas.

O artigo 1º da Convenção define a discriminação racial como "qualquer distinção, exclusão, restrição ou preferência baseada em raça, cor, descendência ou origem nacional ou étnica, que tenha o propósito ou o efeito de anular ou prejudicar o reconhecimento, gozo ou exercício em pé de igualdade dos direitos humanos e liberdades fundamentais". Vale dizer, a discriminação significa toda distinção, exclusão, restrição ou preferência que tenha por objeto ou resultado prejudicar ou anular o exercício, em igualdade de condições, dos direitos humanos e liberdades fundamentais, nos campos político, econômico, social, cultural e civil ou em qualquer outro campo. Logo, a discriminação significa sempre desigualdade.

Daí a urgência em se erradicar todas as formas de discriminação, baseadas em raça, cor, descendência ou origem nacional ou étnica, que tenham como escopo a exclusão. O combate à discriminação racial é medida fundamental para que se garanta o pleno exercício dos direitos civis e políticos, como também dos direitos sociais, econômicos e culturais.

Se o combate à discriminação é medida emergencial à implementação do direito à igualdade, todavia, por si só, é medida insuficiente. Faz-se necessário combinar a proibição da discriminação com políticas compensatórias que acelerem a igualdade enquanto processo. Isto é, para assegurar a igualdade não basta apenas proibir a discriminação, mediante legislação repressiva. São essenciais as estratégias promocionais capazes de estimular a inserção e inclusão de grupos socialmente vulneráveis nos espaços sociais.

Com efeito, a igualdade e a discriminação pairam sob o binômio inclusão-exclusão. Enquanto a igualdade pressupõe formas de inclusão social, a discriminação implica violenta exclusão e intolerância à diferença e diversidade. Assim, a proibição da exclusão, em si mesma, não resulta automaticamente na inclusão. Logo, não é suficiente proibir a exclusão, quando o que se pretende é garantir a igualdade de fato, com a efetiva inclusão social de grupos que sofreram e sofrem um consistente padrão de violência e discriminação.

---

disabilities-convention.htm> e a Convenção sobre a Proteção dos Direitos de Todos os Trabalhadores Migrantes e seus Familiares (1990).

Por estas razões, a Convenção sobre a Eliminação de todas as formas de Discriminação Racial prevê, no artigo 1º, § 4º, a possibilidade das ações afirmativas, mediante a adoção de medidas especiais de proteção ou incentivo a grupos ou indivíduos, com vistas a promover sua ascensão na sociedade até um nível de equiparação com os demais. As ações afirmativas constituem medidas especiais e temporárias, que, buscando remediar um passado discriminatório, objetivam acelerar o processo de igualdade, com o alcance da igualdade substantiva por parte de grupos socialmente vulneráveis, como as minorias étnicas e raciais, dentre outros. Enquanto políticas compensatórias adotadas para aliviar e remediar as condições resultantes de um passado discriminatório, as ações afirmativas objetivam transformar a igualdade formal em igualdade material e substantiva, assegurando a diversidade e a pluralidade social. Devem ser compreendidas não somente pelo prisma retrospectivo -- no sentido de aliviar a carga de um passado discriminatório --, mas também prospectivo -- no sentido de fomentar a transformação social, criando uma nova realidade. Constituem medidas concretas que viabilizam o direito à igualdade, com a crença de que a igualdade deve se moldar no respeito à diferença e à diversidade. Através delas transita-se da igualdade formal para a igualdade material e substantiva.

Importa acrescentar que a Convenção sobre a Eliminação de todas as formas de Discriminação contra a Mulher de 1979, ao definir a discriminação contra a mulher (artigo 1º),[16] adota como fonte inspiradora o artigo 1º da Convenção sobre a Eliminação de todas as formas de Discriminação Racial, estabelecendo, de igual modo, em seu artigo 4º, § 1º, a possibilidade dos Estados-partes adotarem ações afirmativas, como medidas especiais e temporárias destinadas a acelerar a igualdade de fato entre homens e mulheres. As Recomendações Gerais nºs 5[17] e 25[18] do Comitê sobre a Eliminação de Discriminação contra a Mulher endossam a relevância de tais ações, para que a mulher se integre na educação, na economia, na política e no emprego. O Comitê ainda recomenda que os Estados-partes velem para que as mulheres em geral, e os grupos de mulheres afetados

---

[16] Nos termos do artigo 1º da Convenção, a expressão "discriminação contra a mulher significará toda distinção, exclusão ou restrição baseada no sexo e que tenha por objeto ou resultado prejudicar ou anular o reconhecimento, gozo ou exercício pela mulher, independentemente de seu estado civil, com base na igualdade do homem e da mulher, dos direitos humanos e liberdades fundamentais nos campos político, econômico, social, cultural e civil ou em qualquer outro campo".

[17] A respeito da importância das ações afirmativas, destaca a Recomendação Geral n. 5 do Comitê: "O Comitê sobre a Eliminação de Discriminação contra a Mulher (...) recomenda que os Estados-partes façam maior uso de medidas especiais de caráter temporário como a ação afirmativa, o tratamento preferencial ou sistema de quotas para que a mulher se integre na educação, na economia, na política e no emprego".

[18] Nos termos da Recomendação Geral n.25 do Comitê: "Os Estados-partes deverão incluir em suas Constituições ou em sua legislação nacional disposições que permitam a adoção de medidas especiais de caráter temporário".

em particular, participem da elaboração, aplicação e avaliação dos referidos programas. Recomenda, em especial, que se tenha um processo de colaboração e consulta com a sociedade civil e com organizações não governamentais que representem distintos grupos de mulheres.

Cabe salientar que a Recomendação Geral n. XXV do Comitê sobre a Eliminação de todas as formas de Discriminação Racial alia a perspectiva racial à de gênero. Sob esta ótica, o Comitê entende que a discriminação racial atinge de forma diferenciada homens e mulheres, já que práticas de discriminação racial podem ser dirigidas a certos indivíduos especificamente em razão do seu sexo, como no caso da violência sexual praticada contra mulheres de determinada origem étnico-racial.[19] O Comitê pretende monitorar como as mulheres que pertencem às minorias étnicas e raciais exercem seus direitos, avaliando a dimensão da discriminação racial a partir de uma perspectiva de gênero.

Por fim, as Recomendações n.18 e n. 28 do Comitê de Direitos Humanos dispõe sobre o dever do Estado de adotar medidas (legislativas, administrativas e judiciais) que visem a garantir a não discriminação, sugerindo inclusive a adoção de ações afirmativas por parte do Estado para diminuir ou eliminar as causas que perpetuem a discriminação.[20] Na permanência de causas discriminatórias, as ações afirmativas são consideradas uma medida legítima e necessária para o Comitê de Direitos Humanos.

Conclui-se que, no âmbito global, os primeiros instrumentos de proteção – a Declaração Universal e os dois Pactos que a sucederam – incorporam uma concepção formal de igualdade, sob o binômio da igualdade e da não discriminação, assegurando uma proteção geral, genérica e abstrata.

Já os instrumentos internacionais que integram o sistema especial de proteção invocam uma proteção específica e concreta, que, transcen-

---

[19] Dispõe a Recomendação Geral n.XXV, adotada pelo Comitê em 2000: "The Committee notes that racial discrimination does not always affect women and men equally or in the same way. There are circumstances in which racial discrimination only or primarily affects women, or affects women in a different way, or to a different degree than men. Such racial discrimination will often escape detection if there is no explicit recognition or acknowledgement of the different life experiences of women and men, in areas of both public and private life".

[20] Nos termos da Recomendação Geral n.28 do Comitê de Direitos Humanos, de 2000, sobre a igualdade de direitos entre homens e mulheres (artigo 3 do Pacto de Direitos Civis e Políticos), que atualiza a Recomendação Geral n. 4, de 1981: "A obrigação de assegurar a todos os indivíduos os direitos reconhecidos no Pacto, previstos nos artigos 2 e 3 do Pacto, requer que os Estados-partes tomem todas as medidas necessárias para possibilitar a cada pessoa o gozo desses direitos. Tais medidas incluem a remoção dos obstáculos ao igualitário exercício desses direitos, a educação em direitos humanos da população e de funcionários públicos e a adequação da legislação doméstica para dar o efeito aos esforços determinados no Pacto. O Estado parte não deve somente adotar medidas da proteção, mas também medidas promocionais em todas as áreas para conseguir o empoderamento eficaz e igual das mulheres".

dendo a concepção meramente formal e abstrata de igualdade, objetivam o alcance da igualdade material e substantiva, por meio, por exemplo, de ações afirmativas, com vistas a acelerar o processo de construção da igualdade em prol de grupos socialmente vulneráveis.

Da esfera global transita-se à esfera regional de proteção, com a finalidade de analisar como o sistema regional interamericano enfoca os direitos à igualdade e à diferença -- análise que permitirá examinar esta temática à luz do constitucionalismo latino-americano.

### 3. Proteção dos direitos à igualdade e à diferença no sistema regional interamericano

Tal como o sistema global, o sistema regional interamericano, por meio de seus principais tratados, consagra o binômio da igualdade e da não discriminação.

Quanto à convivência dos sistemas global e regional, relatório produzido pela *Commission to Study the Organization of Peace* acentua: "(...) o sistema global e o sistema regional para a promoção e proteção dos direitos humanos não são necessariamente incompatíveis; pelo contrário, são ambos úteis e complementares. As duas sistemáticas podem ser conciliadas em uma base funcional: o conteúdo normativo de ambos os instrumentos internacionais, tanto global como regional, deve ser similar em princípios e valores, refletindo a Declaração Universal dos Direitos Humanos, que é proclamada como um código comum a ser alcançado por todos os povos e todas as Nações. O instrumento global deve conter um parâmetro normativo mínimo, enquanto que o instrumento regional deve ir além, adicionando novos direitos, aperfeiçoando outros, levando em consideração as diferenças peculiares em uma mesma região ou entre uma região e outra. O que inicialmente parecia ser uma séria dicotomia — o sistema global e o sistema regional de direitos humanos – tem sido solucionado satisfatoriamente em uma base funcional".[21]

Logo, os sistemas global e regional não são dicotômicos, mas, ao revés, são complementares. Inspirados pelos valores e princípios da Declaração Universal, compõem o universo instrumental de proteção dos direitos humanos, no plano internacional. Vale dizer, os diversos sistemas de proteção de direitos humanos interagem em benefício dos indivíduos protegidos.[22] O propósito da coexistência de distintos instrumentos

---

[21] *Regional promotion and protection of human rights: twenty-eighth report of the Commission to Study the Organization of Peace*, 1980. In: Henry Steiner, material do curso International Law and Human Rights, Harvard Law School, 1994.

[22] Na explicação de Henry Steiner: "Hoje não tem havido grandes conflitos de interpretação entre os regimes regionais e o regime das Nações Unidas. Teoricamente, os conflitos devem ser evitados mediante a aplicação das seguintes regras: 1) os parâmetros da Declaração Universal e de qualquer outro

jurídicos – garantindo os mesmos direitos – é, pois, no sentido de ampliar e fortalecer a proteção dos direitos humanos.

Ao enfocar o modo pelo qual os direitos à igualdade e à diferença são incorporados pelo sistema interamericano, constata-se que a cláusula da proibição da discriminação é consagrada pela Convenção Americana de 1969, ao estabelecer o dever dos Estados-partes de respeitar os direitos e liberdades nela reconhecidos e a garantir seu livre e pleno exercício, sem discriminação alguma, por motivo de raça, cor, sexo, idioma, religião, opiniões políticas ou de qualquer outra natureza, origem nacional ou social, posição econômica, nascimento ou qualquer outra condição social (artigo 1o). À cláusula da não discriminação soma-se o princípio da igualdade formal, por meio do qual "todas as pessoas são iguais perante a lei, tendo direito, sem discriminação alguma, à igual proteção da lei" (artigo 24). Assim como o Pacto Internacional dos Direitos Civis e Políticos, a Convenção Americana, ao admitir a suspensão de garantias e a restrição a direitos em casos de guerra, perigo público, ou outra emergência, explicitamente adverte que tal suspensão não poderá, de forma alguma, implicar discriminação fundada em motivos de raça, cor, sexo, idioma, religião ou origem social, enunciando, ainda, um núcleo inderrogável de direitos (artigo 27).

Ao reiterar o entendimento dos Comitês da ONU de Direitos Humanos, de Direitos Econômicos, Sociais e Cuturais e sobre a Eliminação de todas as formas de Discriminação Racial, ressalta a Comissão Interamericana de Direitos Humanos que "la no-discriminación, junto con la igualdad ante la ley y la igual protección de la ley sin ninguna discriminación constituye un principio fundante, básico, general y fundamental relativo a la protección internacional de los derechos humanos (...) La Comisión ha indicado que el principio de no discriminación es uno de los pilares de cualquier sistema democrático y una base fundamental del sistema de protección de los derechos humanos instaurado por la OEA. (...) En definitiva, la igualdad y la no-discriminación revisten un carácter de principio fundamental que subyace en todo el sistema internacional de los derechos humanos. Su negación implicaría la negación misma de este sistema en su totalidad".[23]

---

tratado das Nações Unidas acolhido por um país devem ser respeitados; 2) os parâmetros de direitos humanos que integram os princípios gerais de Direito Internacional devem ser também observados; e 3) quando os parâmetros conflitam, o que for mais favorável ao indivíduo deve prevalecer". (Steiner, op. cit., supra, p. 401).

[23] Discursos e palestras durante a Sessão Especial de Reflexão e Análise sobre a natureza de uma futura Convenção Interamericana contra o Racismo e todas formas de Discriminação e Intolerância, realizada na sede da OEA em Washington, entre 28 e 29 de novembro de 2005. Disponível em: <http://www.oas.org/dil/esp/cajp.rdi15.orig.doc>, acesso em 23/03/07. No mesmo sentido do Comitê da ONU dos Direitos Econômicos, Sociais e Culturais, a Comissão Interamericana diferencia a discriminação direta e indireta, bem como a igualdade de fato e de direito: "La prohibición de discriminación pros-

A análise do sistema regional interamericano, no que tange ao direito à igualdade e ao direito à diferença, assemelha-se à análise do sistema global. Também no âmbito interamericano os primeiros instrumentos de proteção incorporam uma concepção formal de igualdade, sob o binômio da igualdade e da não discriminação, assegurando uma proteção geral, genérica e abstrata.

Posteriormente, o sistema interamericano passou a adotar instrumentos específicos, que enfocam a temática da proteção dos direitos humanos das mulheres, das crianças, das pessoas com deficiência, dentre outros -- reflexo do processo de especificação do sujeito de direito. A título de exemplo, merecem menção a Convenção Interamericana para Prevenir, Punir e Erradicar a Violência contra a Mulher (1994); a Convenção Interamericana para a Eliminação de todas as formas de Discriminação contra as Pessoas Portadoras de Deficiência (1999); o anteprojeto de Convenção Interamericana contra o Racismo e todas as formas de Discriminação e Intolerância; e o projeto de Declaração Americana sobre os Direitos dos Povos Indígenas.

Na jurisprudência da Corte Interamericana, emerge um universo de casos emblemáticos que envolvem os direitos à igualdade e à diferença, demandando do sistema uma proteção especial a grupos vulneráveis. Neste sentido, identificam-se decisões que afirmam a proteção de direitos de povos indígenas, de crianças, as mulheres, de migrantes, de presos, dentre outros. Para os propósitos específicos deste artigo, serão destacados os casos que abrangem o alcance dos direitos à igualdade e à diferença sob as perspectivas de raça, etnia, gênero e orientação sexual.

Considerando o prisma étnico-racial, especial menção há de ser feita à jurisprudência da Corte Interamericana relativa aos direitos dos povos indígenas. No caso da comunidade indígena Mayagna Awas Tingni con-

---

cribe aquella situación en la que por algunos de los motivos prohibidos una persona sea tratada de manera menos favorable de lo que sea, haya sido o vaya a ser tratada otra en situación comparable, es decir la que tenga por objeto directo tal discriminación. Pero allí no se agotan los supuestos, ya que la prohibición de discriminación debería abarcar también las acciones u omisiones que tengan un resultado o efecto discriminatorio aun cuando en su apariencia tal acción u omisión sea neutral. Esta situación ha sido denominada discriminación indirecta o efecto discriminatorio. (...) la definición de lo que se entiende por discriminación indirecta o aquella que tiene un efecto discriminatorio se encuentra en la Directiva 2000/43/CE del Consejo de Europa que en su artículo 2 apartado 2 estipula que existirá discriminación indirecta cuando una disposición, criterio o práctica aparentemente neutros sitúe a personas de un origen racial o étnico concreto en desventaja particular con respecto a otras personas, salvo que dicha disposición, criterio o práctica pueda justificarse objetivamente con una finalidad legítima y salvo que los medios para la consecución de esta finalidad sean adecuados y necesarios. Al hablar de la discriminación, se suele distinguir también entre la discriminación de iure o legal, y la discriminación de facto o de hecho. La definición de discriminación debe abarcar finalmente aquella que tiene su origen en normas jurídicas cuyo objeto o resultado sea el de establecer distinciones entre personas igualmente situadas. Además, la prohibición de discriminación debería comprender los supuestos en los que aún ante la inexistencia de una ley o una política discriminatoria, en los hechos existe discriminación. La discriminación de facto o de hecho, ha sido jurisprudencialmente reconocida como cubierta por la misma prohibición que la discriminación de iure.

tra a Nicarágua (2001),[24] a Corte reconheceu os direitos dos povos indígenas à propriedade coletiva da terra, como uma tradição comunitária, e como um direito fundamental e básico à sua cultura, à sua vida espiritual, à sua integridade e à sua sobrevivência econômica. Acrescentou que para os povos indígenas a relação com a terra não é somente uma questão de possessão e produção, mas um elemento material e espiritual de que devem gozar plenamente, inclusive para preservar seu legado cultural e transmiti-lo às gerações futuras.

Em outro caso – caso da comunidade indígena Yakye Axa contra o Paraguai (2005)[25] –, a Corte sustentou que os povos indígenas têm direito a medidas específicas que garantam o acesso aos serviços de saúde, que devem ser apropriados sob a perspectiva cultural, incluindo cuidados preventivos, práticas curativas e medicinas tradicionais. Adicionou que para os povos indígenas a saúde apresenta uma dimensão coletiva, sendo que a ruptura de sua relação simbiótica com a terra exerce um efeito prejudicial sobre a saúde destas populações.

No caso da comunidade indígena *Xákmok Kásek v. Paraguai*,[26] a Corte Interamericana afirmou o dever do Estado em assegurar especial proteção às comunidades indígenas, à luz de suas particularidades próprias, suas características econômicas e sociais e suas especiais vulnerabilidades, considerando o direito consuetudinário, os valores, os usos e os costumes dos povos indígenas, de forma a assegurar-lhes o direito à vida digna, contemplando o acesso à água potável, alimentação, saúde, educação, dentre outros.

Sob a perspectiva de gênero, com relação aos direitos das mulheres, destacam-se relevantes decisões do sistema interamericano sobre discriminação e violência contra mulheres, o que fomentou a reforma do Código Civil da Guatemala, a adoção de uma lei de violência doméstica no Chile e no Brasil, dentre outros avanços.[27] Emblemático é o caso González e outras contra o México (caso "Campo Algodonero"),[28] em que a Cor-

---

[24] Mayagna (Sumo) Awas Tingni Community vs. Nicaragua, Inter-American Court, 2001, Ser. C, N. 79.

[25] Yakye Axa Community vs. Paraguay, Inter-American Court, 2005, Ser. C, No. 125.

[26] Corte Interamericana de Direitos Humanos, Caso Comunidad Indígena Xákmok Kásek. vs. Paraguay, Fondo, Reparaciones y Costas. Sentencia de 24 de agosto de 2010 Serie C N. 214. Note-se que, no sistema africano, merece menção um caso emblemático que, ineditamente, em nome do direito ao desenvolvimento, assegurou a proteção de povos indígenas às suas terras. Em 2010, a Comissão Africana dos Direitos Humanos e dos Povos considerou que o modo pelo qual a comunidade Endorois no Kenya foi privada de suas terras tradicionais, tendo negado acesso a recursos, constitui uma violação a direitos humanos, especialmente ao direito ao desenvolvimento.

[27] A respeito, ver caso María Eugenia vs. Guatemala e caso Maria da Penha vs. Brasil decididos pela Comissão Interamericana.

[28] Caso González e outras vs. México (caso "Campo Algodonero"), Inter-American Court, 16 November 2009.

te Interamericana condenou o México em virtude do desaparecimento e morte de mulheres em Ciudad Juarez, sob o argumento de que a omissão estatal estava a contribuir para a cultura da violência e da discriminação contra a mulher. No período de 1993 a 2003, estima-se que de 260 a 370 mulheres tenham sido vítimas de assassinato em Ciudad Juarez. A sentença da Corte condenou o Estado do México ao dever de investigar, sob a perspectiva de gênero, as graves violações ocorridas, garantindo direitos e adotando medidas preventivas necessárias de forma a combater a discriminação contra a mulher.

Já pelo prisma da orientação sexual, merece menção o caso Atala Riffo y niñas vs. Chile, decidido pela Corte Interamericana em 24 de fevereiro de 2012.[29] Ineditamente foi analisada a responsabilidade internacional do Estado em face do tratamento discriminatório e interferência indevida na vida privada e familiar da vítima Karen Atala devido à sua orientação sexual. O caso foi objeto de intenso litígio judicial no Chile, que culminou com a decisão da Corte Suprema de Justiça em determinar a custódia das três filhas ao pai, sob o argumento de que a Sra. Atala não deveria manter a custódia por conviver com pessoa do mesmo sexo. No entender unânime da Corte Interamericana, o Chile violou os artigos 1º, § 1º, e 14 da Convenção Americana, por afrontar o princípio da igualdade e da proibição da discriminação. À luz de uma interpretação dinâmica e evolutiva compreendendo a Convenção como um *living instrument*, ressaltou a Corte que a cláusula do artigo 1º, § 1º, é caracterizada por ser uma cláusula aberta de forma a incluir a categoria da orientação sexual, impondo aos Estados a obrigação geral de assegurar o exercício de direitos, sem qualquer discriminação. Argumentou ainda a Corte que "a igualdade é inseparável da dignidade essencial de cada pessoa, frente a qual é incompatível toda situação que, por considerar superior um determinado grupo, implique tratá-lo com privilégios; ou que, *a contrario sensu*, por considerá-lo inferior o trate com hostilidade, ou, de qualquer forma, o discrimine no gozo de direitos reconhecidos". Enfatizou que o princípio da igualdade e da proibição de discriminação ingressou no domínio do *jus cogens* na atual etapa evolutiva do Direito Internacional, amparando a ordem pública nacional e internacional que permeia todo ordenamento jurídico. Concluiu que "nenhuma norma, decisão ou prática de direito interno, seja por parte de autoridade estatal, seja por particular, podem diminuir ou restringir direitos de pessoas com base em orientação sexual". Adicionou a Corte que "a falta de consenso no interior dos países sobre o pleno respeito a direitos de minorias sexuais não pode ser considerada como um argumento válido para negar-lhes ou restringir-lhes direitos humanos ou perpetuar ou reproduzir discriminações históricas ou estru-

---

[29] Caso Atala Riffo and daughters vs. Chile, Inter-American Court, 24 February 2012, Series C N.239.

turais que estas minorias tenham sofrido", sob pena de restar violado o artigo 1º, § 1º, da Convenção. Acrescentou, ademais, o argumento do necessário respeito à vida privada, o que estaria a abarcar a identidade física, social, bem como o desenvolvimento pessoal, a autonomia pessoal e o direito de estabelecer e desenvolver relações com outras pessoas do mesmo sexo. Sustentou, na hipótese, a violação pelo Chile do direito consagrado no artigo 11 da Convenção Americana concernente à proteção à honra e à dignidade, o que estaria a envolver o respeito à vida privada e a proibição de ingerência abusiva ou arbitrária na vida privada.

## 4. Proteção dos direitos à igualdade e à diferença no constitucionalismo brasileiro

No caso latino-americano, o processo de democratização na região, deflagrado na década de 80, é que propiciou a incorporação de importantes instrumentos internacionais de proteção dos direitos humanos pelos Estados latino-americanos. A título de exemplo, note-se que a Convenção Americana de Direitos Humanos, adotada em 1969, foi ratificada pela Argentina em 1984, pelo Uruguai em 1985, pelo Paraguai em 1989 e pelo Brasil em 1992. Já o reconhecimento da jurisdição da Corte Interamericana de Direitos Humanos, por exemplo, deu-se na Argentina em 1984, no Uruguai em 1985, no Paraguai em 1993 e no Brasil em 1998. Hoje constata-se que os países latino-americanos subscreveram os principais tratados de direitos humanos adotados pela ONU e pela OEA.

As Constituições latino-americanas estabelecem cláusulas constitucionais abertas, que permitem a integração entre a ordem constitucional e a ordem internacional, especialmente no campo dos direitos humanos, ampliando e expandindo o bloco de constitucionalidade. Ao processo de constitucionalização do Direito Internacional conjuga-se o processo de internacionalização do Direito Constitucional.

Quanto à incorporação dos tratados internacionais de proteção dos direitos humanos, observa-se que, em geral, as Constituições latino-americanas conferem a estes instrumentos uma hierarquia especial e privilegiada, distinguindo-os dos tratados tradicionais.

A título exemplificativo, a Constituição da Argentina, após a reforma constitucional de 1994, dispõe, no art. 75, inciso 22, que, enquanto os tratados em geral têm hierarquia infraconstitucional, mas supralegal, os tratados de proteção dos direitos humanos têm hierarquia constitucional, complementando os direitos e garantias constitucionalmente reconhecidos. A Constituição Brasileira de 1988, no artigo 5º, § 2º, consagra que os direitos e garantias expressos na Constituição não excluem os direitos decorrentes dos princípios e do regime a ela aplicável e os direitos enunciados em tratados internacionais ratificados pelo Brasil, permitindo, assim, a expansão do bloco de constitucionalidade.

A tendência do constitucionalismo latino-americano de contemplar cláusulas constitucionais abertas a permitir a interação entre as ordens local, regional e global em matéria de direitos humanos – emprestando aos tratados de direitos humanos uma hierarquia especial e privilegiada – reflete, sobretudo, uma mudança paradigmática a impactar a cultura jurídica latino-americana.

Três eram as principais características a demarcar o paradigma tradicional no qual se fundava a cultura jurídica latino-americana: 1) a pirâmide jurídica com a Constituição em seu ápice, tendo como maior referencial teórico Hans Kelsen (a basear um sistema jurídico endógeno e autorreferencial – não obstante Kelsen fosse na realidade defensor do monismo com primazia do Direito Internacional); 2) o hermetismo de um direito "purificado", com ênfase no ângulo interno da ordem jurídica e na dimensão estritamente normativa (mediante um dogmatismo jurídico a afastar elementos "impuros" do direito); e 3) o chamado *State approach* ou *State centered perspective* – prisma que abarcava como conceitos estruturais e fundantes a soberania do Estado no âmbito externo e a segurança nacional no âmbito interno, tendo como fonte inspiradora a *lente ex parte principe*, radicada no Estado e nos deveres dos súditos, para parafrasear Norberto Bobbio.[30]

Emerge, todavia, um novo paradigma a orientar a cultura jurídica latino-americana, em plena consonância com a ordem jurídica global e regional. Este novo paradigma adota três características essenciais: 1) o trapézio jurídico com a Constituição e os tratados internacionais de direitos humanos no ápice (com a abertura da Constituição aos parâmetros protetivos mínimos referentes à proteção da dignidade humana); 2) a gradativa permeabilidade do direito – agora "impuro" –, marcado pelo diálogo do ângulo interno normativo com o ângulo externo (delineando, assim, um trapézio "com poros", a fomentar o diálogo entre jurisdições, empréstimos constitucionais e a interdisciplinariedade mediante pontes de comunicação com outros saberes e diversos atores sociais); 3) o chamado *"human rights approach"* ou *"human centered perspective"* – que abarca como conceitos estruturais e fundantes a soberania popular e a segurança cidadã no âmbito interno, tendo como fonte inspiradora a *"lente ex parte populi"*, radicada na cidadania e nos direitos dos cidadãos, como leciona Norberto Bobbio.[31]

---

[30] Norberto Bobbio, *Era dos Direitos*, trad. Carlos Nelson Coutinho, Rio de Janeiro, Campus, 1988.

[31] Sobre o tema, ao realçar o processo de internacionalização dos direitos humanos, observa Celso Lafer: "Configurou-se como a primeira resposta jurídica da comunidade internacional ao fato de que o direito *ex parte populi* de todo ser humano à hospitalidade universal só começaria a viabilizar-se se o "direito a ter direitos", para falar com Hannah Arendt, tivesse uma tutela internacional, homologado-

Logo, é neste contexto – marcado pela emergência deste novo paradigma jurídico a impactar as Constituições latino-americanas contemporâneas – que se insere o desafio do constitucionalismo brasileiro de avançar na proteção dos direitos à igualdade e à diferença.

No que se refere à proteção dos direitos à igualdade e à diferença, o Estado brasileiro ratificou os principais tratados de direitos humanos da ONU e da OEA voltados ao combate à discriminação, assumindo a obrigação jurídica de promover a igualdade e eliminar a discriminação.

Dentre os seus princípios fundamentais, a Constituição brasileira consagra a dignidade humana (artigo 1º, III), aliando-a ao objetivo fundamental de promoção do bem de todos, sem qualquer discriminação (artigo 3º, IV). Ao princípio da igualdade formal enunciado no artigo 5º ("todos são iguais perante a lei") conjuga dispositivos constitucionais que fomentam a igualdade material, como é o caso do artigo 7º, XX, ao prever a proteção especial da mulher no mercado de trabalho e do artigo 37, ao fixar cotas para pessoas com deficiência em concursos públicos.

Recente e inédita jurisprudência desenvolvida pelo Supremo Tribunal Federal tem endossado o alcance do direito à igualdade e do direito à diferença, sob as perspectivas de raça, etnia, gênero e orientação sexual.

Para os propósitos deste estudo, serão destacados três casos paradigmáticos a respeito: a) da proteção constitucional às uniões homoafetivas; b) da proteção especial à mulher em face da violência de gênero; e c) da proteção a afro-descendentes mediante cotas raciais fixadas em Universidades.

Em julgamento ocorrido em 04 de maio de 2011, o Supremo Tribunal Federal, por unanimidade, reconheceu proteção constitucional às uniões homoafetivas, reconhecendo-as como entidade familiar.[32] Sustentou que a Constituição veda a discriminação em virtude de raça, sexo, cor, sendo que ninguém pode ser diminuído ou discriminado em função de sua orientação sexual – já que o sexo das pessoas não se presta a criar desigualdades jurídicas. Defendeu a interpretação do Código Civil (particularmente de seu artigo 1723) conforme a Constituição, destacando os direitos à igualdade, à liberdade e à autonomia da vontade, à luz do princípio da dignidade humana.

---

ra do ponto de vista da humanidade. Foi assim que começou efetivamente a ser delimitada a "razão de estado" e corroída a competência reservada da soberania dos governantes, em matéria de direitos humanos, encetando-se a sua vinculação aos temas da democracia e da paz". (Prefácio ao livro de José Augusto Lindgren Alves, *Os direitos humanos como tema global*, São Paulo, Perspectiva/Fundação Alexandre de Gusmão, 1994, p. XXVI).

[32] Consultar o julgamento conjunto proferido pelo STF na ADI 4277 e na ADPF 132, em 04 de maio de 2011.

Em outro julgado emblemático, ao enfrentar o debate sobre a (in)constitucionalidade da Lei "Maria da Penha" (Lei n. 111.340, de 07 de agosto de 2006) concernente à prevenção e punição da violência contra a mulher, decidiu o Supremo Tribunal Federal pela constitucionalidade da aludida medida protetiva às mulheres.[33] Argumentou que o Estado é partícipe da promoção da dignidade humana, cabendo-lhe assegurar especial proteção às mulheres em virtude de sua vulnerabilidade, sobretudo em um contexto marcado pela cultura machista e patriarcal. Concluiu que a lei não estaria a violar o princípio da igualdade, senão a protegê-lo.

Sob a perspectiva étnico-racial, destaca-se o julgamento proferido pelo Supremo Tribunal Federal em 26 de abril de 2012, que, por unanimidade, considerou constitucional a instituição da política de cotas raciais nas Universidades públicas. Para o Supremo, não basta apenas proibir a discriminação. Considerando que a neutralidade estatal mostrou-se um grande fracasso, essencial mostra-se a adoção de ações afirmativas. Tais ações estariam a concretizar o princípio da igualdade material e neutralizar os efeitos perversos da discriminação racial. Adicionou que as ações afirmativas em benefício de grupos vulneráveis decorrem de deveres internacionais contraídos pelo Brasil quando da ratificação de instrumentos internacionais de proteção dos direitos humanos. Realçou ainda que a justiça social – mais que simplesmente demandar a distribuição de riquezas – demanda o reconhecimento e a incorporação de valores, com especial destaque ao critério étnico-racial.

Nestes três casos paradigmáticos, ineditamente, o Supremo Tribunal Federal assegurou a proteção do direito à igualdade e à diferença sob a perspectiva de raça, etnia, gênero e orientação sexual. De um lado, coibiu discriminação atentatória ao exercício de direitos fundamentais – ao conferir proteção constitucional às uniões homoafetivas sob o argumento de que a orientação sexual não poderia ser critério a diminuir e restringir direitos. Por outro, afirmou a igualdade, assegurando a proteção especial a grupos vulneráveis, em nome do princípio da igualdade material, do valor da diversidade e do direito à diferença com o reconhecimento de identidades específicas – como no caso da constitucionalidade da lei "Maria da Penha" e das leis instituidoras de cotas raciais em Universidades. Reconheceu ainda que políticas estatais neutras podem ser fonte geradora de discriminação indireta. Isto porque, ainda que aparentemente não discriminatórias, seus efeitos poderão manter, perpetuar e até mesmo exacerbar uma discriminação.[34] Daí a necessidade de um protagonismo

---

[33] Consultar o julgamento conjunto proferido pelo STF na ADI 4424 e na ADC 19, em 09 de fevereiro de 2012.

[34] Nos termos da Recomendação Geral n. 26 (2005) do Comitê de Direitos Econômicos, Sociais e Culturais: "Indirect discrimination occurs when a law, policy or programme does not appear to be discriminatory, but has a discriminatory effect when implemented. This can occur, for example, when

estatal, orientado pelo dever do Estado de respeitar (não violar direitos), proteger (não permitir que terceiros, atores não estatais, violem direitos) e implementar direitos humanos (adotando todas as medidas legislativas, executivas e judiciais necessárias).

No tocante ao dever de implementar direitos humanos situam-se as ações afirmativas,[35] consideradas como medidas necessárias e legítimas pelos Comitês da ONU, para aliviar, remediar e transformar o legado de um passado discriminatório. Devem ser compreendidas não somente pelo prisma retrospectivo -- no sentido de aliviar a carga de um passado discriminatório --, mas também prospectivo -- no sentido de fomentar a transformação social, criando uma nova realidade, sob a inspiração do direito à igualdade material e substantiva.Atente-se que os instrumentos de alcance especial, tanto do sistema global, como do sistema regional interamericano, expressamente admitem a adoção de ações afirmativas.[36]

Neste contexto, ressalta-se o caráter bidimensional da justiça: redistribuição somada ao reconhecimento. O direito à redistribuição requer medidas de enfrentamento da injustiça econômica, da marginalização e da desigualdade econômica, por meio da transformação nas estruturas socioeconômicas e da adoção de uma política de redistribuição. De igual modo, o direito ao reconhecimento requer medidas de enfrentamento da injustiça cultural, dos preconceitos e dos padrões discriminatórios, por meio da transformação cultural e da adoção de uma política de reconhecimento. É à luz desta política de reconhecimento que se pretende avançar na reavalição positiva de identidades discriminadas, negadas e desrepeitadas; na desconstrução de estereótipos e preconceitos; e na valorização da diversidade cultural.[37] Tal concepção foi acolhida pelo Supremo Tribu-

---

women are disadvantaged compared to men with respect to the enjoyment of a particular opportunity or benefit due to pre-existing inequalities. Applying a gender-neutral law may leave the existing inequality in place, or exacerbate it".

[35] Sobre a matéria, a Recomendação Geral n.16 (2005) do Comitê de Direitos Econômicos, Sociais e Culturais observa que: "the principles of equality and non-discrimination, by themselves, are not always sufficient to guarantee true equality. Temporary special measures may sometimes be needed in order to bring disadvantaged or marginalized persons or groups of persons to the same substantive level as others".

[36] Dentre os parâmetros normativos internacionais que demandam a adoção de ações afirmativas para o alcance da igualdade material, destacam-se: a Convenção Internacional sobre a Eliminação de todas as formas de Discriminação Racial (artigo 1°, § 4°); a Convenção sobre a Eliminação de todas as formas de Discriminação contra a Mulher (artigo 4°, § 1°); a Recomendação Geral n. XIV do Comitê CERD; as Recomendações Gerais. n.XVIII e n. XXIII do Comitê de Direitos Humanos; as Recomendações Gerais do Comitê sobre os Direitos Econômicos, Sociais e Culturais; e as Recomendações Gerais n. V e XXV do Comitê sobre a Eliminação da Discriminação contra a Mulher.

[37] Ver Nancy Fraser, From Redistribution to Recognition? Dilemmas of Justice in a Postsocialist age em seu livro *Justice Interruptus. Critical reflections on the "Postsocialist" condition*, NY/London, Routledge, 1997; Axel Honneth, *The Struggle for Recognition: The moral grammar of social conflicts*, Cambridge/Massachussets, MIT Press, 1996; Nancy Fraser e Axel Honneth, *Redistribution or Recognition? A political-philosophical exchange*, London/NY, verso, 2003; Charles Taylor, The politics of recognition, in: Charles Taylor et. al., *Multiculturalism – Examining the politics of recognition*, Princeton, Princeton

nal Federal particularmente quando do julgamento do reconhecimento constitucional às uniões homoafetivas e, de forma mais incisiva, quando do julgamento da constitucionalidade das cotas raciais.

Observa-se que nestes julgados paradigmáticos o Supremo reforçou a argumentação constitucional mediante a incorporação de parâmetros protetivos internacionais de direitos humanos, com alusão aos instrumentos, à principiologia e à jurisprudência internacional.

Esta inovadora jurisprudência fomentada pelo Supremo Tribunal Federal revela a força emancipatória do diálogo global, regional e local na afirmação do direito à igualdade e do direito à diferença, sob as perspectivas de raça, etnia, gênero e orientação sexual. Cabe ao constitucionalismo brasileiro expandir e vivificar a força normativa da Constituição, densificando a proteção do valor da diversidade e dos princípios da igualdade e da proibição da discriminação, como imperativo ético-jurídico da construção do Estado Democrático de Direito radicado no princípio da prevalência da dignidade humana.

---

University Press, 1994; Iris Young, *Justice and the politics of difference*, Princenton, Princenton University Press, 1990; e Amy Gutmann, *Multiculturalism: examining the politics of recognition*, Princenton, Princenton University Press, 1994.

— 3 —

# Casamento, individualidade e universalidade. Breves reflexões

### JÓNATAS E. M. MACHADO[1]

*Sumário*: Introdução; 1. Os limites do princípio da igualdade; 2. Fundamento biológico natural; 3. Existência e identidade individual; 4. Igual dignidade e complementaridade; 5. Dignidade humana; 6. Racionalidade; 7. Intemporalidade e universalidade; 8. Centralidade da criança e dos seus interesses; 9. Desenvolvimento da personalidade; 10. Sustentabilidade e continuidade intergeracional; 11. Responsabilidade individual e social; 12. Não discriminação; 13. Neutralidade religiosa e ideológica; 14. Teoria da justiça; Conclusão.

### Introdução

Um dos argumentos utilizados para a legalização do casamento homossexual nos mais diversos contextos constrói sobre o princípio da igualdade. Ele pretende apoiar-se num princípio que se encontra no coração do Estado Constitucional, na medida em que este postula a igual dignidade de todos os seres humanos. Esse argumento reclama uma leitura dinâmica e evolutiva deste princípio, à luz da qual a igualdade deveria agora conduzir à equiparação da união entre duas pessoas do mesmo sexo à união de duas pessoas de sexo diferente.

Este é, porventura, o argumento mais poderoso que tem sido mobilizado. De acordo com ele, se duas pessoas de sexo diferente podem contrair casamento perante a lei, então a mesma possibilidade deve ser concedida a duas pessoas do mesmo sexo.[2] Se não for concedida essa possibilidade, existe uma discriminação, ou seja, uma diferenciação destituída de fundamento jurídico suficiente. O casamento entre pessoas do mesmo sexo seria a maneira de os homossexuais serem tratados de forma

---

[1] Professor Associado com Agregação da Faculdade de Direito da Universidade de Coimbra.
[2] Holning Lau, "The Language of Westernization in Legal Commentary", 61, The American Journal of Comparative Law, 2013, 507 ss. sublinhando que "calling the debate on same-sex marriage a question of 'marriage equality' frames the debate. 'Marriage equality' is a linguistic choice that makes equality the most salient facet of the debate".

igual.[3] Um entendimento de sentido contrário é visto como expressão da intolerância religiosa, da homofobia ou do preconceito.

A nosso ver, este argumento, a despeito da sua aparência de plausibilidade moral e jurídica, assenta numa incompreensão generalizada do princípio da igualdade e do sentido originário da união entre um homem e uma mulher. Esta viu-se subitamente politizada e inadvertidamente colocada no ponto de interseção de ideologias em confronto. Este facto contribuiu para ocultar a sua especial relevância social ao longo dos séculos e na atualidade. Trata-se, a nosso ver, de um problema que nem uma leitura dinâmica e evolutiva do princípio da igualdade consegue resolver em termos convincentes e definitivos. O mesmo deve ser discutido racional, aberta e serenamente, sem quaisquer constrangimentos politicamente corretos. Numa ordem constitucional livre e democrática, todos os argumentos devem ser abertamente testados no confronto com os seus contrários. A isso dedicaremos as considerações subsequentes.

## 1. Os limites do princípio da igualdade

O princípio da igualdade sustenta, desde Aristóteles, que se deve tratar de forma igual o que é igual e de forma diferente o que é diferente. Além disso, ele reconhece que pode haver fundamentos objetivos de diferenciação não arbitrária. Todavia, em si mesmo, o princípio da igualdade não nos apresenta critérios objetivos de identidade e diferenciação. Ele não nos diz o que é igual e desigual e quais as consequências que daí derivam para a igualdade ou diferenciação do tratamento jurídico. Ele delega a sua descoberta à razão humana. Esta deve encontrar os critérios relevantes e rejeitar os critérios irrelevantes.[4] Desta operação depende largamente o sucesso da mobilização do princípio da igualdade. A utilização de um critério desadequado pode acabar por considerar equiparáveis realidades muito diferentes. Por exemplo, se o critério da identidade e da diferença for o da distinção entre os entes que sobem e os entes que não sobem às árvores, uma escova de dentes e um elefante podem ser colocados na mesma categoria e tratados de forma igual.

Quando se pretende definir e regular o casamento com base no princípio da igualdade, naturalmente que é necessário responder corretamente à questão de saber se existe, ou não, um fundamento lógico e objetivo para tratar de forma diferente um casal propriamente dito (i.e., união de um homem e uma mulher), adscrevendo-lhe um estatuto e um tratamento jurídico especial e diferente do dispensado à relação entre dois homens ou duas mulheres ou à relação entre um homem e duas (ou mais) mulhe-

---

[3] Elizabeth M. Glazer, "Sodomy and Polygamy", 111, Columbia Law Review, 2011, 66 ss.
[4] John Finnis, "Equality and Differences", 56, The American Journal of Jurisprudence, 2011, 17 ss.

res ou entre uma mulher e dois (ou mais) homens. Se não existir esse fundamento, então a tutela especial da união entre um homem e uma mulher seria realmente arbitrária e discriminatória. Inversamente, se existir esse fundamento, uma tutela especial da relação entre um homem e uma mulher seria uma diferenciação jurídica lógica e objetivamente fundamentada, não havendo por isso qualquer discriminação. Nas linhas que se seguem procuraremos investigar em que medida é que a união entre um homem e uma mulher está em condições de reclamar para si um estatuto de especial dignidade jurídica e social.

## 2. Fundamento biológico natural

Existe um fundamento lógico, biológico, antropológico e teleológico objetivo para o reconhecimento da singularidade da união entre um homem e uma mulher. No género humano, à semelhança do que sucede com a maioria dos seres vivos, existem dois sexos: o masculino e o feminino.[5] Os mesmos são anatómica e fisiologicamente complementares de um sistema reprodutivo altamente complexo e integrado, com grande relevo na promoção de variabilidade genética. Deste sistema reprodutivo depende naturalmente a continuidade da espécie humana.

Este é um dado para cuja origem os paradigmas científicos dominantes não têm qualquer explicação plausível, para além da afirmação de que tudo não passa de uma sucessão de acidentes evolutivos.[6] Sem a presença e a concorrência do sexo masculino e do feminino, a espécie humana encontra-se física e psicologicamente incompleta. A complementaridade entre os sexos masculino e feminino é um ponto de partida incontornável na compreensão da existência humana. Ela está na base da continuidade da espécie humana em geral e da origem e identidade de cada indivíduo em concreto, podendo legitimamente ser universalizada como pedra de esquina do casamento enquanto instituição social fundamental.

---

[5] Recentemente, o Reino Unido veio legalizar uma técnica apresentada como a criação de bebés a partir de três progenitores. Veja-se, "MPs say yes to three-person babies", James Gallagher, Health Editor, BBC News, 3, fevereiro de 2015. <http://www.bbc.com/news/health-31069173>. Trata-se da utilização de DNA mitocondrial saudável de uma segunda mulher para possibilitar o aproveitamento do DNA nuclear de uma primeira mulher. Este técnica pode ser controversa quando envolva a destruição de um, zigoto. No entanto, ela pode ser levada a cabo em termos análogos à doação de tecidos ou de um órgão. A mesma peca por desconsiderar os eventuais efeitos da interação dinâmica entre DNA nuclear e mitocondrial regulada pelo epigenoma e o consequente perigo de desregulação da expressão genética no embrião. Para todos os efeitos, porém, o DNA nuclear do bebé continua a ser de um homem e uma mulher. Ainda assim, esta tecnologia não deixará de suscitar questões difíceis e delicadas relativamente à regulação do poder paternal sobre o menor e à sua relação com a segunda mulher, abrindo as portas a mais litigância e a mais sofrimento psicológico por parte dos envolvidos.

[6] Sobre este ponto, B. Wuethrich, "Why Sex? Putting the Theory to the Test", Science 281:1980–1982, 1998, conclui com um desabafo científico: "How sex began and why it thrived remains a mystery".

## 3. Existência e identidade individual

A igualdade e complementaridade dos sexos masculino e feminino são elementos constitutivos, não apenas da espécie humana, mas de cada indivíduo em concreto. A união entre um homem e uma mulher é um princípio fundamental de desenvolvimento humano que tem o seu centro de gravidade no bem-estar de cada indivíduo a partir da sua conceção e abrangendo o nascimento e a infância.

Todos os seres humanos, em todos os tempos e lugares, são fruto da união entre um homem e uma mulher. Cada um deles é o resultado de um espermatozoide masculino e de um óvulo feminino, herdando 23 cromossomas de uma mulher e 23 cromossomas de um homem, estruturados em pares estáveis e homólogos. Esse é o denominador comum a todos os seres humanos.

Não existe nenhum ser humano que seja o produto da relação entre dois homens ou entre duas mulheres ou que tenha herdado os cromossomas de dois homens ou de duas mulheres. Tampouco existe um ser humano que seja o resultado natural de um espermatozoide ou dois ou mais óvulos ou de um óvulo e dois ou mais espermatozoides.

Num nível constitutivo profundo, todos somos natural, biológica e ontologicamente heterossexuais e monogâmicos, porque todos derivamos dessa estrutura relacional. Trata-se de uma realidade pré-programada na nossa estrutura biológica e no nosso genoma ou, o que é o mesmo, no nosso *"hardware e software"*. Tanto basta para afirmar a singularidade inerente e incomparável da união entre um homem e uma mulher.

A união entre um homem e uma mulher é constitutiva da humanidade em geral e de cada indivíduo em particular. Ela é uma união originária e originante, na medida em que sem ela nenhum outro tipo de relação é possível. O mesmo não se pode dizer da poligamia, da poliafetividade ou da homossexualidade, ou de quaisquer outras permutações e combinações da experiência afetiva e sexual, que são derivadas e derivantes.

Daí que se revele frágil a tentativa de justificar alguma analogia entre estas formas de relacionamento e a singularidade e a relevância estruturante e constitutiva união entre um homem e uma mulher.[7] Esta é biologicamente necessária à continuidade da espécie humana e à existência e

---

[7] O Tribunal Constitucional português, no Acórdão do TC nº 121/2010, 8-4, § 10, acolhendo acriticamente argumentos expostos noutras sedes, ainda chega a exprimir-se nestes termos, esquecendo que configuração quantitativa e qualitativa do casamento tradicional (um homem e uma mulher) não é de forma algum subjetiva, discriminatória e arbitrária, mas sim objetiva, universal e racional, como explicamos no texto. Uma alteração qualitativa do casamento abre as portas a alterações qualitativas e quantitativas. Não se estaria por essa via a abrir a instituição casamento aos homossexuais, mas sim a subverter a sua lógica intrínseca e a submetê-la à conjuntura e ao arbítrio das orientações e preferências.

identidade de cada indivíduo, ao passo que as demais são contingentes. O ser humano resulta naturalmente da união biológica entre um homem e uma mulher. Isso é indiscutivelmente verdade não apenas para a espécie humana globalmente considerada, mas também para cada ser humano em concreto.[8]

Esse é o substrato pessoal e social que o direito deve reconhecer, oficializar e proteger. O casamento pretende constituir a *garantia institucional* dessa união, estruturando um conjunto de relações jurídicas com direitos e deveres inerentes.[9]

### 4. Igual dignidade e complementaridade

Isoladamente, tanto o homem como a mulher são uma condição necessária mas insuficiente para o surgimento de outro ser humano. A união entre ambos, e do respetivo material genético, afigura-se essencial. Porque assim é, já nessa união física está inerente a igual dignidade do homem e da mulher.

A espécie humana completa-se na complementaridade física dos dois sexos, sem a qual não pode sequer reproduzir-se e assegurar a sua continuidade. Além disso, ele enriquece-se na complementaridade psicológica, emocional e espiritual dos dois sexos.[10]

A vivência dessa complementaridade na relação com os filhos repercute-se significativamente nas possibilidades que estes têm de desenvol-

---

[8] A evidência científica disponível, relativa ao DNA mitocondrial, de mutação especialmente rápida, e ao cromossoma Y, corrobora a ideia de que todo o género humano veio de um único homem e de uma única mulher, facto que não era espectável à luz do paradigma evolucionista dominante. Independentemente das controvérsias em torno das pressuposições naturalistas e evolucionistas e das dificuldades teóricas e práticas que rodeiam a calibragem dos chamados relógios moleculares, esse não deixa de ser um resultado muito interessante do ponto de vista da visão judaico-cristã do mundo. Sobre o DNA mitocondrial, veja-se, particularmente, Ann Gibbons, "Calibrating the Mitochondrial Clock", Science, January 2, 1998, 279:28-29, onde se lê: "Regardless of the cause, evolutionists are most concerned about the effect of a faster mutation rate. For example, researchers have calculated that "mitochondrial Eve" –the woman whose mtDNA was ancestral to that in all living people– lived 100,000 to 200,000 years ago in Africa. Using the new clock, she would be a mere 6,000 years old". Loewe, L and Scherer, S. 'Mitochondrial Eve: the plot thickens.' Trends in Ecology and Evolution, 12(11):422–423, November 1997; sobre o cromossoma Y M.F. Hammer, et al., "Jewish and Middle Eastern non-Jewish populations share a common pool of Y-chromosome biallelic haplotypes", Proceedings of the National Academy of Sciences (early ed.) 2000, 1 ss.; G. D. Poznik, B. M. Henn, M.-C. Yee, E. Sliwerska, G. M. Euskirchen, A. A. Lin, M. Snyder, L. Quintana-Murci, J. M. Kidd, P. A. Underhill, C. D. Bustamante. *Sequencing Y Chromosomes Resolves Discrepancy in Time to Common Ancestor of Males Versus Females.* Science, 2013; 341 (6145): 562 DOI: 10.1126/science.1237619.

[9] John Finnis, Human Rights & Common Good, Collected Essays, III, Oxford, 2011, 317 ss., 334 ss., e 353 ss.

[10] Marco Del Giudice, Tom Booth, Paul Irwing. The Distance Between Mars and Venus: Measuring Global Sex Differences in Personality. PLoS ONE, 2012; 7 (1): e29265 DOI: 10.1371/journal.pone.0029265; Amber N.V. Ruigrok, Gholamreza Salimi-Khorshidi, Meng-Chuan Lai, Simon Baron-Cohen, Michael V. Lombardo, Roger J. Tait, John Suckling. *A meta-analysis of sex differences in human brain structure.* Neuroscience & Biobehavioral Reviews, 2013;

ver a sua personalidade de forma saudável e equilibrada e de construir relações sociais duradouras.[11] Este princípio de igualdade e complementaridade dos dois sexos, fundamental para a caracterização da espécie humana, é abertamente desvalorizado pela união entre dois indivíduos do mesmo sexo. Nela, o masculino rejeita a igual dignidade, a complementaridade e a necessidade do feminino, ao mesmo tempo que o feminino rejeita a igual dignidade, complementaridade e a necessidade do masculino.

Cada um dos sexos afirma a sua autonomia, empobrecendo-se física e psicologicamente e colocando-se num beco sem saída reprodutivo. Além disso, ela é desvalorizada nas relações poliafetivas, em que é relativizada e diluída a singularidade, unicidade e igual dignidade de cada indivíduo integrante da relação.

## 5. Dignidade humana

A dignidade da pessoa humana, se é para levar a sério, deve ser aplicada a cada indivíduo em concreto desde a sua gestação. Considerando que todos os indivíduos são o produto de uma união entre um homem e uma mulher, é inteiramente racional e razoável concluir que uma preocupação moral genuína com as possibilidades concretas do bem-estar de cada indivíduo deve conduzir à universalização da especial proteção da união entre um homem e uma mulher, de acordo com princípios de igual dignidade e complementaridade de género, humanidade, respeito e amor.

Por outras palavras, a dignificação do indivíduo é indissociável da dignificação da união entre um homem e uma mulher que está na base da sua origem e identidade. Dessa união depende o indivíduo, não apenas para nascer, mas para também para ter condições de desenvolvimento física e psicologicamente rico, saudável e equilibrado, inteiramente consentâneo com a sua própria identidade genética e cromossomática. Isto, no pressuposto de que a promoção e estabilização dessa relação seria benéfica para a generalidade dos indivíduos e, por consequência, para toda a sociedade.

Não se percebe o que é que poderá existir de intolerante, irracional ou odioso, na defesa das condições do máximo bem-estar físico e emocional para todas as crianças, independentemente da sua etnia, nacionalidade, sexo ou condição económica e social. Partindo do dado real objetivo de que todos os indivíduos, passados, presentes e futuros, independen-

---

[11] Matthew D. Johnsonm Nancy L. Galambos. *"Paths to Intimate Relationship Quality From Parent–Adolescent Relations and Mental Health"*. Journal of Marriage and Family, 13 JAN 2014 DOI: 10.1111/jomf.12074

temente de etnia, nacionalidade, re gião, ideologia, opção política, condição económica e social, sexo, co da pele, orientação, preferência ou conduta sexual, são naturalmente o produto da união entre um homem e uma mulher, pretende-se dignificar a união que lhes dá origem e que estará na origem das futuras gerações.

A especial dignificação e proteção da união entre um homem e uma mulher serve o reconhecimento da igual dignidade de todos os seres humanos, desde a sua gestação, de forma não discriminatória, criando condições para o seu desenvolvimento físico, psicológico saudável e equilibrado.

## 6. Racionalidade

A natureza diádica e heterossexual do chamado "casamento tradicional" não surgiu por vontade humana ou decisão discriminatória de alguém. O reconhecimento de uma especial dignidade jurídica e social do casamento entre duas pessoas de sexos diferentes não surgiu no mundo da vida como uma construção subjetiva e arbitrária. Ela tem uma razão de ser, uma lógica e uma teleologia intrínseca. Ela replica as condições biológicas e antropológicas do nascimento e desenvolvimento do ser humano. Na sua estrutura e funcionalidade, a união heterossexual monogâmica é definida pelos pressupostos e condicionantes físicos e psicológicos da conceção, existência e identidade de cada ser humano. Trata-se de um bom exemplo de uma realidade necessária e imutável, válida em todos os tempo e lugares, exatamente como sucede com as leis racionais da lógica e da matemática. A mesma adequa-se inteiramente à necessidade de estruturar a normatividade do casamento em princípios categóricos racionais e universalizáveis, adequados à realidade. Ela tem uma lógica intrínseca, universal e intemporal, que simplesmente não está presente nem nos pares de homossexuais nem nas relações polígamas ou poliafetivas.

A singularidade da união entre um homem e uma mulher não resulta do facto de alguém se ter lembrado de privilegiar arbitrária e discriminatoriamente os afetos heterossexuais monogâmicos e esquecer os seus congéneres homossexuais ou polígamos. Objetivamente, a totalidade do género humano e de cada indivíduo em concreto só está cabalmente representada na presença do sexo masculino e feminino. Daí resulta a heterossexualidade do casamento, o seu *elemento qualitativo estruturante*. Além disso, verifica-se que são necessários dois e apenas dois indivíduos, um por cada sexo, para o nascimento e desenvolvimento físico e emocional equilibrado de cada ser humano. Daí a monogamia do casamento, o seu *elemento quantitativo estruturante*. A união entre um homem e uma mulher tem uma lógica intrínseca de onde resultam limites qualitativos e quantitativos claros, o que não sucede com outras uniões pensáveis.

Na verdade, do ponto de vista homossexual, não existe sequer qualquer fundamento objetivo e não arbitrário para que o casamento entre pessoas do mesmo sexo se limite a duas pessoas.[12] Também não existe nenhum interesse objetivo especial na estabilidade dessas relações, visto que as mesmas não são naturalmente adequadas à reprodução da espécie humana e ao nascimento e desenvolvimento de cada indivíduo em concreto. A atribuição de um significado social e jurídico distinto ao casamento heterossexual monogâmica tem a vantagem de ter um fundamento lógico, biológico e antropologicamente válido em todos os tempos e lugares, permitindo balizar qualitativa e quantitativamente o conceito em apreço, protegendo-o do risco de derivação e diluição. A decisão de equiparar um par de homens ou mulheres – ou um conjunto indefinido de pessoas de um ou ambos os sexos – a um casal (masculino e feminino) e considerar que se está perante duas realidades objetivamente iguais e igualmente legítimas afigura-se destituída de fundamento biológico, antropológico e lógico.

Paradoxalmente, o recurso ao princípio da igualdade para justificar a proteção do casamento entre pessoas do mesmo sexo e as uniões poliafetivas acaba por expor uma fraqueza fundamental destas duas formas de relacionamento humano, a saber, que as mesmas não dispõem de lógica intrínseca de que estabeleça parâmetros quantitativos e qualitativos claros e justifique objetiva, intemporal e universalmente a sua existência e razão de ser. Elas reclamam o seu direito a um reconhecimento social e jurídico, não com base numa lógica e numa teleologia intrínsecas, mas principalmente na existência social e jurídica do casamento entre duas pessoas de ambos os sexos. Só que, como já vimos, a especial dignidade da união entre um homem e uma mulher pode ser justificada com base numa lógica intrínseca, intemporal e universal, na medida em que dela resulta a existência e a identidade de cada ser humano em especial e a continuidade de toda a espécie humana em geral. Ela é, por isso, uma união originária e originante.

Esta insuficiência tem sido colmatada com a invocação de grandezas como a afetividade, a orientação sexual, a liberdade ou a privacidade. O problema é que de nenhuma delas individualmente ou de todas elas em conjunto não podemos derivar parâmetros quantitativos e qualitativos claros, aptos a delimitar, de forma não subjetiva, não arbitrária e não discriminatória, um conceito claro de casamento apto a rodear a conceção, o

---

[12] As possibilidades de múltiplas formas de união sexual baseadas em diferentes orientações e preferências foram desvalorizadas e ignoradas pelo Acórdão do TC nº 121/2010, 8-4, §, que também assumiu que se estava a falar do casamento entre duas pessoas, sem perceber que existe um fundamento (bio)lógico objetivo para esse número no casamento tradicional que não existe no casamento entre pessoas do mesmo sexo. O Tribunal Constitucional parece ter partido do princípio de que o casamento é de duas pessoas apenas porque alguém se lembrou de dizer, por capricho, que é de duas pessoas e daí que seja importante corrigir isso.

nascimento e o desenvolvimento de cada ser humano de um clima favorável a um quadro de cuidado, estabilidade, previsibilidade, segurança e responsabilidade.

## 7. Intemporalidade e universalidade

Dos cerca de sete mil bilhões de indivíduos que vivem hoje, desde a América até a Austrália, desde o Polo Norte ao Polo Sul podemos dizer que são o resultado da união entre um homem e uma mulher. Isso é verdade hoje, como o era na antiga Suméria ou nos tempos idos de Sócrates, Platão e Aristóteles. Não é que de todas essas uniões resulte um ser humano. Mas todos os seres humanos resultaram dessa união. Não se trata de um costume tradicional ou de uma conduta típica de sociedades supostamente mitológicas e pré-modernas e conservadoras. Trata-se de uma realidade tão atual no século XXI d.C como o era no século XXI a.C.

O Direito e o Estado devem ter um fundamento lógico, racional e universalizável para as suas decisões normativas essenciais, sob pena de semearem o descrédito e o arbítrio nas suas instituições e normas. As normas morais do Estado Constitucional só podem aspirar à primazia e à universalidade se se basearem, não em orientações, preferências ou pulsões subjetivas, ou em sentimentos de orgulho, vaidade ou ostentação, mas em dados objetivos universalizáveis. Na filosofia do direito é influente a noção de que os imperativos categóricos só o são, verdadeiramente, se forem universalizáveis.

Considerando que todos os seres humanos, em todos os tempos e lugares, independentemente da etnia, nacionalidade, sexo, estado de saúde, ideologias políticas, convicções religiosas, condição econômica e social, gostos, orientações ou preferências, sexuais, são o resultado da união entre um homem e uma mulher e transportam, em partes iguais, os cromossomas de um e de outro, existe um fundamento originário, lógico, universal e intemporal para reconhecer a especial dignidade e a relevância estruturante da relação entre um homem e uma mulher e construir sobre ela a mais importante instituição social. Trata-se de algo que nada tem que ver com maiorias ou minorias, qualquer que seja a sua natureza, na medida em que é estruturalmente universal e, consequentemente, não discriminatória.

O Estado pode reconhecer estatuto especial e singular da união entre um homem e uma mulher, porque tem fundamentos biológicos, antropológicos, sociais e morais mais do que suficientes, porque universalizáveis. Se a ideia for conformar o casamento subjetivamente de acordo com os afetos, preferências e orientações, sem discriminar, então abre-se as portas a tantas formas de casamento quantas as possibilidades e combinações afetivas dos seres humanos e até de outras espécies (*v.g.* heterossexualidade, homossexualidade, poligamia, poligamia bissexual, incesto, zoofilia).

Trata-se aqui de realidades derivadas e derivantes, destituídas de balizas determinadas e não arbitrárias. Uma vez alterado qualitativamente o casamento, não há nenhuma razão lógica que impeça novas alterações qualitativas e quantitativas. O reconhecimento de um estatuto jurídico e social distinto e especial ao casamento heterossexual monogâmico não resulta de qualquer preferência subjetiva e arbitrária, resulta de a complementaridade dos dois sexos, em condições de igualdade, constituir um elemento constitutivo do género humano e de cada indivíduo concreto.

Quando se discute o casamento, todas as "maiorias" e "minorias" são imediatamente integradas na "totalidade" dos seres humanos que, de forma intemporal e universal, são o produto de uma relação entre um homem e uma mulher, ajudando também eles a corroborar o interesse público na dignificação, promoção e estabilização dessa relação constitutiva do género humano e fundamental para o nascimento, crescimento e desenvolvimento física e psicologicamente saudável de cada indivíduo em concreto. Isto procede independentemente de etnia, nacionalidade, religião, ideologia, sexo e mesmo orientação ou preferência sexual. O que se pretende é prestigiar o contexto no seio do qual todos os indivíduos abraçam a vida e o mundo, de forma a otimizar as condições iniciais da existência humana e a tornar a experiência da vida o melhor possível para todos sem exceção.

Do ponto de vista do critério relevante para determinação quantitativa e qualitativa do casamento, não existem maiorias ou maiorias, mas sim a totalidade dos seres humanos, em todos os tempos e lugares, que são o resultado da união entre um homem e uma mulher. Esta não se baseia no princípio da igualdade, mas sim noutro princípio, que está antes e acima dele: o princípio da universalidade. Este é, por sinal, o mais compatível com a proibição do arbítrio e da discriminação.

## 8. Centralidade da criança e dos seus interesses

A adscrição de uma especial dignidade à união entre um homem e uma mulher surge acima de tudo centrada na criança e dos seus superiores interesses de afirmação e validação da sua identidade e de desenvolvimento saudável da sua personalidade. Não é que todas as uniões entre um homem e uma mulher gerem um ser humano. Mas todos os seres humanos são o resultado da união entre um homem e uma mulher. E isto, sem margem para qualquer discriminação em função da etnia, nacionalidade, sexo ou condição económica e social.

Na união entre um homem e uma mulher, a criança tem um lugar central. É com base no reconhecimento da centralidade da criança na família que se afirma a sua centralidade na sociedade, o que favorece o aperfeiçoamento da estrutura familiar, nomeadamente combatendo o incesto ou o abandono, bem como, em termos mais gerais, a pobreza infantil, o abuso sexual de menores ou a pornografia infantil. Daí a existência de um interesse social fundamental na dignificação, proteção e estabilização no modelo de relação humana que está na base de cada criança.

Se a infância apresenta uma especial singularidade e vulnerabilidade, impõe-se logicamente criar condições para que o maior número possível de crianças seja devidamente cuidado pelo homem e pela mulher que estão na sua origem e que definem a sua identidade. Este objetivo integra, em bom rigor, o núcleo essencial da dignidade da pessoa humana e dos direitos humanos. Se estes direitos valem alguma coisa, eles devem valer para todos os seres humanos, sem exceção, procurando assegurar as condições ótimas de existência desde a sua conceção. Trata-se aqui de um interesse fundamental e universal constitucionalmente protegido.

Está amplamente demonstrado que cada ser humano que, por qualquer motivo, não conhece os dois ou um dos pais, quer saber quem são o seu pai e a sua mãe e prefeririria ter sido criado e educado por e com ambos, numa relação de complementaridade e amor. Está igualmente demonstrado como o divórcio tende a causar sofrimento traumático nas crianças envolvidas, por vezes com consequências psicossomáticas para a sua idade adulta.

Não admira, pois, que a união entre o pai e a mãe, num ambiente de igual dignidade, respeito e amor, seja a relação preferida pela esmagadora maioria das crianças. É no seio dessa relação que cada indivíduo experimenta pela primeira vez, a par do amor e do respeito, o significado de palavras como pacto, confiança, segurança, verdade, lealdade e fidelidade, as quais tanta importância assumem na edificação e consolidação das estruturas políticas e jurídicas da vida em sociedade num Estado Constitucional.

É o afastamento do ideal regulativo da estabilidade e exclusividade da união entre homem e mulher que motiva a inimizade e a desconfiança têm levado à proliferação a que hoje se assiste de ações de averiguação e impugnação da (presunção de) paternidade ou de alimentos. Ele está também na base dos conflitos na regulação do poder paternal e dos raptos parentais. Tudo isso causando enorme sofrimento físico e emocional às crianças.

Esse é um dado objetivo, socialmente relevante que justifica a criação, por parte do ordenamento jurídico, de condições que favoreçam e dignifiquem a relação entre um homem e uma mulher. É isso que tem justificado o papel e a função que o casamento entre um homem e uma mulher tem desempenhado ao longo da história nas diferentes civilizações.

Ou seja, existe fundamento objetivo e universal mais do que suficiente para conferir uma dignidade jurídica e social distinta e exclusiva à união entre um homem e uma mulher. Essa distinção é uma diferenciação objetivamente fundamentada, apelando a critérios (bio)lógicos universais e intemporais, indissociáveis da existência, dignidade e identidade de cada ser humano individualmente considerado, e não uma discriminação arbitrária e caprichosa, baseada nas impressões ou orientações subjetivas de alguns.

## 9. Desenvolvimento da personalidade

A especial dignidade jurídica do casamento entre um homem e uma mulher baseia-se no dado biológico e antropológico objetivo de que no género humano existem dois sexos, o feminino e o masculino, sendo a união biológica entre um homem e uma mulher o meio natural que conduz à reprodução e ao nascimento de cada indivíduo. E é também por estar em causa o desenvolvimento desse indivíduo, nas suas fases de infância, adolescência e juventude, que existe um interesse objetivo em promover a estabilidade dessa relação, num contexto de igual dignidade, respeito e amor, de forma a garantir a cada um as condições físicas e emocionais adequadas e necessárias ao desenvolvimento saudável de cada ser humano. E porque daí depende largamente a conduta desse mesmo indivíduo em sociedade, existe mesmo um interesse público em dignificar e estabilizar essa relação.

Daí que faça sentido que o casamento juridicamente reconhecido e protegido seja entre dois seres humanos de sexos diferentes, e não entre dois seres do mesmo sexo ou entre vários seres humanos de um ou ambos os sexos. Se todas as crianças, independentemente de cor, sexo, língua, religião, origem nacional, étnica ou social, fortuna, incapacidade, nascimento ou de qualquer outra situação, são o fruto da união entre um homem e uma mulher, a melhor maneira de dignificar e proteger a criança em todas fases do seu desenvolvimento é dignificar e proteger a relação entre um homem e uma mulher, dentro de parâmetros de igual dignidade e liberdade.

A pior maneira de proteger a criança é relativizar e desvalorizar a união que está na base do seu nascimento e identidade genética. Ou seja, de um conjunto de factos biológicos e antropológicos intemporais e universais resulta natural e logicamente um imperativo moral e jurídico universalizável de proteger a união entre um homem e uma mulher e de incentivar e promover a sua estabilidade, no respeito pela integridade psíquica e física dos envolvidos, na convicção de que isso será benéfico, no curto, médio e longo prazo para um número elevado de crianças.

As diferenças fácticas (genéticas, biológicas, antropológicas) entre a união heterossexual monogâmica e as uniões polígamas ou homossexuais mais do que justificam a diferenciação e uma dignidade jurídica e social acrescida da primeira relativamente às segundas. Podemos dizer que o estatuto especial do casamento heterossexual monogâmico tem fundamentos objetivos de interesse público, estruturantes do género humano e do nascimento e desenvolvimento de cada indivíduo, ao passo que o casamento homossexual serve apenas pretensões subjetivas e privadas, de resto em nada diferentes daquelas que podem ser invocadas para a proteção da poligamia, do poliamor e dos casamentos plurais, simultâneos ou em série.

## 10. Sustentabilidade e continuidade intergeracional

A união entre um homem e uma mulher é estruturante do género humano e de cada indivíduo em concreto. Os genes transmitem-se hereditariamente e com eles uma parte da história e da identidade dos progenitores e dos seus antepassados. Este dado contém em si mesmo uma dimensão de continuidade intergeracional. Ela estabelece naturalmente uma relação de imediação e continuidade da geração presente com as gerações passadas e futuras. Esta relação é importante para toda a comunidade e para o próprio indivíduo em concreto, na medida em que dela depende a historicidade social e pessoal. A mesma reveste-se de grande importância para o desenvolvimento de uma autocompreensão existencial nos planos coletivo e individual. Nesse sentido, a mesma incorpora princípios de autonomia, cultura, democracia e sustentabilidade, na medida em que se preocupa com a continuidade biológica e histórica de cada indivíduo e da comunidade política globalmente considerada.

## 11. Responsabilidade individual e social

A união entre um homem e uma mulher encontra-se estruturada com base num princípio fundamental de responsabilidade, não apenas no sentido jurídico-civil (*Haftung*), mas também jurídico-cívico (*Verantwortung*). Ela assenta na premissa de que a responsabilidade primária pelo bem-estar de cada indivíduo reside no homem e na mulher que estiveram na base da sua origem e identidade.

São estes, numa primeira instância, que devem prestar contas acerca do modo como exerceram, ou não, as suas responsabilidades. A especial dignidade da união entre um homem e uma mulher é mais centrada nas responsabilidades do que nos direitos. Ela pretende enfatizar as responsabilidades imediatas do pai e da mãe no cuidado dos seus filhos e na criação de uma estrutura familiar estável para os receber.

A ênfase na relação entre um homem e uma mulher incorpora um princípio de sexualidade responsável, atenta às consequências sociais das condutas humanas. A realidade atual das doenças sexualmente transmissíveis (v.g. HIV-SIDA, sífilis, gonorreia), do aborto, do infanticídio, das crianças abandonadas ou institucionalizadas ou do tráfico de crianças e mulheres, mostra que alguns comportamentos sexuais heterossexuais e homossexuais têm um impacto direto ou indireto nalguns valores e bens de enorme relevância social, atestando a importância da adoção de um princípio de responsabilidade social.

Ela supõe uma visão da legitimidade do Estado e dos direitos humanos acima de tudo preocupada com o bem-estar de todos os seres humanos em todas as fases da sua existência.[13] As crianças não são naturalmente inerentes à equação homossexual, não passando, para ela, de uma eventualidade hipotética e marginal. Em abstrato, a união entre duas pessoas do mesmo sexo não é estrutural e funcionalmente concebida a pensar na criança enquanto tal e muito menos na sua posição de elo mais fraco. Por outro lado, a união polígama ou poliamorosa tende, também em abstrato, a diluir as responsabilidades no domínio do cuidado e do bem-estar. Trata-se de uniões em primeira linha de adultos, por adultos e para adultos, estruturalmente assente nas vontades, nos desejos, nos interesses e no prazer de adultos. A ênfase na união entre um homem e uma mulher pretende incentivar e valorizar social e juridicamente o pleno cumprimento das responsabilidades parentais diretamente pelos progenitores.

## 12. Não discriminação

Sendo todos os indivíduos, independentemente da nacionalidade, etnia, religião, ideologia, condição económica e social, sexo, raça ou orientação sexual, o resultado da união entre um homem e uma mulher, não parece que o reconhecimento a esta união de uma especial dignidade de proteção possa ser considerada arbitrária e discriminatória. Pelo contrário, trata-se de uma união que se encontra biologicamente estruturada de forma a não discriminar ninguém. Ninguém vem ao mundo a não ser através dela. Este aspeto é importante, tendo em conta a tendência humana para introduzir elementos de diferenciação e discriminação contrários à igual dignidade de todos os homens. A ênfase na especial dignidade de proteção da relação entre um homem e uma mulher pretende, preci-

---

[13] Nas palavras de Ronald Dworkin, Justice for Hedgehogs, Cambridge, MA: Harvard University Press, 2011, 2 "No government is legitimate unless equal concern for the fate of every person over whom it claims dominion".

samente, diminuir as probabilidades de discriminação nas condições de acesso à existência e entrada no mundo da vida.

Todos os indivíduos que integram o género humano são o produto da relação entre um homem e uma mulher, herdando o respetivo material biológico, o que permite que se fale na existência de um interesse público na dignificação e estabilização dessa relação em nome da garantia do máximo bem-estar físico e psicológico a cada indivíduo. Trata-se de um ideal universal, que se aplica, sem qualquer exceção ou discriminação, a brancos, amarelos, negros, judeus, árabes, religiosos, ateus, estrangeiros, heterossexuais, homossexuais ou quaisquer indivíduos integrantes das categorias que alguém queira inventar.

Quem se preocupar com a satisfação das necessidades físicas, psíquicas e existenciais e no bem-estar de todos e cada um dos seres humanos, sem exceção, desde a sua conceção e ao longo de todas as suas fases de desenvolvimento, conclui que faz todo o sentido dignificar, estabilizar e proteger a união entre um homem e uma mulher, porque ela é pressuposto universal da existência e identidade de cada indivíduo e fator do maior relevo para o seu desenvolvimento físico e emocional mais saudável. Nenhuma agenda ideológica pode justificar a ignorância ou desvalorização da singularidade e da relevância estruturante e constitutiva dessa união ou a afirmação de que que se trata apenas de uma entre muitas outras.

Em causa não está, como se vê, qualquer distinção entre maiorias ou minorias, de natureza política, religiosa, económica, social, cultural ou sexual. Todos os indivíduos alegadamente integrantes dessas e de outras categorias de maiorias ou minorias que se possam pensar, podem ser legitimamente mobilizados como evidência da relevância constitutiva e estruturante da união entre um homem e uma mulher para a espécie humana em geral e para cada indivíduo em especial, na medida em que todos, independentemente da sua inserção maioritária ou minoritária, são o resultado de um espermatozoide masculino e de um óvulo feminino, transportando em si 23 cromossomas de uma mulher e 23 cromossomas de um homem. Pelo que, quando uma qualquer pessoa pretende desvalorizar a relevância da união entre um homem e uma mulher, ela acaba por ser objetivamente desmentida, de maneira irrefutável, pelo seu próprio genoma.

## 13. Neutralidade religiosa e ideológica

Um dos princípios fundamentais do Estado Constitucional diz respeito à neutralidade religiosa e ideológica do Estado. Trata-se de uma neutralidade tendencial, é certo, na medida em que a afirmação da igual dignidade e liberdade de todos os seres humanos e da primazia da justiça e da solidariedade constituem opções fundamentais de valor. Alguns dizem que a ênfase na especial dignidade social e jurídica da união entre um homem e uma mulher constitui uma tácita imposição de um conceito judaico-cristão e que, por esse motivo, não pode ser universalizada, sob pena de se impor a uns a moral religiosa de outros.

Mas como resulta das considerações anteriormente expendidas, a existência objetiva de um padrão heterossexual monogâmico constitutivo do género humano e de cada indivíduo é uma realidade biológica e antropológica intemporal e universal. Todos os seres humanos resultam naturalmente da união entre um homem e uma mulher. Esse é um dado fáctico incontornável e irrefutável. É por causa dele, e não por qualquer capricho arbitrário e discriminatório ou por uma doentia, fóbica ou fílica obsessão com a uniformidade, que a união entre um homem e uma mulher se mostra credora de um reconhecimento e de uma proteção jurídica e social especial.

Isso nada tem que ver com doutrinas ou exigências religiosas. Mesmo os indivíduos não religiosos foram o resultado da união entre o espermatozoide de um homem e óvulo de uma mulher, transportando em si os cromossomas de ambos. Ou seja, a união entre um homem e uma mulher está na base de todos os indivíduos, independentemente da religião que professem ou do facto de não professarem nenhuma. Ela é uma realidade independente de ideologias ou crenças religiosas. Não é, portanto, algo dependente da adesão a esta ou àquela crença religiosa ou ideologia.

Por esse motivo, não tem sentido colocar a união entre um homem e uma mulher no epicentro de batalhas religiosas ou ideológicas, às quais ela é anterior e alheia. É certo que quem partir de uma perspetiva judaico-cristã, pode dizer que a especial dignidade de proteção de um casal (por definição macho e fêmea) tem o seu fundamento em dados biológicos, antropológicos e lógicos objetivos, intemporais e universais, que corroboram proposições teológicas acerca da criação do Universo, da vida e do homem, por um Ser racional, omnipresente e eterno. Porém, mesmo quem rejeite estas ou outras premissas teológicas não pode descartar os dados biológicos e antropológicos, na medida em que eles estruturam a sua própria identidade genética e biológica.

Pode ser proposta a adoção de outros critérios de casamento, para além da união entre um homem e uma mulher, baseado na subjetividade, na afetividade, nos desejos, nas orientações e nas pulsões. Isso implica, no entanto, a introdução neste domínio de dimensões subjetivas e arbitrárias, na medida em que desses critérios não resultam parâmetros qualitativos e quantitativos claros, intemporais, universalizáveis e sustentáveis. Nem tampouco os mesmos têm, como principal eixo ou centro de gravidade, o interesse das crianças nas fases da vida em que se encontram mais favoráveis. No entanto, não nos parece que possa ser legitimamente afirmado é que a ênfase na união entre um homem e uma mulher.

## 14. Teoria da justiça

A defesa de uma especial dignidade institucional de proteção política e jurídica da união entre um homem e uma mulher satisfaz as exigências da ação comunicativa e da teoria da justiça que postulam uma justificação das decisões políticas e jurídicas com base em pressupostos secularizados, entendidos como racionalmente acessíveis a todos.[14]

Assim é, porque essa instituição é edificada como tal com base nos dados biológicos objetivos anteriores às próprias noções de *racionalidade*, *posição original* e *véu de ignorância*, de um hipotético contrato social político liberal, apoiando-se no critério natural, intemporal e universal de que a origem e identidade de todos os seres humanos resultam da união entre um homem e uma mulher.

Esse é um dado anterior e independente relativamente à questão de saber se o indivíduo vai ser homem ou mulher, mais claro ou mais escuro, ocidental ou oriental, religioso ou não religioso, crente ou ateu, rico ou pobre, culto ou inculto, racional ou supersticioso, cerebral ou emotivo, idealista ou realista, justnaturalista ou positivista, heterossexual ou homossexual.

Diante deste potencial de diversidade concreta, impõe-se a procura de um critério comum física e racionalmente acessível a todos. Como a origem e identidade de todos os seres humanos, em todos os tempos e lugares, tem na sua base a união biológica e genética entre um homem e uma mulher, a atribuição à mesma de uma especial dignidade de proteção constitui uma decorrência natural, justa, igual, racional, não discriminatória nem arbitrária, do propósito de rodear cada ser humano, desde a sua origem, das condições objetivas ótimas para que a sua formação e o desenvolvimento da sua personalidade se processem de forma saudável e equilibrada.

Naturalmente que não cabe ao Estado garantir e otimizar as condições subjetivas, afetivas e morais, no seio de cada casal, necessárias à melhor realização desse objetivo. Mas o seu contributo na estruturação de condições objetivas com base em critérios naturais, universais e intemporais está longe de poder ser qualificada de arbitrária, irracional e discriminatória. O Estado pode criar uma *arquitetura da decisão*, procurando incentivar as pessoas a decidirem livremente, em matéria de fins e de meios, num determinado sentido considerado preferível.

---

[14] John Rawls, *Political Liberalism*, New York, 1995, 3 ss.

O mesmo pode legitimamente criar uma estrutura de incentivos, apenas levemente paternalista quanto aos fins a atingir, no sentido de canalizar positivamente os afetos e os impulsos sexuais dos indivíduos de uma forma que maximize as condições de formação da identidade biológica e psicológica de cada indivíduo desde a sua conceção e gestação.[15]

## Conclusão

A atribuição de uma especial dignidade social e jurídica à união entre um homem e uma mulher não exprime qualquer intensão subjetiva, preconceituosa, arbitrária ou discriminatória. Ela baseia-se tão só no facto objetivo e indesmentível de que todos os indivíduos, em todos os tempos e lugares, são o resultado da união biológica e genética de um homem e uma mulher. Este facto é uma realidade objetiva universal e intemporal, com uma estrutura qualitativa e quantitativa bem definida, com expressão na existência e na identidade física de cada ser humano individualmente considerado.

Por esse motivo, um Estado Constitucional assente no direito à vida, na igual dignidade humana e no livre desenvolvimento da personalidade tem objetivamente legitimidade para reconhecer o papel objetivamente constitutivo e estruturante que a união entre um homem e uma mulher tem no desenvolvimento de todos e de cada ser humano, rodeando-a de um estatuto e de uma proteção especiais. O objetivo é contribuir para criar condições ótimas para a conceção, gestação e desenvolvimento físico e psíquico de todos os seres humanos.

Este aspeto não deve ser politizado e ideologizado, na medida em que está antes à margem e para além de quaisquer ideologias políticas ou doutrinas religiosas. Todos os indivíduos, independentemente da sua ideologia, convicção religiosa ou visão do mundo, são o resultado da união entre um homem e uma mulher, como é prontamente atestado pela sua estrutura cromossomática.

Porque assim é, essa união não pode ser relativizada e desvalorizada pelo hipotético confronto de ideologias ou entre maiorias ou minorias, como se fosse uma união entre muitas outras possíveis, na medida em que se trata de uma realidade causadora e estruturante da existência e identidade de todos os seres humanos sem exceção. Ela é uma realidade intemporal e universal, estando na base da origem e identidade de todos os seres humanos, independentemente das suas disposições ou caracte-

---

[15] Cass R. Sunstein, "The Storrs Lectures: Behavioral Economics and Paternalism", 122, The Yale Law Journal, 2013, 1828, 1855, sublinhando que "ends paternalists might believe that certain sexual activity is inconsistent with people's well-being, suitably defined, and hence they should not be allowed to engage in that activity".

rísticas. Valorizá-la, social e juridicamente, é garantir igual consideração e respeito a todos os indivíduos desde o primeiro momento da sua existência, além de ser uma forma de honrar o pai e a mãe de todos os seres humanos, futuros, presentes e passados.

# — 4 —

# Terras indígenas e palavras escuras no STF

## ISABELA FIGUEROA[1]

*Sumário*: Introdução; 1. O tratamento das terras indígenas no Brasil; 2. O procedimento demarcatório das terras indígenas; 3. Posse tradicional, propriedade civil e desigualdade; 4. Meio caminho, meia medida; 5. Na contramão do direito internacional; 6. Justiça que restringe não é justiça; 7. O caso do povo Guarani Kaiowá na terra indígena Guyraroka; 8. O caso do povo Terena na terra indígena Limão Verde; Conclusão.

> A coisa tá tão absurda que, hoje, querem nos penalizar por termos sido expulsos de nossos territórios. Querem que assumamos a culpa pelo crime deles.
> *Ava Kaaguy Rete Guarani Kaiowá, liderança Guarani*.[2]

## Introdução

Quando o intelectual yanomami David Kopenawa se refere ao pensamento dos que não somos índios, diz que nosso jeito de pensar é astuto, mas nossos pensamentos se enredam em palavras escuras e nubladas. Ele fala mais ou menos assim: "o caminho de seu pensamento [dos 'brancos'] é frequentemente retorcido e espinhoso. [...] Eles contemplam peles de papel onde desenharam suas próprias palavras durante horas. Se eles não seguem suas linhas, seu pensamento se perde".[3]

No contexto da interpretação jurídica, as palavras escuras desenhadas nas peles de papel podem trazer perda, dor e até devastação para os

---

[1] Advogada pela UFPEL, mestre em Direito Econômico (UASB, Equador), mestre em Direitos e Políticas dos Povos Indígenas (UArizona, Estados Unidos), mestre em Direito Indígena (UCalgary, Canadá), e Doutora em Estudos Culturais Latino-Americanos (UASB, Equador).

[2] Instituto Socioambiental, "Decisão do STF reforça ataque aos direitos territoriais indígenas", 26 de março de 2015, disponível em <http://www.socioambiental.org/pt-br/noticias-socioambientais/decisao-do-stf-reforca-ataque-aos-direitos-territoriais-indigenas>, último acesso 6 de abril de 2015.

[3] David Kopenawa, Bruce Albert, *The falling sky. Words of a yanomami shaman*, Cambridge: Harvard University Press, 2013, p. 22. "The white people's way of thinking is other. Their memory is clever but entangled in smoky and obscure words. The path of their thought is often twisted and thorny. They do not truly know the things of the forest. They contemplate paper skins on which they have drawn their own words for hours. If they do not follow their lines, their thought gets lost[.]"

povos indígenas. Exemplos das consequências de tal escuridão são algumas das últimas decisões da Segunda Turma do Supremo Tribunal Federal (STF) que tendem a consolidar uma jurisprudência restritiva dos processos demarcatórios de terras indígenas. Segundo o que propõe a Segunda Turma, somente os índios que estavam ocupando de fato suas terras na data da promulgação da Constituição vigente ou, em seu defeito, tenham demandas judicializadas de reivindicação daquela posse podem ter suas terras reconhecidas e demarcadas.

As palavras que escrevem os juízes de direito em suas decisões, como já nos lembrava Cover, envolvem dor e violência.[4] Não sempre, e talvez não seja a regra geral, mas isso ocorre muitas vezes. Nos casos em que trato neste texto, envolvem a continuação de um processo de violência institucional que começou há séculos e envolve a dor dos povos indígenas que não conseguem reaver as terras que foram violentamente usurpadas de seu domínio.

Neste artigo, primeiro descrevo o procedimento pelo qual as terras indígenas são demarcadas no Brasil e logo sinalizo alguns dos problemas jurídicos que traz o tipo de proteção que a Constituição de 1988 oferece a estas terras, separando a posse permanente do domínio. A seguir, reviso duas das últimas decisões da Segunda Turma do STF sobre terras indígenas que ilustram o pensamento ainda racista e colonial que persiste no sistema judiciário brasileiro.

## 1. O tratamento das terras indígenas no Brasil

Existem três instrumentos normativos que estabelecem o processo demarcatório das terras indígenas brasileiras: a Constituição Federal de 1988; a Lei n° 6.001, de 1973, chamada "Estatuto do Índio",[5] e o Decreto 1.775, de 1996.[6] As terras tradicionalmente ocupadas pelos índios são para sua posse permanente e uso exclusivo,[7] mas fazem parte do patrimônio da União.[8]

A Constituição determina que as terras indígenas são bens inalienáveis, indisponíveis e que os direitos sobre elas são imprescritíveis,[9]

---

[4] Robert Cover, "Violence and the word", 95 *Yale Law Journal* 1601 (Julio 1986), p. 1611.
[5] Brasil, Lei n° 6.001, de 19 de dezembro de 1973, *Estatuto do Índio*.
[6] Brasil, Decreto n° 1.775, de 8 de janeiro de 1996, *Dispõe sobre o procedimento de demarcação das terras indígenas e dá outras providencias*.
[7] Idem, Art. 231, § 2°. "As terras tradicionalmente ocupadas pelos índios destinam-se a sua posse permanente, cabendo-lhes o usufruto exclusivo das riquezas do solo, dos rios e dos lagos nela existentes".
[8] Brasil, Constituição (1998), Art. 20. "São bens da União: (...) XI – as terras tradicionalmente ocupadas pelos índios".
[9] Idem, Art. 231, § 4°. "As terras de que trata este artigo são inalienáveis e indisponíveis, e os direitos sobre elas, imprescritíveis".

cabendo ao Estado federal demarcá-las, protegê-las e fazer respeitar todos os seus bens.[10] A demarcação das terras indígenas é realizada por meio de um procedimento administrativo cujo objetivo central é estabelecer os limites da ocupação tradicional. Ou seja, o processo de demarcação destas terras não é um ato constitutivo da posse tradicional, mas simplesmente declara sua existência, precisando a real extensão da posse e conferindo eficácia plena ao mandato constitucional.

Não é ato constitutivo de posse porque os sistemas indígenas de tenência da terra são anteriores à formação e criação dos Estados e seu direito positivo. O direito brasileiro não constituiu os direitos de posse tradicional indígena (como o fez com os direitos de posse civil e propriedade privada) e portanto não pode extingui-los, o que explica a inalienabilidade, imprescritibilidade e indisponibilidade das terras. Quer dizer que, a diferença dos direitos de propriedade civil, a gênesis destes direitos não são os Estados, mas sim a experiência intergeneracional de cada povo indígena sobre suas terras. A proteção constitucional que o direito brasileiro oferece a estes povos e suas terras ancestrais significa o reconhecimento tardio de sistemas de posse e tenência da terra cuja existência se remonta a períodos anteriores à conformação do próprio Estado.

Em resumo, a existência da posse tradicional e da terra indígena não depende de sua demarcação, mas esta é essencial para que o Estado possa protegê-la de maneira efetiva. Assim também é o entendimento do STF, que na decisão relacionada com a terra indígena Raposa Serra do Sol recordou que "o ato de demarcação passa a se revestir de caráter meramente declaratório de uma situação jurídica ativa preexistente[.] Preexistente, por exemplo, à própria Constituição".[11]

---

[10] Brasil, Constituição (1998), Art. 231. "São reconhecidos aos índios sua organização social, costumes, línguas, crenças e tradições, e os direitos originários sobre as terras que tradicionalmente ocupam, competindo à União demarcá-las, proteger e fazer respeitar todos os seus bens".

[11] Brasil, Supremo Tribunal Federal, Ementa: Ação popular. Demarcação da terra indígena Raposa Serra do Sol. Inexistência de vícios no processo administrativo-demarcatório. Observância dos arts. 231 e 232 da Constituição Federal, bem como da Lei n° 6.001/73 e seus decretos regulamentares. Constitucionalidade e legalidade da Portaria n° 534/2005, do ministro da justiça, assim como do decreto presidencial homologatório. Reconhecimento da condição indígena da área demarcada, em sua totalidade. Modelo contínuo de demarcação. Constitucionalidade. Revelação do regime constitucional de demarcação das terras indígenas. A constituição federal como estatuto jurídico da causa indígena. A demarcação das terras indígenas como capítulo avançado do constitucionalismo fraternal. Inclusão comunitária pela via da identidade étnica. Voto do relator que faz agregar aos respectivos fundamentos salvaguardas institucionais ditadas pela superlativa importância histórico-cultural da causa. Salvaguardas ampliadas a partir de voto-vista do Ministro Menezes Direito e deslocadas para a parte dispositiva da decisão. Relatório em Ação Popular 3.388 Roraima, Augusto Affonso Botelho Neto *et al.* e União, Relator Ministro Carlos Ayres Britto (Acórdão), par. 80, III.

## 2. O procedimento demarcatório das terras indígenas

O Estatuto do Índio e o Decreto 1.775 estabelecem o atual mecanismo para a demarcação administrativa das terras indígenas, que pode ser dividido em 6 fases: identificação e delimitação; manifestação dos interessados; decisão do Ministro da Justiça; demarcação física; homologação; e registro em cartório.

1) Identificação e delimitação: a iniciativa para demarcar administrativamente as terras indígenas compete à Fundação Nacional do Índio (FUNAI), que é o órgão federal que desde 1967 presta assistência aos índios. A FUNAI requisita, por meio de portaria, um estudo antropológico sobre o limite das terras que são tradicionalmente ocupadas. Se este estudo, que é apresentado por meio de um relatório, for aprovado, o órgão tem um prazo para publicar seu resumo junto com a descrição e o mapa da área no Diário Oficial da União e no Diário Oficial da entidade federada onde se localiza a área demarcada.

2) Manifestação dos interessados: de acordo com o princípio do contraditório instituído pelo Decreto 1.775, as entidades federadas, os municípios sobrepostos à área indígena e os particulares que se sintam afetados pelo processo demarcatório, podem manifestar-se com o fim de pedir indenização ou demonstrar vícios do relatório que identifica a ocupação ancestral. Estas manifestações podem ser feitas em qualquer tempo, desde o início do procedimento demarcatório (baixa de portaria) até 90 dias após a publicação do relatório pela FUNAI. No momento em que termina o prazo de contestação, inicia-se outro prazo, de 60 dias, para que a FUNAI encaminhe o relatório conjuntamente com as contestações recebidas, se for o caso, ao Ministro da Justiça.

3) Decisão do Ministro da Justiça: o Ministro da Justiça tem um prazo de 30 dias, contados da recepção do procedimento, para decidir sobre a demarcação da terra indígena, aprovando ou desaprovando o relatório sobre a ocupação ancestral, tomando em conta as manifestações recebidas, quando houver.

4) Demarcação física: após o Ministro da Justiça aprovar o relatório, deve ordenar que a FUNAI proceda à demarcação física das terras em questão.

5) Homologação: a demarcação efetuada pela FUNAI deve ser homologada nos termos do artigo 5º do Decreto 1.775, que estabelece simplesmente que "a demarcação das terras indígenas, obedecido o procedimento administrativo deste Decreto, será homologada mediante decreto". Um decreto federal, segundo a Constituição, é ato privativo do Presidente da

República.[12] Diferente das outras etapas do processo administrativo, a lei não prevê um prazo específico para que o Presidente da República assine o decreto de homologação da demarcação, o que tem sido um dos entraves administrativos ao reconhecimento pleno das terras indígenas no Brasil.

6) Registro em cartório: depois de publicado o decreto de homologação, a FUNAI tem um prazo de 30 dias para promover o registro da terra demarcada e homologada no cartório imobiliário correspondente e no Serviço de Patrimônio da União.

Sobre a participação dos povos indígenas, o § 3º do artigo 2º do Decreto 1.775 somente indica que "o grupo indígena envolvido, representado segundo suas formas próprias, participará do procedimento em todas suas fases". Não sinaliza os termos desta participação nem tampouco se tem teor vinculante ou não ao resultado do processo.

## 3. Posse tradicional, propriedade civil e desigualdade

O conteúdo dispositivo do Estatuto do Índio respondeu a uma perspectiva colonial que o direito brasileiro tinha dos índios como pessoas incompletas que necessitavam civilizar-se, e portanto o propósito desta lei era o de "preservar sua cultura e integrá-los, progressiva e harmoniosamente, à comunhão nacional".[13] Esta perspectiva estava refletida também no Código Civil de 1916, o qual estabelecia os índios como relativamente incapazes.[14] A aplicação do Estatuto do Índio foi ajustada, por meio de decretos, aos parâmetros da Constituição de 1988, mas certamente não tem sido suficiente para proteger os direitos fundamentais dos índios.

Em 2002, o Brasil ratificou a Convenção 169 da Organização Internacional do Trabalho e, em 2007, votou a favor da adoção, pela Assembleia das Nações Unidas, da Declaração sobre os Direitos dos Povos Indígenas. Ambos os instrumentos internacionais, junto com o trabalho de interpretação jurídica e criação de jurisprudência da Comissão e Corte Interamericana de Direitos Humanos, têm construído um entendimento compartilhado sobre os princípios de não discriminação e proteção equitativa dos direitos dos povos indígenas nas Américas, entre eles o direito à posse permanente e propriedade de suas terras.

---

[12] Brasil, Constituição (1998), Art. 84, "Compete privativamente ao Presidente de República: (...) IV – sancionar, promulgar e fazer publicar as leis, bem como expedir decretos e regulamentos para sua fiel execução".

[13] Brasil, Lei nº 6.001, de 19 de dezembro de 1973, *Estatuto do Índio*, Art. 1.

[14] Até 2002, quando o Código Civil brasileiro foi reformado, os índios ainda eram juridicamente categorizados como relativamente incapazes e tratados como menores que necessitavam a tutela da FUNAI. As discussões sobre uma nova legislação indígena estão paralisadas no Congresso Nacional.

Só que esta proteção equitativa ainda não é uma realidade do direito brasileiro, que reconhece e garante o direito de propriedade a "todos os brasileiros",[15] mas que sendo direito individual, não serve à comunidade ou povo indígena. A falência da Constituição brasileira em proteger os direitos de propriedade dos povos indígenas de maneira integral se reflete nos mecanismos de proteção dos direitos relacionados com a posse permanente de suas terras. Sendo de domínio da União, a iniciativa de um processo administrativo de demarcação de terra indígena compete exclusivamente ao governo federal através da FUNAI, e os índios titulares da posse permanente são considerados, pela lei, um sujeito passivo do processo administrativo.

Segundo o sistema jurídico brasileiro, a homologação da demarcação, que é o ato jurídico que aperfeiçoa o procedimento demarcatório, só pode ser realizada por meio de um decreto executivo. E não existe via judicial para obrigar que um presidente emita um decreto, pois caracterizaria a interferência de poderes e desequilíbrio do sistema constitucional de freios e contrapesos. Porém, neste nosso sistema imperfeitamente democrático, tem sido comum que os presidentes utilizem a questão da demarcação de terras indígenas como moeda de barganha política com o Congresso. Maria Augusta Assirati, ex-presidente da FUNAI, declarou em 2015 que "a orientação [do Executivo] é no sentido de que nenhum processo de demarcação em nenhum estágio, delimitação, declaração, ou homologação, tramite sem a avaliação do Ministério da Justiça e da Casa Civil".[16] Isso explica processos administrativos de demarcação que chegam a tardar mais de 30 anos sem ser concluídos.

O caso da demarcação das terras indígenas Raposa Serra do Sol (RR) é um dos inúmeros casos representativos dos conflitos não só jurídicos e sociais, mas de violência física, gerados pela discricionariedade temporal que tem a União para homologar uma homologação. A FUNAI iniciou o processo de demarcação da Raposa Serra do Sol em 1977, a terra foi demarcada em 1988 (cinco anos após ter entrado no despacho do Ministro da Justiça), mas foi só em 2005 que o Presidente a homologou. O procedimento ficou estancado em meio a barganhas políticas que modificavam prazos e decretos regulatórios. Ainda assim, depois de demarcada e homologada, em 2009 o STF revisou o procedimento e incluiu 19 condi-

---

[15] Brasil, Constituição (1988), Art. 5º. Todos são iguais perante a lei, sem distinção de qualquer natureza, garantindo-se aos brasileiros e aos estrangeiros residentes no País a inviolabilidade do direito à vida, à liberdade, à igualdade, à segurança e à propriedade[.]

[16] Agência de Reportagem e Jornalismo Investigativo, "'A Funai está sendo desvalorizada e sua autonomia totalmente desconsiderada', diz ex presidente", *Amazônia*, 27 de janeiro de 2015, disponível em <http://apublica.org/2015/01/a-funai-esta-sendo-desvalorizada-e-sua-autonomia-totalmente-desconsiderada-diz-ex-presidente/>, último acesso 14 de abril de 2015.

cionantes à posse dos índios, muitas das quais em aberta violação às disposições do direito internacional.[17]

Esta discricionariedade do Estado não existe em relação com os bens de propriedade civil da população não indígena, cujos procedimentos para reconhecimento dos seus direitos possessórios estão fortemente consolidados em vários artigos da Constituição, do Código Civil, e do Código

---

[17] As condicionantes foram as seguintes: "*(i)* o usufruto das riquezas do solo, dos rios e dos lagos existentes nas terras indígenas (art. 231, § 2º, da Constituição Federal) pode ser relativizado sempre que houver, como dispõe o art. 231, § 6º, da Constituição, relevante interesse público da União, na forma de lei complementar; *(ii)* o usufruto dos índios não abrange o aproveitamento de recursos hídricos e potenciais energéticos, que dependerá sempre de autorização do Congresso Nacional; *(iii)* o usufruto dos índios não abrange a pesquisa e lavra das riquezas minerais, que dependerá sempre de autorização do Congresso Nacional, assegurando-se-lhes a participação nos resultados da lavra, na forma da lei; *(iv)* o usufruto dos índios não abrange a garimpagem nem a faiscação, devendo, se for o caso, ser obtida a permissão de lavra garimpeira; *(v)* o usufruto dos índios não se sobrepõe ao interesse da política de defesa nacional; a instalação de bases, unidades e postos militares e demais intervenções militares, a expansão estratégica da malha viária, a exploração de alternativas energéticas de cunho estratégico e o resguardo das riquezas de cunho estratégico, a critério dos órgãos competentes (Ministério da Defesa e Conselho de Defesa Nacional), serão implementados independentemente de consulta às comunidades indígenas envolvidas ou à FUNAI; *(vi)* a atuação das Forças Armadas e da Polícia Federal na área indígena, no âmbito de suas atribuições, fica assegurada e se dará independentemente de consulta às comunidades indígenas envolvidas ou à FUNAI; *(vii)* o usufruto dos índios não impede a instalação, pela União Federal, de equipamentos públicos, redes de comunicação, estradas e vias de transporte, além das construções necessárias à prestação de serviços públicos pela União, especialmente os de saúde e educação; *(viii)* o usufruto dos índios na área afetada por unidades de conservação fica sob a responsabilidade do Instituto Chico Mendes de Conservação da Biodiversidade; *(ix)* o Instituto Chico Mendes de Conservação da Biodiversidade responderá pela administração da área da unidade de conservação também afetada pela terra indígena com a participação das comunidades indígenas, que deverão ser ouvidas, levando-se em conta os usos, tradições e costumes dos indígenas, podendo para tanto contar com a consultoria da FUNAI; *(x)* o trânsito de visitantes e pesquisadores não-índios deve ser admitido na área afetada à unidade de conservação nos horários e condições estipulados pelo Instituto Chico Mendes de Conservação da Biodiversidade; *(xi)* devem ser admitidos o ingresso, o trânsito e a permanência de não-índios no restante da área da terra indígena, observadas as condições estabelecidas pela FUNAI; *(xii)* o ingresso, o trânsito e a permanência de não-índios não pode ser objeto de cobrança de quaisquer tarifas ou quantias de qualquer natureza por parte das comunidades indígenas; *(xiii)* a cobrança de tarifas ou quantias de qualquer natureza também não poderá incidir ou ser exigida em troca da utilização das estradas, equipamentos públicos, linhas de transmissão de energia ou de quaisquer outros equipamentos e instalações colocadas a serviço do público, tenham sido excluídos expressamente da homologação, ou não; *(xiv)* as terras indígenas não poderão ser objeto de arrendamento ou de qualquer ato ou negócio jurídico que restrinja o pleno exercício do usufruto e da posse direta pela comunidade indígena ou pelos índios (art. 231, § 2º, Constituição Federal, c/c art. 18, *caput*, Lei nº 6.001/1973); *(xv)* é vedada, nas terras indígenas, a qualquer pessoa estranha aos grupos tribais ou comunidades indígenas, a prática de caça, pesca ou coleta de frutos, assim como de atividade agropecuária ou extrativa (art. 231, § 2º, Constituição Federal, c/c art. 18, § 1º, Lei nº 6.001/1973); *(xvi)* as terras sob ocupação e posse dos grupos e das comunidades indígenas, o usufruto exclusivo das riquezas naturais e das utilidades existentes nas terras ocupadas, observado o disposto nos arts. 49, XVI, e 231, § 3º, da CR/88, bem como a renda indígena (art. 43 da Lei nº 6.001/1973), gozam de plena imunidade tributária, não cabendo a cobrança de quaisquer impostos, taxas ou contribuições sobre uns ou outros; *(xvii)* é vedada a ampliação da terra indígena já demarcada; *(xviii)* os direitos dos índios relacionados às suas terras são imprescritíveis e estas são inalienáveis e indisponíveis (art. 231, § 4º, CR/88); e *(xix)* é assegurada a participação dos entes federados no procedimento administrativo de demarcação das terras indígenas, encravadas em seus territórios, observada a fase em que se encontrar o procedimento". Supremo Tribunal Federal, Relatório em Ação Popular 3.388 Roraima, Augusto Affonso Botelho Neto et. al e União, Relator Ministro Carlos Ayres Britto (Acórdão).

de Processo Civil, os quais fixam claramente prazos e competências para assegurar estes direitos. A propriedade, finalmente, é um dos núcleos duros de proteção do direito brasileiro e numa economia social de mercado, o direito de propriedade deve servir para impedir a exploração humana e proteger a liberdade.[18] A proteção que o Estado deve oferecer ao titular da propriedade é o direito de excluir a outros dos recursos que lhe são legitimamente assignados.

Ante a importância da proteção da propriedade num Estado Social de Direito, faz-se necessário regular rigorosamente as formas de adquirir, delimitar e transferir este direito. Assim, é de esperar-se que o Estado proteja com rigor os direitos de propriedade de seus cidadãos. O que não pode ser aceitável, é que este mesmo rigor da lei falte quando se trate dos direitos dos índios sobre suas terras. Caracteriza, de plano, uma violação ao direito fundamental dos índios de receber, sem discriminação, igual proteção da lei; seu direito à igualdade.

Apesar de que a Constituição brasileira reconheceu os direitos originários dos povos indígenas sobre suas terras, as falências do procedimento demarcatório permite que os invasores de má-fé das terras indígenas tenham tempo suficiente, a partir do início de um processo de demarcação, de valer-se do sistema judicial para dar continuidade ao processo de colonização continuada destas terras: ações possessórias, mandados de segurança, ações populares, embargos, recursos e qualquer outro tipo de ação que os intrusos e seus advogados encontrem para demorar o procedimento demarcatório. Ganharão tempo, construirão alianças e esperarão apropriar-se da terra. E ainda há a questão da violência física, que é alimentada por estes atrasos, mas este tema é complexo demais para ser tratado aqui.

Por outro lado, não existe, dentro do sistema jurídico brasileiro, um recurso simples, rápido nem qualquer outro recurso efetivo perante juízes ou tribunais que permita que os povos indígenas fiscalizem o devido processo legal nos procedimentos de demarcação de suas próprias terras. Mais ainda, e tendo em conta a realidade procedimental descrita, qualquer ação judicial promovida pelos índios donos da terra tornaria o procedimento ainda mais demorado, sem que exista a perspectiva de garantia aos seus direitos.

---

[18] Nações Unidas, Comissão de Direitos Humanos, *The right of everyone to own property alone as well as in association with others, Final report submitted by Mr. Luis Valencia Rodríguez, Independent Expert*, E/CN.4/1993/15, par. 112. [Traduzido do inglês pela autora]. Original em inglês: "[T]he [General] Assembly and the Commission [on Human Rights] reaffirmed that social progress and development required the establishment... of forms of ownership of land and of the means of production which preclude any kind of human exploitation, ensure equal rights to property for all and create conditions leading to genuine equality among people".

## 4. Meio caminho, meia medida

Até aqui temos que as terras indígenas são de posse exclusiva dos índios, mas bens de domínio da União. Ou seja, os índios não possuem o domínio exclusivo de suas terras, como geralmente possuem os proprietários individuais. A diferença no tratamento dado aos direitos possessórios de índios e não índios obedece a questões históricas que este artigo não trata, mas cujo efeitos seguem incrustados nas instituições estatais e seu pensar jurídico.

Quando os juízes do STF discorrem sobre os efeitos da dicotomia posse/domínio das terras indígenas, se enredam na neblina de suas palavras. O Ministro Brito já se referiu às terras indígenas como um espaço fundiário cujas riquezas são para o *exclusivo* desfrute de uma dada etnia autóctone, mas cuja competência administrativa deve ser compartilhada com a União:

> Terras indígenas que não são uma propriedade privada nem um território federado, mas um espaço fundiário que tem suas riquezas afetadas ao exclusivo desfrute de uma dada etnia autóctone. **Etnia que, no seu espaço físico de tradicional ocupação e auto-suficiência econômica, detém autoridade para ditar o conteúdo e o ritmo de sua identidade cultural, partilhando com a União competências de índole administrativa**. À diferença, porém, de uma propriedade privada, o título de domínio é de um terceiro (a União) que somente o possui para servir a eles, índios de uma determinada etnia.[19]

Uma das características do direito de propriedade privada sobre um bem imóvel é a exclusividade na sua administração, e dela dependerá o bom ou mal proveito de suas riquezas. Por que então os índios devem partilhar a administração destes recursos com a União? Se as riquezas de uma terra indígena são de *exclusivo* uso dos índios, sua administração compartilhada é, no mínimo, juridicamente incoerente.

Talvez os juízes do STF diriam que não existe incoerência posto que o único dever da União relacionado com a administração das terras indígenas é servir aos índios.[20] Mas no mundo do direito, a competência administrativa da União, segundo o próprio STF, vai muito além. Exemplo disso é quando se reconhece à União a potestade de implementar bases militares em terras indígenas sem sequer precisar consultar seus titulares (esta foi uma das condicionantes estabelecidas pelo STF para a Raposa Serra do Sol).

Segundo a doutrina do direito internacional, não é tão importante o "como" se protege determinado direito, mas sim os efeitos práticos desta proteção, se é ou não eficaz. Ou seja, valeria o argumento de que no Brasil

---

[19] Supremo Tribunal Federal, Relatório em Ação Popular 3.388 Roraima, Augusto Affonso Botelho Neto *et al.* e União, Relator Ministro Carlos Ayres Britto (Acórdão), par. 82. [negritos no original]
[20] Ibidem.

se reserva o domínio das terras indígenas à União porque esta é a melhor maneira de oferecer proteção aos direitos indígenas. Só que na prática este "como" silencia a voz dos índios e os relega a atores coadjuvantes na definição do modelo de ocupação de suas próprias terras,[21] vulnerando seu direito coletivo à autodeterminação.

O direito à autodeterminação, reconhecido pela Declaração das Nações Unidas sobre o Direito dos Povos Indígenas, e que em última instância protege o direito de um povo indígena a decidir sobre seu futuro, é tido por alguns ministros do STF como uma suposição desnecessária, já que, como ponderou o Ministro Britto, a Constituição brasileira protege aos índios "um modo tão próprio quando na medida certa".[22]

Meia medida é entendido como a medida certa para quem é visto como estando a meio caminho de alcançar a superioridade civilizatória. O Ministro Britto, ao relatar a decisão sobre a Raposa Serra do Sol, ressaltou os benefícios da cultura ocidental para que os índios possam seguir completando-se como ser humano:

> Para que eles [índios] sejam ainda mais do que originariamente eram, beneficiando-se de um estilo civilizado de vida que é tido como de superior qualidade em saúde, educação, lazer, ciência, tecnologia, profissionalização e direitos políticos de votar e de ser votado, marcadamente.[23]

Mas quem somos nós, os membros desta civilização superior? Nós, somos aqueles "brancos" que menciona Kopenawa, os que já chegamos

---

[21] Supremo Tribunal Federal, Relatório em Ação Popular 3.388 Roraima, Augusto Affonso Botelho Neto *et al.* e União, Relator Ministro Carlos Ayres Britto (Acórdão), par. 63. "Seja como for, é do meu pensar que a vontade objetiva da Constituição obriga a efetiva presença de todas as pessoas federadas em terras indígenas, **desde que em sintonia com o modelo de ocupação por ela concebido**. Modelo de ocupação que tanto preserva a identidade de cada etnia quanto sua abertura para um relacionamento de mútuo proveito com outras etnias indígenas e agrupamentos de não-índios. Mas sempre sob a firme liderança institucional da União, a se viabilizar por diretrizes e determinações de quem permanentemente vela por interesses e valores a um só tempo "inalienáveis", "indisponíveis" e "imprescritíveis" (par. 4º do artigo constitucional de nº 231). Inalienabilidade e indisponibilidade, como forma de proteção dos direitos dos índios sobre elas. Ainda que o eventual opositor desses direitos seja um Estado Federado, ou, então, Município brasileiro, conforme um pouco mais à frente melhor demostraremos. Sendo que o papel de centralidade institucional que é desempenhado pela União não pode deixar de ser imediatamente coadjuvado pelos próprios índios, suas comunidades e organizações(.) [negritos no original]

[22] Idem., § 70. [T]odas as vezes em que a Constituição de 1988 tratou de "nacionalidade" ... foi para se referir ao Brasil por inteiro. Sem divisão ou separatismos[.] Donde a conclusão de que, em tema de índios, não há espaço constitucional para se falar de *pólis*, território, poder político, personalidade geográfica; que a personalidade de direito público interno, quer, com muito mais razão, a de direito público externo. O que de pronto nos leva a, pessoalmente, estranhar o fato de agentes públicos brasileiros admitirem, formalmente, aos termos da recente "Declaração das Nações Unidas Sobre os Direitos dos Povos Indígenas"..., porquanto são termos afirmativos de um suposto direito à autodeterminação política, a ser "exercido em conformidade com o direito internacional". Declaração, essa, de que os índios brasileiros nem sequer precisam para ver a sua dignidade individual e coletiva juridicamente positivada, pois o nosso Magno Texto Federal os protege por um modo tão próprio quando na medida certa.

[23] Idem., § 78.

lá, os que sobreutilizamos as águas, terras e ar; os que mal aplicamos modelos de democracia alheios; os que estamos transformando a Amazônia numa savana; enfim: nós, os que assinamos o contrato social e deixamos a barbárie pra trás. Somos o referente de ponto de chegada para os índios. Por isso temos o direito de catequizá-los, assim como, nas palavras do Ministro Britto, "também eles, os índios, têm o direito de nos catequizar um pouco (falemos assim).[24]

A negação da igualdade política aos indígenas ao longo da formação e consolidação do Estado brasileiro foi construída sobre a base da incapacidade destes povos de determinar livremente seu destino, de autodeterminar-se. A negação da liberdade política das pessoas e coletivos indígenas, tal como indica Tapia, é o núcleo do racismo: "es a su cultura que se atribuye esta incapacidad o inmadurez para la libertad política, y estas limitaciones vendrían de la naturaleza corporal".[25]

## 5. Na contramão do direito internacional

A decisão da Raposa Serra do Sol, que vem servindo de diretriz jurisprudencial para outras decisões sobre terras indígenas, expõe uma série de equívocos culturais e também jurídicos, ferindo matéria de direitos humanos já consolidada no direito internacional. O STF insiste que nas terras indígenas incide, com exclusividade, o direito nacional, olvidando-se das formas jurídicas tradicionais dos povos que as habitam e também do sistema internacional de proteção dos direitos humanos. Neste mesmo momento, a Comissão Interamericana de Direitos Humanos (CIDH) está revisando o caso da terra indígena Raposa Serra do Sol, apesar da decisão transitada em julgado pelo STF.[26]

Uma da consequências de que o domínio das terras indígenas seja da União é a comodidade com a qual os juízes do STF ainda se referem à incapacidade política dos índios. No caso da Raposa Serra do Sol, o STF determinou que o ingresso e estabelecimento de postos de vigilância, equipamento, batalhões, companhias e agentes das Forças Armadas e Polícia Federal pode ser implementado "sem precisar de licença de quem quer que seja para fazê-lo".[27] Segundo o que indica o STF, a licença estaria dispensada porque estas intrusões devem ser entendidas como uma "oportunidade ímpar para conscientizar ainda mais nossos indígenas,

---

[24] Supremo Tribunal Federal, Relatório em Ação Popular 3.388 Roraima, Augusto Affonso Botelho Neto *et al.* e União, Relator Ministro Carlos Ayres Britto (Acórdão), § 75.

[25] Luis Tapia, *La igualdad es cogobierno*, La Paz: Plural Editores, 2007, p. 24.

[26] Comissão Interamericana de Direitos Humanos, *Informe No. 125/10, Petición 250-04, Admisibilidad, Pueblos Indígenas de Raposa Serra do Sol, Brasil*, 23 de outubro de 2010.

[27] Supremo Tribunal Federal, Relatório em Ação Popular 3.388 Roraima, Augusto Affonso Botelho Neto et. al e União, Relator Ministro Carlos Ayres Britto (Acórdão), numeral 17.

instruí-los (a partir dos conscritos), alertá-los contra a influência eventualmente malsã de certas organizações não governamentais estrangeiras, mobilizá-los em defesa da soberania nacional e reforçar neles o inato sentimento de brasilidade".[28] Isso parece sugerir, então, que no sistema jurídico brasileiro, as terras dos índios não são de sua exclusiva propriedade e domínio porque, entre outras razões, eles ainda não contam com suficiente civilidade (ou brasilidade). Ainda que fosse contrário a sua vontade, a presença de conscritos em terras indígenas só teria a beneficiar os índios. Indica, finalmente, que o Estado toma decisões sobre quem deve entrar ou não em terras indígenas melhor que os índios.

Que infelizmente a aparelhagem jurídica do STF mantenha uma perspectiva racista e colonial dos índios é algo com o que teremos que lidar – e lutar – provavelmente por muitos mais anos, talvez décadas. Mas o STF já não pode, nos dias de hoje, ignorar as diretrizes do direito internacional. Em outro lugar eu já indiquei como os diversos instrumentos de direitos humanos relacionado com os povos indígenas e a vasta jurisprudência da Organização Internacional do Trabalho, da Organização dos Estados Americanos e das Nações Unidas consolidou o dever do Estado brasileiro de realizar uma consulta livre, prévia e informada antes de tomar decisões legislativas e administrativas que afetem direitos dos povos indígenas.[29] Este dever é mais claro ainda quando as decisões estatais incidem diretamente sobre terras indígenas. Ou seja, ante o direito internacional, o governo brasileiro não pode colocar militares ou policiais nas terras dos índios sem antes consultar com eles, e levar a sério sua resposta.

Para que fique claro que quem decide o que acontece nas terras dos índios devem ser eles, é que o direito internacional estabeleceu que os índios devem ser reconhecidos como os verdadeiros donos de seus territórios. Aliás, muitos dos Ministros do STF repudiam o uso das palavras povos ou territórios para tratar dos índios e suas terras,[30] mas elas fazem parte da linguagem usada atualmente pelo direito internacional. Como indica a CIDH:

> En virtud del artículo 21 de la Convención Americana y del artículo XXIII de la Declaración Americana, los pueblos indígenas y tribales son titulares de derechos de propiedad y do-

---

[28] Supremo Tribunal Federal, Relatório em Ação Popular 3.388 Roraima, Augusto Affonso Botelho Neto et. al e União, Relator Ministro Carlos Ayres Britto (Acórdão), numeral 17..

[29] Ver Isabela Figueroa, "A Convenção da OIT e o dever do Estado brasileiro de consultar os povos indígenas e tribais", em *Instituto Socioambiental, Convenção 169 da OIT sobre povos indígenas e tribais. Oportunidades e desafios para sua implementação no Brasil* (São Paulo: Instituto Socioambiental, 2009), p. 13-48.

[30] Brasil, Supremo Tribunal Federal, Relatório em Ação Popular 3.388 Roraima, Augusto Affonso Botelho Neto et. al e União, Relator Ministro Carlos Ayres Britto (Acórdão). Sobre território ver par. 64. "Esta revelação do querer objetivo da nossa Lei Maior em prol da causa indígena conhece, porém, um contraponto que é preciso expor com toda clareza: ela, Constituição, teve o cuidado de não falar em territórios indígenas, mas, tão só, em "terras indígenas"; sobre povo ver nota 24 *supra*.

minio sobre las tierras y recursos que han ocupado históricamente, y por lo tanto tienen derecho a ser reconocidos jurídicamente como los dueños de sus territorios, a obtener un título jurídico formal de propiedad de sus tierras, y a que los títulos sean debidamente registrados... En caso de compra de tierra, los títulos deben quedar a nombre de la respectiva comunidad, y no del Estado.[31]

Un sistema legal que no reconoce el derecho a la propiedad de los miembros de los pueblos indígenas y tribales en relación con su territorio mediante el otorgamiento de títulos de pleno dominio, sino que les reconoce simples intereses, privilegios, o permisos de uso y ocupación de las tierras a discreción del Estado, pone al Estado correspondiente en situación de incumplimiento de su deber de hacer efectivo a nivel interno ese derecho a la propiedad bajo el artículo 21 de la Convención, en conexión con los artículos 1.1 y 2.[32]

## 6. Justiça que restringe não é justiça

Ainda que tenha encerrado no direito nacional o longo processo de demarcação da Raposa Serra do Sol, uma leitura restritiva desta decisão pelos juízes da Segunda Turma do STF tem sido o centro catalisador de injustiças de outros processos de demarcação.

Naquela ação, o STF estabeleceu da data da promulgação da Constituição (5 de outubro de 1988) "como insubstituível referencial para o dado da ocupação de um determinado espaço geográfico por essa ou aquela etnia aborígene".[33] Segundo esta tese, chamada de "marco temporal", determinadas terras só são caracterizadas como de posse tradicional quando no tempo da promulgação da Constituição estavam ocupadas pelos índios que as reclamam. Exceções aceitáveis seriam quando "a reocupação apenas não ocorreu por efeito de renitente esbulho por parte de não índios".[34] Ainda que o STF tenha indicado que "a decisão proferida em ação popular [de demarcação da Raposa Serra do Sol] é desprovida de força vinculante" para outros casos,[35] a Segunda Turma vem aplicando este argumento para desestimar outros processos demarcatórios de terras indígenas.

Resumindo, a doutrina do "marco temporal" que a Segunda Turma vem querendo consolidar como de aplicação geral, indica ser necessário comprovar que no dia 5 de outubro de 1988 ainda persistia a ocupação tradicional, salvo naqueles casos em que se demonstra o chamado "re-

---

[31] Organização dos Estados Americanos, Comissão Interamericana de Direitos Humanos, *Derechos de los pueblos indígenas y tribales sobre sus tierras ancestrales y recursos naturales. Normas y jurisprudencia del Sistema Interamericano de Derechos Humanos*, OEA/Ser.L/V/II, Doc. 56/09, 30 de dezembro de 2009, p. 82.

[32] Idem, p. 93.

[33] Brasil, Supremo Tribunal Federal, Plenário, Embargos de Declaração na Petição 3.388 Roraima, Relator Ministro Roberto Barroso (acórdão), 23 de novembro de 2013, p. 7.

[34] Ibidem.

[35] Idem, numeral 4.

nitente esbulho": quando os índios não estão em suas terras por serem fisicamente impedidos pelos atuais ocupantes não índios.

Esta doutrina apresenta, pelo menos, três grandes problemas. Primeiro, é a discricionariedade em relação à data tida como "marco temporal". Se a fonte do direito dos índios à posse permanente de suas terras, como o próprio STF reconheceu, antecede a própria Constituição,[36] porque então estabelecer a data de sua promulgação como referência de ocupação? A legislação brasileira já reconhecia, via Estatuo do Índio, a posse tradicional e permanente dos índios sobre suas terras antes da promulgação da Constituição.

Segundo, porque esta interpretação ameaça o princípio *pro homine* de que em matéria de direitos humanos protegidos por tratados internacionais vale a norma que mais amplia o direito, liberdade ou garantia. O próprio STF já reconheceu este principio em outras ocasiões.[37] Finalmente, a consolidação do critério do marco temporal como doutrina jurisprudencial ameaça o direitos de posse de diversos povos indígenas, e também dos quilombos, punindo-lhes por haver sido violentamente expulsos de suas terras.

Os Guarani Kaiowá da terra indígena Guyraroka (MS), e os Terena de Limão Verde (MS) são alguns dos povos que estão sofrendo em carne própria os efeitos de uma nova dispossessão, desta vez com a bênção de quem têm o dever constitucional de protegê-los. No caso dos Terena, sua terra já havia chegado na última etapa do processo de demarcação, que é a homologação, e que foi anulada pela Segunda Turma.[38]

## 7. O caso do povo Guarani Kaiowá na terra indígena Guyraroka

A terra Guyraroka começou a ser colonizada por fazendeiros não índios a raiz da política de ocupação promovida pelo governo nacionalista de Getúlio Vargas na década de 1950. Segundo a FUNAI, "a implantação das fazendas exigia o fim do tipo de ocupação e manejo do ambiente que historicamente caracterizara a presença indígena no território. Este não era compatível com a forma de exploração que os fazendeiros passavam a

---

[36] Ver nota 9 *supra*.

[37] Ver, por exemplo, Brasil, Supremo Tribunal Federal, Recurso Extraordinário 466.343-1 São Paulo, Relator Ministro Cezar Peluso, p. 8, "[E]ventuais conflitos entre o tratado e a Constituição deveriam ser resolvidos pela aplicação da norma mais favorável à vítima, titular do direito, tarefa hermenêutica da qual estariam incumbidos os tribunais nacionais e outros órgãos de aplicação do direito".

[38] Instituto Socioambiental, "Decisão do STF reforça ataque aos direitos territoriais indígenas", 26 de março de 2015, disponível em <http://www.socioambiental.org/pt-br/noticias-socioambientais/decisao-do-stf-reforca-ataque-aos-direitos-territoriais-indigenas>, último acesso 6 de abril de 2015.

implantar".[39] Como indica a antropóloga Manuela Carneiro da Cunha, alguns destes fazendeiros "contrataram pistoleiros e incendeiam as aldeias kaiowá. Outros se ajustam com funcionários do Serviço de Proteção aos Índios que, com auxílio da polícia, jogam em caminhões e confinam os kaiowá em uma das oito diminutas reservas criadas entre 1915 e 1928".[40] Ainda assim, ressalta Cunha, os kaiowás "nunca deixaram de reivindicar suas antigas terras. Muitos, para não abandoná-las, até se dobraram a servir de mão de obra nos chamados 'fundos de fazenda'".[41]

Neste mesmo sentido indicou o relatório antropológico da FUNAI, segundo o qual, pese a usurpação, várias famílias indígenas lograram permanecer na terra, ainda que trabalhando como peões para os fazendeiros. Desta maneira logravam manter o mínimo daquele vínculo social e espiritual com os lugares que lhes serviam como referência de identidade e vida. Porém, na década de 1980 as últimas famílias Guaranis foram obrigadas a deixar a terra, que só foi declarada como sendo de sua posse tradicional em 2009.

Logo de declarada a posse tradicional e permanente sobre a terra indígena Guyraroka, um fazendeiro que ocupava a área reclamada pelos Guaranis apresentou ao Superior Tribunal de Justiça (STJ) um Recurso Ordinário em Mandado de Segurança[42] contra a Portaria Declaratória. Ao analisar o pedido de mandado de segurança, o STJ considerou que os Guaranis ocupavam a terra desde a década de 1750, mas que durante a década de 1940 sofreram diversas pressões de fazendeiros que desejavam ocupar suas terras, razão pela qual tiveram que sair de lá. O STJ também acolheu as provas de que a comunidade indígena permaneceu em sua terra trabalhando nas fazendas e mantendo vínculos com o lugar. Assim, os guaranis só não estavam em plena posse de suas terras por efeito do renitente esbulho por parte de não índios.[43]

---

[39] FUNAI, Portaria nº 083/PRES/FUNAI -31-01-2001, *Relatório circunstanciado de identificação e delimitação da Terra Indígena Guarani-Kaiowá Guyraroká*, Levi Marques Pereira (Antropólogo Coordenador do Grupo Técnico), 13 de março de 2002, p. 23.

[40] Folha de São Paulo, "Manuela Carneira da Cunha: O STF e os índios", Opinião, 19 de novembro de 2014, disponível em <http://www1.folha.uol.com.br/opiniao/2014/11/1550130-manuela-carneiro-da-cunha-o-stf-e-os-indios.shtml>, último acesso 8 de abril de 2015.

[41] Ibidem.

[42] Brasil, Supremo Tribunal Federal (Segunda Turma), Demarcação de Terras Indígenas. O Marco Referencial da ocupação é a promulgação da Constituição Federal de 1988. Necessidade de observância das salvaguardas institucionais precedentes, Recurso Ordinário em Mandado de Segurança 29.087 Distrito Federal, Avelino Antonio Donatti e União, Relator Ministro Ricardo Lewandowski (acórdão), 16 de setembro de 2014.

[43] A questão do renitente esbulho foi discutida por primeira vez na decisão da RSS, neste sentido: "A tradicionalidade da posse nativa, no entanto, não se perde onde, ao tempo da promulgação da Lei Maior de 1988, a reocupação apenas não ocorreu por efeito do renitente esbulho por parte de não-índios. Caso das fazendas situadas na Terra Indígena Raposa Serra do Sol, cuja ocupação não arrefeceu nos índios sua capacidade de resistência e de afirmação de sua peculiar presença em todo o complexo geográfico da Raposa Serra do Sol". Brasil, Supremo Tribunal Federal, Relatório em Ação Popular

Porém, quando a lide chegou na Segunda Turma do STF, o Ministro Mendes, utilizando uma artimanha discursiva que socava direitos indígenas, alegou que se o critério do renitente esbulho fosse adotado, "muito provavelmente teríamos de aceitar a demarcação de terras nas áreas onde estão situados os antigos aldeamentos indígenas em grandes cidades do Brasil, especialmente na região Norte e na Amazônia".[44] Ora, esta é uma estratégia discursiva que leva a um raciocínio falso. Não se trata de violar o principio da segurança jurídica no Brasil, como sugere o Ministro Mendes, mas pelo contrário. Trata-se de transferir os efeitos deste principio aos povos que foram constantemente espoliados de suas terras e de todos os direitos a elas conexos. Isto sim, seria dar um passo acertado em direção a aumentar o "sentido de brasilidade" dos índios.

A Ministra Maria Elizabeth Rocha, por sua vez, ponderou não haver encontrado, nos autos do processo, "relato de violenta expulsão dos índios, conquanto haja referencia *a pressões dos fazendeiros para a desocupação do território em vista da ampliação da atividade agropastoril e de atuação de agentes do extinto Serviço de Proteção ao Índio – SPI, o que teria resultado na pulverização das parentelas que compunham essa comunidade nas reservas indígenas situadas nas adjacências*".[45] Ou seja, na perspectiva da Ministra, a "pressão" exercida pelos fazendeiros que resultou na *pulverização familiar* dos índios que habitavam aquela terra, e por consequência afetou gravemente sua identidade, não é violência suficiente que indique a existência de renitente esbulho.

De qualquer maneira, deixando de lado as sensibilidades subjetivas de cada juiz, a Segunda Turma do STF acomete em um erro jurídico respeito aos processos de demarcação de terras indígenas, que é focalizar toda sua atenção na questão material da posse (pacífica ou renitente esbulho com violência física) e quase nenhuma nas formas dos índios de reivindicá-las.

Se na data da promulgação da Constituição existia reivindicação sobre a terra Guyraroka (e existia), então a não demarcação das terras caracteriza uma violação continuada por parte do Estado, pois a FUNAI só começou a demarcar terras indígenas no MS na década de 1980.[46] A reivindicação de restituição dos direitos dos guaranis teve início na década de 1940 e se estende até nosso dias, (passando, é claro, por 1988). Como

---

3.388 Roraima, Augusto Affonso Botelho Neto et. al e União, Relator Ministro Carlos Ayres Britto (Acórdão), numeral 11.

[44] Brasil, Supremo Tribunal Federal (Segunda Turma), Recurso Ordinário em Mandado de Segurança 29.087 Distrito Federal, Avelino Antonio Donatti e União, Relator Ministro Ricardo Lewandowski (acórdão), 16 de setembro de 2014, p. 3.

[45] Idem, p. 51. [cursivas no original]

[46] Conselho Aty Guassu Guarani Kaiowa, *Memorial entregado aos Ministros do STF, em referência ao Recurso em Mandado de Segurança 29.087*, 15 de outubro de 2014.

os próprios Guaranis indicam no memorial que entregaram aos Ministros dos STF em 2014,[47] uma das maneiras pelas quais os Guaranis tentavam constantemente recuperar suas terras desde o ingresso dos não índios foi o método da reocupação. Esta estratégia – reocupação – talvez não fosse somente a mais imediata, mas provavelmente a única, das que estavam ao seu alcance, que poderia trazer algum resultado concreto. A reocupação, por outro lado, intensificava o processo de expulsão dos índios de suas terras por parte dos fazendeiros.

O problema de repetição de injustiças contra os índios parece estar também numa carência de vontade por parte de algum dos ministros do STF de abrir-se a escutar o outro; de fazer um esforço para tentar compreender que maneira os índios percebem o que é justo e quais são os meios que estão a seu alcance para reivindica-lo.

## 8. O caso do povo Terena na terra indígena Limão Verde

Também no MS, a terra indígena Limão Verde, do povo Terena, foi delimitada por um decreto estadual que excluiu importantes áreas de ocupação tradicional. Ainda que tivessem sido parcialmente expulsos de sua terra em 1953, os Terena seguiram utilizando a totalidade da área para atividades culturais e de subsistência. Em 1982, o cacique Amâncio Gabriel, de Limão Verde, enviou uma carta à presidência da FUNAI solicitando uma equipe técnica para realizar o levantamento da área. A FUNAI só foi dar início ao processo na década dos 90, demarcando uma área indígena de 4.886 hectares, que foi homologada em 2003.

Sem possibilidades de dar início a um processo administrativo de demarcação, um pedido à FUNAI era a via institucional que estava ao alcance do cacique. Outras duas solicitudes formais foram registradas, mas é muito provável que existam diversas outras queixas e denúncias dos índios Terena, verbais ou escritas, perdidas no tempo e na instituição da tutela.

Ao revisar o Agravo Regimental no Recurso Extraordinário com Agravo relacionado com a terra, a Segunda Turma do STF questionou o fato de que o Tribunal Regional Federal da 3ª Região tenha considerado a existência do renitente esbulho com base "em três súplicas formalizadas apenas por dois índios Terena, setenta anos depois de a Fazenda santa Bárbara ser titulada, em 1924, pelo então Estado de Mato Grosso":[48] uma

---

[47] Conselho Aty Guassu Guarani Kaiowa, *Memorial entregado aos Ministros do STF, em referência ao Recurso em Mandado de Segurança 29.087*, 15 de outubro de 2014.

[48] Brasil, Supremo Tribunal Federal (Segunda Turma), Constitucional e administrativo. Terra indígena "limão Verde". Área tradicionalmente ocupada pelos índios (Arts. 231 § 1º, da Constituição Federal). Marco temporal. Promulgação da Constituição Federal. Não cumprimento. Renitente esbulho perpetrado por não índios: não configuração. Agravo Regimental no Recurso Extraordinário com Agravo 803.462 Mato Grosso do Sul, Tales Oscar Castelo Branco e União, Relator Ministro Teori Zavascki, 09 de dezembro de 2014 (Acórdão), p. 4.

missiva enviada em 1966 ao Serviço de Proteção ao Índio; um requerimento apresentado em 1970 por um vereador Terena à Câmara Municipal; e cartas enviadas em 1982 e 1984, pelo Cacique Amâncio Gabriel, à Presidência da FUNAI.

Os fazendeiros intrusos acudiram ao STF para que este esclarecera "se bastam estas três reclamações genéricas formuladas por dois índios para a expansão da Aldeia Limão Verde para caracterizar o "renitente esbulho" do qual se falou no julgamento da caso RSS".[49] A Segunda Turma do STF disse que não, pois era necessário a constatação de circunstâncias de fato (presença física de índios e não índios), ou pelo menos uma "controvérsia possessória judicializada".[50]

Presença física dos índios? Será que a Segunda Turma do STF esperava que os índios tivessem ficado em suas terras resistindo à violência? Isso foi o que se perguntou uma liderança indígena Guarani-Kaiowá ao saber da decisão do Supremo: "No próprio governo de Getúlio Vargas nós fomos expulsos. Em 1930 já tinha pistoleiro, jagunço do fazendeiro para matar o indígena que estava lá. Prolongou-se a situação na ditadura militar. E querem que a gente esteja lá?".[51]

Exigir a judicialização das reivindicações possessórias indígenas como prova de intuito de recuperação territorial é incoerente com o fato de que o domínio das terras sejam da União e que nos processos administrativos de demarcação os índios só apareçam como coadjuvantes. Ou seja, o direito brasileiro não os reconhece como sujeitos plenamente capazes para exercer a propriedade sobre suas terras nem sua capacidade de dar inicio a processos administrativos de demarcação de terras por seus próprios meios, mas exige uma reivindicação judicializada como indicador de que os índios mantinham a expectativa de voltar a habitar as terras que lhes foram espoliadas.[52]

---

[49] Ibidem.

[50] "Renitente esbulho não pode ser confundido com ocupação passada ou com desocupação forçada, ocorrida no passado. Há de haver, para configuração do esbulho, situação de efetivo conflito possessório que, mesmo iniciando no passado, ainda persista até om marco demarcatório temporal atual (vale dizer, a data da promulgação da Constituição de 1988), conflito que se materializa por circunstâncias de fato ou, pelo menos, por uma controvérsia possessória judicializada". Idem, p. 15.

[51] Questionamento feito por Daniel Vasques Guarani Kaiowá, Conselho Indígena Missionário (CIMI), "Diante do massacre imposto, comitiva Guarani-Kaiowá cobra dos órgãos governamentais garantia de direitos previstos na CF em Brasília", Notícias, 16 de novembro de 2014, disponível em <http://www.cimi.org.br/site/pt-br/?system=news&conteudo_id=7776&action=read>, último acesso 7 de abril de 2015.

[52] Segundo o que manifestou o STF, "essas manifestações formais, esparsas ao longo de várias décadas, podem, representar um anseio de uma futura demarcação ou de ocupação da área; não, porém, a existência de uma efetiva situação de esbulho possessório atual". Supremo Tribunal Federal (Segunda Turma), Agravo Regimental no Recurso Extraordinário com Agravo 803.462 Mato Grosso do Sul, Tales Oscar Castelo Branco e União, Relator Ministro Teori Zavascki, 09 de dezembro de 2014 (Acórdão), p. 15.

## Conclusão

O sistema jurídico brasileiro não oferece aos índios o domínio sobre suas próprias terras. Um dos resultados disso é que as leis infraconstitucionais tratam o índio como um mero coadjuvante da União nos processos tanto de demarcação de suas terras como na definição do seu próprio destino. Os índios não podem por si mesmos dar início a um processo demarcatório, mas devem instar a FUNAI a fazê-lo. As ações que estão ao alcance dos índios para reivindicar suas terras (reocupação, pedidos e solicitudes verbais ou escritas) não são consideradas como verdadeira reivindicação de posse, posto que não estão judicializadas.

Este construto lógico exemplifica bastante bem o legado colonialista e racista incrustado no sistema jurídico, que afere ao índio um personalidade jurídica esquizofrênica que vem desde a época da invasão de América: por ter uso da razão, os índios eram parte da lei natural universal, o *jus gentium*. Ao mesmo tempo, o índio era diferente do europeu porque suas práticas sociais e culturais não estavam de acordo com as regras universais de comportamento aplicáveis aos índios e europeus.[53] Aplicado à nossa realidade equivale a dizer que os índios são iguais e por isso submetidos ao direito brasileiro, mas seus direitos fundamentais (como os de propriedade) não são reconhecidos em sua integridade porque os índios são diferentes.

A consolidação jurisprudencial da questão do "marco temporal" com enfoque exclusivo na questão material da posse é uma ameaça tanto aos povos indígenas como aos quilombolas. O Instituto Nacional de Colonização e Reforma Agrária (INCRA) estima que esta doutrina prejudicaria mais de três mil comunidades quilombolas existentes no país.[54]

Além das palavras escuras que surgem no interior do STF, no dia 17 de março de 2015, o Congresso Nacional instalou a Comissão especial da Câmara dos Deputados sobre a Proposta de Emenda à Constituição (PEC) 215/00, que propõe transferir os poderes do governo federal de demarcar terras indígenas e quilombolas e criar Unidades de Conservação para o Congresso.[55] Isso socavaria os direitos coletivos que foram assegurados pela Constituição, além de ferir o princípio de divisão de competências

---

[53] Antony Anguie, *Imperialism, Sovereignty and the Making of International Law*, New York: Cambridge University Press, 2005, p. 22.

[54] Instituto Socioambiental, "STF retoma, mas suspende em seguida julgamento de ação contra titulação de terras de quilombos", *Notícias Socioambientais*, 26 de março de 2015, disponível em <http://www.socioambiental.org/pt-br/noticias-socioambientais/stf-inicia-julgamento-de-acao-contra-titulacao-de-terras-de-quilombos>, último acesso em 06 de abril de 2015.

[55] Olhar Jurídico, "PEC das Terras Indígenas terá comissão especial amanhã", 13/03/2015, disponível em <http://www.olhardireto.com.br/juridico/noticias/exibir.asp?noticia=PEC_das_Terras_Indigenas_tera_comissao_especial_instalada_amanha&edt=0&id=23503>, última consulta em 27 de março de 2015.

e separação de Poderes. Segundo o portal de políticas socioambientais, "dos quase 50 deputados listados na Comissão Especial que analisará a PEC 215/2000, pelo menos 20 tiveram suas campanhas eleitorais financiadas por grandes empresas do agronegócio, mineração, energia, madeireiras e bancos".[56]

"Quem ensinou a demarcar foi o homem branco", disse Kopenawa em uma entrevista ao Portal Amazônia em abril de 2015.[57] "A demarcação, divisão de terra, traçar fronteira é costume de branco, não do índio. Brasileiro ensinou a demarcar terra indígena, então a gente passamos a lutar por isso. Nosso Brasil é tão grande e a nossa terra é pequena. Nós, povos indígenas, somos moradores daqui antes dos portugueses chegarem".[58] A data de 5 de outubro de 1988 não pode ser considerada uma limitante para o reconhecimentos dos direitos fundamentais dos índios e quilombolas. Esta data indica as limitações do sistema jurídico brasileiro, que demorou quase dois séculos em desenhar na pele do papel constitucional o pleonasmo da realidade: que as terras indígenas são dos índios.

---

[56] Portal de Políticas Socioambientais, "Quem financia os deputados contra áreas protegidas no Brasil", 23 de março de 2015, disponível em http://www.portalambiental.org.br/pa/noticias?id=122, última consulta em 27 de março de 2015.

[57] Portal Amazônia, ""Mundo está de olho na Floresta Amazônica', alerta David Kopenawa", cidades, 19 de abril de 2005, disponível em <http://portalamazonia.com/noticias-detalhe/meio-ambiente/mundo-esta-de-olho-na-floresta-amazonica-alerta-indigena-davi-kopenawa/?cHash=e0cecc6e8c3902336856bbb3c3c28449>, último acesso em 28 de abril de 2015.

[58] Ibidem.

# — 5 —

# Relatos falados, populares, intercambiados no tempo e no espaço e promoção do direito ao meio ambiente equilibrado

## MÁRCIA RODRIGUES BERTOLDI[1]

*Sumário:* Considerações iniciais; 1. Um conceito intenso: considerações sobre o desenvolvimento sustentável; 2. Equilíbrio ambiental, econômico e equidade social: o encontro entre comunidades tradicionais e desenvolvimento sustentável; 3. O reconhecimento jurídico internacional e nacional das comunidades tradicionais e seus saberes; 3.1. A Convenção sobre a diversidade biológica e o Protocolo de Nagoia; 3.2. O marco legal da biodiversidade e outros instrumentos; Considerações finais.

## Considerações iniciais

Um dos maiores desafios da sociedade de consumo é apontar alternativas para conciliar os interesses vinculados à expansão do capital com o esgotamento dos recursos naturais (principalmente a deterioração da atmosfera, seguida do solo e das águas e a crescente redução da biodiversidade) e os processos de exclusão social, cuja consequência primeira é a restrição ao acesso a direitos humanos fundamentais e a desobediência ao princípio maior da Constituição da República Federativa do Brasil, a dignidade humana – incluída sua dimensão ecológica[2] –, magistralmente definida por nosso homenageado:[3]

> [...] a qualidade intrínseca e distintiva de cada ser humano que o faz merecedor do mesmo respeito e consideração por parte do Estado e da comunidade, implicando, neste sentido,

---

[1] Pós-Doutora pela UNISINOS. Doutora em Direito pelas Universidades Pompeu Fabra de Barcelona (UPF) e de Girona (UdG) – (Rev. UFSC em 2004). Professora do curso de Direito da Universidade Federal de Pelotas.

[2] Ver: SARLET, Ingo Wolfgang. "Algumas notas sobre a dimensão ecológica da dignidade da pessoa humana e sobre a dignidade da vida em geral". In: MOLINARO, Carlos Alberto; MEDEIROS, Fernanda Luiza Fontoura de. *A dignidade da vida e os direitos fundamentais para além dos humanos. Uma discussão necessária.* Belo Horizonte: Forum, 2008, 175-205.

[3] SARLET, Ingo Wolfgang. *Dignidade da pessoa humana e direitos fundamentais na Constituição Federal de 1988.* 5. ed. Porto Alegre: Livraria do Advogado, 2002, p. 62.

um complexo de direitos e deveres fundamentais que asseguram a pessoa tanto contra todo e qualquer ato de cunho degradante e desumano, como venham a lhe garantir as condições existenciais mínimas para uma vida saudável, além de propiciar e promover sua participação ativa e co-responsável nos destinos da própria existência e da vida em comunhão com os demais seres humanos.

Não é nova informação o sistema capitalista ter-se desenvolvido ocasionando efeitos deletérios sobre os direitos sociais, econômicos, entre outros e sobretudo ao direito a um meio ambiente equilibrado, ao edifício do capital: os recursos naturais. Daí a pertinência das discussões em torno a um desenvolvimento que permita as sustentabilidades econômica, sociocultural e ambiental, capaz de compreender a interligação entre estes processos – e não somente eles – que ocorrem no mundo e, ademais, apto a permitir que as sociedades participem e se apropriem de forma mais ou menos equânime dos bens e serviços gerados a partir dos recursos naturais-capitais.

Há pressa na difusão de práticas diferenciadas, que possibilitem o exercício da cidadania e o compartilhamento da responsabilidade pelos efeitos negativos das atividades humanas sobre o meio ambiente. Nesse cenário, no qual os modelos estatuídos não dão conta das justiças social, ambiental e econômica, ganha relevo os valores e práticas englobadas nos princípios que constituem o urgente paradigma, o desenvolvimento sustentável. Um desenvolvimento sustentável em nível local, já que no global é, por enquanto, apenas uma fabulação.

Segundo Veiga,[4] a sustentabilidade no tempo das civilizações humanas vai depender da sua capacidade de se submeter aos preceitos de prudência ecológica e de fazer um bom uso da natureza. Daí porque pensar o desenvolvimento sustentável, cujo conceito se desdobra em três objetivos principais: a inclusão social, a conservação dos recursos naturais e a eficiência econômica.

Para que se cumpra o objetivo ambiental do conceito – e assim, promover um direito ao meio ambiente saudável – indispensável fortalecer instrumentos eficazes de proteção dos recursos naturais, o que significa contar com um sistema jurídico que assuma e incorpore responsabilidades em: i) assumir um pensamento complexo, relacional e interdisciplinar; ii) adotar uma racionalidade e ética da vida e do vivo (entendida como uma ética reprodutiva e de resistência que seja sensível ao sofrimento humano e com consciência global); iii) utilizar um paradigma pluralista do direito;

---

[4] VEIGA, José Eli da. *Desenvolvimento sustentável: o desafio do século XXI*. Rio de Janeiro: Garamound, 2010, p. 10.

iv) incorporar a pluriversalidade e a interculturalidade do mundo aos estudos jurídicos.[5]

Cabe indicar que as espécies (animais, vegetais e micro-organismos) são elementos edificadores da expectativa de desenvolvimento projetada pela revolução biotecnológica, bem como suporte para bens e serviços essenciais à vida, que pese sua novidade promete avançar nossas perspectivas de futuro nas mais diversas áreas: alimentação, medicina, cosmética e indústria. Consequentemente, os ecossistemas, que envolvem essas espécies e seus recursos genéticos, também ingressam na lista. Esses três elementos compõem a biodiversidade.

Contudo, a biodiversidade deve ser compreendida enquanto inserida em um contexto de relações simbióticas com o ambiente. Ao seu conceito, se soma um elemento adjetivo, imaterial ou intangível e essencial à sua conservação e uso sustentável: os conhecimentos, inovações e práticas tradicionais das comunidades tradicionais[6] (indígenas, quilombolas, caiçaras, ribeirinhos, pescadores, pequenos agricultores, entre outros), o denominado patrimônio cultural imaterial[7] de sociedades, via de regra, vulneráveis. Esse elemento, conforme Santili,[8] compreende das técnicas aos métodos de caça e pesca e os conhecimentos sobre os ecossistemas e propriedades da fauna e flora utilizados pelas comunidades tradicionais.

Cabe entender que são sistemas que evoluíram simultaneamente, o biológico e o cultural;[9] portanto, não se podem conceber conhecimentos tradicionais e biodiversidade senão que sistemicamente, entendidos no

---

[5] Joaquín Herrera Flores. In: RUBIO, David Sanchez; DE FRUTOS, Juan Antonio Senent. *Teoría Crítica del Derecho. Nuevos horizontes*. Aguascalientes: Centro de Estudios Sociales Mispat, A.C.; San Luís Potosí: Universidad Autónoma de San Luis Potosí; Chiapas: Educação para las Ciencias en Chiapas, A.C., p. 17-18.

[6] "Grupos culturalmente diferenciados e que se reconhecem como tais, que possuem formas próprias de organização social, que ocupam e usam territórios e recursos naturais como condição para sua reprodução cultural, social, religiosa, ancestral e econômica, utilizando conhecimentos, inovações e práticas gerados e transmitidos pela tradição". (art. 3º do Decreto 6040 de 2007, que institui a Política Nacional de Desenvolvimento Sustentável dos Povos e Comunidades Tradicionais. Disponível em: <http://www.planalto.gov.br/ccivil_03/_ato2007-2010/2007/decreto/d6040.htm>).

[7] O denominado Patrimônio Cultural Imaterial pode ser qualificado como um conjunto de mentefatos de presumida espontaneidade e autenticidade, expressos ou materializados sob diversas e distintas formas que recebem a rotulação patrimonial. São informações registradas em materiais humanos ou tecnológicos que devem ser transmitidas em razão de seu interesse público intergeracional.

[8] SANTILLI, Juliana. *Socioambientalismo e Novos Direitos*. São Paulo: Peirópolis, 2005, p. 192.

[9] Explica Flores que o processo cultural coincide com o processo de humanização, tanto da natureza humana (imaginário social e imaginário radical) como da natureza física e social (imaginário ambiental bio-socio-diverso) no marco de uma consideração relacional do conceito de meio ambiente. Através da construção cultural nos humanizamos, isto é, vamos adquirindo a capacidade de explicação, de interpretação e de transformação/adaptação do conjunto de relações que mantemos com os outros, com nós mesmos e com a natureza (FLORES, Joaquín Herrera. Cultura y naturaleza: La construcción del imaginario ambiental bio(sócio)diverso. In *Hiléia. Revista de Direito Ambiental da Amazônia*. Ano 2. Número 2. Janeiro-junho de 2004. Manaus: Edições Governo do Estado do Amazonas / Secretaria de Estado de Cultura / Universidade do Estado do Amazonas, 2004, p. 43.

neologismo sociobiodiversidade (que se escreve junto). São sistemas inseparáveis, complementares, organizados e dinâmicos: mais do que nunca a natureza não pode ser separada da cultura e urge aprender a pensar transversal, pluriversal e interculturalmente as interações entre ecossistemas, e sociedades tradicionais, de modo a minimizar o tempo do fim do mundo:

> (...) foi-nos revelado que as coisas estão mudando, mudando rapidamente, e não para o bem da vida humana "tal como a conhecemos". Por fim, e sobretudo, não temos a menor ideia do que fazer a respeito. O Antropoceno é o Apocalipse, em ambos os sentidos, etimológico e escatológico. Tempos interessantes, de fato.[10]

Neste contexto, esse texto enfrenta e expõe as relações entre as sociedades tradicionais e o meio ambiente, a sociobiodiversidade, entendida como a afinidade entre os sistemas ambiental (em especial os elementos que compõem a biodiversidade) e cultural/social (povos, sociedades ou comunidades tradicionais e seus saberes associados ao uso sustentável e à conservação da biodiversidade) e sua potência (instrumento) para promover ou servir de panorama para o estabelecimento de ferramentas e valores universais necessários à implementação do princípio/objetivo/programa/paradigma do desenvolvimento sustentável e, por consequência, da efetivação do direito fundamental ao meio ambiente equilibrado. Ademais, examina os instrumentos jurídicos nacionais e internacionais de proteção dos conhecimentos das sociedades tradicionais.

## 1. Um conceito intenso: considerações sobre o desenvolvimento sustentável

O conceito de desenvolvimento sustentável originou-se a partir dos estudos da economia ambiental, teve sua materialização no Relatório Brundland e foi consolidado na Rio/92 com a Agenda 21, e com a adoção como princípio[11] pela Declaração do Rio. É entendido como o desenvolvimento que satisfaz as necessidades das gerações atuais, sem comprometer as das gerações futuras.

Desde então, passou a ser uma ideia muito explorada, a exponencial proposta para enfrentar a crise ecológica, o falho social e econômico, as externalidades do sistema moderno do mundo moderno, o déficit de ra-

---

[10] DANOWSKY, Déborah; DE CASTRO, Eduardo Viveiros. *Há mundo por vir? Ensaio sobre os medos e os fins*. Florianópolis: Cultura e Barbárie: Instituto Socioambiental; São Paulo: ISA, 2014, p. 35.

[11] Princípio 3: O Direito ao desenvolvimento deve ser exercido de modo a permitir que sejam atendidas equitativamente as necessidades de desenvolvimento e de meio ambiente das gerações presentes e futuras. Ver: Documento final da Conferência Rio+20: <http://www.apambiente.pt/_zdata/Politicas/DesenvolvimentoSustentavel/2012_Declaracao_Rio.pdf>.

cionalidade (a finitude da biosfera). Quem sabe, o crescimento irracional em outra roupagem ou a tentativa de salvar o crescimento.[12]

Dada a abrangência que alcançou (tudo passou a ser falsamente sustentável), é um conceito carregado de expectativas, fomentador de muitas possibilidades, que lhe confere a faculdade de transitar pelos mais variados discursos, o que lhe traz vantagens, por exemplo, a perspectiva de execução do direito a um meio ambiente equilibrado, e inconvenientes, por exemplo, constituir o combustível à máquina publicitária da sustentabilização de tudo. Decerto, um conceito ainda vazio de efetividade, ao menos na esfera global que, como mencionamos, por enquanto, significaria, quanto a esta dimensão, apenas uma fabulação ou ficção. Decerto, uma distante alternativa à real, mas impraticável, necessidade: o decrescimento.

O conceito de desenvolvimento sustentável pressupõe uma pluralidade de dimensões, que implica a observância de um enfoque integral e integralizado com as dimensões sociais, econômicas e políticas, que visem a utilização sustentável dos recursos naturais, a eficiência econômica, a equidade social, que imponham restrições ao sistema econômico vigente, à sociedade de consumo, ao ideal desenvolvimentista puramente material.

Em palavras objetivas, Ruiz[13] divulga que o desenvolvimento sustentável persegue o logro de três objetivos essenciais: um objetivo puramente econômico – a eficiência na utilização dos recursos e o crescimento quantitativo – um objetivo social e cultural – a limitação da pobreza, a manutenção dos diversos sistemas sociais e culturais e a equidade social – e um objetivo ecológico, a preservação dos sistemas físicos e biológicos (recursos naturais *lato sensu*) que servem de suporte à vida dos seres humanos.

No tocante à noção de sustentabilidade com três pilares – economia, sociedade e recursos naturais –, Winter ressalta que uma nova leitura deste relatório sugere que o escopo do princípio deve ser definido de forma mais rigorosa. Conclui Winter que o desenvolvimento sustentável significa que o desenvolvimento socioeconômico permanece sustentável, visto que suportado por sua base: a biosfera. A biodiversidade assume assim fundamental importância, sendo que a economia e a sociedade são parceiras mais fracas, porquanto a biosfera pode existir sem os humanos, mas os humanos não podem existir sem ela. Então, o quadro esquemático

---

[12] LATOUCHE, Serge. *La apuesta por el decrecimiento. ¿Cómo salir del imaginario dominante?* Barcelona, Icaria, 2009, p. 103 e seguintes.
[13] RUIZ, José Juste. *Derecho Internacional del Medio Ambiente*. Madrid: MacGraw-Hill, 1999, p. 33.

dessa inter-relação não seria de três pilares, mas sim, de um fundamento (recursos naturais) e dois pilares (economia e sociedade) apoiando-o.[14]

Conforme se pode aferir, é um conceito de difícil execução, porque contrário à realidade que prevalece hoje: os recursos podem ser explorados de qualquer maneira, salvo que existam intensas razões para conservá-los.[15] O esperado equilíbrio entre as necessidades econômicas, ambientais e sociais, cuja ausência leva inexoravelmente à pobreza e à degradação do ambiente, remete à questão da dificuldade da efetiva valoração das capacidades. A exclusão social está presente mesmo em países ricos, quando a capacidade não é talhada para decidir prioridades com razoabilidade. Com efeito, o valor da capacidade da pessoa pode mover uma comunidade a demandas por moderna tecnologia, a qualquer custo, ao invés de investimento em educação e cultura, por exemplo. Não se subestima que a renda seja um veículo para obter capacidades, mas o seu molde dependerá da efetiva liberdade de uma pessoa ou de um povo efetivamente poder escolher e decidir com liberdade, potencializando os resultados dessas escolhas dotadas de alteridade e autodeterminação.

Na linha de raciocínio de Amartya Sen,[16] a capacidade pode melhorar o entendimento da natureza e das causas da pobreza e privação, desviando a atenção principal dos meios (e de um meio específico que geralmente recebe atenção exclusiva, ou seja, a renda) para os fins que as pessoas têm razão para buscar e, correspondentemente, para as liberdades de poder alcançar esses fins.

Daí a necessidade de a sociedade decidir com liberdade sobre o que deseja preservar em espaços cidadãos de participação livre, em igualdade de oportunidades e prévio acesso a informações atuais e verossímeis. Inescapavelmente isso representaria o caminho efetivo para a justiça social e ao esperado desenvolvimento sustentável, a ressignificação do desenvolvimento humano.

Em suma, um desenvolvimento pautado na racionalidade ambiental, fundada nos potenciais ecológicos, nas identidades, nos saberes e nas racionalidades culturais que dão lugar à criação do outro, da diversidade e da diferença, muito além das tendências dominantes, objetivadas na realidade que se encerra sobre ela mesma num suposto fim da história.[17]

---

[14] WINTER, Gerd. "Um fundamento e dois pilares: o conceito de desenvolvimento sustentável 20 anos após o Relatório de Brundtland". *In* MACHADO, Paulo Affonso Leme e KISHI, Sandra Akemi Shimada (Org). *Desenvolvimento sustentável, OGM e responsabilidade civil na União Européia*. São Paulo: Millennium Editora, 2009. p. 1-4.

[15] WEISS, Edith Brown. *Un mundo justo para las nuevas generaciones: Derecho internacional, patrimonio común y equidad intergeneracional*. Madrid: Mundi-Prensa, 1999, p. 80.

[16] SEN, Amartya. *Desenvolvimento como Liberdade*. São Paulo: Companhia das Letras, 2000, p. 112.

[17] LEFF, Enrique. *Discursos sustentables*. México: Siglo XXI Editores, 2008, p. 58.

Por fim, o documento político advindo da Conferência das Nações Unidas sobre Desenvolvimento Sustentável, a Rio+20, realizada de 13 a 22 de junho de 2012, *O futuro que queremos*, considera que a economia verde e a erradicação da pobreza são os instrumentos mais importantes para o logro do desenvolvimento sustentável. Nesse sentido, destacamos algumas conjunturas que as políticas estatais de promoção da economia verde, sustentadas pelo referido documento, deverão observar: i) a soberania dos Estados sobre seus recursos naturais; ii) o crescimento econômico sustentável e inclusivo que ofereça oportunidades, benefícios e empoderamento a todos, bem como o respeito aos direitos humanos; iii) as necessidades dos países em desenvolvimento, em particular aqueles em situações especiais; iv) o bem-estar dos povos indígenas e de outras comunidades tradicionais, reconhecendo e apoiando sua identidade, cultura e interesses e evitando colocar em risco seu patrimônio cultural, suas práticas e seus conhecimentos tradicionais.[18]

Sobre esse último aspecto e conforme sustentamos nesse trabalho, o mencionado documento sobressai a necessária observância e proteção dos povos tradicionais, seus saberes, cultura e identidade no sentido de sua destacada importância na promoção do desenvolvimento sustentável e das estratégias para sua implementação. Portanto, o documento distingue e invoca, em toda sua extensão, o urgente e imperioso re (co)nhecimento) por parte dos Estados-Parte dos direitos fundamentais desse contingente vulnerável.[19]

## 2. Equilíbrio ambiental, econômico e equidade social: o encontro entre comunidades tradicionais e desenvolvimento sustentável

Conforme dito, a preservação da biodiversidade é requisito essencial para se atingir o ideal de desenvolvimento sustentável. Por isso, é desafio da ciência e da política desenvolver formas de proteção e de desenvolvimento que protejam a diversidade de espécies da fauna, da flora e de micro-organismos, a diversidade de ecossistemas, a diversidade genética dentro de cada espécie, ou patrimônio genético e os saberes tradicionais sobre o uso desses elementos.

Tal proposição nunca será simplista, mas é necessária para a manutenção da vida na terra, visto que a biodiversidade constitui uma das propriedades fundamentais do meio ambiente e do equilíbrio da biosfera, assim como das relações entre todos os seres vivos, visto que seus com-

---

[18] NACIONES UNIDAS. Doc. A/CONF.216/L.1. *El futuro que queremos*. Rio de Janeiro, 2012, p. 10-14.

[19] Idem, p. 8, 9, 11, 14, 24, 28, 37, 42, 45, 49 e 50.

ponentes compõem um processo sistêmico ou holístico da vida. É fonte de desenvolvimento humano, de aquisição de bens e serviços mediante as atividades agrícola, pesqueira, florestal e a indústria biotecnológica. Assim, pode ser definida como a vida na Terra e o bem mais valioso, junto à água, que dispomos. Este valor é o resultado dos aspectos ecológico, social, econômico, científico, cultural, histórico, geológico, espiritual, recreativo e estético que compõem esse elemento ambiental.

Nesse cenário, aponta como modelo de possível execução do desenvolvimento sustentável as relações que as comunidades tradicionais mantêm com os espaços naturais e a biodiversidade. Através dos conhecimentos sobre as melhores formas de interagir com a natureza – tirando dela seu sustento sem comprometer sua existência – tais sociedades interferem positivamente na conservação da natureza e no processo de desenvolvimento econômico e social equânime.

Tais conhecimentos, saberes, memórias coletivas ou patrimônio cultural imaterial constituem a dimensão cultural do conceito de biodiversidade, representada pelos valores, visões de mundo, saberes e práticas que têm íntima relação com o uso direto e os processos relacionados à biodiversidade. Em definitiva, são saberes autênticos e espontâneos, vivos, constantemente recriado e reexperimentado que se transformam em registro mnemotécnico, em cultura transmitida principalmente através da oralidade, tendo a mente humana o seu principal repositório e os órgãos e membros humanos como os principais instrumentos de efetivação material, notadamente compartilhada, retroalimentada e redimensionada coletivamente entre as gerações. Dessa forma, os saberes tradicionais são um elemento essencial à existência, às identidades coletivas; são a base de crenças, tradições e costumes de distintos grupos humanos.

As comunidades possuidoras desses saberes compartem estilos de vida particulares, fundados na natureza, no conhecimento sobre ela e nas melhores práticas de como utilizá-la sustentavelmente, respeitando desse modo sua capacidade de recuperação e conservação. Diferentemente das sociedades capitalistas, privilegiam a acumulação de conhecimentos sobre o mundo natural – e também sobrenatural – com o fim máximo de sobrevivência, constituindo um legado cultural e coletivo indispensável ao equilíbrio do Planeta e à promoção da justiça socioambiental das presente e futuras gerações.

Os conhecimentos desses povos evidenciam o quanto é possível estabelecer uma relação proveitosa entre a natureza e o homem e, cada vez mais, estabelecem notória resistência à monocultura científica. Tal como evidenciado, praticam a preservação e conservação ambiental de seus *habitats*, a permanência de suas culturas tradicionais, a produção econômica sustentável e a organização social equitativa, promovendo uma melhor qualidade de vida, o desenvolvimento humano sustentável e o direito fundamental a um meio ambiente equilibrado.

De fato, são reveladores de valores diversos acerca da individualidade, alteridade, coletividade, natureza e economia, como ressalta Cruz,[20] na análise de um grupo de quilombolas do Vale do Guaporé, na região norte do Brasil:

> Assim, percebemos mulheres e homens remanescentes de quilombos com práticas sociais que destoam da visão do mundo individualista, que contribuem com seus modos de vida para constituir práticas que se situam em outras perspectivas tanto do ponto de vista das relações interpessoais quanto das relações com a natureza; são valores diferentes das sociedades industrialistas.

Decerto, para esses povos, o ambiente natural não é um espaço meramente produtivo, é também vida, sociabilidade, ambiente cultural, trabalho, desenvolvimento intelectual, econômico, humano, social...

Para ilustrar o referido entrosamento, referimos um grupo de mulheres que vivem na Comunidade de Capoã, situada no município de Barra dos Coqueiros do Estado de Sergipe e se dedicam à cata da mangaba.[21] As catadoras,[22] tal como se autodeterminam, demonstram uma verdadeira gestão de seus recursos, pois possuem saberes de grande precisão que denotam grande avanço, envolvendo em tais práticas recursos regenerativos. Partilham regras comuns que se perfazem no dia a dia do trabalho, as quais são transmitidas por meio da oralidade, como inclusive repassam a maioria das informações que compõem seus saberes. Tais regras dizem respeito a evitar a quebra de galhos das plantas, a proibição de corte das árvores, a retirada do "leite" com parcimônia, o respeito pelo direito de coleta dos catadores que por ventura tenham tido acesso às árvores anteriormente. Nesse sentido, assumem ideias comuns concernentes ao sentimento de respeito, cuidado e responsabilidade pelas plantas e consequentemente pela sua reprodução.

---

[20] CRUZ, Tereza Almeida. "Mulheres da floresta do Vale do Guaporé e suas interações com o meio ambiente". In: *Rev. Estud. Fem.*, Florianópolis, v. 18, n. 3, Dezembro de 2010, p. 915. Disponível em: <http://www.scielo.br/scielo.php?script=sci_arttext&pid=S0104-026X2010000300016&lng=en&nrm=iso>.

[21] A mangaba é uma fruta nativa do litoral do nordeste e dos cerrados do Brasil. As áreas remanescentes de mangabeiras estão quase extintas em alguns estados, mas ainda são muito presentes em outros, como é o caso de Sergipe, onde 90% de toda fruta comercializada provem das áreas nativas nas quais populações tradicionais praticam o extrativismo há séculos. JESUS, Sonia Meire Santos Azevedo de. *Produção de saberes e práticas de trabalho das mulheres catadoras de mangabas de Sergipe*, p. 19. Disponível em: <http://www.catadorasdemangaba.com.br/publicacoes/Relatorio_Final_Praticas_das_Catadoras-1.pdf>

[22] Sobre as catadoras de mangaba, ver a revista em quadrinhos: Mangabeiras: trabalho, cultura e tradição. Disponível em: <http://www.catadorasdemangaba.com.br/publicacoes/mangabeiras-trabalho_cultura_e_tradicao.pdf>

As catadoras realizam a cata cantando músicas[23] conhecidas por todas as mulheres, que retratam suas histórias e que reconhecem na atividade sua razão de viver e sobreviver. A fruta serve para alimentação e obtenção de renda para a criação de seus filhos e, portanto, é considerada uma fruta poderosa. Além da fruta *in natura*, as mangabeiras comercializam produtos processados, como bombons, geleias, balas, bolos, etc., os quais são produzidos dentro da Associação de Catadoras de Mangaba,[24] o que as permitem alcançar recursos econômicos no seio de uma ação de trabalho coletivo e promover a equidade social.

Ressalte-se que, a partir de saberes e práticas construídos na relação direta com os recursos em que praticam o extrativismo, as catadoras de mangaba cuidam de um território, conservando-o e interferindo minimamente na sua transformação, reinventando um futuro às suas gerações.

Contudo, a prática das mangabeiras – assim como a de muitos outros grupos que promovem o desenvolvimento sustentável – vive sob constante ameaça, principalmente em razão das políticas culturais homogeneizantes, da ausência de recursos estruturais para sua permanência, experiência, valorização e compreensão/identificação pelas novas gerações, pelas crescentes dificuldades de transmissão que também decorrem dos efeitos da globalização cultural e, inclusive, pela especulação imobiliária e a implantação de monoculturas, a exemplo dos coqueirais, canaviais e pastagens, o que as motivou a criar o Movimento das Catadoras de Mangaba (MCM). Do mesmo modo, em razão à prática da biopirataria.

Sobre este aspecto, é importante assinalar que o advento da biotecnologia moderna – que muito se utiliza desses conhecimentos para que o tempo entre pesquisa e produção comercial de determinado produto seja consideravelmente diminuído – sublimou o valor do bioconhecimento na busca por soluções – nos campos da medicina, alimentação e agricultura, energia, entre outros – para satisfazer as intermináveis necessidades da sociedade contemporânea. As comunidades tradicionais constituem importantes bioprospectores, posto que têm um conhecimento apurado acerca do terreno físico que habitam e dos recursos que nele se encontram, o que dista muito do que possam ter outros buscadores de tesouros genéticos.

Conhecedora da realidade de expropriação indevida desses conhecimentos – assim como da condição de hipossuficiência a que estão submetidas as comunidades frente aos comandos do capital – a comunidade internacional lançou mão, em 1992, do primeiro diploma jurídico de reconhecimento e proteção dessas comunidades e seus conhecimentos, a Con-

---

[23] Para conhecer o canto das mangabeiras, ver: <http://www.catadorasdemangaba.com.br/cd-documentario.asp>.

[24] Ver: <http://www.catadorasdemangaba.com.br/ler.asp?id=42&titulo=novidades>.

venção sobre a Diversidade Biológica (CDB), e o Brasil, em cumprimento das obrigações a serem implementadas, legislou sobre a matéria.

## 3. O reconhecimento jurídico internacional e nacional das comunidades tradicionais e seus saberes

*3.1. A Convenção sobre a diversidade biológica e o Protocolo de Nagoia*

A CDB foi implementada ao longo da Conferência das Nações Unidas sobre Meio Ambiente e Desenvolvimento, também conhecida como ECO-92, que ocorreu no Rio de Janeiro entre os dias 3 e 14 de junho de 1992.

Foi estruturada sobre três bases principais: a conservação e uso sustentável da diversidade biológica (objetivo ambiental) e a repartição justa e equitativa dos benefícios provenientes da utilização dos recursos genéticos (objetivo econômico).

Nesse sentido, a fim de cumprir seus objetivos de proteção à biodiversidade, a CDB reconheceu que as comunidades tradicionais e seus saberes mantêm uma relação de cooperação com o meio ambiente, que passam pela primeira vez a serem protegidos por meio da redação emprestada ao artigo 8-j.[25]

Neste contexto, a CDB prevê o reconhecimento das sociedades tradicionais como vetores na manutenção, conservação e uso sustentável da biodiversidade e das culturas tradicionais.

As medidas efetivas e as experiências (positivas e negativas) dos Estados, que visam à proteção das referidas sociedades e seus saberes ante as inúmeras adversidades – a exemplo da biopirataria – bem como o direito ao desenvolvimento de acordo com suas singularidades são discutidas, entre outros temas, em um órgão decisório supremo, a Conferência das Partes (COP).[26]

Durante a COP, que já ocorreu por 12 vezes em países da Ásia, Europa e America Latina, promove-se um amplo espaço de exposições de experiências entre países, bem como consultorias a lideranças das comu-

---

[25] Cada Parte Contratante deve, na medida do possível e conforme o caso: artigo 8 (...) j) Em conformidade com sua legislação nacional, respeitar, preservar e manter o conhecimento, inovações e práticas das comunidades locais e populações indígenas com estilo de vida tradicionais relevantes à conservação e à utilização sustentável da diversidade biológica e incentivar sua mais ampla aplicação com a aprovação e a participação dos detentores desse conhecimento, inovações e práticas; e encorajar a repartição equitativa dos benefícios oriundos da utilização desse conhecimento, inovações e práticas; (...).

[26] Ver: <https://www.cbd.int/cop/>.

nidades tradicionais e organizações ambientais. Também, durante as reuniões, acontece o Segmento Ministerial da COP, oportunidade em que Ministros do Meio Ambiente dos países membros desfrutam da possibilidade de demonstrar os avanços, ideias e desafios da implementação da Convenção em seus Estados.

No que tange à proteção dos conhecimentos tradicionais, foram proferidas 11[27] decisões referentes ao disposto no artigo 8-j, versando sobre os princípios e diretrizes para a melhor interpretação e aplicação do referido artigo, assim como instituir metas para sua implementação no ordenamento jurídico nacional dos Estados-Parte.

Tais decisões têm inovado no entendimento acerca da importância dos saberes tradicionais, reconhecendo aos povos detentores a propriedade e o domínio sobre os conhecimentos, recursos e territórios e desenvolvendo instrumentos que respeitem sua cultura, organização social e seus valores.

Também reconhecem que seus saberes são essenciais para a preservação da biodiversidade, para a promoção do desenvolvimento sustentável e para a garantia do direito a um meio ambiente equilibrado. Por isso, no âmbito da aplicação da CDB devem ser tratados com a mesma importância que os conhecimentos científicos, respeitando o direito das comunidades para controlar o acesso aos seus saberes, técnicas e inovações.

Dessa compreensão nasce a necessidade de promover um sistema *sui generis*[28] de proteção. Segundo decidido na 10ª Reunião da COP,[29] o sistema de proteção dos conhecimentos, inovações e práticas tradicionais das comunidades indígenas e locais deve ser desenvolvido considerando-se o direito consuetudinário dos membros, as práticas e os protocolos comunitários, contando com sua participação efetiva e sua aprovação. Devem ser protegidas todas as formas de manifestações desse conhecimento, incluindo as línguas, crenças religiosas e suas práticas, músicas e danças tradicionais, a história oral e os saberes vinculados aos usos curativos de plantas e animais.[30]

---

[27] Ver: <https://www.cbd.int/traditional/decisions.shtml>.

[28] O sistema *sui generis* tem como alicerce a titularidade dos conhecimentos tradicionais pelas comunidades. Refere-se a uma possível modalidade de direitos de propriedade intelectual Esta modalidade foi projetada visto que o sistema de direitos de propriedade clássico não apresenta uma resposta adequada de proteção às possíveis expropriações ou piratarias do conhecimento tradicional associado à biodiversidade. Primeiro porque ampara invenções eminentemente individuais e são de caráter privativo e os conhecimentos tradicionais têm uma natureza coletiva, de interesse público e intergeracional. Segundo porque os registros são custosos para serem satisfeitos por estas comunidades, além de estarem limitados pelo tempo, o que afetaria os propósitos intergeracionais que estes conhecimentos significam a estas sociedades. Também, o elemento novidade não está presente já que esses conhecimentos, ainda que não absolutamente, são frequentemente milenários.

[29] Doc. UNEP/CDB/COP/DEC/X/41 de 27 de outubro de 2010. *Aplicación del artículo 8 j*). Disponível em: <https://www.cbd.int/decision/cop/default.shtml?id=12307>.

[30] Cabe destacar a criação, pelo Comitê Intergovernamental sobre Propriedade Intelectual e Recursos Genéticos, Conhecimentos Tradicionais e Folclore (CIG), de uma base de dados na *Internet* que pro-

Também devemos prestar atenção no trabalho do Grupo de Trabalho sobre o artigo 8-j, criado em 1998 na quarta reunião da COP. Este Grupo adotou um programa de trabalho[31] para cumprir com os mandamentos do referido artigo e aprimorar o papel e a participação das comunidades tradicionais na execução dos objetivos da CDB e um plano de ação para a conservação dos conhecimentos, inovações e práticas.[32] Além disso, outros importantes resultados acompanham o Grupo: as Diretrizes *Akwé: Kon*[33] e o Código de Conduta Ética *Tkarihwaié:ri*.[34]

Em tanto que instrumento jurídico complementar à CDB, em especial de seu artigo 15 sobre o acesso aos recursos genéticos, o Protocolo sobre Acesso a Recursos Genéticos e Repartição de Benefícios – assistido pelo Grupo acima referido, também conhecido como Protocolo de Nagoia, adotado em 29 de outubro de 2010 –, é o tratado internacional mais recente em matéria de proteção dos conhecimentos de povos tradicionais. O artigo 7 refere que os Estados devem tomar medidas com o objetivo de assegurar que o conhecimento tradicional associado a recursos genéticos detido por comunidades indígenas e locais seja acessado com o consentimento prévio informado e em termos mutuamente acordados, que analisaremos a seguir. Esses dois instrumentos, o consentimento prévio informado e os termos mutuamente acordados, também presentes nas normas da CDB, oferecem segurança jurídica aos povos tradicionais, bem como possibilidades de ter repartidos os benefícios derivados do uso de seus saberes relacionados à biodiversidade.

### 3.2. O marco legal da biodiversidade e outros instrumentos

Contudo, para que os efeitos das decisões e dos dispositivos da CDB adquiram eficácia, indispensável que eles sejam objeto de tratamento no ordenamento jurídico interno dos Países-Membro. No caso brasileiro – no que pese o Brasil ser signatário da Convenção desde 1992 – a tutela dos

---

moveu a catalogação dos saberes tradicionais e dos recursos genéticos e a elaboração de um projeto com orientações sobre as cláusulas a serem incorporadas nos acordos de acesso e repartição de benefícios. Disponível em: <http://www.wipo.int/tk/es/resources/db_registry.html>.

[31] O objetivo do programa é promover uma aplicação justa do artigo 8-j em nível local, regional e internacional e garantir a plena e efetiva participação das comunidades tradicionais em todas as etapas e níveis de aplicação da CDB Disponível em: <https://www.cbd.int/traditional/pow.shtml>.

[32] Disponível em: <https://www.cbd.int/decision/cop/?id=7753>.

[33] Essas diretrizes têm a finalidade de orientar os Estados-Parte na CDB e Protocolo de Nagoya a realizar avaliações respeito às repercussões culturais, ambientais e sociais nos projetos de desenvolvimento que se realizem em lugares sagrados, em terras ou águas ocupadas ou utilizadas tradicionalmente por comunidades tradicionais e que possam afetar esses lugares. Disponível em: <https://www.cbd.int/doc/publications/akwe-brochure-es.pdf>.

[34] O Código de Conduta tem a função de assegurar o respeito ao patrimônio cultural imaterial das comunidades tradicionais propício à conservação e uso sustentável da biodiversidade. Disponível em: <https://www.cbd.int/traditional/code/ethicalconduct-brochure-es.pdf>.

conhecimentos tradicionais somente foi positivada no ano de 2001, através da Medida Provisória 2186-16,[35] a qual vigeu até o recente advento da Lei 13.123, de 20 de maio de 2015,[36] a qual estabelece o Marco Legal da Biodiversidade, ou seja, dispõe sobre o acesso ao patrimônio genético, sobre a proteção e o acesso ao conhecimento tradicional associado e sobre a repartição de benefícios para conservação e uso sustentável da biodiversidade.

Importante salientar que uma das principais críticas do projeto que deu origem à referida Lei, refere-se à não participação dos povos indígenas e tradicionais em seu processo de elaboração[37] e à não previsão de possibilidade de negação, por parte desses povos, ao acesso a seus saberes.[38]

O principal instrumento de garantia aos povos tradicionais de um acesso legalmente constituído a conhecimento tradicional é o consentimento prévio informado,[39] disposto no artigo 9º da aludida Lei.

Essa técnica jurídica, utilizada em diversos instrumentos jurídico-internacionais, é o consentimento que se outorga à realização de uma atividade depois da obtenção de ampla informação sobre os objetivos desta, os procedimentos a serem utilizados, os possíveis riscos que possa conter, entre outros elementos. Em matéria de acesso a conhecimentos tradicionais, sua função é proporcionar informações/conhecimento ao provedor, antes da assinatura do contrato de acesso, sobre os objetivos, o uso pretendido e os benefícios a serem gerados e repartidos.

Outro importante instrumento dessa Lei e grande expectativa dos povos tradicionais é a repartição de benefícios gerados a partir de um uso de saber tradicional, prevista em seu capítulo V. A repartição de benefícios tem o condão de efetivar o cumprimento do objetivo econômico da CDB de distribuir justa e equitativamente os benefícios derivados do uso de conhecimentos tradicionais. Ademais, proporciona o fluxo de capitais, de conhecimentos científicos e tradicionais, de processos tecnológicos e pode aportar consideráveis resultados para a conservação e utilização sustentável da biodiversidade e do patrimônio cultural imaterial de co-

---

[35] Essa legislação ofereceu por primeira vez ao Estado Brasileiro, depois de 500 anos de apropriação indevida fundada no princípio do livre acesso, sem a anuência e participação das comunidades detentoras de tais saberes nos benefícios gerados do uso, um horizonte de possibilidades para evitar ou prevenir práticas desprezíveis que prejudicaram, sobretudo, comunidades amazônicas.

[36] Disponível em: <http://www.planalto.gov.br/ccivil_03/_Ato2015-2018/2015/Lei/L13123.htm>.

[37] Ver Moção de repúdio dos povos indígenas, povos e comunidades tradicionais e agricultores familiares aos setores empresariais envolvidos na elaboração e tramitação do projeto de lei que vende e destrói a biodiversidade nacional: <http://www.socioambiental.org/sites/blog.socioambiental.org/files/nsa/arquivos/mocao_de_repudio_as_empresas-1.pdf>.

[38] Para mais detalhes sobre essas discussões, veja Instituto Socioambiental (ISA): < http://www.socioambiental.org/pt-br/tags/pl-77352014-0>.

[39] Ver exemplo em: < http://www.mma.gov.br/estruturas/sbf_dpg/_arquivos/mod_tap1.pdf>.

munidades indígenas e locais, uma vez que, uma parte ou a totalidade desses benefícios, sejam empregados nesse fim.

No entanto, a nova Lei apenas confere essa obrigação para o produto acabado e para os casos nos quais o conhecimento é elemento essencial, ou seja, agrega valor ao produto final. Além disso, isenta as pequenas empresas do dever de repartir.

Também é importante apontar o Decreto 6.040/2007,[40] que versa sobre a Política Nacional de Desenvolvimento Sustentável dos Povos e Comunidades Tradicionais, o qual aponta entre seus objetivos a garantia ao território, educação, saúde, políticas públicas e o reconhecimento da autoidentificação da comunidade. Nesse sentido, o mencionado Decreto pretende proteger a identidade cultural ao passo que institui uma política que garante condições mínimas para que os povos continuem em seus territórios, preservando os saberes tradicionais e contribuindo para o desenvolvimento sustentável. Dentre os princípios norteadores do Decreto 6.040, destacamos o reconhecimento e a valorização da diversidade dos povos tradicionais, bem como a preservação de suas práticas e da memória cultural para a contribuição ao desenvolvimento sustentável.

Por último, cabe referir a política social do governo brasileiro, o Programa de Apoio à Conservação Ambiental, Programa Bolsa Verde, que constitui uma notável política pública que sinaliza possibilidades de transformações socioambientais, na medida em que integra e potencializa o estimável desempenho das comunidades tradicionais[41] e, especialmente das mulheres,[42] na conservação dos recursos naturais, promovendo, assim, o ideado desenvolvimento sustentável (local). Ademais, a preponderância das mulheres como beneficiárias estimula sua emancipação dentro das estruturas familiares e da sociedade, promove a igualdade de gênero e as projeta, deslocando-a da tarefa de mantenedora do lar e colocando-a na vitrine da principal resposta à crise ecológica atual: a conservação ambiental.

## Considerações finais

Os conhecimentos que os povos tradicionais construíram, por séculos, sobre as melhores formas de manejar e extrair do meio ambiente

---

[40] Disponível em: <http://www.planalto.gov.br/ccivil_03/_ato2007-2010/2007/decreto/d6040.htm>.

[41] O Programa, ao delimitar seus beneficiários, inclui as famílias em situação de extrema pobreza que desenvolvam atividades de conservação em territórios ocupados por ribeirinhos, extrativistas, populações indígenas, quilombolas e outras comunidades tradicionais (artigo 3º).

[42] O Programa oferece especial tratamento às mulheres ao definir sobre os recursos financeiros: o artigo 5º, § 3º, define que os recursos financeiros serão pagos preferencialmente à mulher responsável pela unidade familiar, quando cabível; e o artigo 13 dá prioridade de atendimento às famílias com mulheres responsáveis pela unidade familiar e às famílias residentes nos Municípios com menor Índice de Desenvolvimento Humano – IDH.

todos os recursos indispensáveis à sua subsistência, sem comprometer sua existência futura é importante exemplo a ser observado pela atual sociedade, constituída sob a superexploração para e do consumo. Esses povos estão guardando o planeta, a história, a cultura de um povo, do Brasil.

E esses saberes promovem o desenvolvimento sustentável, alternativa ao temido e imperativo (de)crescimento. Por meio de práticas consuetudinárias, os povos tradicionais desenvolveram formas equitativas de distribuição de poder e recursos e de respeito à natureza, concretizando, via de regra, o desenvolvimento humano com a implementação de modelos singulares de equidade social e econômica e conservação ambiental. Essa inter-relação é claramente desempenhada no labor das catadoras de mangaba.

Disso decorre a necessidade de reconhecimento e proteção desses povos e seus conhecimentos tradicionais conferidos pela CDB e Protocolo de Nagoia em âmbito internacional e pelo marco legal da biodiversidade e Decreto 6.040/2007 no Brasil. Por meio desses instrumentos, as comunidades tradicionais passaram a ter mais autonomia sobre os seus saberes, o que não significa propriedade intelectual nos arquétipos conhecidos pelo Direito. Também, passaram a ter boas perspectivas para deliberar as condições e limitações das atividades de acesso a seus saberes.

A CDB, mediante o labor das COPs e do Grupo de Trabalho sobre o artigo 8-j tem se configurado como importante instrumento na busca pela efetivação dos direitos dos povos tradicionais, reconhecendo a relevância dos seus conhecimentos e cultura, recomendando que os Estados e organizações regionais desenvolvam mecanismos de proteção e fomentando a participação em seus âmbitos decisórios das principais lideranças locais.

Ao encontro do disposto pela CDB, no âmbito do ordenamento jurídico interno brasileiro, o atual Marco Legal da Biodiversidade, terá a oportunidade de promover o acesso ao patrimônio genético e aos conhecimentos tradicionais, mediante o órgão colegiado do Ministério do Meio Ambiente, o Conselho de Gestão do Patrimônio Genético (CGEN).[43] Por sua vez, o Decreto 6.040/2007 visa a proteger a identidade cultural ao passo que institui uma política que garante condições mínimas para que estes povos continuem em seus territórios, preservando seus saberes e contribuindo para o desenvolvimento sustentável.

No aguardo da posta em marcha do Marco Legal da Biodiversidade, espera-se que o déficit na dinâmica tutela dos saberes tradicionais e povos

---

[43] O CGEN é um órgão colegiado do Ministério do Meio Ambiente (MMA), criado no âmbito da MP2186-16 de 2001 e redirecionado à aplicação do Marco Legal da Biodiversidade, de caráter deliberativo e normativo, que tem a função de autoridade nacional competente no procedimento de acesso ao patrimônio genético e conhecimentos tradicionais associados à biodiversidade.

possuidores, na fidedigna autonomia destes sobre aqueles e, sobretudo, na problemática em repartir benefícios entre potenciais usuários e comunidades alcance um outro horizonte de probabilidades.

Ainda que latente e pendente de maior eficácia, são notórios os esforços da comunidade internacional e local no reconhecimento e amparo jurídico dos saberes das comunidades tradicionais, o que é fundamental para garantir sua continuidade, porém insuficiente como instrumento absoluto de transformação social.

Decerto, para que o Planeta consiga sobreviver aos efeitos nefastos da superexploração, os saberes e modos de vida tradicionais têm e terão exponencial importância, além de oferecer importantes lições às sociedades de massa, especialmente em razão a seu papel e condições fundamentais na promoção do desenvolvimento sustentável e do direito a um meio ambiente equilibrado e na difusão de uma urgente racionalidade socioambiental.

# —6—

# Elementos da recente jurisprudência e a proteção dos consumidores

## LUIZ EDSON FACHIN[1]

*Sumário*: Nota prévia; Introdução; 1. O consumidor na travessia do Código Civil de 1916 ao Código de 2002; 2. Complexificação do ordenamento e diálogo de fontes; 3. *Guerra e paz*: Jurisprudência e o direito do consumidor; Considerações finais.

### Nota prévia

Participar de obra em homenagem ao Professor Ingo Wolfgang Sarlet é uma expressão de reconhecimento justo e legítimo a um jurista que soube haurir frutos no diálogo entre conhecimento e experiência, tornando-se referência para toda uma nova geração de corações e mentes. Anoto que o texto que segue é apenas um contributo para veicular, ainda que de modo singelo, respeito e admiração.

Conheço o Professor homenageado faz muitos anos. Recentemente, o soube ainda melhor ao ensejo do período sabático que em 2012 passei no Max Planck Institut, em Hamburg; durante minha estada, naquele sítio de estudo, pesquisa e recolhimento, esteve por alguns dias, a caminho de outros afazeres, o Professor Ingo; ali se visualizou que à amizade fraterna somavam-se todas as características de um grande jurista: prestígio autêntico, zelo e plena consideração entre seus pares, professores e pesquisadores.

Deixo consignado, pois, nesta nota prévia ao texto, também minha estima e franca deferência ao grande jurista.

### Introdução

O consumo hodierno parece ser algo intrínseco à sociedade aberta. É relação jurídica que se observa diuturnamente, englobando cada vez mais indivíduos e interferindo substancialmente na esfera de seus direitos.

---
[1] Professor Titular de Direito Civil da Faculdade de Direito da Universidade Federal do Paraná e advogado.

Esta relação que se dá entre consumidores e fornecedores era antes relegada ao arbítrio da autonomia das partes. O Direito Civil moderno, estruturado nos pilares do dogma do *pacta sunt servanda*, partia do pressuposto de que todos eram iguais e, portanto, não mereciam tratamento jurídico diverso. Com efeito, naquilo que a lei abstratamente regulava não cabia ao Judiciário interferir.

Esse cenário se alterou, e o século XX fotografou momento histórico de notáveis transformações sociais, políticas e econômicas. Trabalhadores ao redor do globo reivindicavam melhores condições de emprego, países disputavam intensas guerras, e a economia transcendia ao mercado.

No Brasil e em vários países do mundo, o Estado (em suas diversas manifestações, nomeadamente a legislativa e a jurisdicional) começava a interferir mais na vida cotidiana. A liberdade formal e autonomia negocial em abstrato passaram a ser mitigadas frente às frequentes crises econômicas mundiais, e o Direito passou a tutelar de forma crescente aqueles que mais ficavam expostos no mundo dos negócios.

Essa tutela é coerente com a sociedade aberta que se redesenha para se manter como tal. Surgia assim uma demanda de proteção dos vulneráveis no mercado de consumo, de modo a garantir maior equidade e equilíbrio nas relações entre consumidores e fornecedores. Nesta senda, o Brasil assistiu, em um pequeno intervalo de tempo, à promulgação de dois documentos fundamentais: a Constituição Federal de 1988 e o Código de Defesa do Consumidor de 1990.

Estes dois instrumentos jurídicos alteraram fortemente a forma de se enfrentar o debate e a ordenação jurídica do consumo no Brasil. O que antes era tido como uma relação sem regulação passou a ser orientada por uma Lei de vanguarda e por uma Constituição de cunho social e solidário.

Mesmo assim, na virada do século XX para o novo milênio, os desafios da proteção aos consumidores também se renovaram e ganharam contornos de notável complexidade. Com a promulgação do novo Código Civil de 2002, diversos diplomas passaram a reger, ainda que indiretamente, as relações de consumo, exigindo assim uma atitude cada vez mais ativa dos intérpretes e operadores do Direito. Passou-se a cogitar, assim, de técnica que, entre vários horizontes, restou também conhecida como *diálogo das fontes*, de modo a compatibilizar a proteção aos consumidores com toda a legislação existente sobre o assunto.

Mais recentemente, a jurisprudência dos tribunais superiores tem oscilado na proteção aos consumidores, com um amálgama de decisões que ora cumprem a legislação vigente e os princípios norteadores das relações de consumo, ora inadimplem garantias aos vulneráveis.

Sendo assim, o presente artigo visa a aprofundar as temáticas aqui apresentadas, partindo de breve e sintética evolução histórica do direito do consumidor no Brasil, analisando também alguns dos arranjos normativos que dispõem sobre a proteção dos consumidores e como podem ser manejados pelos juristas.

Na sequência, serão analisadas algumas decisões atuais em relação ao direito do consumo, de modo a identificar o *estado da arte* da proteção dos vulneráveis nestas relações, seguidas de breves considerações finais, com o intuito mais de problematizar os estudos na área do que propriamente de concluir algo definitivo. É, pois, apenas uma contribuição ao debate sobre o sentido e o alcance do que se denomina *jurisprudência* no Brasil, tomando como mote a relação jurídica veiculada pelo consumo.

## 1. O consumidor na travessia do Código Civil de 1916 ao Código de 2002

A história das relações de consumo se fez de modo gradativo e heterogêneo em cada lugar do mundo. Tempo e espaço tem, por assim dizer, suas próprias temporalidades e espacialidades. Com o advento da Revolução Industrial no final do século XIX, por exemplo, restou nítido que a capacidade produtiva do ser humano havia se multiplicado de forma incomensurável.[2] Inúmeros produtos que antes eram manufaturados e produzidos à mão pelos trabalhadores passaram a ser submetidos por processos de produção massificada, de modo que tanto consumidores quanto fornecedores deixaram de ter o domínio acerca daquilo que compravam e vendiam.

Este fenômeno impactou de forma relevante nos mais diversos países do mundo. A humanidade começou a ser colocada a par de novas tecnologias e avanços científicos, multiplicando as possibilidades de negócios, tanto para o bem (*rectius*, progresso social e econômico em prol da vida) quanto para o mal (leia-se, destruições e mortes). E foi assim que se iniciou o século XX, cunhado pelo historiador Eric Hobsbawn de "a era dos extremos".[3]

De fato foi um século de transformações expressivas na sociedade mundial. A ocorrência da Primeira Guerra Mundial em 1914, além da Grande Depressão de 1929, a Segunda Guerra Mundial de 1939 e a Guerra Fria de 1945 fizeram com que, de um modo geral, fossem experimentados momentos de intensas dificuldades na humanidade assim como tal reconhecida. Ademais, como resultado da grande expansão da tecnologia, diversos trabalhadores reivindicaram seus direitos, pois acabavam

---

[2] CAVALIERI FILHO, Sergio. *Programa de Direito do Consumidor*. 4ª ed. São Paulo: Atlas, 2014, p. 2.
[3] HOBSBAWN, Eric. *A Era dos Extremos: o breve século XX*. São Paulo: Companhia das Letras, 1995.

submetidos a condições degradantes de emprego. No que diz respeito aos consumidores, qualquer erro na produção ou concepção de produtos passou a trazer prejuízos graves a um número cada vez maior de pessoas, o que despertou preocupações de tutela a estes indivíduos.

No Brasil, o século XX também trouxe diversos acontecimentos de grande monta, como a industrialização a partir de 1930 e a Ditadura Militar em 1964. Tal período foi marcado pela regência das relações interprivadas pelo Código Civil de 1916, que regulava as relações civis em território nacional.

Este Código possuía, na raiz mediata de sua fonte, forte influência europeia liberal proveniente da Modernidade e se baseava na abstração dos conceitos para regular os institutos de Direito Civil. Sua prioridade era efetivamente a proteção patrimonial dos indivíduos, retomando a defesa que era o centro do Direito Civil na Europa nos séculos XVIII e XIX.

Eis que este Código, marcado pelos traços de um passado recente, não mais conseguia acompanhar muitas das transformações vertiginosas do século XX. Notava-se, cada vez mais, um *gap* entre o fato social e o jurídico,[4] já que as normas não correspondiam mais à realidade da vida concreta.

Neste influxo, principalmente a partir da segunda metade do século XX, surgiram novos direitos e leis, destinados principalmente à tutela de grupos vulneráveis que ficavam expostos a riscos e perigos de um mundo em vertiginoso desenvolvimento científico. Nas relações de consumo, percebeu-se que uma mera atualização pontual da Lei não resolveria o problema, pois o contexto dos consumidores demandava um novo posicionamento da Justiça como um todo.[5]

Neste contexto de lutas por novos direitos, o Brasil passava por um momento de Ditadura Militar e, mais tarde, por um processo de redemocratização e reconquista das liberdades individuais. E foi nesse contexto de retomada da democracia e de problemas econômicos relativos à implantação do Plano Cruzado que ocorreu a promulgação da Constituição Federal de 1988, marco fundamental da proteção dos direitos do consumidor no Brasil. Ali se prevê no artigo 5º, inciso XXXII, que "o Estado promoverá, na forma da lei, a defesa do consumidor".

Tal previsão impactou de duas formas distintas no ordenamento jurídico brasileiro. Em um primeiro momento, erigiu a tutela do consumidor a direito fundamental, de aplicabilidade direta e imediata, ou seja, passou a ser uma das grandes prioridades do Estado brasileiro. Em se-

---

[4] CAVALIERI FILHO, Sergio, op. cit., p. 2.
[5] Ibidem.

gundo, exigiu uma nova Lei que tratasse desta proteção jurídica e que a regulasse pormenorizadamente.

Nesta senda, apenas dois anos depois da promulgação da Constituição, era promulgado o Código de Defesa do Consumidor. Percebia-se neste Código a utilização de avançada técnica legislativa, que criava normas não só enquanto regras, mas também princípios e cláusulas gerais. Esta textura aberta da legislação, inspirada certamente na Constituição, passou a fornecer ao intérprete uma maior maleabilidade na interpretação jurídica, possibilitando assim sua participação no processo de criação do direito.[6]

A despeito destas importantes atualizações legislativas, na vigência do então Código Civil de 1916, ainda prevalecia a visão de que o CDC era autoaplicável e autossuficiente, de modo que não poderia ser aplicado nas relações civis em geral.[7] Neste influxo, o direito civil como um todo clamava por um novo Código que se fizesse mais próximo da realidade. Iniciaram-se, assim, na década de 70, comissões para a síntese de um novo estatuto civilista, de modo que em 2002 ocorreu a promulgação deste novo diploma.

A coexistência da Constituição, CDC e Código Civil, com seus princípios e racionalidades próprias, fez com que a tutela do consumidor ficasse, a um só tempo, quiçá completa e certamente complexa. Completa porque passou a ser prioridade do Estado brasileiro a proteção desta camada vulnerável, com o CDC disciplinando minuciosamente todos os direitos e deveres nas relações de consumo. Mas também complexa, pois a aplicação dos princípios de três diplomas distintos passou a trazer a necessidade de adequação recíproca, como será tratado a seguir.

## 2. Complexificação do ordenamento e diálogo de fontes

Numa síntese reducionista, o ordenamento jurídico brasileiro conta atualmente com três grandes diplomas de proteção ao consumidor: a Constituição Federal de 1988, o Código de Defesa do Consumidor e o Código Civil de 2002.

A Constituição Federal, marcada por uma axiologia solidária, inspirou-se no respeito à dignidade da pessoa humana, à cidadania, à soberania, ao pluralismo político, entre outros fundamentos. Desta forma, percebeu-se a evidente preocupação do constituinte em dar a preferência

---

[6] OLIVEIRA, Andressa Jarletti Gonçalves de. *Defesa Judicial do Consumidor Bancário*. Curitiba: Rede do Consumidor, 2014, p. 160.

[7] NEVES, Daniel Amorim Assumpção; TARTUCE, Flávio. *Manual de Direito do Consumidor: direito material e processual*. 3. ed. São Paulo: Método, 2014, p. 15.

de tutela à pessoa humana, a partir de uma visão social da autonomia, conjugando liberdade e responsabilidade.

A partir de sua promulgação, passou-se a notar diversas mudanças no ordenamento jurídico brasileiro. Houve, concomitantemente, o reconhecimento da força normativa da Constituição e de sua supremacia enquanto ápice da pirâmide normativa brasileira, além da expansão da jurisdição constitucional e o desenvolvimento de novas formas de interpretação jurídica.[8] Logo, os princípios constitucionais deixaram de ser apenas "palavras lançadas ao vento" para tornarem-se o vértice da aplicação e compreensão de todo o direito infraconstitucional. A Constituição deixava de ser apenas formal para se tornar substancial, fazendo de seus princípios norteadores *veras* normas de aplicação direta e imediata.[9]

Nesta senda, estabeleceu o constituinte no artigo 5°, inciso XXXII, que "o Estado promoverá, na forma da lei, a defesa do consumidor". Esta norma, autêntico direito fundamental, possui diversas prerrogativas que a tornam extremamente relevante. É conferida a ela uma fundamentalidade formal, ou seja, só pode ser reformada observando-se alguns limites formais e materiais, além de sua aplicação direta e imediata. Ademais, possui fundamentalidade material, pois foi resultado de uma escolha política do constituinte.[10]

Este direito fundamental possui também duas dimensões. Por um lado, abarca dimensão objetiva e positiva, gerando um dever para o Estado de realizar a sua prestação, agindo sempre que possível para garantir a realização deste direito na maior extensão possível. Por outro lado, tal norma comporta uma dimensão subjetiva e negativa, de direito subjetivo de titularidade individual e coletiva que não pode ser usurpado por ninguém.[11]

A partir deste panorama, pode-se constatar a centralidade da Constituição perante as demais leis infraconstitucionais, orientando sua aplicação e interpretação. Desta forma, tanto o Código Civil quanto o CDC passam a contrair o dever de respeitar os direitos fundamentais e os princípios constitucionais, alinhando-os com suas normas e regras próprias.

O Código Civil de 2002, aprovado após longo trâmite legislativo, traz, como se depreende de Miguel Reale, em seu cerne, três grandes princípios que orientam sua aplicação: a socialidade, a eticidade e a operabilidade. O primeiro orienta o intérprete na prevalência de valores coletivos

---

[8] BARROSO, Luís Roberto. *Curso de Direito Constitucional Contemporâneo*. São Paulo: Saraiva, 2009, p. 262.
[9] FACHIN, Luiz Edson. *Direito Civil: sentidos, transformações e fim*. Rio de Janeiro: Renovar, 2015, p. 9.
[10] OLIVEIRA, Andressa Jarletti Gonçalves de, *op. cit.*, p. 165.
[11] Idem, p. 166.

sobre os individuais, sem deixar de tutelar a pessoa humana. O segundo privilegia a tutela do ser humano em concreto, a partir de suas particularidades, afastando boa parte do formalismo típico da Modernidade. Já o terceiro princípio orienta a interpretação jurídica no sentido da concretização da norma jurídica adequada ao caso concreto, e não apenas na identificação de seus sentidos e alcances.[12]

O Código de Defesa do Consumidor, Lei ordinária criada para atender ao compromisso constitucional elencado no artigo 5º, inciso XXXII, possui normas de feição principiológica, de caráter cogente e de ordem pública.[13] Isso faz com que seja aplicável a todas as relações de consumo de quaisquer áreas do direito, irradiando sua atuação por todo o ordenamento jurídico.

Logo se denota que tanto o Código Civil quanto o CDC buscam, à luz do princípio da dignidade da pessoa humana de índole constitucional, a proteção e tutela da pessoa humana e, principalmente, dos grupos vulneráveis. Valorizam-se também os direitos humanos e fundamentais em detrimento do patrimônio e da formalidade, conformando a força construtiva dos fatos ao ordenamento jurídico. Não há dúvidas, portanto, que pairamos hoje sobre um Direito Privado Solidário,[14] no qual a ideia forte do sistema não é o mercado, mas a dignidade da pessoa.[15]

A despeito disso, a tutela das pessoas e grupos vulneráveis, dentre eles os consumidores, não se faz tarefa de fácil realização. A pluralidade de fontes normativas no Direito Privado hodierno faz com que os juristas tenham sob seus olhos um sistema hipercomplexo, em constante interação com a mutabilidade social e, por isso mesmo, instável e inseguro.[16] Sem abandonar a segurança jurídica e o Código Civil, dá-se passagem a uma multiplicidade de leis especiais e microssistemas jurídicos que demandam interpretação conforme a Constituição.

Diante disto, muitos doutrinadores têm buscado alternativas para uma aplicação escorreita e completa do Direito do Consumidor, de modo a conjugar os mandamentos constitucionais com as previsões infraconstitucionais. Nesta mirada, Cláudia Lima Marques propõe a adoção do denominado método do "diálogo das fontes",[17] com base no pensamento de Erik Jayme, professor da Universidade de Heidelberg, Alemanha. Este

---
[12] AMARAL, Francisco. *Direito Civil: introdução*. 8. ed. Rio de Janeiro: Renovar, 2014, p. 76.
[13] OLIVEIRA, Andressa Jarletti Gonçalves de, op. cit., p. 129.
[14] Idem, p. 163.
[15] LÔBO, Paulo. *Direito Civil: parte geral*. São Paulo: Saraiva, 2012, p. 81.
[16] Idem, p. 66.
[17] OLIVEIRA, Andressa Jarletti Gonçalves de, op. cit., p. 172.

método é amparado também, mesmo que indiretamente, pelo artigo 7º do CDC,[18] que adota um modelo aberto de interação legislativa.[19]

Segundo a grande jurista argumenta, a maior parte da doutrina busca harmonia entre as normas do ordenamento jurídico, e não a sua exclusão, com base em uma solução sistemática mais fluida e flexível[20] que considere a complexidade existente, de modo a trazer caminhos possíveis para superação dos desafios hermenêuticos.

Nesta senda, aduz a mencionada autora que existem três tipos de diálogos possíveis entre o Código Civil de 2002 e o Código de Defesa do Consumidor. O primeiro seria o diálogo sistemático de coerência, em que uma lei pode servir de base conceitual para a outra, de modo que ambas passam a se utilizar dos conceitos que trazem em seu bojo.[21] Percebe-se tal diálogo, por exemplo, quando o CDC utiliza o conceito de pessoa jurídica trazido pelo Código Civil para tratar do fornecedor e de todos os seus direitos e deveres. Além disso, o próprio CDC oferece contributo ao estatuto civilista ao definir o que é produto e serviço, trazendo assim maior clareza e significação às relações civis de forma geral.

O segundo diálogo possível elencado por Cláudia Lima Marques é o diálogo sistemático de complementaridade e subsidiariedade, no qual uma lei pode complementar a aplicação da outra, a depender de seu campo de aplicação no caso concreto.[22] Neste influxo, tanto normas quanto princípios podem ser aplicados de modo a complementar ou subsidiar outra lei. Este é o caso, por exemplo, da aplicação do sistema geral de responsabilidade civil sem culpa, previsto no Código Civil, às relações de consumo, quando sua aplicação for mais benéfica ao consumidor do que as próprias normas dispostas no CDC. Na acepção de Cavalieri, haverá sempre um diálogo entre estas leis, justamente porque o estatuto dos consumidores encontra na legislação civilista as complementações disciplinadoras de cada instituto.[23]

Por fim, a terceira possibilidade de diálogo é o de coordenação e adaptação sistemática, no qual a sistematização de uma lei interfere na outra, com possíveis redefinições no campo de sua aplicação.[24] Um exem-

---

[18] "Art. 7º Os direitos previstos neste código não excluem outros decorrentes de tratados ou convenções internacionais de que o Brasil seja signatário, da legislação interna ordinária, de regulamentos expedidos pelas autoridades administrativas competentes, bem como dos que derivem dos princípios gerais do direito, analogia, costumes e equidade".

[19] NEVES, Daniel Amorim Assumpção; TARTUCE, Flávio, op. cit., p. 15.

[20] BENJAMIN, Antônio Herman V.; MARQUES, Claudia Lima; MIRAGEM, Bruno. *Comentários ao Código de Defesa do Consumidor*. 3. ed. São Paulo: RT, 2010, p. 31.

[21] Idem, p. 34-35.

[22] Ibidem.

[23] CAVALIERI FILHO, Sergio, op. cit., p. 29.

[24] BENJAMIN, Antônio Herman V.; MARQUES, Claudia Lima; MIRAGEM, Bruno, op. cit., p. 34-35.

plo é a influência do Código Civil na definição do que é o consumidor a depender da relação a que está inserido, pois podem existir relações entre dois consumidores e entre consumidores e fornecedores, com aplicações e consequências distintas.

Com base nesta teoria e prática, resta saber se os tribunais brasileiros, com enfoque nos tribunais superiores, têm tutelado adequadamente os direitos dos consumidores ou se a doutrina tem sido deixada de lado na aplicação do Direito, conforme se examinará a seguir.

### 3. *Guerra e paz*: Jurisprudência e o direito do consumidor

Nestes aproximadamente 15 anos de vigência do Código de Defesa do Consumidor no ordenamento jurídico brasileiro, pode-se notar que a jurisprudência dos tribunais superiores evoluiu significativamente, alternando decisões de grande monta para a defesa dos consumidores e decisões que implicam alguns retrocessos.

Em 2006, o STF julgou a Ação Direta de Inconstitucionalidade n. 2591, mais conhecida como "ADIn dos Bancos". Nesta oportunidade, a Corte Suprema entendeu que os preceitos contidos no Código de Defesa do Consumidor se aplicam às instituições financeiras e devem ser interpretados conforme a Constituição. Neste julgado, o Ministro-Relator Carlos Veloso reconheceu em seu voto que a defesa do consumidor é direito fundamental e, portanto, de aplicação direta e imediata. Ademais, tal Ministro mencionou o pensamento de Sergio Cavalieri, segundo o qual o CDC é uma "sobre-estrutura jurídica multidisciplinar", de modo que sua aplicação é transversal e afeta todos os ramos do direito. E vai além, citando a autora Cláudia Lima Marques e utilizando sua tese do diálogo das fontes para reconhecer que o CDC não interfere com a estrutura institucional do Sistema Financeiro Nacional, mas sim se compatibiliza com seus objetivos.

Outro tribunal que passou a reconhecer o diálogo das fontes como ferramenta hermenêutica na proteção do consumidor foi o STJ. Em 2010, a partir do julgamento do Recurso Especial n. 1037759-RJ, a Ministra-Relatora Nancy Andrighi aplicou também o método do diálogo das fontes para reconhecer que menina de três anos pudesse ter direito à reparação por dano moral pela recusa de realização de exames radiológicos por clínica conveniada ao seu plano de saúde. Na ocasião, entendeu a Ministra que o art. 7º da Lei nº 8.078/90 fixa o método do diálogo de fontes, segundo o qual sempre que uma Lei garantir algum direito para o consumidor, ela poderá se somar ao microssistema do CDC, incorporando-se na tutela especial e tendo a mesma preferência no trato da relação de consumo.

Com o passar dos anos, percebe-se que a incidência da teoria do diálogo das fontes continua ocorrendo nas decisões dos tribunais. Recentemente, em 2014, o Ministro-Relator Marco Buzzi, quando do julgamento do Recurso Especial n. 1280211-SP do STJ, entendeu que inexistia antinomia entre o Estatuto do Idoso e a Lei 9.656/98, com a necessidade de interpretação de suas normas de modo a propiciar um diálogo coerente entre estas fontes, à luz dos princípios da boa-fé objetiva e da equidade, sem desamparar a parte vulnerável da contratação. Mesmo sem envolver o Código Civil e o Código de Defesa do Consumidor diretamente, Ministro Buzzi buscou a tutela de vulnerável tendo como base o diálogo entre leis.

Nos tribunais de justiça, também se constatam decisões no sentido de reconhecer o diálogo das fontes entre o CDC, o Código Civil e demais diplomas. É o caso, por exemplo, do julgamento dos Embargos de Declaração n. 70027747146 do TJRS, da Apelação com revisão n. 293.227.4/4 do TJSP, da Apelação Cível n. 4071574/8 do TJSP, entre tantos outros julgados.

Entretanto, impende ressaltar que a jurisprudência e os direitos de consumidor bancário.[25] No julgamento do Recurso Especial n. 973827/RS, conduzido pela Ministra-Relatora Maria Isabel Gallotti em 2012, decidiu-se pela possibilidade de capitalização de juros compostos, de modo que os juros podem ser cobrados aos consumidores pela taxa anual pactuada.[26] Em suma, a Ministra ponderou, na ocasião, que nos contratos bancários em que as parcelas são prefixadas, "a mera circunstância de estar pactuada taxa efetiva e taxa nominal de juros não implica capitalização de juros, mas apenas processo de formação da taxa de juros pelo método composto, o que não é proibido pelo Decreto 22.626/1933".

Sustenta que esse norte torna a relação cada vez mais assimétrica; há diversas decisões tomadas neste sentido. É o caso, por exemplo, do julgamento do Agravo Regimental no Agravo em Recurso Especial n. 488632, do Agravo Regimental no Agravo em Recurso Especial n. 432059 e no Agravo Regimental no Recurso Especial n. 838089, entre tantas outras decisões, que tomam como base a decisão tomada no julgamento de 2012.

A partir deste contexto, percebe-se que, a despeito do reconhecimento da vulnerabilidade técnica, jurídica, fática e informacional dos consumidores,[27] ainda há um déficit em sua proteção, tanto em âmbito judicial quanto extrajudicial. Nota-se uma dificuldade em se resolver problemas consumeristas pelo uso de técnicas como a conciliação.

---

[25] OLIVEIRA, Andressa Jarletti Gonçalves de, op. cit., p. 15.
[26] Idem, p. 422.
[27] Idem, p. 52.

Neste diapasão, infindáveis demandas judiciais tramitam pela Justiça brasileira à espera de soluções, não raro passando-se décadas sem chegar ao fim. Os obstáculos processuais e a falta de consenso na defesa do consumidor nos tribunais, aliado à dificuldade de se provar fatos, torna a defesa judicial algo tormentoso.

Nota-se que, em uma época de hiperconsumo como a que vivemos hoje, a proteção dos vulneráveis e de sua dignidade humana é um imperativo do ordenamento jurídico que, não raro, se perde na praxe dos tribunais. Recorda-nos Ingo Sarlet que a dignidade da pessoa humana desempenha o papel de valor-guia não apenas dos direitos fundamentais (como a proteção do consumidor), mas de toda a ordem jurídica.[28]

Nesta mirada, teoria e práxis devem ser unidas pela defesa do consumidor e praticadas pelos tribunais por todo o Brasil, de modo a fazer com que desenvolvimento legítimo, justiça imprescindível e segurança jurídica necessária possam, enfim, acordar juntos à mesa.[29]

### Considerações finais

A defesa do consumidor é desafio a cada dia que passa. Sua projeção nos tribunais constitui interessante banco de provas.

Nos longínquos anos do início do século XX, percebia-se cada vez mais a necessidade de tutela destes indivíduos, principalmente em face da produção massificada de produtos possibilitada pela Revolução Industrial e os riscos a que os consumidores ficavam expostos. Com o passar dos anos, percebeu-se que se fazia necessária a regulação estatal das atividades em prol dos consumidores, como fortalecimento legítimo da própria economia e da atividade empresária.

No Brasil, a partir da promulgação da Constituição Federal de 1988, o respeito à defesa do consumidor foi, enfim, consolidado no ordenamento jurídico, com a edição de Lei específica para regular esta proteção do consumo. Mesmo com técnica legislativa apurada, estes diplomas viram a chegada do século XXI dotada de novos reptos que demandavam avanço da hermenêutica jurídica.

Nesta senda, autores buscaram alternativas para conjugar a proteção das diversas leis do ordenamento jurídico, utilizando-se do chamado *diálogo das fontes*. Pautado pela preferência à complementação entre leis e por evitar a exclusão de normas, este método de interpretação foi acolhido por muitos tribunais, incluindo o STF e STJ, o que trouxe grande avanço na defesa dos consumidores.

---

[28] MENDES, Gilmar Ferreira; STRECK, Lenio Luiz; SARLET, Ingo Wolfgang (org.). *Comentários à Constituição do Brasil*. São Paulo: Saraiva, 2013, p. 125.

[29] FACHIN, Luiz Edson, op. cit., p. 6.

Apesar disso, ainda reverberam decisões que agridem o CDC e a Constituição, mantendo assim desequilíbrio e vulnerabilidade. Mesmo assim, com a orientação e primazia da dignidade da pessoa humana como vetor hermenêutico, acredita-se que a praxe dos tribunais possa se voltar novamente à proteção dos consumidores, garantindo sua efetiva tutela, tanto judicial quanto extrajudicial.

# — 7 —

## De la tutela constitucional del consumidor al reconocimiento de su vulnerabilidad en el derecho peruano[1]

### CÉSAR CARRANZA ÁLVAREZ[2]

*Sumario*: Presentación; Primera Parte; I. Los pasos iniciales de la tutela del consumidor en el Perú; II. La cuestión en la Carta Política de 1979 y la primera norma de defensa del consumidor; III. Consolidación de la figura del consumidor: la Ley de Protección al Consumidor, el Indecopi y Constitución de 1993; Segunda Parte; I. Del concepto de *parte débil* al de *vulnerabilidad* del consumidor; II. Reconocimiento legislativo de la *vulnerabilidad* del consumidor y su proyección; III. Palabras finales.

### Presentación

Con el presente escrito pretendemos mostrar el itinerario que ha seguido la tutela del consumidor en el Perú, desde aquella lejana disposición de la Carta Constitucional de 1979 que declaraba *la protección de su interés* hasta el señalamiento actual de su *vulnerabilidad*, efectuado por el Código de Protección y Defensa del Consumidor [CPDC], del 2010; emulando así lo prescrito por el Código de Defensa del Consumidor de Brasil [Ley n° 8.078], cuyo artículo 4.I establece como principio el *reconocimiento de su vulnerabilidad en el mercado de consumo*.

En la primera parte de este trabajo, revisaremos la Ley Fundamental de aquel año y la primera norma que atendió la problemática del consu-

---

[1] Para este escrito se contó con la colaboración de la Srta. Mónica Thalía SÁNCHEZ SABOGAL, bachiller en Derecho y Ciencias Políticas de la Universidad Privada Antenor Orrego.

[2] Abogado, profesor universitario y árbitro. Magíster en Derecho de la Empresa por la Pontificia Universidad Católica del Perú, y Doctorado en Derecho y Ciencias Políticas en la Universidad Nacional de Trujillo. Ha realizado estancia docente y de investigación en la Facultad de Derecho de la Universidad de Medellín (Colombia).
Agradecemos a las profesoras Simone TASSINARI CARDOSO y Márcia R. BERTOLDI, y al profesor Alexandre F. GASTAL, por la invitación cursada para participar en este homenaje al Dr. Ingo Wolfgang SARLET, quien a lo largo de los años ha dedicado sus reflexiones a uno de los temas más caros de nuestra disciplina jurídica como es el de los derechos fundamentales. Con este escrito, nos sumamos al reconocimiento realizado por la academia brasilera a tan insigne maestro.

midor en el país, dictada durante su vigencia; sin descuidar la precedente Constitución de 1933, que si bien no lo consideró expresamente, sí estableció, por el contrario, disposiciones que tendían indirectamente a su protección.

En la inauguración de un nuevo periodo democrático, y dentro del conjunto de profundas reformas económicas impulsadas por el gobierno de turno [transformado después en la dictadura más sangrienta y corrupta que recuerde la historia del Perú], dos hechos marcaron el nacimiento de un auténtico sistema de protección de los consumidores: la dación de la Ley de Protección del Consumidor [D. Leg. N° 716] y la creación del Instituto Nacional de Defensa de la Competencia y de la Protección de la Propiedad Intelectual [INDECOPI], que coronaron más tarde con la promulgación de una nueva Constitución, en 1993, que supuso el reconocimiento de los principales derechos que corresponden al consumidor en el mercado. Sobre estos temas nos pronunciaremos en la parte final de este apartado.

En la segunda parte, nos ocupamos de la *vulnerabilidad* del consumidor a propósito del artículo VI.4 del CPDC que, por primera vez en el derecho patrio, pone el acento en tal cualidad; sin dejar de mencionar el atributo de *parte débil* que acompaña a ciertos actores del mercado –sean o no consumidores– que contratan la adquisición de bienes y servicios en una situación de franca desventaja frente a la contraparte; sea porque actúan mediando un estado de necesidad apremiante o porque simplemente se adhirieron a un reglamento contractual de cuya elaboración no participaron. El significado de *vulnerabilidad*, las condiciones que la determinan, las circunstancias en las cuales se manifiesta, el alcance normativo del precepto anotado, las acaloradas críticas suscitadas en un sector de la doctrina, amén de su desarrollo jurisprudencial, son especialmente atendibles en este tramo del escrito.

## Primera Parte
### I. Los pasos iniciales de la tutela del consumidor en el Perú

Aunque la aparición del consumidor en la escena constitucional se remonte a la Carta de 1979, es posible encontrar en su predecesora de 1933 algunas disposiciones vinculadas indirectamente a este actor del mercado.

En efecto, dentro del capítulo I referido a las *Garantías Nacionales y Sociales* [del Título II, correspondiente a las *Garantías Constitucionales*], aparece el artículo 13 que proyecta la creación de una agencia estatal orientada a controlar la actividad de las empresas del sector bancario; el artículo 16, que prohíbe los monopolios y el acaparamiento industrial y comercial; el artículo 28, que reserva para el Estado la potestad de fijar intereses máximos para los préstamos en dinero; el artículo 39, que limita a la moneda nacional el cobro de tarifas de pasajes y fletes; el 40, por el cual se reconoce la libertad de comercio e industria, sujeta a requisitos y garantías, y a limitaciones y reservas por razones de "seguridad" o "necesidad pública"; y el artículo 50, que obliga al Estado al cuidado de la sanidad pública y salud privada, mediante el dictado de leyes de control higiénico y sanitario.

En ninguna de las normas anotadas aparece la mención al consumidor; sin embargo, parece claro que detrás de sus finalidades propias, ellas también persiguen su tuición en el mercado, en sectores sensibles como el bancario, comercial, transporte y salud, dado que aquel resulta ser, como es obvio, su destinatario final.[3]

Pero el reconocimiento legal del consumidor y la construcción de un auténtico sistema protector aún están en ciernes, pues todavía habrá que esperar varias décadas para ver fijadas sus primeras bases, lo que ocurrirá con la expedición de la Constitución de 1979. Sin embargo, los primeros pasos en ese esfuerzo estaban dados.

## II. La cuestión en la Carta Política de 1979 y la primera norma de defensa del consumidor

En el ocaso de un oscuro régimen militar, dos hechos marcarían el derrotero del país en los años siguientes: la conformación de una Asamblea Constituyente y el llamado a elecciones democráticas para elegir al nuevo Presidente de la República. Interesa, para este estudio, el primero de estos acontecimientos.

En julio de 1979, la Asamblea Constituyente dictó una nueva Constitución que regiría al país, y al nuevo gobierno democrático, en adelante. A diferencia de la anterior de 1933 y de aquella que la reemplazó en 1993, la de ese año incorporó un largo preámbulo en el cual se dejaba sentir el espíritu que informaba al constituyente de entonces. Así, se declaró la necesidad de "promover la creación de una sociedad justa, libre y culta, sin explotados ni explotadores, exenta de toda discriminación por razones de sexo, raza, credo o condición social, donde la economía esté al servicio del hombre y no el hombre al servicio de la economía; una sociedad abierta a formas superiores de convivencia y apta para recibir y aprovechar el influjo de la revolución científica, tecnológica, económica y social que trans-

---
[3] El texto completo de esta Constitución puede leerse en la formidable obra del profesor GARCÍA BELAÚNDE, Domingo. *Las Constituciones del Perú*, 2da. edición revisada, corregida y aumentada, Lima, 2005, en: <http://www.garciabelaunde.com/Biblioteca/LasConstitucionesdelPeru.pdf>, página consultada el 15.2.2015.

forma el mundo". Junto al artículo 1 que colocaba a la persona como *el fin supremo de la sociedad y el Estado*, estableciendo la obligación de *respetarla y protegerla*, dos prescripciones estarán relacionadas con la figura del consumidor: los artículos 17, parte primera y el 110, parte final.

Sustentados en un régimen de *economía social de mercado* [art. 115], que a su vez reposaba en el principio de justicia social orientado a la dignificación del trabajo como fuente principal de riqueza y medio para la realización de la persona [art. 110], en el cual coexistían tanto la actividad privada como la estatal [art. 113]; tales dispositivos constitucionales apuntaban, de un lado y con el mismo temperamento de la Constitución de 1933, a tutelar al consumidor de manera tangencial, y a establecer –por vez primera en la legislación patria– la obligación del Estado de defender al consumidor, respectivamente.

La primera parte del artículo 17 prescribía la obligación del Estado de *reglamentar* y *supervisar* la producción, calidad, uso y comercio de los productos alimenticios, químicos, farmacéuticos y biológicos; en tanto la parte final del numeral 110, declaraba la *defensa del interés de los consumidores*. Si bien esta última norma destaca por poner el acento en el consumidor, no supuso la consolidación posterior de un sistema orgánico de protección, con normativa especial y una agencia estatal de monitoreo del mercado y de resolución de los conflictos suscitados con los proveedores; no obstante la aprobación, años después, del Decreto Supremo N° 036-83-JUS, que introdujo *medidas extraordinarias en materia económica en defensa del interés de los consumidores*.

Dicha norma nació no con el ánimo de constituirse en el soporte legal del sistema reclamado líneas atrás, sino con el propósito de responder a un estado de crisis económica por la que atravesaba el país, en esos años. Es claro, en este sentido, su primer considerando cuando declara que "dada la crítica situación económica por la que atraviesa el país, es necesario dictar medidas extraordinarias en materia económica en defensa del interés de los consumidores, de acuerdo al artículo 110 de la Constitución Política del Estado…". Por consiguiente, asistimos a una disposición gubernamental de alcance limitado, imprecisa en la delimitación de sus beneficiarios directos, cuya aplicación se concedió a una diversidad de funcionarios estatales, siendo sus disposiciones de orden público.[4]

Se pretende, en ciertos casos, cuidar la economía del consumidor mediante el control de precios de determinados bienes y servicios, o el establecimiento de subsidios; los derechos concedidos al consumidor se reducen a supuestos puntuales, como: realizar pagos adelantados con re-

---

[4] Como sucede con muchas de las normas dictadas en el Perú a favor de los consumidores, se ha acusado también a este Decreto de paternalista. Así, FERNÁNDEZ-MALDONADO S., Alfonso. "El curioso caso del consumidor 'Benjamin Button'". En: *Actualidad Jurídica*, tomo 202, Lima, 2010, p. 28.

ducción de intereses, en las ventas a crédito; solicitar la devolución de lo pagado en demasía; derecho a pedir la rescisión del contrato, la reducción del precio, la reparación gratuita del producto, la reposición o devolución del precio, sin perjuicio de la indemnización que correspondiera, en la adquisición de bienes y servicios diversos; derecho a exigir facturas o comprobantes de pago, entre otros derivados de las propias obligaciones impuestas al proveedor. Se asume que consumidor es todo aquel que adquiere bienes o servicios, por contrato verbal o escrito, sin distinguir en los presupuestos del *destino final* de la adquisición o la *actuación fuera del ámbito empresarial o profesional*, que más tarde informarán la legislación expedida en esta materia.

Finalmente, como se aludió, el monitoreo del cumplimiento de tales disposiciones no se confió a una agencia estatal especializada –como acontece hoy en día con el INDECOPI– sino a funcionarios de todo rango, conformantes del Poder Ejecutivo, Gobiernos locales y autoridades judiciales; como los Ministros de Economía, Finanzas y Comercio, Educación, Agricultura, Pesquería, Energía y Minas, Industria, Turismo e Integración, Salud y del Interior; alcaldes y regidores; fiscales; autoridades políticas y otras designadas por el Poder Ejecutivo.

Esta norma se mantuvo en la legislación peruana hasta la aparición del Decreto Legislativo N° 716, Ley de Protección al Consumidor, que supuso un cambio importante en la política de tutela del consumidor, que coronó con la creación de una entidad estatal especializada, entre otras materias, en su defensa y la expedición de una nueva Carta Política que elevó al nivel de derechos fundamentales los correspondientes a este actor del mercado.

### III. Consolidación de la figura del consumidor: la Ley de Protección al Consumidor, el Indecopi y Constitución de 1993

En la primavera de la década de los noventa, la llegada al poder de un nuevo gobierno democrático trajo consigo la implementación de reformas importantes en la economía nacional, caracterizada hasta entonces por una fuerte presencia estatal, incluida la actividad empresarial, que se reveló con los años en una práctica absolutamente ineficiente. La promulgación de un considerable paquete normativo y la gestión de un agresivo programa de privatización de las empresas públicas, fueron los ejes que permitieron el tránsito hacia una economía abierta, con fuerte participación privada, nacional y extranjera.

Dentro de ese conjunto de normas destacó la Ley de Protección al Consumidor, de 1991, ya referenciada en estas líneas. Aunque todavía el atributo de la *vulnerabilidad* del consumidor está ausente del discurso legislativo, otras notas harán de esta Ley –enriquecida por normas modificatorias posteriores a su aprobación– una propuesta ambiciosa, a saber: la definición legal de consumidor sustentada en el criterio del *destino final de los bienes y servicios adquiridos*, que luego derivó en el de la *actuación en un ámbito ajeno a una actividad empresarial o profesional*;[5] desarrollo de su tutela en el marco del régimen de economía social de mercado, y siempre bajo el amparo del principio *pro consumidor*; el detalle preciso de los principales derechos que le corresponden frente al proveedor y en el mercado en general, sin perjuicio de otros igualmente amparados; la preeminencia de los derechos a la información e idoneidad como soportes de la política protectoria; señalamiento de las obligaciones y responsabilidades del proveedor por actos violatorios a los derechos de los consumidores y los niveles de infracción; así como el establecimiento de los órganos competentes en la vía administrativa para su defensa, tarea que recayó, en un primer momento, en la Dirección General de Defensa del Consumidor del sector Comercio Interior del Ministerio de Industria, Comercio Interior, Turismo e Integración y, posteriormente, en los órganos resolutivos del INDECOPI, agencia estatal creada en noviembre de 1992, mediante el Decreto Ley n° 25868.

Dicha agencia constituye un organismo público especializado con personería jurídica de derecho público interno, con autonomía funcional, técnica, económica, presupuestal y administrativa, adscrita a la Presidencia del Consejo de Ministros, orientada a vigilar la libre iniciativa privada y de empresa, la libre competencia, corregir las distorsiones del mercado causadas por daños derivados de prácticas de *dumping* y subsidios, protección de los derechos de los consumidores, promover la facilitación del comercio exterior, protección del crédito mediante la conducción de un sistema concursal, protección de la propiedad intelectual, entre otras funciones asignadas por la ley.[6] Es esta entidad la que hoy en día resuelve las controversias derivadas del consumo de bienes y servicios, mediante dos procedimientos administrativos: uno sancionador y otro sumarísimo; sin perjuicio de las acciones civiles y penales que tales conflictos pudieran acarrear.[7]

---

[5] Esto último por obra del Decreto Legislativo n° 1045, publicado en el diario oficial *El Peruano* el 26.6.2008, que aprobó la Ley Complementaria del Sistema de Protección al Consumidor.

[6] Al respecto, el Decreto Legislativo n° 1033, que aprueba la Ley de Organización y Funciones del Instituto Nacional de Defensa de la Competencia y de la Protección de la Propiedad Intelectual.

[7] Véase el artículo 100 del CPDC. Dice Espinoza que "la finalidad de la inclusión de este artículo es la de hacer entender que al presentarse un hecho que lesione los derechos de los consumidores, estos tienen expeditas, de manera autónoma y no preclusiva, tanto la vía civil como administrativa (y de ser el caso, penal) para su tutela y protección". ESPINOZA ESPINOZA, Juan. "La tutela del consumidor en el Perú: una protección en dos escenarios". En: *Actualidad Jurídica*, tomo 239, octubre 2013, Lima, p. 280.

A los sucesos que acabamos de referir –expedición de la Ley de Protección al Consumidor y creación del INDECOPI– debe sumarse un hecho de notable trascendencia: la aprobación, en 1993, de una nueva Carta Constitucional, que a diferencia de sus antecesoras colocará a la *información, salud y seguridad* del consumidor en el nivel de derechos especialmente protegidos [sin perjuicio de otros, claro está], amén de establecer la *defensa de sus intereses* [art. 65].[8]

El Tribunal Constitucional ha precisado, respecto a dicho numeral, que la Constitución ha establecido la defensa de los intereses del consumidor por medio de un derrotero jurídico binario. Primero, fijando un principio rector para la actuación del Estado, que tiene la condición de pauta básica o postulado destinado a orientar y fundamentar su actuación respecto a cualquier actividad económica. Así, dice el Tribunal, "el juicio estimativo y el juicio lógico derivado de la conducta del Estado sobre la materia, tienen como horizonte tuitivo la defensa de los intereses de los consumidores y usuarios". Y en segundo término, mediante la consagración de un derecho subjetivo que reconoce la facultad de acción defensiva de los consumidores en los casos de transgresión o desconocimiento de sus legítimos intereses, exigiendo del Estado una actuación determinada cuando se produzca alguna forma de amenaza o afectación efectiva de sus derechos, incluyendo la capacidad de acción contra el propio proveedor [STC Exp. N° 0008-2003-AI/TC, del 11.11.2003].[9]

Del mismo modo ha declarado, en otra ocasión, que tal *derrotero jurídico binario* definido por la norma suprema supone, también, una pluralidad de principios, entre los cuales sobresalen el *pro consumidor*, el de *proscripción del abuso del derecho*, de *isonomía real, transparencia, veracidad, in dubio pro consumidor*, y el principio *pro asociativo* [STC Exp. 3315-2004-AA/TC, del 17.1.2005].

La tutela del consumidor se convierte, así, en piedra angular del régimen de economía social de mercado asumido por el país [art. 58, Constitución]; en el principio que colorea la actuación del Estado en todos sus niveles, sea a través de los Poderes Ejecutivo, Legislativo y Judicial, administración pública y organismos reguladores; en imperativo que se irradia a los distintos ámbitos donde el consumidor suele interactuar con el proveedor de bienes y servicios; e incluso como pauta de interpretación de la legislación que le atañe, orientándola a todo cuanto le favorezca; todo ello en el marco de la *defensa de la persona humana y el respecto de su dignidad,*

---

[8] Artículo 65. "El Estado defiende el interés de los consumidores y usuarios. Para tal efecto garantiza el derecho a la información sobre los bienes y servicios que se encuentran a su disposición en el mercado. Asimismo vela, en particular, por la salud y la seguridad de la población".
[9] Similares argumentos fueron recogidos posteriormente por la STC Exp. n° 0858-2003-AA/TC, del 24.3.2004 y por la Resol. recaída en el Exp. n° 05286-2009-PA/TC, del 9.8.2010.

que constituyen el fin supremo de la sociedad y el Estado, como declara el artículo 1 de la Constitución.

Bajo esa tesitura, el CPDC ha instituido como principio rector de la política social y económica del Estado la protección de los derechos de los consumidores, dentro del marco del artículo 65 y el régimen de economía social de mercado referido; y de la mano del reconocimiento de su *vulnerabilidad*. Como ha precisado un sector importante de la doctrina nacional, "se produce en masa, se comercializa en masa, se contrata en masa y, eventualmente, se daña en masa; y en esa lógica, en esa cadena o dinámica, el consumidor no solo tiene un déficit de información, […], sino también un déficit de negociación y de contratación", agregando que en todo el curso del contrato de consumo "está en situación de vulnerabilidad y eso es lo que reconoce la Constitución y así tiene que interpretarse…".[10]

## Segunda Parte
### I. Del concepto de *parte débil* al de *vulnerabilidad* del consumidor

Como ya hemos dicho en otro trabajo, ha sido siempre preocupación del Derecho la protección de los más débiles frente a los abusos de los poderosos, mediante la configuración de mecanismos orientados a su tutela.[11] Incluso desde tiempos remotos bullía ya el ánimo de librar a los débiles de los fuertes, en homenaje a la justicia que debe primar sobre la tierra, como rezaba el Código de Hammurabi.[12]

En materia contractual, la debilidad presupone un modo particular de actuación frente a la contraparte. Se es *parte débil* cuando se contrata por necesidad, o mediando inexperiencia o debilidad psíquica; cuando no se puede negociar el futuro acuerdo; porque se cercena toda posibilidad de acción colaborativa con la contraparte para la configuración de la ley contractual común, o en otras palabras, cuando el accionar de uno de los contratantes se reduce a una simple adhesión al programa negocial elaborado por el otro, generalmente el proveedor del bien o servicio requerido; cuando no es posible, dada la rapidez del tráfico comercial, analizar pormenorizadamente las condiciones del contrato, amén del tecnicismo empleado en su formulación; cuando se retacea información o se la brinda de manera excesiva impidiendo el conocimiento exacto de las estipulaciones

---

[10] Gutiérrez Camacho, Walter. En: *Reflexiones a propósito del Código de Protección y Defensa del Consumidor*, Quincuagésima reunión INTERCAMPUS, María Matilde Schwalb (editora), Universidad del Pacífico, Lima, 2010, pp. 30-31.

[11] Carranza Álvarez, César. *El contrato lesivo y la presunción de aprovechamiento de la necesidad*, Editorial Grijley, Lima, 2015, p. 28.

[12] Moisset de Espanés, Luis. *La lesión en los actos jurídicos*, Víctor P. de Zavalía Editor / Universidad Nacional de Córdoba, Dirección General de Publicaciones, Córdoba, 1979, p. 19.

contractuales; o porque frente al acaecimiento de circunstancias imprevistas y extraordinarias, uno de los sujetos del contrato se ve imposibilitado de cumplir la prestación a su cargo por resultarle excesivamente onerosa, con grave riesgo para su patrimonio si se le forzara a respetar sin más el compromiso asumido. Y todo ello, tratándose de contratos negociados o masivos, que involucren o no a consumidores.

El Código Civil peruano de 1984 ha habilitado un conjunto de remedios orientados a corregir el resultado contractual obtenido a partir de tales deficiencias y circunstancias [o a terminar el contrato, cuando sea necesario] y a morigerar el poder negocial de quien predispone las reglas para la comercialización de sus productos y servicios. Esto es observable particularmente en sede del instituto de la lesión, la excesiva onerosidad de la prestación, y en las reglas existentes en materia de cláusulas generales de contratación y contratos por adhesión.

El Código Civil, a diferencia de otros de la región,[13] solo ha considerado a la *necesidad* como presupuesto habilitante para rescindir el contrato o modificarlo, cuando resulta lesivo para una de las partes [art. 1447]. Ciertamente no se trata de una necesidad cualquiera, menos provocada, sino de una que haga del contrato la única opción posible para esa parte, dadas las circunstancias por la que atraviesa, y que trae como resultado la asunción de una prestación completamente desigual e injusta en relación a la del otro contratante, que se vale indebidamente de esa coyuntura para obtener un provecho que de otro modo no se habría producido. La rescisión del contrato es el primer recurso al que puede echar mano el lesionado con el acuerdo. Su modificación solo es posible cuando la rescisión resulta inútil por la imposibilidad del beneficiado de devolver la prestación recibida [art. 1452]. En suma, asistimos con dicha figura a un *desequilibrio genético* de las prestaciones de las partes, que tiene sustento en la debilidad de una de ellas producto de su necesidad.

En otros casos, la debilidad suele verificarse con posterioridad a la celebración del contrato, cuando acaece un hecho que no fue tenido en cuenta al tiempo de concretarse la operación negocial, que desequilibra la prestación de una de las partes afectando su cumplimiento. Obligarlo a cumplir en tales condiciones no significaría otra cosa que su empobrecimiento, lo cual no puede ser amparado en honor a la justicia del contrato.

---

[13] El Código brasilero, además de la necesidad, alude a la *inexperiencia* [art. 157]; el nuevo Código Civil y Comercial de la Nación argentina, a la *necesidad, debilidad síquica* o *inexperiencia* [art. 332, 1er. párr.]; el Código paraguayo, a la *necesidad, ligereza* e *inexperiencia* [art. 671, 1ra. parte]; Código mexicano a la *suma ignorancia, notoria inexperiencia* y *extrema miseria* [art. 17]; y el del Estado mexicano de Sonora, a la *extrema miseria, suma ignorancia, notoria inexperiencia* o *necesidad* [art. 1952]. En otros supuestos, y siempre dentro de este último Código, se presume la lesión cuando el perjudicado no sepa *leer o escribir,* o cuando se *trate de persona que por su apartamiento de las vías de comunicación,* su *sexo, edad, cultura* o *condiciones mentales* haga presumir ignorancia o inexperiencia en el asunto del contrato [art. 1955]. [Las cursivas son nuestras].

De este modo, el instituto de la excesiva onerosidad de la prestación presta una ayuda importante al contratante afectado, permitiéndole la modificación del contrato o su resolución, cuando ello no fuera posible por la naturaleza de la prestación, por las circunstancias o cuando lo solicitara el demandado [art. 1440].

Tratándose de cláusulas generales de contratación y contratos por adhesión, el legislador ha dispuesto algunas reglas que, como señalamos, buscan atemperar el poder contractual del que dispone el proveedor de los bienes y servicios objeto de comercialización, autor del reglamento contractual. Por un lado, cuando sean cláusulas generales no aprobadas por la autoridad administrativa,[14] toda cláusula que se incorpore al formulario prevalecerá sobre las de este cuando fueran incompatibles, aunque las últimas no hubiesen sido dejadas sin efecto [art. 1400]. De otro lado, la regla *contra stipulatorem* [art. 1401], según la cual en caso de duda, las estipulaciones insertas en las cláusulas generales de contratación o en los formularios redactados por una de las partes, se interpretan a favor de la otra. Se impone así un auténtico deber de "hablar claro" a quien predispone el contrato respecto de aquel que no colabora con su formulación. La norma es coherente: si las exigencias del tráfico comercial determinan la supresión de la libertad contractual [configuración interna] para uno de los sujetos contratantes, es lógico que el otro asuma el peso de expresarse con claridad, sin apelar a expresiones oscuras o ambiguas, que permitan a la parte adherente manifestar su voluntad con plena conciencia del alcance del contrato a celebrar; debiendo soportar la "sanción" legal cuando ello no ocurra.

En ambos casos –regla de la prevalencia y de la interpretación contra predisponente– nos encontramos frente a normas de equilibrio, ante disposiciones de igualación de una relación contractual dispar que se construye de espaldas a toda acción colaborativa, y que por tal convierte a quien solo dispone de la adhesión –si es que la libertad de contratar no está ausente también– en un sujeto disminuido contractualmente, en un débil jurídico a quien la ley debe amparar para evitar los abusos de quien tiene suficientes incentivos para hacerlo. Pero ello no debe llevar a concluir que la finalidad última de la normativa sobre contratos masivos en el Código Civil busque la protección del adherente contractual, sino que ella apunta a la agilización del comercio de bienes y servicios, evitando toda discusión sobre su adquisición.[15] La tutela de aquella parte se logra

---

[14] El Código Civil distingue entre cláusulas generales aprobadas por la autoridad administrativa de aquellas que no pasan por este tamiz.

[15] Nos adherimos, en este punto, a lo expresado por De la Puente y Lavalle, Manuel. "Las clausulas generales de contratación y la protección al consumidor". En: *Contratación Privada*, Soto Coaguila, Carlos Alberto y Roxana Jiménez Vargas-Machuca [coordinadores], Jurista Editores, Lima, 2002, p. 297.

secundariamente, en los supuestos anotados, a los cuales se suma la disposición que sanciona la inclusión de cláusulas abusivas [art. 1398] en contratos por adhesión y en los concertados mediante cláusulas generales no aprobadas por la autoridad administrativa, tema objeto de un trabajo anterior.[16]

Aun cuando no cabe duda que el consumidor puede encontrarse en algunas de las situaciones descritas líneas atrás, que lo colocan en un estado de desventaja frente al proveedor asumiendo por consiguiente la calidad de parte débil de la relación, un sector importante de la doctrina nacional ha cuestionado esta identificación genérica al señalar que en un único caso podrá asumir tal condición: cuando contrate por necesidad. Se argumenta que si consumidores pueden ser tanto personas naturales como jurídicas, no es extraño que no sean parte débil, más si el proveedor no ostenta el monopolio del bien o servicio. Incluso se sostiene que el proveedor tampoco llega a alcanzar el estatus de *parte fuerte* si al existir varios de ellos el consumidor puede elegir a cualquiera para la satisfacción de su necesidad.[17]

La condición de parte débil del consumidor no surge únicamente de su necesidad de proveerse de ciertos bienes y servicios y la ausencia de proveedores diversos para su satisfacción. Existe toda una miríada de eventos que pueden colocarlo en franca desventaja frente al proveedor, algunos ya referenciados, y otros fácilmente apreciables en el día a día, que hacen del consumidor, como ha advertido atenta doctrina, en prácticamente "un elemento microscópico frente a una aplastante mega organización del mercado".[18] Sin embargo, este atributo de parte débil que denota, a nuestro juicio, una *forma de estar* del consumidor en el mercado de consumo, no ayuda a una caracterización más precisa del desenvolvimiento de aquel sujeto que a diario interactúa con el proveedor, ya sea un consumidor en los términos del artículo IV.1 del CPDC o ya se encuentre directa o indirectamente expuesto o comprendido por una relación de consumo, o en una etapa previa a esta [art. III.1], cual es la de ser proclive a soportar daños o, en general, a resultar perjudicado por la acción u omisión del proveedor, o ser inducido al consumo desenfrenado, etc. Por ello, quizá el concepto que mejor caracteriza al consumidor sea el de su *vulnerabilidad*. Débil, de acuerdo a los significados del diccionario de la Real

---

[16] CARRANZA ÁLVAREZ, César. "Algunas cuestiones relativas a las cláusulas abusivas en los contratos: a propósito de la Ley Complementaria del Sistema de Protección al Consumidor de Perú". En: *Revista de Direito do Consumidor*, Edit. Revista dos Tribunais, número 72, São Paulo, 2009, pp.195-234.

[17] Así, DE LA PUENTE Y LAVALLE, Manuel. "Las clausulas generales de contratación y la protección al consumidor", cit., p. 290; y DURAND CARRIÓN, Julio Baltazar. *Tratado de Derecho del Consumidor en el Perú*, Fondo Editorial de la Universidad de San Martín de Porres, Lima, 2007, pp. 258-261.

[18] SÁENZ DÁVALOS, Luis. "La defensa del consumidor en el Derecho Constitucional". En: *Revista Jurídica del Perú*, año LIII, número 42, Trujillo, 2003, p. 124, quien líneas adelante ratifica que "[e]l consumidor es decididamente la parte más débil".

Academia Española, sugiere a una persona *de poco vigor o de poca fuerza o resistencia*, como *física y moralmente escasa o deficiente*; en tanto vulnerable, a quien *puede ser herido o recibir lesión*, también *física o moralmente*;[19] de ahí que ese atributo haya venido ganando terreno con la consecuencia de ser receptado por la legislación de algunos países de la región y del continente europeo, la doctrina y cierta jurisprudencia, que han entendido el particular estado del consumidor en la actual sociedad de consumo, tesitura dentro de la cual se alinea ahora y felizmente el CPDC peruano de 2010.

## II. Reconocimiento legislativo de la *vulnerabilidad* del consumidor y su proyección

Una de las disposiciones más resaltantes del Código de Protección y Defensa del Consumidor del Perú, es sin hesitación alguna el artículo VI.4 de su título preliminar, incluido en el apartado correspondiente a *Políticas Públicas*, que reconoce la *vulnerabilidad* de los consumidores en el mercado y en las relaciones de consumo.[20] La norma peruana se coloca, como señalamos en la parte introductoria de este escrito, a la par del Código de Defensa del Consumidor de Brasil que de manera expresa la reconoce como principio informante de la política nacional de relaciones de consumo [art. 4.I], dentro de la corriente a la que recientemente se ha adherido el Estatuto del Consumidor de Colombia [Ley N° 1480, de 2011], cuyo artículo 1 apartado 5 relativo a los *Principios Generales*, dispensa una protección especial a determinados consumidores dadas sus condiciones especiales, aunque sin mencionar el concepto de *vulnerabilidad*,[21] y en la que ya se encuentran otras legislaciones de la región y Europa.[22]

---

[19] Diccionario de la Real Academia Española, en: <http://www.rae.es/recursos/diccionarios/drae>, página consultada el 1.3.2015.

[20] Como bien ha dicho la doctrina, estas políticas públicas constituyen compromisos que el Estado debe implementar en acciones concretas a través de los diversos poderes públicos, y en algunos casos contienen verdaderos principios informadores. Villota Cerna, Marco Antonio. "Avances y orientaciones del nuevo Código de Protección y Defensa del Consumidor". En: *Revista de la Competencia y la Propiedad Intelectual*, año 6, número 11, Indecopi, Lima, p. 28, como el de la *vulnerabilidad* del consumidor. Artículo disponible en el enlace siguiente: <http://servicios.indecopi.gob.pe/revistaCompetencia/castellano/articulos/otono2010/MarcoAntonioVillota.pdf>, consultado el 1.3.2015.

[21] "Artículo 1. Principios generales. Esta ley tiene como objetivos proteger, promover y garantizar la efectividad y el libre ejercicio de los derechos de los consumidores, así como amparar el respeto a su dignidad y a sus intereses económicos, en especial, lo referente a: […] 5. La protección especial a los niños, niñas y adolescentes, en su calidad de consumidores, de acuerdo con lo establecido en el Código de la Infancia y la Adolescencia".

[22] La *Ley Federal de Protección al Consumidor* de México, dispone en su artículo 76BIS, inc. VII, dentro del capítulo correspondiente a los derechos de los consumidores en las transacciones efectuadas a través del uso de medios electrónicos, ópticos o de cualquier otra tecnología [VIII BIS], que "[e]l proveedor deberá abstenerse de utilizar estrategias de venta o publicitarias que no proporcionen al consumidor información clara y suficiente sobre los servicios ofrecidos, *en especial tratándose de prácticas de mercadotecnia dirigidas a la población vulnerable, como los niños, ancianos y enfermos*, incorporando mecanismos que adviertan cuando la información no sea apta para esa población"; en tanto el artículo 1,

La *vulnerabilidad* del consumidor alude a una deficiencia estructural que lo vuelve proclive a la asunción de riesgos y/o perjuicios con ocasión del consumo de productos o servicios. Parte de un conjunto de condicionantes que potencian tal posibilidad en la incursión que realiza en el mercado para la provisión de todo lo que requiere para su existencia, vinculadas con la edad, género, discapacidad, ancianidad, condición económica, educación, entre otras. Como expresa el profesor Heineck Schmitt, quien ha escrito líneas brillantes sobre el tema, la *vulnerabilidad* en términos generales "traduce un individuo que puede ser fácilmente lastimado, afectado por algún mal", agregando que se trata de una "característica intrínseca del ser humano, que es mortal, y se encuentra expuesto al sufrimiento",[23] por lo que la *vulnerabilidad* del consumidor se convierte de este modo "en uno de los indicativos de la necesidad de su protección, ejercida principalmente por medio de la intervención estatal en las relaciones de consumo".[24]

Dicha *vulnerabilidad* se manifiesta, como reconoce la doctrina, por medio de la asimetría informativa existente entre ambos polos de la relación de consumo, en la cual el consumidor se convierte en sujeto dependiente tanto de los productos y servicios que requiere como de la información que el proveedor decide entregarle para la toma de decisiones. La exigencia de transparencia en el mercado y la consecuente obligación de brindar al consumidor información relevante, veraz, suficiente, de fácil comprensión, apropiada, oportuna y fácilmente accesible y en idioma español, representan las cargas legales que se imponen al proveedor con el fin de aminorar la brecha informativa respecto al consumidor [*Cfr.* art. 2,2.2, CPDC]. A ello se suma la posesión por el proveedor de conocimientos técnicos especializados sobre sus productos y servicios que convierte al consumidor en un sujeto *técnicamente vulnerable*.

---

inc. X, sienta como principio básico de las relaciones de consumo "[l]a protección de los derechos de la infancia, adultos mayores, personas con discapacidad e indígenas". Por su parte, el *Decreto-Lei N° 57/2008*, del 26 de marzo, de Portugal, relativo a *Prácticas Comerciales Desleales*, establece en su artículo 6 que son especialmente desleales "*a)* As práticas comerciais susceptíveis de distorcer substancialmente o comportamento económico de um único grupo, claramente identificável, de consumidores particularmente vulneráveis, em razão da sua doença mental ou física, idade ou credulidade, à prática comercial ou ao bem ou serviço subjacentes, se o profissional pudesse razoavelmente ter previsto que a sua conduta era susceptível de provocar essa distorção". [El resaltado es nuestro].

[23] Heineck Schmitt, Cristiano. "Dever de cuidado e o Direito do Consumidor". En: *Estudios de Derecho Privado – En Homenaje al Profesor Guillermo Montoya Pérez*, Echeverri Mesa, Ana Catalina y César Carranza Álvarez [Coordinadores], Biblioteca Jurídica Diké, Medellín, 2014, p. 429.

[24] *Ídem*, pp. 429-430. De otro lado, se ha escrito que "[m]ediante el reconocimiento por parte del sistema jurídico de la vulnerabilidad o fragilidad vista en sus distintos aspectos –jurídico, económico, social, cultural, financiero, etc.– se pueden buscar las correcciones de estas desigualdades, otorgándose tratamiento distinto a los desiguales en proporción a la intensidad de las mismas". Efing, Antonio Carlos. "El reconocimiento jurídico de la vulnerabilidad del consumidor como factor de cambio social". En la página http://ilsa.org.co:81/biblioteca/dwnlds/od/elotrdr039/od39-antonio.pdf, consultada el 2.3.2015.

Refuerza su *vulnerabilidad* –ahora *jurídica*– la imposibilidad que tiene de predisponer el contenido del contrato, pues básicamente la contratación de nuestros días suele reducirse a un tómalo o déjalo, quedando como único "poder" del consumidor su libertad de decidir si contrato o no, la cual en no pocas ocasiones se ve seriamente erosionada si atendemos su capacidad económica o su urgencia por contratar. Un sector de la doctrina brasilera ha reconocido otra nota resaltante de aquella *vulnerabilidad jurídica*, evidenciada en el hecho de ser el consumidor un litigante no habitual en el mercado frente a un proveedor que dispone de toda una estructura legal para enfrentar los litigios en los cuales suele ser parte regularmente, con lo que nos encontramos frente a alguien *acostumbrado a los pleitos judiciales o administrativos*.[25]

La situación de monopolio en la cual puede encontrarse el proveedor y la inexistencia de asociaciones de consumidores para la defensa de sus derechos, suelen mostrarse también como hechos determinantes de la vulnerabilidad *fáctica* y *política – legislativa*, respectivamente, del consumidor. Por último, debe reconocerse también una *vulnerabilidad económica*, ya que la mínima remuneración que percibe –de manera eventual, muchas veces– limita significativamente sus opciones de consumo, conduciéndolo a la adquisición de productos y servicios de baja calidad y, en algunos casos, dañinos para su salud. Como ocurre en el Perú, estamos frente a consumidores cuyo estado de pobreza los impulsa a consumir para sobrevivir, lo mismo que su grupo familiar, con lo cual su exposición a resultar lesionados o dañados por tales productos y servicios se acrecienta enormemente.

A propósito de la expedición del Reglamento [UE] N° 254/2014 del Parlamento Europeo y del Consejo del 26.2.2014, que aprueba el Programa Plurianual de Consumidores para el periodo 2014-2020, que en muchos de sus pasajes alude a los denominados *consumidores vulnerables*,[26] se recuerda que en la Resolución del Parlamento de 22 de mayo de 2013 ya se mencionaba aquellos sectores especialmente problemáticos –léase *vulnerables*–, a saber: consumidores con movilidad reducida; los que tienen dificultades para comprender las opciones con las que cuentan, no conocen sus derechos, se encuentran con más problemas y se muestran reticentes a tomar medidas cuando surgen problemas; los niños y los jóvenes; las mujeres embarazadas; los usuarios de los mercados financieros;

---

[25] En ese sentido, HEINECK SCHMITT, Cristiano. *Consumidores hipervulneráveis. A proteção do idoso no mercado de consumo*, Editorial Atlas, São Paulo, 2014, p.209.

[26] "El Programa debe garantizar un elevado nivel de protección para todos los consumidores, atendiendo en particular a los consumidores vulnerables para tener en cuenta sus necesidades específicas y reforzar sus capacidades, como se pide en la Resolución del Parlamento Europeo de 22 de mayo de 2012 sobre una estrategia de refuerzo de los derechos de los consumidores vulnerables", reza el considerando 8 del citado Reglamento.

los usuarios de los medios de transporte; los consumidores y usuarios potenciales de los servicios digitales, en los casos en los que no sea posible acceder a internet o al uso de la red.[27]

Precisamente en esta línea de señalamiento se ubica el artículo VI.4 del CPDC, que consagra como política pública la *vulnerabilidad* del consumidor peruano, a diferencia de la anterior Ley de Protección al Consumidor que no se enmarcó dentro de este temperamento, iniciado desde los primeros proyectos legislativos que precedieron al vigente Código. En efecto, en el *Anteproyecto de Código de Consumo* del Poder Ejecutivo, publicado en separata especial del diario oficial *El Peruano*, el 18.10.2009, se dispuso en su artículo 6, 6.6 que el Estado prioriza su labor de protección y defensa del consumidor con especial énfasis en "los sectores más vulnerables de la sociedad" que "dadas sus condiciones de desinformación, capacidad física, edad u otros factores, resultan más propensos a ser víctimas de algunas prácticas en el mercado", regla que a su vez se constituía en pauta para la graduación de las sanciones administrativas a imponerse al proveedor, como informaba el artículo 109.g), según el cual la autoridad competente determinará la sanción considerando, entre otras circunstancias, si la conducta infractora estuvo dirigida "contra menores de edad u otros consumidores de sectores vulnerables".

Una fórmula más genérica es posible encontrar en el Proyecto de Ley N° 3580/2009-CR, del 21.10.2009, del congresista Yonhy Lescano Ancieta, denominado *Código de Defensa del Consumidor y de Protección de la Economía Popular*, cuyo numeral 3,3.3 establecía, dentro del rubro de Principios Generales, que todo consumidor "está en condición vulnerable en una relación de consumo respecto del proveedor", con lo cual todos los consumidores, por el solo hecho de serlo, se encuentran en un estado particular de afectación potencial en el mercado. Más tarde, el Proyecto n° 3954/2009 del Poder Ejecutivo del 7.4.2010 y el Proyecto Sustitutorio de los Proyectos de Ley n° 3580/2009-CR y 3954/2009-PE, del 15.7.2010, incorporarían un texto similar al que presenta hoy en día el CPDC.

De acuerdo con el numeral VI.4 del Código, "[e]l Estado reconoce la vulnerabilidad de los consumidores en el mercado y en las relaciones de consumo, orientando su labor de protección y defensa del consumidor con especial énfasis en quienes resulten más propensos a ser víctimas de prácticas contrarias a sus derechos por sus condiciones especiales, como es el caso de las gestantes, niñas, niños, adultos mayores y personas con

---

[27] GONZÁLEZ VAQUÉ, Luis. "La protección de los consumidores vulnerables en el Derecho del Consumo de la UE [El Programa Plurianual para el periodo 2014-2020]. En: *Revista CESCO de Derecho de Consumo*, número 11/2014, Centro de Estudios de Consumo – Universidad de Castilla-La Mancha, tomado de la página <http://www.revista.uclm.es/index.php/cesco/article/view/542/480>, consultada el 1.2.2015.

discapacidad así como los consumidores de las zonas rurales o de extrema pobreza". La norma transcrita involucra dos aspectos:

*i.* De un lado, sienta el principio general de la *vulnerabilidad* del consumidor, como orientador de la política de tutela estatal; del mismo modo que

*ii.* Privilegia, y ahonda, la defensa de quienes por sus condiciones particulares pueden resultar lesionados en el consumo de bienes y servicios.

Así, la *vulnerabilidad* se convierte en un presupuesto que colorea el ámbito de protección del consumidor; que orienta ahora la actuación estatal y de sus órganos administrativos, judiciales y arbitrales; en pauta que ilumina la interpretación de la legislación sectorial; que marca el derrotero por el cual deberá guiarse la jurisprudencia emitida por la entidad estatal encargada de la resolución de los conflictos entre consumidores y proveedores, las decisiones de la justicia arbitral de consumo y las resoluciones judiciales de las cuales hagan parte; en el criterio orientador de los estudios doctrinarios, que no pueden obviar más la especial situación del consumidor en un mercado como el peruano tan dispar como informal y, en algunos casos, desprovisto de suficiente competencia, como ocurre actualmente en el ámbito de la salud [especialmente en la provisión de medicamentos para pacientes con cáncer y VIH]; todo ello en armonía con lo dispuesto por el artículo I del CPDC, que instituye como principio rector de la política social y económica del Estado la protección de los derechos de los consumidores, dentro del marco del régimen económico previsto en la Constitución.

Aun cuando nos encontramos, sin duda, frente a una de las reglas más importantes del Código, no ha faltado la crítica ácida contra la decisión del legislador de reconocer la *vulnerabilidad* del consumidor. Se ha dicho de ella que "hemos retrocedido al consumidor víctima, catalogado como tal por razones arbitrarias y meramente subjetivas, donde los adultos mayores, las mujeres embarazadas o las personas que viven en zonas rurales o sufren extrema pobreza son relegadas al poco decoroso título de paria del mercado y, por otro lado, se traslada al proveedor la ilógica obligación de percatarse en las condiciones fisiológicas de sus clientes o revisar cómo se viste o evaluar su grado de instrucción, para explicarles los atributos de sus bienes o servicios…";[28] añadiéndose, en franca crítica al Estado, que "[c]onvertir al consumidor en vulnerable no es gratuito, es una renuncia anticipada al logro de dos grandes objetivos, cuya carencia es una de las principales causas de que el sistema económico coexista con fallas del mercado, que perjudican el desarrollo económico del país y que, irónicamente, afectan en mayor proporción a las personas a quien el

---

[28] Fernández-Maldonado S., Alfonso. "El curioso caso del consumidor 'Benjamin Button'", *cit.*, p. 29.

Código califica como consumidores víctima. Estos objetivos son: una cultura de mercado y la problemática de la informalidad, dos caras de la misma moneda".[29]

No existe mayor objetividad por parte del legislador nacional que considerar a los niños, niñas, adolescentes, mujeres embarazadas, adultos mayores, discapacitados y a las personas que viven en zonas rurales y de extrema pobreza, consumidores *vulnerables* para fortalecer, aún más, su tutela en el mercado; dentro del marco que impone el artículos 65 de la Constitución nacional, conjuntamente con su artículo 1 que coloca como fin supremo de la sociedad y el Estado *la defensa de la persona humana y el respeto de su dignidad.*[30]

Tampoco se relega a dichas personas "al poco decoroso título de paria del mercado". Ser un *paria* implica, de acuerdo con el diccionario de la Real Academia Española, una persona excluida de las ventajas de las cuales gozan las demás, e incluso de su trato, por ser considerada inferior. La norma, en ninguno de sus términos, coloca a los consumidores en dicha tesitura. No los excluye de las ventajas del mercado ni los considera inferiores; simplemente apela a sus condiciones particulares para derivar de estas una protección más acentuada en razón a su mayor predisposición a resultar afectados en la arena del mercado. Por último, la supuesta "ilógica obligación" que recae en el proveedor por obra del artículo VI.4, resulta indefendible. Como expresa destacada doctrina nacional, en cuanto al papel que debe cumplir el Estado, "en una economía social de mercado e incluso en una economía de mercado a secas, es incuestionable a estas alturas la necesidad de su rol contralor y en ocasiones su rol protector. De ahí que libertad o control sea un falso dilema, porque no hay libertad sin control, sin regulación. Aún el mercado más libre no puede escapar de las limitaciones y el control; la pretensión de una sociedad, de una economía sin control es ingenua, insensata".[31]

El reconocimiento de la *vulnerabilidad d*el consumidor es, como ya señalamos, la pauta o presupuesto del que ahora se vale el Estado peruano en su tarea de defender el interés del consumidor, que a su vez hace realidad lo prescrito en la norma constitucional. Se trata de reconocer el estado deficitario del consumidor, de advertir su flaqueza en el mercado frente a las empresas y grandes corporaciones de las cuales es sujeto dependiente, para protegerlo debidamente de todo aquello que podría

---

[29] Fernández-Maldonado S., Alfonso. "El curioso caso del consumidor 'Benjamin Button'", *cit.*, p. 30.

[30] Se recordará que ya Alpa, Guido. *Derecho del Consumidor*, traducción a cura de Juan Espinoza Espinoza, Gaceta Jurídica, Lima, 2004, p. 45, reclamaba que la noción misma de consumidor debería consultar aspectos vinculados a la edad, el sexo de las personas, sus condiciones económicas y sociales, etc.

[31] Gutiérrez Camacho, Walter. "Comentario al artículo 65 de la Constitución". En: *La Constitución Comentada. Análisis artículo por artículo*, AA.VV., Gaceta Jurídica, tomo I, Lima, 2005, p. 913.

perjudicarlo. El Estado desarrolla las normas vinculadas a él sobre la base de esa declaración, imponiéndole al proveedor obligaciones y pautas de actuación [buena fe] con el ánimo de morigerar el impacto del encuentro entre ambos actores del mercado, en camino a la reducción de la asimetría existente, como señala el artículo V.4 del CPDC.

No hay duda que nos encontramos frente a un tema sensible y polémico como tantos otros de este especial ámbito del Derecho, y en buena hora que así ocurra, porque de esta manera los temas atinentes al consumidor lograrán insertarse en el debate nacional, hecho que todavía, lamentablemente, sigue en compás de espera.

Finalmente, aunque sentado legislativamente el reconocimiento de la *vulnerabilidad* del consumidor, la jurisprudencia administrativa del INDECOPI lo ha aplicado en casos muy puntuales, relativos a *discriminación en el consumo* y *deber de idoneidad*, como seguidamente daremos cuenta.

En Secretaría Técnica de la Comisión de Protección al Consumidor N° 1-Indecopi sede central/Paul Erwin Pflucker Faverón c. Banco Falabella Perú [Resolución Final N° 1074-2013/CC1, del 6.11.2013], el banco denunciado negó al denunciante la entrega de una tarjeta de crédito a pesar de haber calificado para la obtención de una línea de crédito, debido a que no podía suscribir los documentos requeridos por el proveedor para la contratación de ese producto financiero. El denunciante era una persona discapacitada que padecía tetraplejía. No obstante el consumidor afectado se desistió del procedimiento, este continuó de oficio. La Comisión de Protección al Consumidor señaló que el procedimiento de oficio radicaba en la existencia de indicios razonables que hacían pensar la realización reiterada por parte del personal del banco de la conducta denunciada [discriminación]. Conjuntamente con este fundamento, la autoridad, valiéndose del criterio de vulnerabilidad, argumentó que "debe considerarse que el numeral 4 del artículo VI del Título Preliminar del Código establece como política pública el reconocimiento que el Estado realiza sobre la vulnerabilidad de los consumidores en el mercado y en tanto ello, se demanda en su actuación un mayor énfasis en algunos grupos especiales, como el caso de las gestantes, niños y niñas, adultos mayores, personas con discapacidad, entre otros. Por ello, *la naturaleza de este procedimiento incluso materializa un mandato específico que se ha asignado al INDECOPI en el mercado, el cual busca eliminar las conductas que impliquen una posible afectación a los consumidores más vulnerables*" [El resaltado es nuestro].

Al final del procedimiento en primera instancia, probado el hecho denunciado, se sancionó a la entidad financiera con una multa de 60 UIT por la discriminación realizada, y 10 UIT por infracción al deber de idoneidad. Como medida correctiva, se impuso al banco la obligación de publicar en su página web y en sus agencias y sucursales, por un plazo de 6 meses, un anuncio en el cual se dijera lo siguiente: *"Banco Falabella Perú S.A. informa al público en general que en este establecimiento se encuentran prohibidas todas las prácticas discriminatorias a consumidores por cualquier motivo, incluyendo distinciones injustificadas por origen, raza, sexo, idioma, religión, opinión, condición económica, opción sexual, discapacidad o cualquier otro motivo"* [Cursivas originales].

En otro caso, *Daniel Enrique Torrealba Reyes* c. *América Móvil Perú S.A.C.*, resuelto ahora por la Sala de Protección al Consumidor [Resolución n° 1008-2013/SPC-INDECOPI, del 25.4.2013], relativo a la adquisición de un equipo celular *iphone* que luego resultó con defectos de funcionamiento, el Colegiado manifestó que *"uno de los fundamentos que sustenta la especial protección que merecen los consumidores frente a la puesta en circulación de productos que presentan defectos de funcionamiento es precisamente su posición de vulnerabilidad frente al proveedor*, por la asimetría en la información existente al momento de negociar los términos de las transacciones que realizan en el mercado; por la necesidad vital de adquirir determinados productos referidos a la alimentación, vivienda, salud, etc.; así como por el hecho que los consumidores son instigados permanentemente a consumir, a través del marketing" [Resaltado nuestro]. Luego de reparar en las distintas maneras por las cuales se manifiesta la *vulnerabilidad* del consumidor, que revisamos líneas atrás, estimó que "un consumidor que establece una relación de consumo a fin de adquirir un producto no posee un conocimiento técnico equiparable al proveedor que le permita advertir la existencia de posibles defectos de funcionamiento (fábrica o diseño) en el bien adquirido, siendo que tal circunstancia lo coloca en una posición de desigualdad frente al vendedor, el mismo que posee un conocimiento especializado respecto a las condiciones de fabricación, funcionamiento y mantenimiento de los productos que ofrece en el mercado". La Sala, con estos argumentos y otros que sustentaron su decisión final, desestimó el recurso de revisión planteado por la empresa denunciada en el marco del procedimiento sumarísimo iniciado en su contra, que terminó con una sanción de 1.50 UIT.

Dichas referencias jurisprudenciales confirman la utilidad que el principio de la *vulnerabilidad* del consumidor puede prestar a la entidad administrativa encargada de dirimir los conflictos suscitados con los proveedores, ya que brinda una pauta interpretativa eficaz al momento del análisis normativo y de las complejas relaciones que suelen entablarse en el mercado. Por cierto, habrá que prestar atención a futura jurisprudencia para comprobar si, efectivamente, tal principio ha quedado definitivamente consolidado en sede de la autoridad administrativa [incluida la judicial y arbitral], o tan solo se apela a él eventualmente, en casos específicos.

## III. Palabras finales

El recorrido efectuado en estas páginas desde las primeras normas constitucionales de tutela indirecta del consumidor, pasando por la defensa de sus intereses y el reconocimiento de sus principales derechos –no los únicos– que le asisten en el mercado, hasta el reconocimiento de su *vulnerabilidad* por el CPDC, muestra de manera palmaria el desarrollo legislativo operado en el país en una materia no exenta de apasionamientos y posiciones ideológicas de diversa índole, que oscilan entre la confianza extrema en el mercado "que, aunque a veces duro, es sin duda sabio", al creer que este espontáneamente podrá establecer mecanismos protectorios de los consumidores,[32] y la creencia de que siempre es necesaria la intervención del Estado con una regulación que se oriente a morigerar el impacto que produce el encuentro entre consumidores y proveedores; entre sujetos fragilizados, condicionados por un sinnúmero de situaciones que los acompañan en la incursión que realizan en aquel ámbito donde encontrará todo aquello que necesita; con la gran empresa, el experto o profesional, y quien dicta las reglas de juego.

Debe resaltarse entonces el paso dado por nuestra legislación de reconocer la *vulnerabilidad* del consumidor y, especialmente, de ciertos grupos poblacionales, aun cuando medien críticas muy duras contra esta política del Estado; en un tiempo de transformación incesante de nuestra economía nacional y el influjo de la economía globalizada en ella;[33] y de la jurisprudencia del INDECOPI, que lentamente ha ido incorporando tal principio en casos relacionados a la *discriminación en el consumo* y el d*eber de idoneidad.*

Pocos años han transcurrido desde aquel reconocimiento legislativo, por lo que aún es posible contar con mayores desarrollos jurisprudenciales del principio y pronunciamientos de la doctrina que, hasta la fecha, lamentablemente lo sigue mirando de soslayo. Esperemos que estas líneas contribuyan a cambiar este temperamento.

---

[32] Rodríguez García, Gustavo M. *El consumidor en su isla. Una visión alternativa del sistema de protección al consumidor*, Universidad del Pacífico, Lima, 2013, pp. 99 y 102.

[33] Para conocer cómo la masificación de la producción y de los contratos influyó en acentuar la vulnerabilidad de los consumidores y en hacer reaccionar al Derecho mediante la adopción de un conjunto normativo para tutelarlos, puede leerse con provecho a Lima Marques, Claudia. "Introdução ao Direito do Consumidor". En: Benjamin, Antonio Herman V.; Claudia Lima Marques y Leonardo Roscoe Bessa. *Manual de Direito do Consumidor*, Thomson Reuters – Revista dos Tribunais, 6ta. edición [revisada, actualizada y ampliada], São Paulo, 2014, p. 46 y ss.

# — 8 —

# O que é ser Charlie para a minoria religiosa? A dignidade da pessoa humana como ponte intercultural para proteger vidas e harmonizar liberdades em tempos de cólera

### JAYME WEINGARTNER NETO[1]

*Sumário*: Introdução; 1. A tensão das identidades, no rastro da Revista Charlie Hebdo; 2. Entre fundamentalistas e a islamofobia, as vidas são incomensuráveis; 3. A expansão das liberdades: aspectos normativos; 4. Ensaiando respostas diatópicas, ancorado na dignidade aberta e inclusiva das pessoas humanas.

## Introdução

Convidado a participar da homenagem ao Professor Ingo Sarlet, desde logo decidi avançar na perspectiva da dignidade humana como arrimo para contextualizar os eventos de 07/01 de 2015 em solo francês, na intenção de deplorar as vidas perdidas, harmonizar as liberdades em tensão e promover o diálogo intercultural com olhos num grupo específico: a minoria religiosa islâmica.

Pese a responsabilidade que decorre da honraria, trata-se de tarefa que assumo com naturalidade e em dupla face: são já mais de vinte anos de convívio pessoal com Ingo, a cimentar uma amizade consabida, daquelas raras que frutifica no debate sobre pontos divergentes e alimenta-se (literalmente) da *expertise* do homageado em torno da boa mesa, das artes cênicas e da música erudita; de outro lado, transito com familiaridade pelos conceitos das principais obras de Ingo, principalmente porque os aplico há muito no exercício profissional forense e, claro, na academia. A trama urdida, assim, coleciona vários vestígios. Alinhavo alguns.

---

[1] Mestre em Ciências Jurídico-Criminais pela Universidade de Coimbra e Doutor em Instituições de Direito do Estado pela Pontifícia Universidade Católica do Rio Grande do Sul. Professor vinculado ao Projeto de Mestrado em Direito e Sociedade do Unilasalle. Desembargador do Tribunal de Justiça do Estado do Rio Grande do Sul.

A batalha do doutorado em Munique, nos intervalos conquistados à jurisdição, que sempre vivenciou com extrema dedicação. Seus conselhos para que eu pescasse em terras lusitanas e o convite desafiador para um doutorado investigativo. Noutra vertente, a partilha das centenas de audiências no Foro Regional do Partenon, pessoas concretas em seus dramas cotidianos, a quem Ingo escuta com sensibilidade e humanidade. E, para além da excelência acadêmica, a implacável honestidade científica; o bom-senso do jurista que, mercê de circular no Olimpo, angustia-se com a pressão da produtividade, entre a vedação do *non liquet* e a ponderação do doutrinador que descortina outras vias e possibilidades e, como pesquisador, sempre mira a terra incógnita. Um tradutor, no sentido mais difícil, da cultura alemã, mas não estereotipada ou esquartejada, e sim digerida no amplo horizonte intelectual, de tantas fontes, nas quais Ingo também bebe. E com o olhar curioso do viajante infatigável, que depois nos conta.

E os sinais? Lembro de palpitar nas "pontes" (2000), quando Ingo organizou "A Constituição Concretizada" – naquele então, escorado na 1ª edição (1998, hoje tenho em mãos a 12ª) da "Eficácia dos direitos fundamentais", postulei a concretização de uma "garantia institucional": licitação na concessão de serviços públicos. Na "Dignidade (da pessoa) humana" (minha versão atual é a 10ª edição), que vou explorar no presente texto, consta – nos agradecimentos à 1ª edição (2001) – uma generosa gratidão de Ingo pela "análise crítica da parte final da obra". De minha parte, em 2007, consignei gratidão ao homenageado, "que tem sido empreendedor da dignidade humana ('Onde cada homem é sozinho/ A casa da humanidade'), exemplo de probidade e rigor científico conjugados numa disposição generosa e solidária de partilha". Seguiram-se outros textos, alguns em coautoria.

De modo que é com naturalidade, mas com profunda alegria e orgulho, que participo desta homenagem.

Ainda na linha introdutória, observo que se trata da retomada de uma reflexão. A Revista Charlie Hebdo apresenta retrospecto de altercações com setores da comunidade islâmica francesa, e um dos pontos de tensão deu-se com a republicação de algumas das charges dinamarquesas. Naquele então, estava a concluir meu doutorado e, logo a seguir, adaptando a tese[2] para o formato de livro.[3] Pois, no último item das "considerações finais", escrevi: "Viável afirmar o expansivo direito do proselitismo, evidente que não absoluto, sendo imperioso compatibilizá-lo com

---

[2] WEINGARTNER NETO, Jayme. A edificação constitucional do direito fundamental à liberdade religiosa: um feixe jurídico entre a inclusividade e o fundamentalismo. Tese de Doutorado. Defesa em fevereiro de 2006. Pontifícia Universidade Católica do Rio Grande do Sul.

[3] WEINGARTNER NETO, Jayme. *Liberdade religiosa na Constituição: fundamentalismo, pluralismo, crenças, cultos*. Porto Alegre: Livraria do Advogado, 2007.

as liberdades comunicativas (religiosas e sobre a religião) e com o *direito a não ser insultado*, o que conduz à **fronteira entre a injúria religiosa, o discurso do ódio e o risco da restrição desproporcional da liberdade de expressão**. Neste contexto, enfatizando a abordagem **zetética**, deixo algumas perplexidades em aberto, que sinalizam a necessidade de investigação tópica mais acurada. Penso no *caso das caricaturas dinamarquesas...*".[4]

É tempo, agora, de avançar. O *affair das caricaturas dinamarquesas* se entrelaça com a história mais recente da Charlie, pelo que lembro algumas reações à época. Flemming Rose, editor do jornal dinamarquês, explicou porque publicou as charges: "O Jyllands-Posten não publicaria imagens pornográficas ou detalhes explícitos de cadáveres (...). Portanto, não somos fundamentalistas em nossa defesa da liberdade de expressão.(...) encomendei as charges em resposta a vários incidentes de autocensura na Europa motivados por crescentes temores e sentimentos de intimidação no trato de questões relacionadas ao Islã. (...) No fim de setembro, um comediante dinamarquês disse numa entrevista ao Jyllands-Posten que não teria problemas em urinar sobre a Bíblia diante de uma câmera, mas não se atreveria a fazer o mesmo com o Alcorão. Este foi o clímax de uma série de exemplos perturbadores de autocensura".

Do campo da sociologia crítica, Immanuel Wallerstein observava: Há medo e raiva em abundância. Vale a citação: "O principal é indagar por que as pessoas estão extremamente agitadas sobre a matéria, não apenas no mundo islâmico mas também no ocidente – o que parece ultrapassar o tópico usual da blasfêmia. Parece claro que as publicações dinamarquesas e as republicações por vários outros jornais ocidentais refletem a **exasperação europeia com populações muçulmanas**, a amplificar os ecos racistas e xenofóbicos. Há medo e raiva em abundância. Muitas pessoas na Dinamarca, e não só na Dinamarca, gostariam que os imigrantes muçulmanos voltassem a seus países de origem. E a violenta reação do mundo islâmico reflete mais que um mero protesto contra a representação visual do profeta. A publicação foi o pretexto e o veículo para expressarem **a profunda raiva e medo do Ocidente intruso** em seus países".

Da banda oriental (Mombai), Asghar Ali Enginner destacava um certo pluralismo como "maneira de vida" asiática: "O fato é que o pluralismo ocidental é um fenômeno muito novo e eles estão se esforçando muito para digeri-lo. Sua democracia tem sido monolinguística, mono-religiosa e monocultural. Se no ocidente a democracia está bem estabelecida, a liberdade de expressão confina-se à esfera política e no contexto mono-religioso e monolinguístico. Para os **asiáticos**, de outro lado, o pluralis-

---

[4] WEINGARTNER NETO. *Liberdade religiosa*, p. 322. Para os aspectos fáticos do caso das caricaturas dinamarquesas, vide, à p. 322, a nota 700. As referências completas dos comentários que seguem estão nas p. 323-4.

mo tem sido uma maneira de vida. Eles **têm convivido e coexistido com diferentes religiões harmoniosamente. Mesmo na ausência de democracia política**, a tolerância para com as outras religiões, a **tolerância cultural tem sido seu modo de vida**".

Em Nova Iorque, Dworkin reafirma com vigor a liberdade: "A não publicação pode parecer a concessão de uma vitória aos fanáticos e às autoridades que instigaram os protestos violentos contra eles e assim incitá-los a táticas similares no futuro. (...) **Liberdade de expressão não é apenas um especial emblema distintivo da cultura ocidental** (...) é uma condição de um governo legítimo. (...) Então **numa democracia ninguém, não importa se poderoso ou impotente, pode ter um direito de não ser insultado ou ofendido**".

Boaventura de Sousa Santos, noutro viés, preocupa-se com a degradação do outro, transformado num objeto: "Que há de comum entre estes dois casos de violência gratuita [um transexual e um índio queimados, por jovens, no Porto e em Brasília] e as caricaturas dinamarquesas? **A mesma incapacidade de reconhecer o outro como igual, a mesma degradação do outro ao ponto de transformar num objecto sobre o qual se pode exercer a liberdade e o gozo sem limites**, a mesma conversão do outro num inimigo perturbador mas frágil que se pode abater com economia das regras de civilidade, sejam elas as que governam a paz ou as que governam a guerra. As sociedade modernas assentam no contrato social, a ideia de uma ordem social assente na limitação voluntária da liberdade para tornar possível a vida em paz entre iguais".

Partindo deste substrato, percebo os riscos de uma intervenção reflexiva, numa esfera pública contaminada, em boa medida, pela retórica da intransigência, com visões muito polarizadas, a ponto de apodar-se de conivência com terroristas (nunca é demais lembrar da emoção de quem conta os episódios recentes, isto é, a própria mídia, que foi a principal vítima simbólica) qualquer esforço de contextualizar ou indicação de limites para os direitos envolvidos (nomeadamente a liberdade de imprensa). Na busca de alguma distância, encontrei uma estrutura argumentativa semelhante numa correspondência do humorista americano Bill Hicks a um sacerdote ofendido por um programa veiculado na televisão inglesa. Dizia Hicks: "Agora, quanto ao trecho da sua carta que mais me incomodou. Para reforçar sua argumentação o senhor descreve um **cenário hipotético em que muçulmanos reagiriam 'furiosamente' a um material que considerassem ofensivo**. E eu lhe pergunto: o senhor está **tacitamente admitindo o terrorismo** violento de um punhado de bandidos para os quais a ideia de 'liberdade de expressão e tolerância é, talvez, tão estranha quanto a própria mensagem de Cristo?"[5] – o religioso ponderou na linha consequencialista (um vaticínio que se cumpriria...), o que é interpretado como endosso indireto ao terrorismo, um salto lógico que me parece incorreto.

Com tais cuidados, pretendo arriscar, ciente da sabedoria do talvez, ao menos uma resposta jurídica provisória para uma das charges mais polêmicas, um esforço hermenêutico concreto. Nesta zona grísea, tenho como farol a dignidade da pessoa humana como ponte intercultural para promoção e proteção de todas as pessoas e em todos os lugares. À sombra inspiradora, portanto, de Ingo.

## 1. A tensão das identidades, no rastro da Revista Charlie Hebdo

Com reportagens, *cartoons*, polêmicas, notícias, piadas, a revista satírica francesa semanal *Charlie*, numa tradição de iconoclastia e irreverência estridentes, autodescreve-se à esquerda do espectro político francês, secular, ateísta e antirracista. Temas políticos, religiosos e culturais são os mais frequentes de sua pauta. Numa arqueologia rápida, podem-se fixar as origens da *Charlie Hebdo* uma década antes da sua fundação em 1970.[6] O hebdomadário surge como sucessor da Revista *Hara-Kiri* (inicialmente, 1960, mensal, passaria a semanal em 1969, já com alguns incidentes de fechamento em 1961 e 1966). L´Hebdo *Hara-Kiri* seria banida e proibida de circular em 1970, ao fazer uma piada associando a morte de Charles de Gaulle com uma tragédia que vitimara 146 pessoas num incêndio no *Club Cinq-Sept*: "Tragédia em Colombey: um morto".[7]

Para driblar a proscrição, a revista ressurge, no mesmo ano de 1970, como *Charlie Hebdo*, tanto inspirada nas tirinhas *Peanut's Charlie Brown* como evocando o episódio de Gaulle. Manteve-se até 1981, quando cessa a publicação, para outra vez (1991/92) renascer no ambiente de reação à 1ª Guerra do Golfo – até 2009 o editor chefe foi o cantor e comediante Philippe Vall, então sucedido por Stéphane Charbonnier, o *Charb*, uma das vítimas fatais do 07/01.

A revista sempre buscou protagonismo na arena francesa e europeia. Em 1996, seus editores, em oito meses, coletaram 173.704 assinaturas visando a banir o Partido da Frente Nacional (considerado de extrema direita) do cenário político. Assim em 2006, quando a Charlie Hebdo

---

[5] USHER, Shaun. *Cartas extraordinárias: a correspondência inesquecível de pessoas notáveis*. São Paulo: Companhia das Letras, 2014, pp. 32-3.

[6] Sigo referências cruzadas da Wikipédia, versões inglesa e francesa (http://en.wikipedia.org/wiki/Charlie_Hebdo; http://fr.wikipedia.org/wiki/Charlie_Hebdo), acesso em 15/4/2015.

[7] O heroi francês morreu em sua cidade natal, *Colombey-les-Deux-Églises*, oito dias depois do desastre no clube noturno, que naturalmente tomava conta da mídia nacional.

republicou as charges dinamarquesas no contexto já referido na introdução.

Seguiu-se, em 2007, rumoroso processo, que empolgou a intelectualidade, a mídia, os políticos e comunidades religiosas, pelo qual a Grande Mesquita de Paris e outras duas associações iniciam processo criminal contra Vall, alegando discriminação religiosa contra grupos.[8] A resposta da Corte fermenta num ambiente de agitação cultural e política. Nicolas Sarkozy, por exemplo, manda carta de apoio "à antiga tradição francesa de sátira"; François Hollande também expressa apoio à liberdade de expressão, A seu turno, organizações islâmicas criticam a "politização de um processo judicial". Seja como for, o Tribunal de Paris rejeita a demanda, sustentando, na esteira do parecer do Ministério Público, em síntese, que, nos trechos mais pesados (Maomé com o turbante bomba), "são os fundamentalistas, e não os muçulmanos, os ridicularizados".

Vale, aqui, pequena digressão sobre faceta às vezes menos debatida da Liberdade de Imprensa, que é a Interna – titulada por jornalistas nas suas relações com as empresas jornalísticas a que pertencem.[9] Sem aprofundar o tema, importa notar que Maurice Sinet, que à época fazia parte dos quadros da Charlie Hebdo, foi despedido em 2008, tendo-se recusado a desculpar-se publicamente por uma matéria satírica que publicara na revista, sobre a conversão de Jean Sarkozy, filho do eminente político, ao judaísmo (noticiada amplamente pelos meios de comunicação franceses e que ocorreria semanas antes de casar-se com rica herdeira judia). Ao reproduzir as manchetes, acresceu: "Vai longe, esse rapaz!". Como não cedeu à pressão da direção, que considerou antissemita sua manifestação, consumou-se a despedida. Em dezembro de 2010, Sinet vence a disputa e tem a seu favor indenização determinada judicialmente (as cifras variam entre 40 e 90 mil euros).

No ano de 2011, aconteceria o primeiro ataque terrorista à Charlie Hebdo, um atentado ao prédio situado no 20º *arrondissement*, com explosão e incêndio criminosos. Registre-se que o Conselho francês de Fé islâmico expressou, na ocasião, "total oposição a todos os atos e formas de violência". A ocorrência motivou a mudança de endereço para o prédio alvo do segundo ataque (07/01).

Em 2012, houve uma série de ataques a embaixadas americanas no Oriente Médio (em função de um filme considerado racista e antimuçulmano por setores do mundo islâmico), contexto no qual também ocorreu

---

[8] Especificamente contra três charges, duas das quais republicações: a que representa Maomé como um homem bomba, com seu turbante estilizado em explosivo; e aquela na qual o Profeta recebe jihadistas suicidas objetando que "não há mais virgens no céu".

[9] Cf. WEINGARTNER NETO, Jayme. *Honra, privacidade e liberdade de imprensa: uma pauta de justificação penal*. Porto Alegre: Livraria do Advogado, 2002, p. 25-6.

a retirada francesa, em cerca de vinte países islâmicos, de interesses e representações políticas e culturais. Neste quadro, a Charlie Hebdo publica mais uma série de sátiras, incluindo caricaturas do profeta nu, gerando nova onda de protestos, a ponto de as autoridades providenciarem proteção policial para a revista desde então. É razoável pôr gasolina no fogo? Foi a pergunta de Laurent Fabins, ministro francês. A própria Casa Branca também questionou a atitude da revista.[10]

Seguem-se os dias, até 07/1/2015... *Allahu akbar* [Deus é grande, em árabe] e "O Profeta foi vingado", teriam gritado os irmãos Kouachi ao desencadearem a chacina que redundou na morte de doze pessoas, entre jornalistas, funcionários e policiais. A edição da Charlie Hebdo do dia fatídico, plena de simbolismo, estampava na capa o escritor francês Houllebecq, cujo romance *Soumission* imaginava uma França politicamente dominada pelo islamismo em 2022. No interior da revista, o editor Charb, numa autoprofecia, consignou: "Ainda nenhum ataque terrorista na França", ao que um jihadista armado responde "Espere... Podemos enviar nossos melhores desejos para o Ano Novo até o final do mês de janeiro".

A sequência dos eventos é conhecida, testemunhada *on line* por milhões no mundo inteiro, com a interação de tantos em torno do meme *Je suis Charlie*... Nos dias 10 e 11 de janeiro de 2015, multidões cantam *La Marseillaise*, não só em Paris, também em New York e em diversos rincões do planeta. Os sobreviventes, ancorados numa rede de solidariedade, conseguem publicar a próxima edição da revista em 14/1/2015, com uma capa em que Maomé, chorando, também se declara Charlie.

Todavia, mesmo na França, houve recusas ao alinhamento identitário que se apresentava imperativo nacional, notadamente de estudantes de escolas do *banlieu* e de alguns jogadores de futebol. Demarcar uma fratura entre libertários e terroristas significaria, para alguns críticos da própria cobertura midiática, substituir a linha de frente política pelo "enfrentamento cultural", alistando-se na "guerra de civilizações", sendo que a pequena burguesia intelectual resta ambígua, misturando-se "desejos de mestiçagem cultural e relações de dominação, diversidade urbana e segregação residencial, antirracismo e etnocentrismo, laicidade intransigente e babás usando véus".[11]

---

[10] Num quadro liberal de liberdade de expressão forte, doutrina e jurisprudência norte-americanas tratam a *freedom of speech* como um direito especial, assentado que as pessoas não podem ser censuradas pelas consequências adversas que seu discurso causem aos outros ou porque "seria caro protegê-las de uma multidão hostil". A liberdade de expressão só pode ser restringida para prevenir um "claro, presente e grave perigo" (DWORKIN, Ronald. *Religion without god*. Cambridge/London: Harvard University Press, 2013, p. 131-2).

[11] "Sejam livres, é uma ordem! As chacinas em Paris pelos meios de comunicação. Pierre Rimbert, *Le monde diplomatique Brasil*, ano 9, n° 91, fevereiro de 2015, pp. 10-1. Também o paradoxo de uma liberdade que marcha para a unanimidade foi captada de modo perspicaz por Cesar Augusto Baldi:

Trata-se de uma estratégia de tensão ou de espelho dos tempos de cólera que se vivenciam, em que coabitam intolerância, relativismo, pluralismo, diversidade cultural?[12] As demandas por reconhecimento e identidade desafiam ao ponto de ruptura a coesão social (limites de hiperinclusão)?[13] Ou obscurecem as lutas contra as desigualdades econômicas e sociais, aliás no horizonte de uma concentração de riqueza que parece retomar níveis da *belle époque*?[14] Seja qual for a resposta, que escapa ao âmbito do texto, a ascensão da intolerância tem sido aferida empiricamente, e a ambiguidade dos discursos e/ou o duplo *standard* das práticas institucionais vem sendo questionado.[15] Também é muito debatido o estatuto da religião em praça pública, da "morte de Deus" (Nietzsche) à "revanche de Deus" perceptível nas últimas décadas, desembocando nas agitações fundamentalistas e na exasperação de uma laicidade que se agudiza em laicismo.[16]

---

Charlie Hebdo: Je (ne) suis (pas) Charlie. Pour quoi (pas)? (http://cartamaior.com.br/?/Editoria/Internacional/Je-ne-suis-pas-Charlie-Porquoi-pas-/6/32629), acesso em 15/4/2015.

[12] Prefere-se a expressão em vez de "multiculturalismo", por razões que se explicitam adiante. Quanto ao ambiente: "61. (...) Às vezes, estes se manifestam em verdadeiros *ataques à liberdade religiosa* ou em novas situações de perseguição (...) que, em alguns países, atingiram níveis alarmantes de ódio e violência. Em muitos lugares, trata-se mais de uma *generalizada indiferença relativista,* relacionada com a desilusão e a crise das ideologias. 62. (...) os Bispos da África assinalaram que muitas vezes se quer transformar os países africanos em meras 'peças de um mecanismo, (...) também nos *meios de comunicação social*, os quais, sendo na sua maior parte *geridos por centros situados na parte norte do mundo*, nem sempre têm na devida conta as prioridades e os problemas próprios desses países e *não respeitam a sua fisionomia cultural*'... 64. (...) Vivemos numa *sociedade de informação que nos satura indiscriminadamente de dados*, todos postos ao mesmo nível, e acaba por nos conduzir a uma tremenda superficialidade no momento de enquadrar as questões morais. Por conseguinte, torna-se necessária uma educação que ensine a pensar criticamente e ofereça um caminho de amadurecimento nos valores". – *Evangelii gaudium*, Papa Francisco – São Paulo: Paulinas, 2014, pp. 54-7.

[13] O conceito é explorado por Canotilho e comenta-se, junto com Häberle, em WEINGARTNER NETO. *Liberdade religiosa*, p. 46-50. No Brasil, por exemplo, diante do fenômeno do Estado desterritorializado, a doutrina observa: "Entre a proclamação formal dos direitos e o real estatuto político dos indivíduos e dos grupos, com suas *diferenças*, estende-se aí um vasto espaço ocupado por formas antigas e novas de tensão política". – FERRAZ JUNIOR, Tércio Sampaio. *O direito, entre o futuro e o passado*. São Paulo: Noeses, 2014, p. 112 (direitos humanos e o direito de ser diferente).

[14] Veja-se PIKETTY, Thomas. *O capital no século XXI*. Rio de Janeiro: Intrínseca, 2014.

[15] "A CNCDH revela que as expressões racistas 'banalizam-se sobre um pano de fundo de *ciberanonimato*, do debate sobre os *limites do humor* e de um olhar de desconfiança em direção ao *discurso antirracista*, percebido como *censor*'. Os *roms*, os muçulmanos e os árabes são os principais alvos da recrudescência da violência. Essa pesquisa mostra que a tolerância cresce em função do nível educacional...". O que perguntam os alunos que se recusaram a observar o minuto de silêncio em homenagem às vítimas? Por que se fala tanto dessa chacina enquanto as pessoas morrem em silêncio no Oriente Médio? Por que a *Charlie Hebdo* poderia ofender uma figura sagrada do islã, quando Dieudonné se vê proibido de criticar os judeus? – Benoît Bréville, Xenofobia ou Pobrefobia, *Le monde diplomatique Brasil*, ano 9, nº 91, fevereiro de 2015, p. 4-7.

[16] Cf. WEINGARTNER NETO. *Liberdade religiosa*, pp. 34-41 (a separação entre estado e religião: um clima pós-secular). Para acurada análise de um certo clima de hostilidade à liberdade religiosa, dentre outras correntes, pelo "republicanismo laicista", consulte-se MACHADO, Jónatas E. M. Tempestade perfeita? Hostilidade à liberdade religiosa no pensamento teórico-jurídico. In: MAZZUOLI, Valério de Oliveira; SORIANO, Aldir Guedes (coord.). *Direito à liberdade religiosa*: desafios e perspectivas para o século XXI. Belo Horizonte: Fórum, 2009, p. 113-62 (Coleção Fórum de Direitos Fundamentais; 4).

## 2. Entre fundamentalistas e a islamofobia, as vidas são incomensuráveis

Embora a rigor despiciendo, para prevenir as emoções que transbordam do tema, sempre é saudável reafirmar o valor primordial das vidas humanas, o ponto de arranque, o *prius* lógico e ontológico. Socorre aqui o homenageado, a posicionar-se diante do dilema dignidade ou vida, preferindo resolvê-lo pela fórmula *dignidade e vida*.[17]

Sendo certo que a vida humana tem valor incomensurável, premissa que se encara como consenso sobreposto, e que os atentados à Charlie Hebdo são intoleráveis, pode-se, ainda assim, ensaiar questionamentos. Por exemplo, quantas vidas se foram nos eventos franceses? 10 (a equipe da revista assassinada); 12 (incluindo-se os policiais); 14 (se os irmãos terroristas entram na contabilidade), 20 (um policial e mais quatro reféns e o envolvido no ataque ao mercado judaico). Ou seja, nem a matemática é imune à perspectiva narratória.

E o problema da visibilidade? Por que os terríveis atos do Boko Haram não geram a mesma comoção?[18] E as atrocidades do Estado Islâmico, embora a inegável repercussão, mencionando-se até a esteticização da violência? Sabe-se que, psicologicamente, o rosto de uma vítima costuma ser mais empático do que uma cifra, ainda que assustadora, como dão conta tantos crimes célebres que ficam no imaginário popular. Mas dados empíricos, para ilustrar, indicam que 87 é o número de jovens negros mortos no Brasil diariamente, e que 56.337 foi a quantia de mortes violentas no mesmo Brasil ao longo de 2013.

O duplo *standard* é denunciado no direito internacional e por toda teoria social crítica, com ênfase para os estudos pós-coloniais.[19] Especificamente em relação à temática do texto, observa Baldi: "(...) o mais paradoxal inicialmente: a dessacralização dos direitos religiosos é a condição para afirmar ser o direito à liberdade de expressão como 'sagrado'".[20] E, contudo, a liberdade de expressão, interna ou externa, não se configura

---

[17] "... sem que com isso se esteja a chancelar a absoluta fungibilidade dos conceitos, que seguem tendo um âmbito de proteção próprio e, para efeitos de uma série de aplicações, autônomo". (SARLET, Ingo Wolfgang. *Dignidade (da Pessoa) Humana e Direitos Fundamentais na Constituição Federal de 1988*. 10. ed. Porto Alegre: Livraria do Advogado, 2015, pp. 128-9).

[18] BALDI, Cesar Augusto. Charlie Hebdo: Je (ne) suis (pas) Charlie. Pour quoi (pas)? (http://cartamaior.com.br/?/Editoria/Internacional/Je-ne-suis-pas-Charlie-Porquoi-pas-/6/32629).

[19] Destaca-se da vasta literatura, para ilustrar, a visão crítica de SANTOS, Boaventura de Sousa. *A gramática do tempo: para uma nova cultura política*. 3. ed. São Paulo: Cortez, 2010 (Coleção para um novo senso comum; v. 4). Desde a introdução da obra, consigna a transição "Do pós-moderno ao pós-colonial e para além de um e outro; toda a parte II trata da "Construção de Mundos Pós-Coloniais", pp. 179-276. Ademais, a interculturalidade perpassa a construção da igualdade e da diferença (p. 270-316) e uma concepção dos direitos humanos (pp. 433-70).

[20] BALDI, Cesar Augusto. Charlie Hebdo: Je (ne) suis (pas) Charlie. Pour quoi (pas)? (http://cartamaior.com.br/?/Editoria/Internacional/Je-ne-suis-pas-Charlie-Porquoi-pas-/6/32629). O autor também fornece o exemplo do Estatuto francês da laicidade (1905), contemporâneo ao "Crémieux

de modo absoluto em sociedade alguma, em todas havendo (diversas, é verdade) áreas tabus. Como ilustração, em França, criminaliza-se qualquer negativa no que tange ao genocídio armênio (tema controverso, reconhecido apenas por 21 países).[21] Já se referiu a despedida de Sinet, a "quenelle" de Dieudonné (repetidamente condenado por antissemitismo). Trata-se, fique bem claro, de juízo de constatação, não se avançando posição sobre o acerto ou não das soluções pragmáticas ou normativas. Tem-se, entretanto, como adquirido que, historicamente, houve substancial colonialismo embutido no universalismo iluminista, tornando-se possível a convivência com o imperialismo que "beira o racismo".[22]

Quanto ao fundamentalismo religioso, até por questão de espaço, enunciam-se suas principais características: (i) a recusa à mediação hermenêutica na leitura dos textos fundantes (religiões do livro?), um maior ou menor grau de literalismo; (ii) sua natureza reativa à modernidade (aspecto regressivo); (iii) o caráter identitário e a tendência totalizante da vida social; (iv) e o cariz monista de um discurso salvífico com pretensão monopolista de verdade; (v) um componente psicológico de fanatismo? Distingue-se, no gênero fundamentalismo religioso, duas espécies, com efeitos diversos: (a) *Fundamentalismo-crença*, de estilo hermenêutico e tolerável (até as raias do proselitismo); (b) *Fundamentalismo-militante*, que afronta valores estruturantes do Estado democrático de direito e, como tal, é constitucionalmente bloqueável.[23]

Tangente à islamofobia, basta conferir os dados empíricos colhidos na França, que constatam forte aumento do fenômeno desde 2007. A imagem de diversas minorias, baseadas nas respostas a uma série de questões, apontam 79,3% de tolerância aos judeus; 73,2% aos negros; 57,9% aos magrebinos; e 51,3 aos muçulmanos.[24]

---

Decreé" (1870), que estendeu o "status" de cidadão integral somente às minorias judaicas nas colônias francesas, cuja maioria da população era islâmica.

[21] E que, no fechar deste texto, enredou o Papa Francisco na sua polêmica, marcando-se o dia 24/4/2015 como data do centenário do evento.

[22] A assertiva é do eurocêntrico FERRY, Luc. *A revolução do amor: por uma espiritualidade laica*. Rio de Janeiro: Objetiva, 2012, p. 177 e seguintes. Certeira, também, a crítica de WALLERSTEIN, Immanuel. *O universalismo europeu: a retórica do poder*. São Paulo: Boitempo, 2007.

[23] WEINGARTNER NETO. *Liberdade religiosa*, p. 50 a 54.

[24] O Quadro origina-se do relatório da Comissão Nacional Consultiva de Direitos Humanos (CNCDH), transcrito por Benoit Bréville, Le Monde Diplomatique citado, p. 6. Da banda da literatura, e numa situação limite de uma das maiores tragédias do século XX, Primo Levi, judeu italiano que relata a desesperada luta pela sobrevivência num campo de extermínio, conta que, se alguém vacila, "não encontrará quem lhe dê uma ajuda, e sim quem o derrube de uma vez, porque ninguém tem interesse em que um 'muçulmano' a mais se arraste a cada dia até o trabalho". Em nota de rodapé, explica a nomenclatura: "Com essa palavra, 'Muselmann', os veteranos do Campo designavam os fracos, os ineptos, os destinados à 'seleção'". – LEVI, Primo. *É isto um homem?* Rio de Janeiro: Rocco, 1988, p. 129. Percebe-se, na expressão pejorativa, que mesmo na profunda desgraça ainda havia espaço, linguístico ao menos, para uma hierarquia dos vulneráveis, e que, ainda que simbolicamente, no imaginário europeu, os muçulmanos ocupavam literalmente o último estágio de degradação.

## 3. A expansão das liberdades: aspectos normativos

Nesta encruzilhada, confluem uma série de direitos fundamentais: liberdade de expressão, liberdade de imprensa, liberdade artística e liberdade religiosa, escolhendo-se como elemento catalisador as *sátiras e caricaturas de Maomé*. Este o núcleo problemático sobre o qual se debruça.

Desimplicando a questão, e escolhendo um caminho, destaca-se que o Tribunal Constitucional alemão tem bem estabelecido, mesmo no caso de caricaturas políticas, o limite da crítica caluniosa, dita *Schmähkritik*, isto é, a "expressão de uma opinião que, para além da crítica polêmica e exagerada, consiste na degradação da pessoa".[25]

Certo que a liberdade de opinião acresce de valor quando se veiculam opiniões através da arte (*a priori* legitimando expressões virulentas e potencialmente devastadoras – em "(...) ponderação axiológica acrescida da liberdade de criação artística (em cotejo com a liberdade de imprensa), manifestação substancial da dignidade humana na sua dinâmica de livre formação da personalidade – que sofre, ou se delicia, no obrar estético, com uma pulsão de comunicação que é da essência da arte". Natural, também, que haja um dever maior de tolerância (quanto a sua honra e privacidade) das "pessoas da história do seu tempo" (políticos e personalidade midiáticas, nomeadamente).

Também correto que o humor, no cerne de crítica política, é especialmente protegido, razão pela qual, no Brasil, v.g., o STF – ADI 4.455, Plenário do STF, Rel. Min. Ayres Britto, julgada em 2/9/2010, declarou a inconstitucionalidade de preceitos da Lei nº 9.504/97, que restringiam o humor nos veículos de telecomunicação que envolvessem candidatos a cargos eletivos, dentro do período eleitoral. Indisputável, portanto, que as manifestações de humor estão abrangidas no âmbito de proteção da liberdade de expressão.

Do mesmo Brasil, podem-se citar, como casos paradigmáticos da Suprema Corte, a ADPF nº 130, na ampla afirmação da liberdade de imprensa,[26] bem como, em certa tensão, o HC nº 82.424.[27]

---

[25] Remete-se, para um quadro geral, a WEINGARNTER, *Honra* e *Liberdade religiosa*. Quanto às caricaturas, reforçando o substrato cultural das decisões jurídicas, há duas sensibilidades no direito ocidental: a norte-americana, uma liberdade de expressão forte, que prevalece sobre pesadas ofensas aos direitos de personalidade (*Falwell v. Flynt*) e a alemã, na qual mesmo a crítica política a uma personalidade pública notória encontra seu limite de ilicitude (*Kopulierendes Schwein*), cfe. WEINGÄRTNER NETO, *Honra*, p. 169-75.

[26] Plenário do STF, Rel. Min. Ayres Britto, em que o STF declarou a não recepção de todos os dispositivos da Lei n. 5.250/67 (Lei de Imprensa), por incompatibilidade com o regime constitucional da liberdade de imprensa, vencidos o Min. Marco Aurélio, que julgava a ação improcedente, e os Ministros Joaquim Barbosa, Ellen Gracie e Gilmar Ferreira Mendes, que a julgavam procedente apenas em parte. Todavia, o alcance efetivo da decisão ainda está em aberto. Veja-se a Reclamação 9.248, Plenário do STF, Rel. Min. Cezar Peluso, julgada em 10/12/2009, noticiada no *Informativo STF 571*, em que a Corte, por maioria – vencidos os Ministros Ayres Britto e Celso de Mello –, decidiu não afastar

A doutrina – e colaciono o homenageado – tem apontado o discurso do ódio, discriminatório, como limite razoável à liberdade de expressão. Por todos, o homenageado: "De particular relevância no contexto da liberdade de expressão é a prática do assim chamado discurso do ódio ou de incitação ao ódio (*hate speech*). (...) entendimento dominante, no Brasil e em geral no direito comparado, que **a liberdade de expressão encontra limites na dignidade da pessoa humana de todas as pessoas e grupos afetados quando utilizada para veicular mensagens de teor discriminatório e destinadas a incitar o ódio e até mesmo a violência.** (...) Ainda assim, o risco, por conta da abertura e polissemia da noção de dignidade da pessoa humana, de nela serem embutidas **valorações de ordem moral, religiosa e ideológica nem sempre compartilhadas** no âmbito do corpo social. (...) É que doutrina e jurisprudência, notadamente o STF, embora adotem a tese da posição preferencial da liberdade de expressão, admitem **não se tratar de direito absolutamente infenso a limites e restrições, desde que eventual restrição** tenha caráter **excepcion**al, seja promovida por lei **e/ou decisão judicial** (visto que vedada toda e qualquer censura administrativa) e tenha por **fundamento a salvaguarda da dignidade da pessoa humana** (que aqui opera simultaneamente como limite e limite aos limites de direitos fundamentais) e de **direitos e bens jurídico-constitucionais individuais e coletivos fundamentais**, observados os critérios da proporcionalidade e da **preservação do núcleo essencial** dos direitos em conflito. Que, em qualquer caso, existindo dúvida a respeito da legitimidade constitucional da restrição, é de se **privilegiar a liberdade de expressão** segue sendo um parâmetro que não deve cair jamais em esquecimento".[28]

---

decisão judicial que impedira que um jornal publicasse dados de um processo judicial tramitando em segredo de justiça, que continham informações desabonadoras sobre um político. Na Reclamação, alegara-se violação à decisão proferida na ADPF 130, mas a Corte entendeu que não se poderia inferir, dos motivos determinantes daquela decisão, uma vedação absoluta a que o Poder Judiciário, no afã de proteger direitos de personalidade, impedisse a publicação de matérias jornalísticas.

[27] Trata-se do caso Ellwanger, de cuja ementa extrai-se: 1. Escrever, editar, divulgar e comerciar livros "*fazendo apologia de idéias preconceituosas e discriminatórias*" contra a comunidade judaica (Lei nº 7.716/89, artigo 20, na redação dada pela Lei 8.081/90) constitui crime de racismo (...). 6. Adesão do Brasil a tratados e acordos multilaterais, que energicamente repudiam quaisquer discriminações raciais, aí compreendidas as distinções entre os homens por restrições ou preferências oriundas de *raça*, cor, credo, descendência ou origem nacional ou étnica, inspiradas na pretensa superioridade de um povo sobre outro, de que são exemplos a xenofobia, "negrofobia", "islamofobia" e o anti-semitismo. 13. Liberdade de expressão. Garantia constitucional que não se tem como absoluta. Limites morais e jurídicos. O direito à livre expressão não pode abrigar, em sua abrangência, manifestações de conteúdo imoral que implicam ilicitude penal. 14. As liberdade públicas não são incondicionais, por isso devem ser exercidas de maneira harmônica, observados os limites definidos na própria Constituição Federal (...)".

[28] SARLET, Ingo Wolfgang. *Curso de Direito Constitucional*. 3. ed. São Paulo: RT, 2014. No mesmo sentido: Há manifestações que se voltam contra a igualdade dos membros de determinados grupos, como as expressões de racismo, sexismo, homofobia e intolerância religiosa, entre outras formas de discriminação. Tais manifestações tendem a abalar a autoestima das suas vítimas, atingindo a sua

Há uma série de normas que visam a realizar a indeclinável concordância prática, inclusive de caráter penal. Podem-se mencionar: a Lei francesa da Liberdade de Imprensa (29/7/1881), cujo art. 24 proíbe incitação à discriminação, ao passo que os arts. 32 e 33 proíbem difamações ou ofensas discriminatórias a pessoas ou grupos, previstos como legitimados ativos o Ministério Público e a vítima, para ação civil e/ou penal; também francês, o Ato 615, de 13/7/1990 (*Gayssot Act*), que prevê direito de reposta por ofensas discriminatórias e que negar os crimes contra a humanidade cometidos pela Alemanha Nazista é crime punido com cinco anos de prisão e multa de 45 mil euros; ainda, o Código Penal francês prevê difamação, insultos e incitamentos contra pessoas ou grupos por razões étnicas, raciais, religiosas (Artigos R. 624-3, 624-4, 625-7).[29]

Em termos dogmáticos, evidente a tensão com as liberdades comunicativas, o direito penal, chamado ao tema, pode avançar sobre duas áreas sensíveis: o discurso do ódio; e o sentimento religioso.[30] Trata-se de questão bastante polêmica, tendo em vista os lindes do ilícito, a partir da tipificação delineada. No primeiro bloco, diante dos objetivos de não discriminação, aponta-se a "igualdade entre todos os cidadãos do mundo" (independente de raça, cor, etnia, nacionalidade ou religião)[31] como bem

---

dignidade e fomentando um ambiente de intolerância, que nada contribui para a democracia. Por isso, quase todos os Estados democráticos admitem em tais casos restrições a esse direito, sendo tal posição endossada também por tratados internacionais de direitos humanos em vigor no país, como o Pacto Internacional para a Eliminação de Todas as Formas de Discriminação Racial (art. 4º), o Pacto dos Direitos Civis e Políticos (art. 20.2), e a Convenção Interamericana de Direitos Civis e Políticos (art. 13.5). SARMENTO, Daniel. Comentários à Constituição do Brasil, art. 5º, IV, In: CANOTILHO, J.J. Gomes; MENDES, Gilmar F.; SARLET, Ingo W.; STRECK, Lenio L. (Coords.). *Comentários à Constituição do Brasil*. São Paulo: Saraiva/Almedina, 2013. p. 252.

[29] No Brasil, podem-se elencar: o art. 20 da Lei nº 7.716/89 (crimes de discriminação/preconceito, inclusive religioso); o art. 26 da Lei 12.288/2010 (medidas necessárias para o combate à intolerância com as religiões de matrizes africanas e à discriminação de seus seguidores); a injúria religiosa (art. 140, § 3º, introduzido no Código Penal pela Lei nº 9.459/97); o art. 208 do Código Penal (crimes contra os sentimentos religiosos). Da banda portuguesa, vale citar o art. 240 do Código Penal Português (discriminação racial ou religiosa).

[30] Para uma visão ampla dos contornos da liberdade religiosa no entreposto valorativo do sistema penal, vide *Liberdade religiosa*, p. 293-316: o crime de discriminação/preconceito religiosos; o paradigma do STF contra a discriminação. Uma igreja contra os orixás; a injúria religiosa e a linguagem do ódio; e reflexos da objeção de consciência. Particularmente quanto ao *hate speech*, sem descurar do risco do exagero "politicamente correto", anotou-se a categoria das *fighting words* e a lesão estigmática, o dano de "status" que causam ou reforçam em grupos historicamente vulneráveis. Por outro lado, a criação de tabus de conteúdo na esfera pública e o correlato efeito silenciador (de arrefecimento, *chilling effect*) da opinião pública não são danos colaterais desprezíveis. Desde março de 2014, apenas para mencionar exemplo recente, tramita ação civil pública movida pelo Ministério Público Federal no Rio de Janeiro contra Google Brasil, visando a retirada da Internet (Youtube) de 15 vídeos (de inspiração evangélica) apodados de preconceituosos, intolerantes e discriminatórios contra a religiosidade de matriz africana.

[31] Outra vez chama-se o homenageado, que destaca como o direito geral de igualdade ancora diretamente na dignidade da pessoa humana, daí porque intoleráveis as discriminações, "perseguições por motivos de religião" e, muito importante, que a "igualdade em dignidade de todas as pessoas (...) não conflita com a identidade única e irrepetível de cada pessoa", o que se reflete nas relações entre

jurídico tutelado e, na sistemática lusitana, e.g., agrupa-se o tipo dentre os "crimes contra a humanidade". No segundo, a opção portuguesa remete os crimes contra os sentimentos religiosos e o respeito devido aos mortos (tradicionais bens jurídicos) para o *cluster* dos "crimes contra a vida em sociedade".

Em Portugal, quanto ao crime de ultraje religioso elencado no art. 251 do Código Penal, Jónatas Machado adverte que se deve preservar a discussão e até o confronto de ideias e símbolos religiosos na esfera pública (tais ideias e símbolos não são monopólio de uma qualquer confissão), mas também haverá lugar para incriminar condutas evidentemente insultuosas e ofensivas.

Ao discorrer sobre os limites impostos ao legislador na conformação dos injustos penais, Claus Roxin conceitua como leis penais simbólicas as que "não são necessárias para o asseguramento de uma vida em comunidade e que, ao contrário, perseguem fins que estão fora do Direito Penal como o apaziguamento do eleitor ou apresentação favorecedora do Estado". Exemplifica com o § 130, 3, do StGB (que pune negar/diminuir a importância dos delitos de genocídio cometidos à época nacional-socialista). Observa que negar fatos históricos não compreende aceitar tais delitos e não menospreza a vida em comunidade dos homens atuais – mormente quando os fatos foram provados e sua verdade histórica é geralmente reconhecida. "O verdadeiro sentido da norma é apresentar a Alemanha de hoje como um Estado depurado que não oculta nem esquece os crimes da época de Hitler". Uma intenção que, pese louvável, não serve à proteção de bens jurídicos – o que deslegitima a utilização do direito penal para tal fim. Entretanto, a proteção de sentimentos pode legitimar-se, segundo o autor no caso de sentimentos de ameaça, o que autoriza sancionar o discurso do ódio, ou a incitação ao desprezo, pois é "tarefa do Estado assegurar aos cidadãos uma vida em sociedade, livre de medo". Mas, além disso, numa sociedade multicultural, passaria do limite, pois a "tolerância frente a concepções do mundo contrárias à própria é uma das condições da sua existência".[32]

---

particulares, "especialmente na sua condição negativa (defensiva), operando como proibições de discriminação" (SARLET, *Dignidade*, pp. 132-3).

[32] ROXIN, Claus. *A proteção de bens jurídicos como função do Direito Penal*. (org. e trad. André Callegari e Nereu Giacomolli. Porto Alegre: Livraria do Advogado, 2006, p. 20 a 25. MARTINELLE, João Paulo Orsini. Os crimes contra o sentimento religioso e o direito penal contemporâneo. In: MAZZUOLI, Valério de Oliveira; SORIANO, Aldir Guedes (Coord.). Direito à liberdade religiosa: desafios e perspectivas para o século XXI. Belo Horizonte: Fórum, 2009, pp. 69-87 (Coleção Fórum de Direitos Fundamentais; 4), comenta o art. 208 do Código Penal brasileiro, mesmo na linha de uma intervenção mínima do direito penal, consdiera legítima a incriminação: na conduta "escarnecer", direcionada a pessoa determinada, "e não a grupos religiosos em geral" [o que deflui do próprio desenho textual do tipo]; na conduta "impedir ou perturbar", tendo como objeto cerimônia ou prática de culto [já não parece haver exigência de sujeito passivo determinado, ainda que os atos antagonizem com práticas iminentes ou concomitantes de fiéis]; nacondutа "vilipendiar", trata-se de humilhar, menoscabar ou

No plano do direito internacional, a partir da Declaração sobre a Eliminação de toda a Forma de Intolerância e Discriminação fundada na Religião ou na Convicção (Resolução n° 36/55), assoma a Resolução n° 6/37, CDH – 2007,[33] bem como o VI Fórum das Nações Unidas sobre questões de minorias (2013), destacando-se uma série de recomendações apresentadas ao CDH no sentido de combater o discurso do ódio de cariz religioso e, tendencialmente, de se proibirem expressões ofensivas à religião.[34] Entretanto, em 2011, alguns analistas apontam uma mudança de paradigma, para tutelar-se o indivíduo religioso, sinalando-se que leis que criminalizem a falta de respeito com a religião em si (incluídas leis da blasfêmia) seriam incompatíveis com o Pacto Internacional sobre Direitos Civis e Políticos.[35]

### 4. Ensaiando respostas diatópicas, ancorado na dignidade aberta e inclusiva das pessoas humanas

De posse da gramática normativa exposta, realiza-se, nesta parte final, um exercício de análise concreta de uma determinada charge, no

---

desonrar, "tendo por objeto algum ato ou coisa de utilização religiosa" [parece, nesta modalidade, que não se exclui "a priori" uma ofensa difusa ou a grupos comunitários – na minha opinião].

[33] Que observa com profunda preocupação o aumento da islamofobia, do antissemitismo e da cristianofobia (2), condena toda apologia do ódio religioso (6), incitando os Estados a proibi-lo quando constituem uma incitação à discriminação, a hostilidade ou à violência (9, d) e a adotar todas as medidas necessárias para combatê-lo, levando conta em especial as minorias religiosas, particularmente as mulheres (9, l).

[34] Em 22/01/2014, como se vê dos itens 21, 22, 57, 59 (reforçando a necessidade de sanções legais ao discurso do ódio ou à incitação ao ódio religioso) e 60.

[35] Deve-se tal ponderação ao pesquisador Rodrigo Vitorino Souza Alves, a quem publicamente agradeço, que muito contribuiu com o presente texto, tecendo reflexões e remetendo material, e que destacou o § 48 do Comentário Geral n° 34/2011. Acrescenta-se, na linha da coerência político-dogmática, que o mesmo Comentário, no § 49, também considera incompatível a legislação que pune opiniões sobre fatos históricos, mesmo que erradas ou interpretações incorretas de eventos passados, o que toca na questão do "negacionismo". Observo, ainda, para ulterior investigação, que, entre o indivíduo concreto e a religião quase em abstrato, inserem-se uma pluralidade de comunidades e grupos identitários que desafiam alguma solução intermediária. Seguem os dispositivos: 48. Prohibitions of displays of lack of respect for a religion or other belief system, including blasphemy laws, are incompatible with the Covenant, except in the specific circumstances envisaged in article 20, paragraph 2, of the Covenant. Such prohibitions must also comply with the strict requirements of article 19, paragraph 3, as well as such articles as 2, 5, 17, 18 and 26. Thus, for instance, it would be impermissible for any such laws to discriminate in favour of or against one or certain religions or belief systems, or their adherents over another, or religious believers over non-believers. Nor would it be permissible for such prohibitions to be used to prevent or punish criticism of religious leaders or commentary on religious doctrine and tenets of faith.115 49. Laws that penalize the expression of opinions about historical facts are incompatible with the obligations that the Covenant imposes on States parties in relation to the respect for freedom of opinion and expression.116 The Covenant does not permit general prohibition of expressions of an erroneous opinion or an incorrect interpretation of past events. Restrictions on the right of freedom of opinion should never be imposed and, with regard to freedom of expression, they should not go beyond what is permitted in paragraph 3 or required under article 20.

horizonte traçado de uma França laicista em tensão com o Islã transbordante.

A trajetória legislativa da restrição ao uso do véu parece cabalmente elucidativa. Na primeira grande polêmica, tem-se a Lei nº 228, 15/3/2004, *enquadrando, na aplicação do princípio da laicidade, o porte de símbolos ou vestimentas que manifestam uma filiação religiosa nas escolas, colégios e liceus públicos.* Substancialmente, estabeleceu que nas escolas (ensino básico), nos colégios (ensino secundário) e nos liceus (ensino profissionalizante) "é proibido o porte de símbolos/insígnias ou trajes pelos quais os alunos manifestam ostensivamente uma filiação religiosa". Pese a verossímil desconfiança de que o alvo era o *Foulard islamique*, a proibição geral acabou passando no filtro da proporcionalidade ("to make the targetting less discriminatory").[36]

Seis anos depois, outra celeuma, no bojo da Lei nº 1.192, de 11/10/2010, pela qual "Ninguém, em espaço público, poderá usar veste que se destine a dissimular seu rosto" (art. 1º), com sanção penal prevista: multa ou restritiva de direito (um "estágio de cidadania" que soa por demais como uma exigência de conformação de consciência). A normativa foi aprovada pelo Conselho Constitucional, com a ressalva de que não se aplicaria em locais destinados ao culto religioso. A questão foi levada ao Tribunal Europeu de Direitos Humanos (ECHR, 1º/7/2014, Rec. 43.835/11, S.A.S. X France), afirmando a reclamante que usava a *Burqa/Hijab* como "expressão de suas convicções religiosas, culturais e pessoais (...) quando sente que isso é necessário para sua paz interior e para a satisfação de seus sentimentos espirituais". O Estado francês responde com objetivos da lei, avultando "preservar a segurança pública e estabelecer requisitos mínimos para a coexistência social". Na decisão, o *topos* "segurança pública" não passou no teste da necessidade, mas o TEDH aceitou o fundamento [a suportar a restrição da liberdade religiosa] da "proteção dos direitos e liberdades de terceiros", o que se insere nos "requisitos mínimos para uma vida em sociedade". Em suma, os **Estados têm poderes para estabelecer "as condições nas quais os indivíduos podem viver juntos em sua diversidade",** sendo que a proibição justifica-se "desde que voltada **exclusivamente para assegurar a vida social em conjunto".**

---

[36] WEINGARTNER NETO, *Liberdade religiosa*, p. 264-72 (o estresse do véu no ambiente escolar). Confira-se, também, DURÁN-MUÑOZ, Rafael. Teoría y praxis de los modos de gestión de la diversidad: Abordaje mediático y judicial de conflictos multiculturales en España. In COPELLO, Patricia Laurenzo; ——. (Coords.) *Diversidad cultural, género y derecho*. Valencia: Tirant lo blanch, 2014, pp. 52-8, com ênfase para a cobertura da mídia espanhola em relação à controvérsia do *hiyab*. Calha, aqui, a lição do homenageado, apoiado em Podlech: "para a preservação da dignidade da pessoa humana, torna-se indispensável não tratar as pessoas de tal modo que se lhes torne impossível representar a contingência de seu próprio corpo como momento de sua própria, autônoma responsável individualidade". SARLET, Ingo Wolfgang. *Dignidade (da Pessoa) Humana e Direitos Fundamentais na Constituição Federal de 1988*. 10. ed. Porto Alegre: Livraria do Advogado, 2015, p. 131.

A Corte avançou, ao indagar se, mesmo necessária, a medida seria proporcional. Lisamente, reconheceu o **impacto negativo para a minoria islâmica**, sendo que as mulheres podem interpretar a lei como "ameaça à sua identidade"; admitiu as **reações negativas** e a possível "irritação" da **comunidade islâmica**, arriscando [a condução do processo legislativo] a **acentuar visões islamofóbicas** e impedir a "integração desse grupo na comunidade francesa". Em conclusão, o TEDH definiu que a proibição legal francesa deve ser entendida como "necessária em uma sociedade democrática", o que torna a lei compatível com os artigos 8º e 9º da Convenção Europeia de Direitos Humanos. Além disso, não houve, segundo a Corte, violação dos artigos 10 e 14 dessa convenção.[37]

Neste substrato sociopolítico específico, insere-se vetor intercultural.[38] Inicialmente, para gizar um seminal tabu presente na maior parte de cultura muçulmana, isto é, a vedação da arte religiosa figurativa, que se torna exponencial na representação do Profeta Maomé.[39]

A constatação de que cada cultura tem seus tabus (o que não significa aceitá-los acriticamente ou igualar todos os valores em jogo), aplicada ao caso em exame conduz a argutas – mas pouco realçadas – considerações: "Se a liberdade de Expressão é sagrada para o Ocidente, a Sacralidade

---

[37] Otávio Rodrigues, Um novo "caso do véu" no Tribunal Europeu de Direitos Humanos, <http://www.conjur.com.br/2014-jul-02/direito-comparado-outro-veu-europa-parte>. Também interessante comentário sobre o uso do *hiyab* nas escolas públicas espanholas – a partir de decisão do Contencioso-Administrativo de 2012, em NARANJO DE LA CRUZ, Rafael. El uso del *hiyab* en las escuelas públicas ante los tribunales: Comentario a la sentencia 35/2012, del Juzgado de lo Contencioso-Administrativo de Madrid, num. 32, 25 de enero de 2012. In DURÁN-MUÑOZ, Rafael; COPELLO, Patricia Laurenzo. (Coords.) *Diversidad cultural, género y derecho*. Valencia: Tirant lo blanch, 2014.

[38] A perspectiva intercultural adotada pelo autor do texto vai delineada em *Liberdade religiosa*, pp. 41 a 45. Acrescenta-se, no esforço de clareza, interessante quadro conceitual fornecido pela doutrina espanhola, que parte do gênero "modelos de gestão da diversidade cultural" e apresenta três espécies: o multiculturalismo; o assimilacionismo; e o interculturalismo. Em síntese, a última categoria é uma opção empírico-normativa que, contra o liberalismo assimilacionista, não faz dos direitos humanos reféns do princípio da maioria (às expensas das eternas minorias); contra o multiculturalismo, defende os direitos do indivíduo frente aos do grupo quando os últimos violam os primeiros; é ferramenta de combate as desigualdades, sejam provenientes da homogeneidade cultural assimilacionista, sejam intercomunitárias a sustentar-se em argumentos de identidade – DURÁN-MUÑOZ, Rafael. Teoría y praxis de los modos de gestión de la diversidad: Abordaje mediático y judicial de conflictos multiculturales en España. In: COPELLO, Patricia Laurenzo; ——. (Coords.). *Diversidad cultural, género y derecho*. Valencia: Tirant lo blanch, 2014, p. 52-8.

[39] "Motivada pelo desejo de evitar qualquer forma de idolatria, a tradição muçulmana proibiu ilustrações figurativas no Alcorão. No entanto, imagens abstratas são permitidas, e a própria escrita árabe acabou se tornando uma elevada forma de arte. (...) Como resultado da proibição de retratar animais ou figuras humanas, os artistas desenvolveram o estilo arabesco islâmico..." – O livro das religiões. (DK Londres) São Paulo: Globo Livros, 2014, p. 261; "Em última análise, talvez devamos aqueles padrões geométricos e belos esquemas cromáticos a Maomé, que desviou o espírito do artista dos objetos do mundo real para esse mundo onírico de linhas e cores. Seitas posteriores entre os muçulmanos foram menos rigorosas ao interpretar a proibição de imagens. Permitiram a reprodução de figuras e ilustrações desde que não tivessem qualquer conotação religiosa". GOMBRICH, Ernst H. *A história da arte*. 16ª ed. Rio de Janeiro: LTC, 1999, p. 143.

do Profeta é a grande liberdade do Islão. Nem um lado, nem o outro podem ser 'imparciais'".[40]

Daí que urge metodologia adequada para abordar a colisão intercultural retratada, lançando-se mão da hermenêutica diatópica para aproximar os "universos de sentido" das diferentes culturas, que consistem em "constelações de *topoi* fortes" – os *topoi*, como lugares comuns mais abrangentes de determinada cultura, funcionam como premissa de argumentação, indiscutíveis dada sua evidência, a tornarem possível a produção e a troca de argumentos. **Os *topoi* fortes tornam-se "altamente vulneráveis e problemáticos quando 'usados' numa cultura diferente"** e o melhor que lhes pode acontecer "é serem **despromovidos de premissas** de argumentação **a meros argumentos**".[41]

Bem de ver, o arcabouço da hermenêutica adotada foi desenvolvido, pioneiramente, por Panikkar, lapidar numa palestra seminal: "Povo nenhum, não importa o quão moderno ou tradicional, tem o monopólio da verdade! Povo nenhum, não importa o quão civilizado ou natural (seja ele ocidental, oriental, africano, indiano), pode, por si só, definir a natureza da vida adequada ao conjunto da humanidade". Trata-se do *pluralismo cultural*, que percebe que "cada cultura vê toda a realidade, mas parcialmente" e se traduz numa atitude em prol de que a diversidade seja um espaço de paz e justiça (...)". Neste contexto, propõe a *hermenêutica diatópica*, entendida como uma "reflexão temática sobre o fato de que os *loci* (*topoi*) de culturas historicamente não relacionadas tornam problemáticas a compreensão de uma tradição com as ferramentas de outras (...)"; é preciso "cavar até encontrar um solo homogêneo ou uma problemática semelhante" – o *equivalente homeomórfico*, segundo o núcleo metodológico da investigação de Panikkar.[42]

---

[40] CUNHA, Paulo Ferreira da. *A Constituição viva: cidadania e direitos humanos*. Porto Alegre: Livraria do Advogado, 2007, pp. 154/155. Na mesma linha: "A liberdade de expressão é defendida sem limites à custa da imposição de 'certa' liberdade sobre 'outros' diferentes". BALDI, Cesar Augusto. Charlie Hebdo: Je (ne) suis (pas) Charlie. Pour quoi (pas)? (http://cartamaior.com.br/?/Editoria/Internacional/Je-ne-suis-pas-Charlie-Porquoi-pas-/6/32629).

[41] SANTOS, Boaventura. Esta a função da hermenêutica diatópica, um procedimento hermenêutico para guiar e auxiliar a compreensão de uma cultura a partir dos *topoi* de outra, baseado na ideia de que *"os topoi de uma dada cultura, por mais fortes que sejam, são tão incompletos quanto a própria cultura a que pertencem"*. Seu objetivo, portanto, não é atingir a completude, antes, e pelo contrário, *"ampliar ao máximo a consciência da incompletude mútua através de um diálogo que se desenrola, por assim dizer, com um pé numa cultura e outro, noutra. Nisto reside seu caráter dia-tópico"*. (SANTOS, Boaventura de Sousa. Por uma concepção multicultural de direitos humanos. In. BALDI, Cesar Augusto. (org.) *Direitos humanos na sociedade cosmopolita*. Rio de Janeiro: Renovar, 2004, pp. 239/277).

[42] PANIKKAR, Raimon. Seria a noção de direitos humanos um conceito ocidental? In. BALDI, Cesar Augusto. (org.) *Direitos humanos na sociedade cosmopolita*. Rio de Janeiro: Renovar, 2004. Pode-se aproximar tal visão com a obra de JULLIEN, François. *O diálogo entre as culturas: do universal ao multiculturalismo*. Rio de Janeiro: Zahar, 2009. Também de notar a crescente relevância da história cultural como disciplina, explorando a ideia de fronteira cultural (cf. BURKE, Peter. *O que é história cultural?* 2ª ed. rev. e ampl. Rio de Janeiro: Zahar, 2008, p. 152), que ainda refere como as narrativas preconceituosas, no ambiente antissemita, se ajudaram a definir uma identidade cristã, "também constituíram um

Assim, o laicismo da República francesa passa,[43] de premissa inquestionável, a argumento para o diálogo intercultural. E outro fator a considerar é o severo tabu da representação do profeta, tão forte no setor muçulmano quanto a liberdade de expressão na quadra ocidental. Com tais olhos, mira-se a charge do "Profeta-bomba" e indaga-se, para uma resposta que se assume provisória: Poderia ser crime? Configuraria ilícito? Tem-se como consensual que, em maior ou menor grau, as charges satíricas eram ofensivas à religião islâmica. Seus autores, nada obstante, seriam passíveis de responsabilização?

Numa primeira resposta, mais por argumento de política criminal do que por impossibilidade dogmática, escolhe-se tendencialmente não apoiar a criminalização,[44] embora tal não seja, "a priori", incompatível com a experiência do direito ocidental, que tipificou penalmente determinadas situações limite (negacionismo de genocídios, símbolos nazistas, etc.), retomando-se a advertência de coerência. Remanesceriam, evidente, dificuldades de técnica legislativa, no que tange à determinação típica (contudo não incontornáveis, desde que enunciado o injusto com suficiente concretude), bem como a polêmica em torno do bem jurídico-penal a tutelar-se.[45] Permanece, destaca-se, a necessidade de o direito penal

---

'ataque narrativo' aos judeus, uma forma de violência simbólica que levou à violência real, a expurgos". (*idem*, p. 159); a Nova História Cultural tem, como um dos seus tópicos centrais, a "identidade nacional" (p. 166).

[43] "Porém, o laicismo sofre um questionamento severo do Islã, religião vibrante e crescente que chegou à França no período do pós-colonialismo. O Islã não aceita facilmente a proibição do exercício público da religião, quer seja o véu que cobre o rosto das mulheres, piscinas mistas, a oração de sexta feira que superlota as mesquitas ou a comida que segue os preceitos islâmicos nas escolas. (...) O laicismo se tornou a primeira religião da República, e exige obediência e crença, Voltaire disse. Mas me importo mais com a democracia do que com o laicismo – afirma Moïsi. E completa: – Bancar o Voltaire do século 21 é irresponsável". (The New York Times, Steven Erlanger e Kimiko de Freytas Tamura, fevereiro de 2015).

[44] Também na linha da fragmentariedade do direito penal, numa política criminal de intervenção moderada e em face de estratégias alternativas mais efetivas. Cf. FISS, Owen. *Los mandatos de la justicia: ensayos sobre derechos e derechos humanos*. Madrid: Marcial Pons, 2013, especialmente capítulo 5, "La dificultad del derecho penal", pp. 83-97.

[45] Avançam-se perguntas e respostas provisórias: (i) Ofenderia o princípio da taxatividade penal criminalizar representações do profeta com conotações sexuais ou associado diretamente ao terrorismo? Não, e resposta positiva talvez implicasse revisar as neocriminalizações que tutelam grupos historicamente vulneráveis; (ii) O profeta-bomba, num exercício de hermenêutica diatópica, poderia, razoavelmente, ingressar na vedação do *hate speech*? Sim, diante da belicosa reafirmação de uma ofensa reconhecida, na aferida islamofobia francesa, ao identificar o profeta com terrorismo, sem qualquer ressalva, incrementando o preconceito do cidadão republicano laico ou de outras religiões contra o imigrante não totalmente assimilado, nas condutas de prática, indução e/ou incitação ao preconceito religioso; (iii) Em vetor inverso, o *chilling effect* e a transcendental relevância pública do tema (fundamentalismo religioso) desaconselhariam a interdição penal? Talvez, e a opção de política criminal não seria refratária ao espaço de conformação legislativa; (iv) Na tutela de outro bem jurídico-penal, passaria no teste de adequação típica a ofensa aos sentimentos religiosos dos islâmicos franceses (ou se estaria criminalizando a blasfêmia ou a apostasia)? Observa-se (novamente agradeço ao aporte do Professor Rodrigo Vitorino Souza Alves) que o TEDH posicionou-se no sentido de proteger o sentimento religioso contra ofensas em decisões de 1994 – Áustria, 1996 – UK, 2005 – Turquia; mais

repensar-se no seio da interculturalidade, entre o universalismo e o relativismo.[46]

Quanto à esfera cível, a proteção da ordem pública, forte no art. 19.3.b do Pacto de Direitos Civis e Políticos, justificaria restrições ao acesso às publicações ou ao modo de circulação do material? No substrato de vida da tensão francesa, a resposta é positiva, diante da charge em tela – aliás, os valores consagrados no art. 5º, VI, da Constituição brasileira, poderiam jogar papel similar, inclusive na circulação por meio da Internet. Na mesma lógica, cabível a reparação civil, em face de dano moral coletivo (art. 5º, X, CF), diante de publicações que menoscabam/aviltam determinada confissão religiosa, modo intenso, com deformações vexatórias/degradantes. Portanto, o profeta-bomba, numa ponte intercultural, duvidosa uma sanção penal, mereceria uma reparação civil, na pacificação com dignidade do convívio social, com tutela especial da minoria vulnerável, no caso a comunidade islâmica francesa.

As respostas ensaiadas arrancam de um substrato hoje clássico no direito brasileiro, o conceito (em processo de construção e desenvolvimento) do homenageado para dignidade da pessoa humana, uma concepção multidimensional, aberta e inclusiva.[47] Claro que o brilho do ponto

---

recentemente, recusou tal argumento em 2010 (Rússia). Razoável, na interpretação do texto, ao menos no que tange ao juízo de tipicidade (com olhos no art. 208 do Código Penal brasileiro), cogitar-se que teria havido vilipêndio público de objeto de culto, inserindo-se o "dever de não representar o Profeta", sempre no exercício da hermenêutica diatópica, como específico objeto de culto para relevantes setores da comunidade muçulmana; (v) A titularidade difusa e/ou coletiva impede a tutela penal? Pesem exigências técnicas especiais, tem-se que, "a priori", não, pena de apartar o direito penal de toda proteção relevante para valiosos direitos fundamentais de terceira geração/dimensão (ou quarta ou quinta, sem adentrar na querela consabida) – o que se afina, parece, com a "leitura extensiva (inclusiva) em matéria de titularidade de direitos fundamentais fundada no princípio da dignidade da pessoa humana [que] também corresponde a legítimo exemplo de sua aplicação na condição de critério material para a interpretação dos direitos fundamentais..." (SARLET, *Dignidade*, p. 124)

[46] Que é abordado, com ênfase para o quadro geral e o vetor de emancipação do sujeito racional como valor universal do direito penal, que assume a missão de proteger as condições que possibilitam a emancipação política do sujeito, em PORTILLA CONTRERAS, Guillermo. Sobre la compatibilidad entre la universidad de los derechos fundamentales y el derecho penal intercultural, In DURÁN-MUÑOZ, Rafael; COPELLO, Patricia Laurenzo. (Coords.) *Diversidad cultural, género y derecho*. Valencia: Tirant lo blanch, 2014, pp. 191-240.

[47] SARLET, *Dignidade*, p. 70-1. Avulta, por exemplo, a par do aspecto ontológico (que não é igual, mas não o desconsidera, ao biológico), a dimensão histórico-cultural, expressamente afinadas com as "diversidades culturais". O "multiculturalismo" é expressamente enfrentado (p. 67, com ênfase para a nota 156) e a fórmula de Dürig citada (a dignidade atingida sempre que a pessoa concreta for rebaixada a objeto, a mero instrumento, descaracterizada e desconsiderada como sujeito de direitos, p. 68) ecoa a advertência de Boaventura referida na introdução. Também a insuficiência do indivíduo isolado para uma realização existencial básica, a necessitar do concurso do Estado ou da comunidade (o elemento mutável da dignidade, p. 57). Veja-se que o próprio Kant é chamado, ao destacar "o caráter intersubjetivo e relacional da dignidade da pessoa humana, sublinhando inclusive a existência de um dever de respeito no âmbito da comunidade dos seres humanos" (p. 62), e em diálogo com Habermas (a *intangibilidade* resulta das "relações interpessoais marcadas pela recíproca consideração e respeito", p. 64).

de partida não garante o percurso, por cujos acidentes responde exclusivamente o caminhante.

Mas nesta senda, inspirado pela homenagem referida, direitos fundamentais e dignidade da pessoa humana conversam e entretecem uma ponte intercultural, que não se fecha em comunas, antes abre-se em diálogo universal, "assunto de toda humanidade" (Häberle). E, não se trata, a dignidade, de um cânone perdido e vazio, mas de construção lapidar (ponto a ponto, que espero ter avançado no texto) da comunidade constitucional inclusiva (Canotilho), que oferta a sua experiência (em parte insuprimível), para a promoção e a proteção de todas as pessoas em todos os lugares (Ingo Sarlet) – o que também parece ser o manancial das religiões.

# — 9 —

# O exercício da liberdade de pesquisa genética e o direito à privacidade em face do meio ambiente virtual: princípios informadores

### REGINA LINDEN RUARO[1]

*Sumário*: Introdução; 1. A liberdade de pesquisa genética em colisão com a privacidade na perspectiva de uma proteção dos dados pessoais; 2. Limites e restrições aos direitos fundamentais em questão; 3. A proteção do direito à privacidade dos dados pessoais genéticos e sua relação com a dignidade da pessoa humana; 4. A dignidade da pessoa humana articulada com os direitos fundamentais de liberdade de pesquisa genética e da privacidade; 5. O ordenamento jurídico brasileiro em matéria de proteção dos dados pessoais genéticos; 6. A necessária aplicação do princípio da proporcionalidade; 7. Princípios aplicados ao meio ambiente virtual; Considerações finais.

## Introdução

Na chamada sociedade da informação, com o uso das novas tecnologias, a compreensão da importância de manter a vida privada longe dos olhos do "grande irmão"[2] tem se fragilizado. Na atualidade, transita-se em mundos virtuais, também chamados de "mundos digitais" e nesta esfera há muitos tipos diferentes de "mundos virtuais'". Esses mundos têm características comuns. A primeira delas é que se constituem em um espaço compartilhado, ou seja, vários usuários podem participar de forma instantânea; a segunda se refere à chamada "interface gráfica do usuário", pela qual se pode retratar o espaço visualmente a partir de vários estilos de imersão; a terceira é a imediatividade, as interações ocorrem em tempo real; como quarta característica, apresenta-se a interatividade, que permite aos usuários alterar, desenvolver, construir ou tornar o conteúdo personalizado; a quinta, chamamos de persistência, porque no "mundo virtual", mesmo que o indivíduo não esteja conectado, suas informações

---

[1] Professora Titular da PUCRS, Porto Alegre/RS- Brasil. doutora em Direito pela Universidade Complutense de Madrid. Professora do Master Internacional em Proteção de Dados Pessoais do Centro de Estudios Universitarios – CEU – San Pablo de Madrid – Espanha. Membro do Grupo Internacional de Pesquisa "Privacidad y Acceso" www.privacidadyacceso.com. Email: ruaro@pucrs.br.

[2] Expressão utilizada por George Orwell em sua célebre obra "1984".

seguem existindo; como sexta característica, apresenta-se a socialização/participativa como estimulante do agrupamento de grupos sociais e reivindicações comuns;[3] por fim, agregamos mais uma característica, a perenidade, as informações não se encontram somente no IP do cumputador em que as registramos mas em espaços ao qual o mundo da computação chama de "nuvem" lá permanecendo indefinidamente.

Para além de espaços abrangentes e abertos à comunidade em geral, tem-se também os chamados "espaços restritos" que se criam a partir de áreas de interesses comuns e do qual somente fazem parte um grupo determinado de pessoas. Neste "mundo virtual", ao qual também podemos chamar de "meio ambiente virtual", é que se inserem dados pessoais coletados e transferidos pelos pesquisadores científicos nos diversos pontos da "arena global".

No campo da pesquisa genética em seres humanos, o direito defronta-se com o desafio de garantir que a liberdade de pesquisa seja preservada. Mas tem de preocupar-se, ainda, com outros direitos não menos importantes: da privacidade, da proteção de dados pessoais dos sujeitos pesquisados, do livre desenvolvimento da personalidade; do princípio da igualdade de oportunidades; da dignidade e da integridade das pessoas.[4]

Notadamente em nosso país, a segurança dos bancos de dados e da internet ainda carece de maior atenção, muito embora já se tenha um marco legal[5] relativamente à internet que expressamente prevê como princípio, a privacidade a mesma lei delega a proteção de dados pessoais a uma norma específica que, até o momento, se constitui apenas em um Projeto[6] em tramitação no Congresso Nacional.

O meio ambiente virtual apresenta facetas muito distintas do meio ambiente compreendido normalmente porque sua dimensão não pode ser limitada nem pelo espaço e tampouco pelo tempo. O espaço, como dissemos, está nas "nuvens" que se constituem em grande centros de computadores que armazenam os arquivos de qualquer um de nós sem o prévio consentimento informado.

Não se pode pretender retomar discurso Ludditie[7] até porque são inegáveis os benefícieos que as tecologias da informação e da comunicação

---

[3] MOLINARO, Carlos Alberto, RUARO, Regina Linden. Internet y estado de vigilancia: El desafio de la protección de datos. Na Revista *Social Science Reserch Network*. p.1/12. Agosto-2013. Disponível em: <http://dx.doi.org/10.2139/ssrn.2310267>. Acesso em: 20/03/2015

[4] RUARO, Regina Linden. LIMBERGER, Temis. Banco de dados de informações genéticas e a Administração Pública como concretizadora da proteção dos dados pessoais e da dignidade humana. In: *Revista Novos Estudos Jurídicos – UNIVALI*. Vol. 18. 2013. Pp. 87-99.

[5] Lei 12.965/2014.

[6] PL 4060/2012

[7] Movimento de operários ingleses que no século XIX destruíram máquinas em plena Revolução Industrial com medo de perder seus empregos que reaparece hoje pelo temor às novas Tecnologias da Informação e Comunicação.

aportam e têm ainda a aportar ao mundo das ciências, à economia e às relações pessoais em geral. Trata-se apenas de propor que neste meio ambiente virtual ao qual estamos inseridos, se adotem princípios jurídicos capazes de evitar males muitas vezes irreversíveis para os cidadãos pesquisados. Outro fator não menos importante para o Direito é garantir a coexistência de vários dos direitos fundamentais compatibilizando-os pois estes resultam de um processo histórico caramente conquistado pela humanidade.

O presente artigo é resultado parcial de uma pesquisa científica[8] que trabalha com o tratamento de informações genéticas em confronto com outros direitos fundamentais em seu entorno, bem como suas implicações, na perspectiva de um marco regulatório de proteção de dados pessoais que tratem diretamente da questão.

A partir do material coletado e da revisão literária realizada até o presente estágio da investigação, já se pode concluir que, no meio ambiente virtual, em específico àquele onde se armazenam e transferem dados da pesquisa científica voltada para a genética dos seres humanos, torna-se imprescindível a aplicação dos princípios da precaução e da prevenção, típicos do direito ambiental e basilares para a preservação da dignidade da pessoa humana. Aventa-se que tais princípios são capazes de garantir a convivência dos direitos fundamentais de liberdade de pesquisa, intimidade e vida privada dos sujeitos pesquisados como corolários da dignidade da pessoa humana.

Neste estado da questão se impõe discutir procurando respostas acerca de problemas como: (a) de que forma se podem compatibilizar direitos consagrados na Constituição Federal de 1988 diretamente relacionados com a dignidade da pessoa humana – como o respeito à vida privada e à intimidade – frente à liberdade de pesquisa genética? (b) qual o significado que uma tutela aos dados pessoais no campo da informação genética recebe do ordenamento jurídico brasileiro? (c) a aplicação dos princípios da prevenção e da precaução no meio ambiente virtual é imprescindível para a consecução dos direitos fundamentais objeto do estudo?

## 1. A liberdade de pesquisa genética em colisão com a privacidade na perspectiva de uma proteção dos dados pessoais

As novas tecnologias induzem a uma, também nova, conformação do tempo e do espaço, o virtual substitui o físico, gerando realidades que por vezes conduzem ao desrespeito de direitos fundamentais e de outros direitos que daí decorrem.

---

[8] EDITAL UNIVERSAL/CNPq 14/2013.

Não resta dúvida de que o momento proíbe e impossibilita um retrocesso no avanço nas tecnologias de armazenamento, de tratamento, de difusão da informação e do conhecimento, até porque não há um controle possível sobre esta realidade e nem existe tal controle. No entanto, abre-se, para os operadores do Direito, a necessidade de uma reflexão que discuta e adote formas para minimizar e evitar riscos, sobretudo no que se refere aos dados pessoais sensíveis das pessoas[9] sujeitos de pesquisa genética, que devem ser tutelados.

No cenário da pesquisa em genética humana, o corpo-informação emerge, fundamentalmente, do cruzamento da cibernética, da biologia molecular e das tecnologias da informação que acabam por dar suporte ao mais recente paradigma tecnológico: o molecular-digital. A partir de então, o corpo humano deixa de ter uma arquitetura predominantemente orgânica e mecânica para constituir-se como um "sistema de informação" ou, "sistema de dados pessoais genéticos". Mais do que obedecer a leis da física e da mecânica, o corpo humano está sujeito aos princípios da cibernética e da informática (a lógica de programação, a linguagem numérica do computador). O que define o organismo vivo é o envio e a recepção de mensagens, é o código genético inscrito no DNA.[10]

Carlos Maria Romeo Casabona aponta fatores das descobertas do genoma humano e seus efeitos. Destaca em seu livro que:

> As descobertas sobre o genoma humano acentuaram uma forte tendência que, já faz anos, vem sendo observada nas ciências biomédicas em geral: a multidisciplinaridade. Sua necessidade metodológica vem sendo imposta de forma natural como consequência(sic) da enorme complexidade que envolve uma análise mais profunda sobre os efeitos importantes e diversificados que elas podem produzir para o ser humano.[11]

Com tais preocupações, vários instrumentos internacionais estabelecem princípios necessários a serem empregados na pesquisa genética. Pode-se citar quatro Declarações Internacionais: Declaração Universal sobre o Genoma Humano e os Direitos Humanos, a Direitos Declaração Internacional sobre Dados Genéticos Humanos, a Declaração Universal de Bioética e Direitos Humanos e a Declaração das Nações Humanas sobre a Clonagem Humana.

Importante salientar na análise dos textos das Declarações Internacionais se vê como nota comum a todas elas a afirmação de princípios básicos: da dignidade humana e da liberdade de pesquisa científica.

---

[9] Os dados genéticos são definidos como dados pessoais porque se referem a uma pessoa identificada ou identificável. Os dados pessoais sensíveis referem-se a aspectos mais íntimos do indivíduo como a religião, vida sexual, saúde, ideologia política, dados genéticos e outros que daí decorram.

[10] CÔRREA, Adriana Espindola. Tese: *O Corpo Digitalizado: Banco de Dados Genéticos e sua Regulação Jurídica*. Curitiba, 2009. p. 64

[11] CASABONA, Carlos Maria Romeo. *Biotecnologia, Direito e Bioética*. PUC Minas, Del Rey: Belo Horizonte, 2002. p.26.

As Declarações Internacionais não trabalham com os princípios que devem ser levados em conta no que se refere ao tratamento, utilização e conservação de dados genéticos, porém, remetem aos Estados a competência para as medidas legais e administrativas necessárias ao adequado respeito aos princípios que proclamam.[12]

No campo da privacidade, segurança da pessoa e conservação de dados genéticos, a matéria foi abordada na Declaração Internacional sobre Dados Genéticos Humanos,[13] referindo o meio ambiente como fator a ser levado em consideração na identificação genética da pessoa.[14]

As referidas diretrizes, em vista dos princípios que proclamam, demonstram a importância dos riscos eventuais que a pesquisa genética humana apresenta indicando claramente a preocupação de os seres humanos perderem a sua condição de sujeito de direito para se tornarem um simples objeto de manipulação.[15]

Essa realidade se evidencia no fato de que a pesquisa genética humana trabalha com genoma humano e este, por sua vez, comporta uma faceta da dignidade dos indivíduos o que implica na necessidade de uma proteção máxima. Uma proteção que lhe faculte decidir sobre quando e como se poderá reunir suas informações genéticas, a sua finalidade e armazenamento, transferência. Bem colocadas as palavras de Joaquim Clotet:

> O genoma humano constitui um valor em si próprio que comporta a dignidade do ser humano como indivíduo singular e a dignidade da espécie humana como um todo. O genoma humano, considerado de forma ora individual ora coletiva deve ser respeitado e protegido. Cabe à pessoa, em virtude de sua autonomia como sujeito, decidir sobre a informação do próprio genoma, bem como sobre as intervenções terapêuticas e aperfeiçoadoras no mesmo, no que se refere às células somáticas. A intervenção nas células germinativas das pessoas, já que os seus efeitos serão transmitidos a seus descendentes, ultrapassa os limites da autonomia pessoal, pois trata-se do genoma humano como patrimônio da humanidade.[16]

Em vista disso, entende-se que é possível e necessário que os Estados levem em consideração que os dados muitas vezes são tratados, armazenados e transferidos no "meio ambiente virtual" o que implicaria a ado-

---

[12] PETERLE, Selma Rodrigues. *O Direito Fundamental à Intimidade Genética na Constituição Brasileira.* Porto Alegre: Livraria do Advogado. 2007. p.50

[13] Para um aprofundamento na análise dos textos Internacionais, vide PETERLE, loc.cit.

[14] A Declaração Internacional de Dados Genéticos Humanos da UNESCO (art. 2º) define rês espécies de dados. (i) dados associados a uma pessoa identificável, como os que contêm informações como o nome, a data de nascimento e o endereço; (ii)dados dissociados de uma pessoa identificável, como dados associados a uma pessoa não identificável, os dados foram desconectados da pessoa identificável; (iii) dados irreversivelmente dissociados de uma pessoa identificável, como os que tiveram destruído o nexo com a informação impossibilitando sua conexão com a pessoa identificável.

[15] SANTOS, Maria Celeste Cordeiro Leite. *Biodireito Ciência da vida, os novos desafios.* São Paulo: Revista dos Tribunais, 2001. p. 105

[16] CLOTET, Joaquim. *Bioética, uma aproximação.* Porto Alegre: Edipucrs, 2003. p. 119.

ção dos princípios da precaução e prevenção como garantidores de todos os demais princípios constitucionais.

Diante de tal realidade, como se pode estabelecer o espaço possível de uma coexistência jurídico-legal de direitos fundamentais capazes de entrarem em rota de colisão em algum momento? Como então viabilizar a liberdade da pesquisa genética com a proteção dos dados sensíveis dos indivíduos?

## 2. Limites e restrições aos direitos fundamentais em questão

A importância da pesquisa genética tem levado ao avanço da medicina, à cura de doenças que até então acometiam de forma irreversível os seres humanos. Neste sentido, Gisele Echtterhoff aponta em seus estudos que é "impossível se apontarem todos os benefícios advindos do desenvolvimento do conhecimento científico no âmbito da Genética e da Engenharia Genética".[17] Porém, em sua obra, manifesta, também, uma preocupação com a possibilidade de que todos os conhecimentos gerados nesta matéria possam acarretar problemas e "dilemas éticos, morais, sociais e jurídicos que estão assombrando a humanidade".[18] Efetivamente, é pacífico que com todos os avanços surgiram os problemas.

Otto y Pardo, quando trata dos limites imanentes dos direitos fundamentais, defende a necessária existência de uma conciliação de um com os demais. O autor sustenta textualmente:

> Los derechos fundamentales no están sometidos únicamente a lós limites que de manera expresa lês imponen las normas constitucionales que lós reconocen, sino también a lós que resulten justificadas por La protección de lós derechos y bienes a que se alude, esto es, están sujetos a uma limitación genérica establecida de modo tácito para todo derecho.[19]

Por seu lado, Ingo Sarlet, ao estudar a proteção dos direitos fundamentais, salienta que "a ideia de que os direitos fundamentais não são absolutos, no sentido de absolutamente blindados contra qualquer tipo de restrição na sua esfera subjetiva e objetiva, não tem oferecido maiores dificuldades, tendo sido, de resto, amplamente aceito no direito constitucional contemporâneo".[20]

Efetivamente, não se pode pretender e, sequer seria factível, que todos os direitos fundamentais tivessem um caráter absoluto e isto porque,

---

[17] ECHTTERHOFF, Gisele. *Direito à Privacidade dos Dados Genéticos*. Curitiba: Juruá. 2010. p. 42.
[18] Idem, p.52.
[19] OTTO Y PARDO, Ignacio de. *La Regulación del ejercício de lós derechos y Libertades*. Madrid:Cuadernos Civitas. 1988. p. 110.
[20] SARLET, Ingo Wolfgang. *A eficácia dos direitos fundamentais*. 12ª ed. Porto Alegre: Livraria do Advogado. 2015. p .405-406.

com tal premissa, dentre outros fatores, para o objeto do estudo aqui realizado, em eventual colisão entre um e outro, se estaria diante de um problema jurídico sem solução. É imperativo ao sistema jurídico apresentar soluções que sejam capazes de resolver colisões de direitos.

Seguindo em sua linha de raciocínio, Ingo Sarlet entende que para discutir-se a matéria há de se contrapor as teorias interna e externa dos limites aos direitos fundamentais. Saliente-se que a posição desse autor, por nós compartilhada, é a da aplicação da "teoria mista"[21] a qual será tratada mais adiante

De acordo com a "teoria interna" os direitos fundamentais "nascem" limitados, ou seja, têm "limites imanentes" e têm apenas um objeto – direito e seus limites[22] –, são uma só coisa, o que significa dizer que o direito em sua origem já tem implicitamente uma restrição.

Virgílio da Silva, acerca da teoria interna, aponta que:

> No âmbito da teoria interna não há como falar que determinada ação seja *prima facie* garantida por uma norma de direito fundamental mas que, em decorrência de circunstâncias – fáticas e jurídicas – do caso concreto, tal ação deixe de ser protegida.[23]

A crítica de Ingo Sarlet a esta teoria reside no fato de que em face dos seus postulados, a mesma pode ser fragilizada afirmando textualmente:

> [...] a ausência, por parte da teoria interna, de separação entre o âmbito de proteção e os limites dos direitos fundamentais permite que sejam incluídas considerações relativas a outros bens dignos de proteção (por exemplo, interesses coletivos ou estatais) no próprio âmbito de proteção dos direitos, o que aumenta o risco de restrições arbitrárias da liberdade.[24]

Concorda-se com o autor em que se toma como postulado a "teoria interna" na resolução dos limites da liberdade de pesquisa na área da genética quando confrontada com o direito à intimidade e da necessidade de proteção de dados pessoais. Neste sentido, correr-se-ia o sério risco de dar azo à restrição dos avanços científicos, sobretudo da medicina diante de ideias mais conservadoras advindas de interesses coletivos ou mesmo do Estado que é o maior fomentador com recursos financeiros e de infraestrutura na área da investigação científica.

Seguindo-se com a análise das teorias de limitações de direitos fundamentais, na matéria, Virgílio Afonso da Silva tece considerações acerca

---

[21] SARLET, Ingo Wolfgang. *A eficácia dos direitos fundamentais*. 12ª ed. Porto Alegre: Livraria do Advogado. 2015. p .406.

[22] SILVA, Virgílio Afonso da. *Direitos fundamentais. Conteúdo essencial, restrições e eficácia*. 2ª ed., 3ª tiragem. São Paulo: Malheiros Editores. 2014. p.128.

[23] Idem. p.130.

[24] SARLET, Ingo Wolfgang. MARINONI, Luiz Guilherme, MITIDIERO, Daniel. *Curso de Direito Constitucional*: o âmbito de proteção dos direitos e garantias fundamentais. 3ª ed. São Paulo: Revista dos Tribunais, 2014, p. 342.

da teoria externa, diferenciando-a da teoria interna na medida em que a teoria externa tem seu objeto dividido em dois momentos. Em primeiro lugar, está o direito em si e, em face de situações concretas posteriores sofreria suas restrições".[25]

Trasladando-se a teoria externa ao objeto deste estudo, ter-se-ia que o direito à liberdade de pesquisa na área de genética humana é um direito fundamental pleno que leva consigo todas as prerrogativas dos direitos fundamentais em sua origem. No entanto, se vem a sofrer alguma restrição por fatores externos passará a ser limitado. Consequentemente, a limitação do direito somente se evidenciaria quando houvesse colisão com o direito à intimidade e à proteção de dados pessoais, momento ao qual se toma o direito *prima facie* com todo o seu conteúdo para após, entendê-lo em sua posição definitiva já limitada.

Conforme se disse anteriormente, Ingo Sarlet propõe uma teoria mista. Para o estudioso, o problema da limitação de um direito fundamental se evidencia quando o conflito se dá entre direitos não regulamentados. Nesse sentido, alerta: "há casos em que a ausência de regulação esbarra na necessidade de resolver o conflito decorrente da simultânea tutela constitucional de valores ou bens que se apresentam em contradição concreta".[26]

Para exemplificar seu entendimento, o autor cita exatamente o exemplo da colisão dos direitos objeto do estudo ora realizado afirmando em palavras textuais:

> Hipótese clássica diz respeito à liberdade de expressão, prevista no art. 5º, IX, da CF ("é livre a expressão da atividade intelectual, artística, científica e de comunicação, independentemente de censura ou licença"), que, a despeito de não sujeita à reserva legal, podem entrar em rota de colisão com outros direitos fundamentais, como por exemplo, os direitos à intimidade, à intimidade(*sic*)[27] à honra e à imagem (art. 5º, X, CF), igualmente não sujeita à reserva de lei.[28]

A melhor solução, segundo o estudioso, é aquela que respeita uma "ordem hierárquica abstrata dos valores constitucionais"[29] onde não se sacrifique nem os valores nem os bens protegidos de forma racional.

---

[25] SILVA, Virgílio Afonso da. *Direitos fundamentais. Conteúdo essencial, restrições e eficácia*. 2ª ed., 3ª tiragem. São Paulo: Malheiros Editores. 2014. p.138.
[26] SARLET, Ingo Wolfgang. *A eficácia dos direitos fundamentais*. 12ª ed. Porto Alegre: Livraria do Advogado. 2015. p .412.
[27] Por equivoco constou duas vezes a expressão intimidade quando se pode induzir que o autor estaria invocando "privacidade"
[28] SARLET, loc. cit. p .412.
[29] Ibidem.

## 3. A proteção do direito à privacidade dos dados pessoais genéticos e sua relação com a dignidade da pessoa humana

Tratar do direito à privacidade nos remete ao artigo publicado por Samuel D. Warren e Luis D. Brandeis, em dezembro de 1890, na *Harvard Law Review*, intitulado *The Right to Privacy*,[30] no qual os autores defendem que "o direito à vida passou a significar o direito de aproveitar a vida, -- o direito de ser deixado só".[31] O estudo é tido como marco do surgimento desse direito no âmbito teórico-jurídico.

Ao trabalharem a questão do *right to be let alone* (direito de ser deixado só) diante das constantes invasões da imprensa no âmbito da vida privada e da vida doméstica, os autores enfatizaram a necessidade de se proteger da constante ameaça ao direito à privacidade.[32]

O grande avanço desse estudo foi o de ensejar a migração do direito à privacidade, que antes se encontrava no âmbito dos direitos reais, para o âmbito dos direitos pessoais. Percebe-se que tal condição é a mais condizente com o Estado Constitucional de vez que tratar da privacidade como um direito pessoal estabelece sua intima relação com a dignidade da pessoa humana.

A partir da premissa maior: O direito à privacidade está diretamente relacionado à dignidade da pessoa humana é que se impõe encontrar o ponto de equilíbrio entre a liberdade de pesquisa genética humana e a privacidade e para garanti-la, associar-se os princípios da precaução e prevenção na manipulação dos dados pessoais. Tal perspectiva demandará justamente a aplicação dos critérios capazes de evidenciar se os valores estão sendo avaliados na forma como propõe Ingo Sarlet.[33]

Em nosso ordenamento jurídico, o direito à privacidade é tutelado pelo artigo 5º, inciso X, da Constituição Federal brasileira, estando inserido no rol dos direitos de personalidade. Enquanto a "esfera individual" é inerente à honra e diz respeito ao nome, à reputação e à imagem do titular, a esfera privada nos remete à individualidade e a não intromissão

---

[30] Já trabalhamos com este artigo em publicação anterior. Banco de dados de informações genéticas e a Administração Pública como concretizadora da proteção dos dados pessoais e da dignidade humana. O artigo foi publicado na Revista Novos Estudos Jurídicos, vol. 18, nº 1/2013.

[31] WARREN e BRANDEIS, *"The right to privacy"*. Harvard *law review*. Disponível em: <http://groups.csail.mit.edu/mac/classes/6.805/articles/privacy/Privacy_brand_warr2.html>. Acesso em: 13/03/2015. *"the right to life has come to mean the right to enjoy life, -- the right to be let alone"*. (tradução livre da autora)

[32] Idem. Acesso em: 09 out 2014.

[33] SARLET, Ingo Wolfgang. *A eficácia dos direitos fundamentais*. 12ª ed. Porto Alegre: Livraria do Advogado. 2015.

externa na intimidade do titular, garantindo um certo isolamento do ser humano frente a seus semelhantes.[34]

Consoante Danilo Doneda:

> A privacidade é componente essencial da formação da pessoa. A sutil definição do que é exposto ou não sobre alguém, do que se quer tornar público ou o que se quer esconder, ou a quem se deseja revelar algo, mais do que meramente uma preferência ou capricho, define propriamente o que é um indivíduo – quais suas fronteiras com os demais, qual seu grau de interação e comunicação com seus conhecidos, seus familiares e todos os demais.[35]

Em suma, pode-se trabalhar com uma esfera social-individual e outra privada. Os atos inerentes à primeira esfera (*Individualsphäre*) dizem respeito a comportamentos abertos – aqueles facilmente perceptíveis e valorados – do indivíduo.[36] Em outras palavras, tal esfera confunde-se com o direito à honra propriamente dito, protegendo o titular contra difamações. Em contraposto, a esfera privada abarca os chamados comportamentos encobertos que o indivíduo pretende manter a par do conhecimento e da interferência alheia,[37] ou seja, diz respeito ao direito à privacidade, é justamente neste tópico que se inserem os dados pessoais.

Corroborando o entendimento de que na esfera da privacidade encontram-se os dados pessoais está Tatiana Malta Vieira aduzindo que:

> O direito à privacidade consistiria em um direito subjetivo de toda pessoa – brasileira ou estrangeira, residente ou transeunte, física ou jurídica – não apenas de constranger os outros a respeitarem sua esfera privada, mas também de controlar suas informações de caráter pessoal – sejam estas sensíveis ou não – resistindo às intromissões indevidas provenientes de terceiros.[38]

Importa salientar que, segundo a autora, a privacidade pode ser dividida em diferentes categorias: (a) privacidade física – proteção contra procedimentos invasivos não autorizados, como exames genéticos ou testes de drogas; (b) privacidade do domicílio – é aquela prevista no artigo 5º, inciso XI, da Constituição Federal, que dispõe: "a casa é asilo inviolável do indivíduo, ninguém nela podendo penetrar sem consentimento do morador, salvo em caso de flagrante delito ou desastre, ou para prestar socorro, ou, durante o dia, por determinação judicial"; (c) privacidade das

---

[34] VIEIRA, Tatiana Malta. *O direito à privacidade na sociedade da informação, efetividade desse direito fundamental diante dos avanços da tecnologia da informação.* Porto Alegre: Sergio Antonio Fabris Editor, 2007. p. 22.

[35] DONEDA, Danilo. *A tutela da privacidade no código civil de 2002.* p. 1. Disponível em: <http://www.anima-opet.com.br/primeira_edicao/artigo_Danilo_Doneda_a_tutela.pdf>. Acesso em 09 out 2014.

[36] COSTA JÚNIOR, Paulo José da. *O direito de estar só: tutela penal da intimidade.* São Paulo: Revista dos Tribunais, 1970. p. 24.

[37] HENKEL. *Der Strafschutz des Privatlebens gegen Indiskretion, in Verhandlugen des 42. Deutschen Juristentages* (Düsseldorf, 1957), Band II, Teil D, Erste Abteilung, Tübingen, 1958, p. 81. Apud: COSTA JÚNIOR, Paulo José da. O direito de estar só: tutela penal da intimidade. São Paulo: Revista dos Tribunais, 1970. p. 24-25.

[38] VIEIRA, loc. cit. p. 30.

comunicações – também encontra respaldo constitucional (art. 5º, XII); (d) privacidade decisional ou direito à autodeterminação – consiste no poder de decisão do indivíduo. E, por fim, (e) privacidade informacional ou autodeterminação informativa.[39]

John L. Mills, abordou o tema desde outras perspectivas, atribuindo aos espaços de privacidade a esfera da autonomia, a esfera das informações pessoais, a esfera da propriedade pessoal e a esfera do espaço físico.

A esfera da autonomia atrela a privacidade a questões de identidade e de liberdade pessoal, abordando liberdade de expressão e religiosa entre outras. A esfera das informações pessoais diz respeito ao direito à autodeterminação informativa ou privacidade informacional. A esfera da propriedade pessoal vincula-se a questões como propriedade (privada), posse, disposição do bem e outros aspectos dos direitos das coisas. Por fim, a esfera do espaço físico visa ao respeito ao espaço pessoal, prescindindo da noção de propriedade para que seja respeitado, nos EUA, tal esfera é tutelada pela *Tort Law*.[40]

Se tomarmos os direitos à liberdade científica (pesquisa), a intimidade e privacidade, veremos que são direitos que não sofrem limitações através de legislações ordinárias.[41] É justamente este o ponto de dificuldade de harmonia do sistema jurídico para dar a resposta das eventuais colisões.

## 4. A dignidade da pessoa humana articulada com os direitos fundamentais de liberdade de pesquisa genética e da privacidade

A dignidade da pessoa humana é princípio fundamental da Constituição Brasileira (CF/88, art. 1º, III), sendo inerente ao próprio Estado Democrático de Direito, integrando sua estrutura.

Ao dispor sobre os princípios fundamentais na parte inaugural da Constituição, o legislador constituinte deixou de forma clara e inequívoca sua intenção de outorgar aos mesmos o caráter embasador e informativo

---

[39] VIEIRA, Tatiana Malta. *O direito à privacidade na sociedade da informação, efetividade desse direito fundamental diante dos avanços da tecnologia da informação*. Porto Alegre: Sergio Antonio Fabris Editor, 2007. p. 31-33

[40] MILLS, John L. *Privacy the Lost Right* apud: RUARO, Regina Linden, RODRIGUEZ, Daniel Piñeiro e FINGER, Brunize (Colaboradora). *O direito à proteção de dados pessoais e a privacidade*. p. 187-188. Disponível em: <http://www.egov.ufsc.br/portal/sites/default/files/o_direito_a_protecao_de_dados_pessoais_e_a_privacidade_0.pdf>. Acesso em: 22 out. 2014.

[41] A respeito do tema vide Ingo Sarlet em sua obra Eficácia dos Direitos Fundamentais no item 4.2.3 "Os limites dos dieitos fundamentais"

de toda a ordem constitucional, integrando o que pode se chamar de núcleo essencial da Constituição material.[42]

Ao estudar a questão J. J. Gomes Canotilho ensina que:

Consideram-se princípios jurídicos fundamentais os princípios historicamente objetivados e progressivamente introduzidos na consciência jurídica e que encontram recepção expressa ou implícita no texto constitucional. Pertencem à ordem jurídica positiva e constituem um importante fundamento para a interpretação, integração, conhecimento e aplicação do direito positivo.[43]

É perceptível e inegável a correspondência entre o princípio da dignidade da pessoa humana, os direitos fundamentais com os direitos de liberdade, de intimidade, privacidade e proteção de dados pessoais, verificando-se assim uma vinculação entre os direitos e os princípios fundamentais.[44]

Ingo Sarlet propõe uma conceituação jurídica para a dignidade da pessoa humana ensinando que:

[...] por dignidade da pessoa humana a qualidade intrínseca e distintiva reconhecida em cada ser humano que o faz merecedor do mesmo respeito e consideração por parte do Estado e da comunidade, implicando, neste sentido, um complexo de direitos e deveres fundamentais que assegurem a pessoa tanto contra todo e qualquer ato de cunho degradante e desumano, como venham a lhe garantir as condições existenciais mínimas para uma vida saudável, além de propiciar e promover sua participação ativa e corresponsável nos destinos da própria existência e da vida em comunhão com os demais seres que integram a rede da vida.[45]

Stefano Rodotà compreende que a função sociopolítica da privacidade se projeta como elemento constitutivo da cidadania, figurando a dignidade, ao seu turno, como síntese dos princípios que visam a não redução da pessoa a fins mercadológicos, harmonizando-se com o respeito à igualdade e, principalmente, afastando a possibilidade de interferências não desejadas na vida do indivíduo:

Projetada na sociedade, esta reconstrução das relações entre privacidade e dignidade se apresenta como fator fundamental para o contraste das potentes lógicas que impulsionam a transformação das nossas organizações sociais em sociedades de vigilância, da classificação, da seleção discriminatória. Uma tarefa, todavia, que parece se tornar cada vez mais difícil.[46]

---

[42] SARLET, Ingo Wolfgang. *A eficácia dos direitos fundamentais*. 12ª ed. Porto Alegre: Livraria do Advogado, 2015. p.113.

[43] CANOTILHO, J. J. Gomes. *Direto Constitucional e Teoria da Constituição*. 7 ed. Coimbra: Almedina, 2000, p.1165.

[44] SARLET, loc. cit. p.110.

[45] SARLET, Ingo Wolfgang. *O Princípio da Dignidade da Pessoa Humana e os Direitos Fundamentais*. 2. ed. Porto Alegre, 2015. p. 70.

[46] RODOTÀ, Stefano. A *vida na sociedade de vigilância:* a privacidade hoje. Rio de Janeiro: Renovar, 2008, p. 237-238.

Alexandre de Moraes conceitua a dignidade da pessoa humana da seguinte forma:

> A dignidade da pessoa humana é um valor espiritual e moral inerente à pessoa, que se manifesta singularmente na autodeterminação consciente e responsável da própria vida e que traz consigo a pretensão ao respeito por parte das demais pessoas, constituindo-se em um mínimo invulnerável que todo estatuto jurídico deve assegurar, de modo que apenas excepcionalmente possam ser feitas limitações ao exercício dos direitos fundamentais, mas sempre sem menosprezar a necessária estima que merecem todas as pessoas enquanto seres humanos.[47]

No que toca à positivação do princípio da dignidade humana, esta é relativamente recente, ressalvando-se uma ou outra exceção, somente após a Segunda Guerra Mundial que o valor fundamental da dignidade humana passou a ser expressamente reconhecido nas Constituições, de modo especial após ter sido consagrado pela Declaração Universal da ONU de 1948.

A dignidade da pessoa humana é fonte primária que apresenta as diretrizes do ordenamento jurídico dos Estados de Direito, representando vetor interpretativo e indicativo, e em se tratando do direito brasileiro, apresenta-se como um dos fundamentos do próprio Estado Democrático de Direito.

A efetivação de políticas públicas de proteção de dados pessoais, em atenção às garantias fundamentais estabelecidas em um Estado Democrático de Direito, salientam ainda mais a estreita relação entre liberdade, privacidade e dignidade. Isso porque, sem dispor de uma robusta tutela das informações que digam respeito à pessoa – o que hoje, pode-se afirmar, constitui espécie de *corpo eletrônico* do ser humano[48] –, estará o Poder Público permitindo não só a intrusão de terceiros na sua esfera privada, mas também se omitindo na garantia de outros direitos fundamentais, como aqueles atinentes às condições de trabalho, acesso ao crédito e saúde.

Nessa perspectiva é que se insere a necessidade de uma lei em sentido formal que regule a proteção de dados pessoais garantindo a privacidade e a intimidade dos sujeitos que são pesquisados geneticamente. Uma legislação específica que abarque o meio ambiente físico e virtual sem contudo inviabilizar a própria pesquisa científica. Tal concepção se enrobustece, na medida em que a realidade mundial em matéria de segurança dos sistemas informacionais tem dado mostras de sua fragilidade.

Com isso, sobressai que, se a liberdade de pesquisa não é um direito absoluto, por esta razão sua compreensão deve vir permeada pela ética

---

[47] MORAES, Alexandre de. *Constituição do Brasil Interpretada e Legislação Constitucional* 5ª edição. São Paulo: Atlas, 2005.p. 128

[48] Quanto a este conceito, Cf. RODOTÀ, Stefano. *A vida na sociedade de vigilância: a privacidade hoje*. Rio de Janeiro: Renovar, 2008, p. 233.

entre pesquisador e sujeito pesquisado, pautada nos princípios da não divulgação, da boa-fé ou lealdade,[49] da autodeterminação informativa e do direito a esclarecimentos.

## 5. O ordenamento jurídico brasileiro em matéria de proteção dos dados pessoais genéticos

Na sociedade informatizada, são trocados dados pessoais, com elevada frequência. Estes dados representam valioso instrumento, além de informações essenciais, para empresas privadas e autoridades públicas, já que permitem o desenvolvimento de políticas públicas mais eficientes. No entanto, muitas vezes são tratados sem qualquer preocupação com a sua segurança, tornando seu armazenamento, transferência e manipulação, elementos ameaçadores dos direitos individuais.

Para enfrentar essa realidade, Pietro de Jesús Lora Alarcón elucida o fenômeno do constitucionalismo contemporâneo e suas origens com o choque constitucional da atualidade, proveniente da importação de modelos norte-americanos, esclarecendo da necessidade de o direito acompanhar a evolução da sociedade e não ficar estagnado frente aos avanços biotécnicos-sociais.

> É sabido que o constitucionalismo contemporâneo tem suas origens nos processos revolucionários de Inglaterra, Estados Unidos e França. No Brasil, atualmente, assistimos a uma fase peculiar de desenvolvimento do constitucionalismo americano, onde as opções políticas, econômicas, culturais, no mais das vezes, parecem confrontar-se com as normas constantes no texto. Esse choque, que pode ocasionar fenômenos de mutação constitucional, requer do intérprete uma formulação de acordo com as novas realidades, que consiste em descobrir novos caminhos jurídicos para resolver problemas novos, ainda que sempre com fulcro nos direitos fundamentais do ser humano. Hoje, a exigência para o jurista continua a ser a de outorgar conteúdo a cada norma, observando-a meticulosamente, em função de um raciocínio científico-jurídico que prestigie a evolução dessa categoria de direitos.[50]

No Brasil, podem-se encontrar regras na Carta Magna, a partir das quais seria possível, através da analogia, a aplicação em casos concretos. Algumas das normas citadas seriam: art. 1º, III (princípio da dignidade da pessoa humana, um dos fundamentos do Estado Democrático de Direito); art. 5º, X e XII, (direito à privacidade, proteção ao sigilo de dados) respectivamente; art. 225, § 1º, II (estabelecendo o direito ao meio ambiente equilibrado, acaba por assegurar, também, sua efetividade a partir da

---

[49] O princípio da lealdade e da boa-fé traduz-se na necessidade de consentimento prévio do titular para a coleta de seus dados e que estes sejam utilizados apenas para os fins aos quais foram coletados.

[50] ALARCÓN, Pietro de Jesús Lora. *Patrimônio Genético Humano e sua Proteção na Constituição Federal de 1988*. São Paulo: Método. 2004. p. 172.

preservação da diversidade e da integridade do patrimônio genético do país); entre outros.[51]

Em matéria de biossegurança, nosso ordenamento jurídico conta com uma legislação. Assim, a Lei 8.974/95, hoje revogada pela Lei 11.105/05, ambas atentas para certos aspectos da ciência genética, contudo sem esgotá-la, deixam uma lacuna no ordenamento vigente, inclusive quanto aos aspectos éticos a serem observados com relação ao genoma humano, aos dados genéticos.

A Lei 11.105/20, que em seu artigo 1º dispõe:

> Esta lei estabelece normas de segurança e mecanismos de fiscalização sobre a construção, o cultivo, a produção, a manipulação, o transporte, a transferência, a importação, a exportação, o armazenamento, a pesquisa, a comercialização, o consumo, a liberação no meio ambiente e o descarte de organismos geneticamente modificados — OGM e seus derivados, tendo como diretrizes o estímulo ao avanço científico na área de biossegurança e biotecnologia, a proteção à vida e à saúde humana, animal e vegetal, e a observância do princípio de precaução para a proteção do meio ambiente.

Com bons olhos também se vê que o princípio da precaução é um dos basilares previstos na Lei de Biossegurança conforme seu artigo 1º, tal aspecto será tratado em tópico específico.

No plano infralegal, a regulação jurídica é realizada por Resoluções do Conselho Nacional de Saúde, especificamente pela de nº 196/96, complementada pela Resolução 441/11, que determina a necessidade de esclarecimento prévio ao sujeito objeto da pesquisa quais são os objetivos da mesma, sua natureza, os métodos, os benefícios, os potenciais riscos e o incômodo que esta possa acarretar[52] e, mesmo após tais esclarecimentos, ainda prevê a necessidade do consentimento para que se possa realizar a pesquisa pretendida.

No que concerne ao direito de decidir sobre o armazenamento, acesso e o fluxo dos dados pessoais, este deve ser reconhecido com base na proteção dos direitos de personalidade, da intimidade e da privacidade, consagrados tanto no art. 5º, X, do texto constitucional como no art. 21 do Código Civil, repisa-se.

Ocorre que não há qualquer regulação nem mesmo relativa aos bancos de dados, conforme afirmado antes. O que se tem hoje no Brasil são dois projetos de lei esperando pela aprovação do Congresso Nacional. O PL 3858/12, que dispõe sobre a utilização de sistemas biométricos, a proteção de dados pessoais e dá outras providências e tipificando também os crimes de modificação de dados em sistema de informações, e o

---

[51] ECHTERHOFF, Gisele. *Direito à Privacidade dos Dados Genéticos*. Curitiba: Juruá. 2010. p. 163.

[52] <http://conselho.saude.gov.br/web_comissoes/conep/aquivos/resolucoes/23_out_versao_final_196_ENCEP2012.pdf> e <http://conselho.saude.gov.br/resolucoes/2011/Reso441.pdf>. Acesso em: 22/04/2013.

PL 4.060/12 dispondo sobre o tratamento de dados pessoais, e dá outras providências, sendo este último mais voltado para as relações de consumo.

Ademais, a regulamentação mais próxima que existe, nos dias de hoje, são as Resoluções n° 466/12, do Conselho Nacional de Saúde, que apresenta diretrizes e normas regulamentadoras acerca de pesquisas envolvendo seres humanos e n° 340/04, que apresenta as diretrizes de análise ética para e tramitação dos projetos de pesquisa na área temática especial de genética humana. Entretanto, elas não normatizam todas as questões de proteção de dados pessoais genéticos e nem tampouco dos bancos de dados. Ressalta, também, que estas resoluções se tratam de atos normativos, e não de leis.

A Resolução 466/12 no seu item "II – TERMOS E DEFINIÇÕES", subitem "14", define a pesquisa envolvendo seres humanos como "pesquisa que, individual ou coletivamente, tenha como participante o ser humano, em sua totalidade ou partes dele, e o envolva de forma direta ou indireta". Vê-se que o "manejo de dados" e "informações" compreende o conceito de pesquisa, porém, não especifica qual a proteção que devem receber.

Por outro lado, traz no seu bojo o princípio da finalidade e o consentimento informado se, eventualmente, os dados tiverem de ser utilizados para outros fins, conforme se detecta da leitura do subitem "IV.7" da Resolução comentada:

> IV.7 – Na pesquisa que dependa de restrição de informações aos seus participantes, tal fato deverá ser devidamente explicitado e justificado pelo pesquisador responsável ao Sistema CEP/CONEP. Os dados obtidos a partir dos participantes da pesquisa não poderão ser usados para outros fins além dos previstos no protocolo e/ou no consentimento livre e esclarecido.

Percebe-se, no Brasil, que mesmo não havendo lei específica em proteção de dados pessoais, no que se refere aos dados genéticos existe uma regulação infralegal, uma autorregulação, que, no entanto, pelo seu conteúdo, não trabalha com conceitos específicos, nem prioriza princípios expressos como prevenção e precaução.

### 6. A necessária aplicação do princípio da proporcionalidade

Trabalhada a questão que ainda inquieta a doutrina, mas que de certa forma vem a ser resolvida no ordenamento jurídico brasileiro, pelas normas internacionais e Resoluções do Conselho Nacional de Saúde, tratar-se-á neste apartado de refletir acerca da importância que assume o princípio da proporcionalidade na mediação do conflito existente entre a liberdade de pesquisa genética e a privacidade dos dados pessoais dos sujeitos pesquisados relativamente ao objeto do presente estudo.

A limitação dos direitos fundamentais é matéria pacificada na doutrina e na jurisprudência brasileira. A importância de tal realidade está em encontrar o ponto de equilíbrio entre os direitos fundamentais de pesquisa e liberdade de expressão com os direitos também fundamentais à privacidade e proteção de dados pessoais.

Nesse sentido, podem-se destacar os ensinamentos de Humberto Ávila para quem o princípio da proporcionalidade está além da proporção porque esta última "perpassa todo o Direito, sem limites e critérios".[53] Por outro lado, o princípio da proporcionalidade se aplica quando há um nexo causal "entre dois elementos discerníveis".

Afirma o autor textualmente:

> O postulado da proporcionalidade não se confunde com a ideia de proporção em suas mais ariadas manifestações. Ele se aplica apenas a situações em que há uma relação de causalidade entre dois elementos empiricamente discerníveis, um meio e um fim, de tal sorte que se possa proceder aos três exames fundamentais: o da adequação (o meio promove o fim?), da necessidade (dentre os meios disponíveis e igualmente adequados para promover o fim, não há outro meio menos restritivo do(s) direito(s) fundamentais afetados? e o da proporcionalidade m sentido estrito (as vantagens trazidas pela promoção do fim correspondem às desvantagens provocadas pela adoção do meio?.[54]

Em analise ao direito fundamental à liberdade de pesquisa que trabalha com dados genéticos, tem-se que em caso de eventual má utilização de dados pessoais a ocorrência de um dano concreto para o titular desses dados. Como exemplo, pode-se citar enfrentamento com o direito à privacidade dos dados pessoais tem-se a existência de um nexo causal.

Ademais do autor antes mencionado, Suzana de Toledo Barros, ao estudar o princípio da proporcionalidade relativamente ao controle de constitucionalidade das leis que restringem direitos fundamentais, afirma que este conta com dois subprincípios que o integram: o da adequação ou idoneidade e o da necessidade ou exigibilidade.

No que concerne ao princípio da adequação, a autora entende que:

> Um juízo de adequação da medida adotada para alcançar o fim proposto deve ser o primeiro a ser considerado na observância do princípio da proporcionalidade. O controle intrínseco da legiferação no que respeita à congruência na relação meio-fim restringe-se à seguinte indagação: meio escolhido contribui para a obtenção do resultado pretendido?[55]

---

[53] ÁVILA, Humberto. *Teoria dos Princípios: da Definição à aplicação dos Princípios Jurídicos*. 15. ed. São Paulo: Malheiro. 2014. p. 204.

[54] Idem, p. 204/205.

[55] BARROS, Suzana Toledo de. *O Princípio da proporcionalidade e o Controle de Constitucionalidade das Leis Restritivas de Direitos Fundamentais*. Brasília. Brasília Jurídica, 2000, p. 76

A autora afirma ainda que pelo princípio da adequação não é possível considerar o grau de "eficácia dos meios tidos como aptos a alcançar o fim desejado".[56] Neste tópico, então, para resolver o problema é que agrega o princípio da necessidade ensinando que:

> O pressuposto da necessidade é o de que a medida restritiva seja indispensável para a conservação do próprio ou de outro direito fundamental e que não possa ser substituída por outra igualmente eficaz, mas menos gravosa.[57]

Vê-se pelo estudo da autora que o princípio da proporcionalidade tem uma importância tal que atua como balizador da atividade legislativa e na resolução dos conflitos entre normas: lei e respeito aos diretos fundamentais.

Ao tratar do tema, Gilmar Mendes ensina que:

> O fundamento do princípio da proporcionalidade é apreendido de forma diversa pela doutrina. Vozes eminentes sustentam que a base do princípio da proporcionalidade residiria nos direitos fundamentais. Outros afirmam que tal postulado configuraria expressão do Estado de Direito tendo em vista também o seu desenvolvimento histórico a partir do Poder de Polícia do Estado.[58]

O autor afirma, ainda, que no Brasil há também os que apontam para fundamentos diversos do princípio. Faz referência a um julgado do STF no RExt 18.331 através do qual a Corte apresentou a base nos direitos à vida. Com isto, ensina que em nosso país o princípio situa-se no âmbito dos direitos fundamentais. Agrega a sua posição uma categoria de princípio da proporcionalidade como "postulado constitucional autônomo que teria sua sede material na disposição constitucional sobre o devido processo legal (art. 5º, LIV)".[59]

Em uma reflexão acerca da solução para colisão entre os direitos fundamentais aqui estudados, entende-se possível adotar a posição de Suzana de Toledo Barros, que ao estudar a relação entre igualdade e proporcionalidade, afirma que:

> O princípio da igualdade e o *princípio da proporcionalidade* têm estrutura diversa. Enquanto o primeiro atua separando e individualizando, o segundo funciona harmonizando e conciliando. Ocorre que ambos possuem zona de interseção; melhor esclarecendo: para aferir-se a validade de uma norma legal frente ao princípio da isonomia, necessita-se da idéia (sic) de proporcionalidade ou de razoabilidade. O *princípio da proporcionalidade*, aqui considerado, tem caráter meramente instrumental.[60]

---

[56] BARROS, Suzana Toledo de. *O Princípio da proporcionalidade e o Controle de Constitucionalidade das Leis Restritivas de Direitos Fundamentais.* Brasília. Brasília Jurídica, 2000, p. 76

[57] Idem, p.79.

[58] MENDES, Gilmar Ferreira; COELHO, Inocêncio M.; BRANCO, Paulo Gustavo G. *Curso de Direito Constitucional.* São Paulo. Saraiva. 2010. p. 247-248.

[59] Idem, p.249-254.

[60] BARROS, loc. cit. p.186

Não menos importante é a posição de José Joaquim Gomes Canotilho, ao tratar do princípio da proporcionalidade, ensina que este é também conhecido como o princípio da proibição do excesso, tendo como subprincípios constitutivos o da adequação ou da conformidade. Em sentido estrito, o mestre entende que o princípio da proporcionalidade é entendido como princípio da "justa medida", a saber:

> Meios e fim são colocados em equação mediante um juízo de ponderação, com o objetivo se avaliar se o meio utilizado é ou não desproporcionado em relação ao fim. Trata-se, pois, de uma questão de "medida" ou "desmedida" para se alcançar um fim: pesar as desvantagens dos meios em relação às vantagens do fim.[61]

Dentro do contexto do presente estudo, pode-se aplicar os entendimentos no sentido de que os fins buscados por uma legislação capaz de regular o tratamento, armazenamento e a transferência de dados colhidos através da pesquisa genética é o respeito à dignidade da pessoa humana, a manutenção de sua privacidade, uma vez que, dependendo de como são usadas as informações e tais dados genéticos, chances podem ser retiradas devido à avaliação do risco de investimento, cuja lógica migra do setor organizacional para a própria população – e de acordo com sua localização geográfica –, agora responsável a arcar com os perigos que suas relações sociais ensejam.[62]

Consequentemente, o uso não regulamentado da informação genética pode determinar o surgimento de riscos e preconceitos diversos, tais como, o reducionismo e o determinismo genético, preconceito e discriminação por condições genéticas, o acesso não autorizado às esferas de conhecimentos reservados. Daí resulta a importância de aplicação da proporcionalidade.

## 7. Princípios aplicados ao meio ambiente virtual

Não é sem fundamento a concepção de que meio ambiente está para além da dimensão de natureza.[63] Pode-se citar como exemplos, o meio ambiente laboral, o meio ambiente da educação a distância processada no meio ambiente virtual,[64] no direito penal (presunção de inocência)[65] dentre outras dimensões.

---

[61] CANOTILHO, op. cit. p. 266-269.

[62] *Information Comissioner: A Report on the Surveillance Society*. September, 2006. Disponível em: <http://www.ico.gov.uk/upload/documents/library/data_protection/practical_application/surveillance_society_full_report_2006.pdf>. Acessado em: 18.05.2010.

[63] Neste sentido, vide ANTUNES, Paulo Bessa. *Direito Ambiental*. 4. ed. São Paulo: Atlas. 2012. p. 7.

[64] Saliente-se que há, no Brasil, uma experiência bastante profícua no meio ambiente virtual na área de educação à distância. Vários são os cursos promovidos através do uso de tecnologias, sobretudo na área da educação para o tema. Como exemplo se pode verificar no site do Ministério do Meio Ambiente. Disponível em: <http://www.brasil.gov.br/meio-ambiente/2014/06/mma-lanca-oito-cursos-a-distancia-para-formar-10-mil-pessoas-1>. Acesso: 19/03/2015.

Importante frisar que, antes de adentrar-se na análise dos princípios em questão, se faz necessário tecer alguns comentários acerca do Biorrepositórios ou Biobancos já que estes são os locais de armazenamento dos materiais e das informações da pesquisa genética.

Há, no Brasil e no mundo, uma preocupação institucional com armazenamento e a transferência de dados relativos à pesquisa genética, sobretudo pela inexistência de uma lei ordinária que regule a proteção de dados pessoais e todos os temas a ela relacionados. Esta realidade se torna evidente em artigo acerca das Diretrizes adotadas pelo Brasil em face da ausência de uma lei ordinária que regule a questão. Neste sentido, Gabriela Marondin e demais autoras se manifestaram textualmente:

> Uma preocupação mundial tem sido a constituição de uma rede de biobancos harmonizada, que respeite os preceitos éticos, legais e técnicos dos países integrantes. Nas discussões internacionais, observou-se a necessidade e a importância da viabilidade de cooperação entre instituições locais e de diversos países, bem como a necessidade de harmonização das recomendações com relação aos padrões de linguagem, formas de comunicação, sistema de bioinformática e terminologia única para designação dos materiais biológicos humanos.[66]

No mesmo texto, as autoras já colocaram de manifesto que essa ausência de Lei que regule os Biobancos ou Biorrepositórios "fragiliza o controle do Conselho Nacional de Saúde e do próprio Poder Executivo Federal nas atividades de pesquisa envolvendo seres humanos quando efetivadas mediante a remoção de material biológico humano".[67] No entanto, enfatizam que os documentos existentes são importantes para regulamentar a matéria.[68]

O mundo digital está permeado pelo incerto e não sabido. Com todos os avanços das tecnologias da informação e da comunicação (TIC) é impossível prever-se o dia de amanhã. Esta realidade impõe para o Direito, enfrentar-se com uma lógica diferente daquela que por muitos e muitos séculos funcionou. O espaço físico é delimitado e delimitável, ao contrário o meio ambiente virtual compreende um todo, como se disse antes, as "nuvens".

---

[65] Quanto a este ramo do direito vide ANTUNES, Paulo Bessa. *Direito Ambiental*. 4ªed., São Paulo: Editora Atlas. 2012. p. 33.

[66] MARODIN, Gabriela. SALGUEIRO, Jennifer Braathen. MOTTA, Márcia da Luz. SANTOS, Leonor Maria Pacheco. *Diretrizes nacionais para biorrepositório e biobanco de material biológico humano*. Disponível em: <http://www.scielo.br/scielo.php?script=sci_arttext&pid=S0104-42302013000100014>. Acesso em: 24/03/2015

[67] Idem.

[68] "Resolução do CNS 441 de 2011,⁹ a qual revoga a Resolução do CNS 347 de 2005, e a Portaria do Ministério da Saúde aqui apresentada, são de grande importância para a regulamentação desta temática, sobretudo quando se considera a constituição e o funcionamento dos novos biobancos brasileiros com fins de pesquisa". Idem.

A lógica no meio ambiente virtual migra do indivíduo para o coletivo. Não se está só. Ademais, como o ciberespaço[69] funciona com uma dinâmica diferente que lhe é característica, a cada dia se alarga em autonomia desenvolvendo e diferenciações que se afastam do meio ambiente físico (mundo real). No meio ambiente virtual, com a velocidade e toda a estrutura de conectividade, o ser humano se enfrenta com uma discussão integrada em um universo de parâmetros nunca dantes imaginados e é neste momento que pode perder a noção exata de valores e conteúdo.

Uma espécie de dialética se estabeleceu em dois universos paralelos baseados em fuga, compensação complementar, a gestão, a exploração e a exposição. Tem-se que admitir que o mundo cibernético não tenha a mesma riqueza, densidade e diversidade do mundo físico (real). Porém, a força da vida que reúne em sua essência e a cada dia é mais fascinante, e está tomando a forma de uma alegoria, de um laboratório de nosso futuro. Agora estamos vivendo ao mesmo tempo e participando destes mundos em uma espécie de hibridez, as vezes "esquizofrênico", é uma condição que faz com que nosso universo contemporâneo meio real e meio virtual, seja uma exclusiva mescla social.[70]

Carlos Alberto Molinaro, sem tratar diretamente dos princípios da precaução e da prevenção, alerta para os riscos advindos da investigação científica, afirmando que a técnica adota mecanismos do que chama de "contramedidas" para diminuir tais riscos. Textualmente afirma:

> A ciência – enquanto um conjunto de proposições que expressam leis, objeto de valorações verossímeis sobre os eventos e objetos investigados – produz riscos, mas colabora, também, para eliminá-los ou, pelo menos, reduzir os seus efeitos. Para tanto, desenvolve meios, técnicas que induzem contramedidas aos riscos, no entanto, estas podem produzir outros agravos. Como se pode observar há uma circularidade de "matriz resistiva" cuja função de afirmação da verossimilidade da produção de uma consequência conduz à inferência necessária da veracidade de outra. Como resolver a questão? O direito pode cooperar para a solução. Risco implica responsabilidade, responsabilidade enquanto obrigação de responder pelo dano produzido tenha este como origem causa natural ou antrópica. Especialmente nos casos dos danos ambientais, responsabilidade política que reclama a decidida intervenção dos poderes públicos, não com uma orientação reparadora, mas de prevenção, de precaução, redução e, no possível, eliminação dos riscos39, neste viés a importância da qualidade da regulação.[71]

Fundamentalmente, tem-se que lembrar que a internet é um fenômeno global que enseja as mais diversas possibilidades de controle, mo-

---

[69] Aqui entendido como o meio ambiente virtual.
[70] FISCHER, Hervé. *Digital Shock – Confronting the New Reality*. Quebec, Canada: McGill-Queen's University Press, 2006, p. 44 y ss.
[71] Disponível em <https://www.google.com.br/webhp?sourceid=chromeinstant&ion=1&espv=2&ie=UTF-8#q=A+ci%C3%AAncia+%E2%80%93+enquanto+um+conjunto+de+proposi%C3%A7%>. Acesso em: 19/03/2015. p. 12.

nitoramento e transferência de dados e informações. Neste sentido, Ivan Hartmann, estudando o tema de acesso à internet como um direito fundamental, afirma que:

> O espectro espacial da monitoração de dados dos indivíduos passa a ser significativamente estendido pelas possibilidades da computação ubíqua, ao passo que a cobertura temporal dessa monitoração cresce juntamente com a capacidade de armazenamento: uma autoridade governamental poderá, mediante simples acesso ao banco de dados referente a um determinado indivíduo, ser informada de diagnósticos pré-natais deste último.[72]

Para poder compatibilizar tais mundos (físico e digital) e vivenciar adequadamente a realidade que está posta no meio ambiente virtual, entre muitos fatores já apontados em artigo anteriormente publicado,[73] necessita-se de mecanismos que provenham um funcionamento adequado, por exemplo, a lei e os princípios.

No que concerne ao princípio da precaução, o mesmo está previsto no artigo 1º da Lei de Biossegurança – 11.105/05 –, no qual está expressa sua conexão com o meio ambiente. Vê-se que o princípio da precaução compõe o sistema jurídico no meio ambiente físico.

O princípio da precaução tem demandado muitas discussões jurídicas a ponto de não se ter um consenso quanto ao conteúdo essencial, cabendo então, marcar sua definição para efeitos de seu alcance no meio ambiente virtual.

A importância do princípio da precaução se constitui na vinculação da ação humana não só com o presente, mas também com o futuro, atua prospectivamente. Por tal motivo é considerado como "um dos pilares mais importantes da tutela jurídica do ambiente".[74] Ademais, incorpora uma ética de responsabilidade na convivência das pessoas no meio ambiente em geral e, inclusive, o virtual.

A ética em pesquisa e particularmente em pesquisa genética já tem incorporada a responsabilidade nesta seara nas diversas Convenções e Pactos Internacionais, bem como nas Resoluções no Brasil. No entanto, tal realidade não se faz presente em normas legais específicas de proteção de dados genéticos, no seu tratamento, armazenamento e transferência e não se faz porque não há uma lei específica de proteção de dados pessoais em nosso ordenamento conforme já se disse anteriormente, ao longo deste artigo.

---

[72] HARTMANN, Ivan. *O acesso à internet como direito fundamental.* Disponível em: <http://www3.pucrs.br/pucrs/files/uni/poa/direito/graduacao/tcc/tcc2/trabalhos2007_1/ivar_hartmann.pdf>. Acesso em: 19/03/2015.

[73] MOLINARO, Carlos Alberto, RUARO, Regina Linden. Internet y Estado de Vigilancia: El Desafio de la Protección de Datos. *Social Science Reserch Network.* p.1/12. Agosto-2013. Disponível em: <http://dx.doi.org/10.2139/ssrn.2310267>.

[74] SARLET, Ingo Wolfgang. FESNTERSEIFER, Tiag. *Princípios do direito ambiental.* São Paulo: Saraiva. 2014. p. 164.

Note-se que de acordo com o artigo 4º da Declaração Internacional de Dados Genéticos Humanos preconiza a especificidade dos dados genéticos em face de que:

(a) A especificidade dos dados genéticos humanos decorre do facto de:

(i) Serem preditivas de predisposições genéticas dos indivíduos;

(ii) poderem ter um impacto significativo sobre a família, incluindo a descendência, ao longo de várias gerações, e em certos casos sobre todo o grupo a que pertence a pessoa em causa;

(iii) poderem conter informações cuja importância não é necessariamente conhecida no momento em que são recolhidas as amostras biológicas;

(iv) poderem revestir-se de importância cultural para pessoas ou grupos.

(b) É necessário prestar a devida atenção ao carácter sensível dos dados genéticos humanos e garantir um nível de protecção adequado a esses dados e às amostras biológicas.[75]

A Declaração comentada, ao abordar a singularidade dos dados genéticos, deixa evidente a necessidade de proteção que os mesmos devem ter em face de serem dados sensíveis. Com isto, pode-se inferir que ao realizar pesquisa genética, os investigadores terão que agir de forma prudente.

O princípio da precaução decorre justamente das especificidades apontadas pela Declaração. Note-se que o artigo 4º, item "(ii)", expressa a possibilidade de "um impacto significativo sobre a família, incluindo a descendência..." a ética está para além da relação entre o pesquisador e o pesquisado porque reside nas pesquisas desta natureza um grau de incerteza quanto a seus resultados.

Pelo princípio da precaução, não se tem como seguro que haverá impacto, mas se pode vislumbrar a existência de um problema desta ordem o que caracteriza um dos pressupostos para a aplicação do princípio da precaução. É claro que as medidas de precaução devem ser tomadas na presença de temores razoáveis sob pena de provocarem-se limitações desastrosas nas investigações científicas.

Juarez Freitas, estudando o princípio da precaução, faz a ressalva de que é "inadmissível a tomada de medidas de precaução em virtude de temores desarrazoados".[76]

Transportando tal princípio para o campo da pesquisa genética, tem-se que sua aplicação é deveras importante. Assim se manifesta José Roberto Goldin ao sustentar:

---

[75] Disponível em: <http://bvsms.saude.gov.br/bvs/publicacoes/declaracao_inter_dados_genericos.pdf.> Acesso em: 16/03/2015.

[76] FREITAS, Juarez. *O controle dos atos administrativos e os Princípios fundamentais*. 5. ed. São Paulo: Malheiros. 2013. p. 125.

Este princípio tem uma clara e decisiva utilização na Bioética. Tomando apenas a questão da saúde, ela sempre esteve associada à noção de dano. Quando era entendida apenas como a ausência de doença, a saúde era tida como o estado onde o indivíduo estava livre de danos que estariam ocorrendo naquele momento. A própria atividade dos profissionais de saúde também era associada à noção de dano. Hipócrates, cerca de 400 anos aC, propôs que ao tratar os doentes o primeiro dever era o de ajudar e o segundo o de não causar dano.[77]

Estudando o Direito Ambiental, Cançado Trindade entende que cabe ao Estado empregar "sistemas de monitoramento e alerta imediato" para detectar riscos ambientais sérios e "sistemas de ação urgente"[78] com tais situações. Não sem outra razão para além do meio ambiente físico, também no meio ambiente virtual, apresenta-se a necessidade de que o Estado, através de normativas específicas em proteção de dados, que abarque os dados genéticos como dados sensíveis, lance mão de uma lei capaz de incorporar o princípio da precaução.

Há de se ter em conta que o Projeto Genoma Humano evidencia questionamentos ético-jurídicos que limitem a incidência de afronto à dignidade humana, posto que trabalhar em pesquisa genética sem as precauções necessárias no tratamento de dados, bem como sua transferência ou má utilização levam a resultados como, por exemplo, a colisão de direitos fundamentais.[79]

Relativamente ao princípio da prevenção, este se diferencia do princípio da precaução "reside no grau estimado de probabilidade de ocorrência do dano (certeza *versus* verossimilhança)".[80]

Enquanto no princípio da precaução não se tem conhecimento completo sobre os efeitos que podem resultar de determinada técnica de pesquisa, de sua utilização, armazenamento e transferência de dados, no princípio da prevenção já se antevê o resultado. No princípio da prevenção tem-se a "verdade sabida", e o potencial lesivo já é conhecido. Não se vai longe. Diuturnamente vazam na internet dados pessoais, fotos e outras informações de tratamento potencial lesivo a ponto de provocarem graves consequências para os afetados.[81]

---

[77] Disponível em: *O Princípio da Precaução*. <http://www.ufrgs.br/bioetica/precau.htm>. Acesso em 18/03/2015.

[78] CANÇADO TRINDADE, Antonio Augusto. *Direitos humanos e meio ambiente: paralelo dos sistemas de proteção internacional*. Porto Alegre: SAFE, 1993. p.75.

[79] Neste aspecto pode-se citar a discriminação de pessoas em razão de propensão genética a determinada enfermidade por Planos de Saúde.

[80] FREITAS, Juarez. *O controle dos atos administrativos e os Princípios fundamentais*. 5. ed. São Paulo: Malheiros. 2013. p. 125.

[81] Um exemplo é o caso ocorrido em 2013 onde uma adolescente de 16 cometeu suicídio em Veranópolis/RS em razão de fotos intimas suas terem sido publicadas na internet. Disponível em: <http://noticias.terra.com.br/brasil/policia/rs-adolescente-comete-suicidio-apos-ter-fotos-intimas-divulgadas-na-web,1b975df8bd472410VgnVCM5000009ccceb0aRCRD.html>.

O princípio da prevenção, ainda que não esteja expresso em nomenclatura, está previsto implicitamente como princípio 5, na Declaração de Estocolmo sobre o Meio Ambiente Humano de 1972:[82] "Os recursos não renováveis da terra devem empregar-se de forma que se evite o perigo de seu futuro esgotamento e se assegure que toda a humanidade compartilhe dos benefícios de sua utilização".

No ordenamento jurídico, várias são as disposições legais que tratam do princípio da prevenção[83] todas elas voltadas para a preservação do meio ambiente físico.

Com efeito, as degradações do meio ambiente atingem a sustentabilidade existencial, já as degradações ocorridas no meio ambiente virtual atingem os seres humanos em sua essência psíquica, emocional e por isto são tão graves quanto aquelas. Diante tal realidade, a pesquisa genética em matéria de armazenamento, tratamento e transferência de dados pessoais deve, sobretudo, no mundo digital incorporar os princípios da precaução e da prevenção.

Como bem aponta Paulo Affonso Leme Machado:

> Em caso de certeza de dano ambiental, este deve ser prevenido, como preconiza o princípio da prevenção. Em caso de dúvida ou de incerteza, também se deve agir prevenindo. [...] A dúvida científica, expressa com argumentos razoáveis, não dispensa a prevenção.[84]

O princípio da prevenção não contém em seu significado a eliminação do dano, mas, em se tendo consciência de que ato poderá gerar problema, é a partir do estabelecimento de nexo causal que seja pertinente com impactos que daí possa advir,[85] que cabe ao Direito aportar normas que sejam capazes de evitar o mal maior.

### Considerações finais

Analisar os problemas relacionados à era digital passa por levar em conta seus conflitos e paradoxos. Essa realidade se manifesta e, por vezes, se agrava quando diante de conflitos entre direitos fundamentais. O mundo digital está em um meio ambiente virtual que expande fronteiras. Por tal razão, tem, necessariamente, que se comunicar com conceitos metajurídicos. Inicialmente, parte do escopo de privacidade, embora termine

---

[82] Disponível em: http://www.direitoshumanos.usp.br/index.php/Meio-Ambiente/declaracao-de-estocolmo-sobre-o-ambiente-humano.html

[83] A respeito do tema vide: SARLET, Ingo Wolfgang. FENSTERSEIFER, Tiago. *Princípios do Direito Ambiental*. São Paulo: Editora Saraiva. 2014.

[84] MACHADO, Paulo Affonso Leme. *Direito Ambiental Brasileiro*. 14ªed. São Paulo: Malheiros Editores Ltda. 2006. p. 72.

[85] ANTUNES, Paulo de Bessa. *Direito Ambiental*. São Paulo: Editora Atlas. 2012. . 48.

por superá-la, dotando-lhe de novo significado e funcionando como espaço de mediação da nova realidade.

A transição do meio ambiente físico para o meio ambiente virtual, no entanto, longe de acabar porque é uma realidade irreversível, apenas descreve seus contornos da superfície, tornando clara a necessidade de aplicar-se princípios capazes de minimizar ou evitar riscos.

Além das dificuldades de se impor limites aos direitos fundamentais sem atingir seu conteúdo essencial e, em face de uma organização normativa ainda incipiente no Brasil marcada pela ausência de Lei de proteção de dados, depara-se com as dificuldades que a tecnologia agrega neste campo.

O estabelecimento de um sistema legal de proteção de dados pessoais onde se incluam os dados pessoais genéticos, visando a uma regulamentação adequada implica consequências, inevitavelmente, pode provocar choque de interesses e por isto, deve, necessariamente, implicar esforço legislativo que leve a um avanço tecnológico adequado para explicar todas as contingências no debate em questão.

No presente artigo, sem a pretensão de esgotar a matéria porquanto muito se tem a estudar e discutir, inclusive analisando normativas do direito comparado – o que não foi objeto do trabalho –, procurou-se responder, ainda que em parte, a alguns questionamentos.

Assim pode-se concluir que:

(a) uma das formas para compatibilizar direitos consagrados na Constituição Federal de 1988 diretamente relacionados com a dignidade da pessoa humana – como o respeito à vida privada e à proteção de dados pessoais – frente à liberdade de pesquisa genética é a imposição de limites sem que com isto de anule o conteúdo essencial de qualquer dos direitos em questão, utilizando-se para tanto, o princípio da proporcionalidade;

(b) o significado que uma tutela aos dados pessoais no campo da informação genética recebe do ordenamento jurídico brasileiro importante, porém, em face da inexistência de uma lei de proteção de dados pessoais em que se incluam medidas protetivas dos dados pessoais genéticos, torna tal direito fragilizado e diminui o âmbito de controle de organismos estatais.

(c) a existência do meio ambiente digital no qual transitam dados pessoais genéticos agrava qualquer consequência advinda de seu vazamento ou má utilização o que faz com que a aplicação dos princípios da prevenção e da precaução no meio ambiente virtual seja imprescindível para a consecução dos direitos fundamentais objeto do estudo.

Além disso, a concepção de uma ideia de dignidade da pessoa humana e privacidade de dados genéticos quando diante da liberdade de pesquisa apresenta-se como semelhante às placas tectônicas em arrastar, cujo epicentro é identificado no uso da internet por todos. Esse é o "calcanhar de Aquiles" dos operadores do Direito e dos pesquisadores na matéria.

## — 10 —

# Derecho de voto, dignidad y libre determinación de algunas personas en situación de vulnerabilidad en Europa[1][2]

### MIGUEL ÁNGEL PRESNO LINERA[3]

*Sumario*: Introducción: la exclusión del sufragio en el origen de la construcción del concepto europeo de grupo vulnerable; 1. La capacidad de autodeterminación como premisa para la participación política; 2. El derecho de voto de los presos como expresión de su dignidad personal; Conclusión: el derecho de voto de las personas discapacitadas y de los presos como instrumento de superación de su vulnerabilidad.

## Introducción: la exclusión del sufragio en el origen de la construcción del concepto europeo de grupo vulnerable

El caso *Alajos Kiss contra Hungría*, de 20 de mayo de 2010,[4] que trae causa de la aplicación al demandante del artículo 70.5 de la Constitución de Hungría –las personas bajo tutela total o parcial no tienen derecho a votar-, es uno de los que ha servido al Tribunal Europeo de Derechos Humanos (TEDH) para empezar a construir el concepto de grupo vulnerable: "… si se aplica una restricción de derechos fundamentales a un colectivo especialmente vulnerable de la sociedad como el de los discapacitados

---

[1] Agradezco muy sinceramente la invitación a participar en este libro homenaje al profesor Ingo W. Sarlet, con el que vengo colaborando desde hace años en diversos proyectos académicos e investigadores, uno de cuyos resultados fue el libro colectivo *Los derechos sociales como instrumento de emancipación*, Thomson Reuters, 2010, del que ambos fuimos coeditores.
[2] Este trabajo forma parte del proyecto "Reforma electoral y derechos de participación de los extranjeros residentes en España: el derecho de sufragio en las elecciones generales, europeas, autonómicas y locales" financiado por el Ministerio de Economía y Competitividad (referencia DER2012-34411) y del que es Investigador Principal el profesor Ángel Rodríguez.
[3] Profesor Titular de Derecho Constitucional de la Universidad de Oviedo; presnolinera@gmail.com; http://presnolinera.wordpress.com
[4] http://hudoc.echr.coe.int/sites/fra/pages/search.aspx?i=003-3130633-3471579. Puede leerse un resumen de la jurisprudencia del TEDH sobre las personas con alguna discapacidad en el informe *Persons with disabilities and the European Convention on Human Rights*, www.echr.coe.int/Documents/FS_Disabled_ENG.pdf

mentales, que ya ha sido objeto de una considerable discriminación en el pasado, entonces el margen de apreciación del Estado es sustancialmente más estrecho y deberá contar con razones de peso para las restricciones en cuestión... La razón de este enfoque, que cuestiona ciertas clasificaciones en sí mismas, reside en que estos colectivos han sido objeto de prejuicios con consecuencias a largo plazo, que han provocado su exclusión social. Estos prejuicios pueden incluir estereotipos legislativos que prohíben la evaluación individualizada de sus capacidades y necesidades...".[5]

Este concepto emergente de grupo vulnerable, en palabras de Lourdes Peroni y Alexandra Timmer,[6] se comenzó a usar a propósito de la minoría gitana (casos *Chapman contra Reino Unido*, de 2001, y *D. H. y otros contra República Checa*, de 2007) y se ha ido consolidando en los años recientes con relación a las personas con discapacidad mental, los demandantes de asilo (asunto *M. S. S. contra Bélgica y Grecia*, de 2011) y las personas portadoras del virus VIH (asunto *Kiyutin contra Rusia*, de 2011). La vulnerabilidad se va definiendo así como un concepto relacional -depende de factores históricos, sociales e institucionales-; particular -las personas que pertenecen a estos grupos son más vulnerables que otras- y que implica un daño o estigmatización, especialmente en un contexto de discriminación.

En su argumentación en el caso *Alajos Kiss*, el TEDH se remite al precedente que supuso en materia de privación del derecho de sufragio el asunto *Hirst contra Reino Unido*, de 30 de marzo de 2004, ratificado por la Sentencia de la Gran Sala de 6 de octubre de 2005,[7] que se pronuncia sobre otro colectivo de personas que podemos considerar también como grupo vulnerable: el de los reclusos en establecimientos penitenciarios.[8] "Esta disposición impone una restricción global a todos los reclusos condenados que cumplen su pena y se les aplica automáticamente cualquiera que sea la duración de su pena e independientemente de la naturaleza o

---

[5] En el mismo sentido, caso *Gajcsi contra Hungría*, de 23 de septiembre de 2014; http://hudoc.echr.coe.int/sites/eng/pages/search.aspx?i=001-146411

[6] "Vulnerable groups: The promise of an emerging concept in European Human Rights Convention law", *International Journal of Constitutional Law*, 2013, 11 (4), 1056-1085; véase también, de Alexandra TIMMER, "A Quiet Revolution: Vulnerability in the European Court of Human Rights", en *Vulnerability: reflections on a new ethical foundation for Law and Politics*, Martha Fineman & Anna Grear eds., 2013; sobre esta cuestión he coordinado el libro *Protección jurídica de personas y grupos vulnerables*, Procuradora General del Principado de Asturias/Universidad de Oviedo, Oviedo, 2013; en dicha obra, Leonor SUÁREZ LLANOS se ocupa de "La caracterización de las personas y grupos vulnerables"; el libro puede descargarse aquí en formato electrónico https://presnolinera.files.wordpress.com/2013/09/proteccic3b3n-jurc3addica-de-las-personas-y-grupos-vulnerables.pdf

[7] http://hudoc.echr.coe.int/sites/eng-press/pages/search.aspx?i=003-1463854-1529848

[8] De acuerdo con la norma aplicada (artículo 3 de la Ley de Representación del Pueblo de 1983): "1. Toda persona condenada, durante el tiempo que se encuentra internada en una institución penal en cumplimiento de su sentencia... está legalmente incapacitada para votar en ninguna elección al Parlamento o local".

gravedad del delito que hayan cometido y de su situación personal. Es necesario considerar que dicha restricción general, automática e indiferenciada a un derecho consagrado por el Convenio y de una importancia crucial, sobrepasa el margen de apreciación aceptable, por muy amplio que sea, y es incompatible con el artículo 3 del Protocolo número 1".[9]

Es cierto que el TEDH no apela a la condición de grupo vulnerable de los presos pero ha venido reconociendo la condición de vulnerable a demandantes que eran reclusos y, en todo caso, nos parece que su exclusión genérica de la participación política a través del sufragio consolida los prejuicios contra ellos y contribuye a su exclusión social; sobre esta cuestión volveremos más adelante.

## 1. La capacidad de autodeterminación como premisa para la participación política

La exigencia de autodeterminación personal para el ejercicio del voto tiene una relación directa con su configuración como instrumento al servicio de la participación en los asuntos públicos; para intervenir en la formación de las diferentes opciones políticas y poder pronunciarse sobre ellas es imprescindible capacidad suficiente para discernir entre unas y otras propuestas.

La persona que no es capaz de comprender el proceso comunicativo en el que consiste el ejercicio del poder político en el seno de un determinado sistema social no puede aportar comunicación alguna ni contribuir a la selección de las que cuentan con un respaldo popular relevante. Como declaró el Tribunal Constitucional Federal alemán con ocasión de su pronunciamiento sobre la constitucionalidad del Tratado de Maastricht, la confrontación de las fuerzas sociales, de sus ideas e intereses sólo se puede articular si los procedimientos de decisión en ejercicio del poder público y, por consiguiente, los fines políticos le son previsibles y com-

---

[9] Las conclusiones del caso *Hirst* y las consiguientes condenas al Reino Unido se han reiterado con posterioridad, como resultado de la no modificación de la legislación declarada contraria al Convenio Europeo de Derechos Humanos: *Greens y M. T. contra Reino Unido*, de 23 de noviembre de 2010 (http://hudoc.echr.coe.int/sites/eng-press/pages/search.aspx?i=003-3344914-3742927), *Firth y otros contra Reino Unido*, de 12 de agosto de 2014 (http://hudoc.echr.coe.int/sites/eng-press/pages/search.aspx?i=003-4842346-5910103), *McHugh y Otros contra Reino Unido*, de 10 de febrero de 2015 (http://hudoc.echr.coe.int/sites/eng-press/pages/search.aspx?i=003-5010996-6151237). Este último caso afectó a un gran número de personas (1.015) que no pudieron votar en una o más de las elecciones celebradas en 2009, 2010 y 2011. No ha sido el Reino Unido el único Estado condenado por vulnerar el derecho de sufragio de los presos; también lo fueron Austria: caso *Frodl*, de 8 de abril de 2010 (http://hudoc.echr.coe.int/sites/eng-press/pages/search.aspx?i=003-3090287-3420791); Turquía: casos *Söyler*, de 17 de septiembre de 2013 (http://hudoc.echr.coe.int/sites/eng-press/pages/search.aspx?i=003-4495092-5420427), y *Murat Vural*, de 21 de octubre de 2014 (http://hudoc.echr.coe.int/sites/eng-press/pages/search.aspx?i=003-4910740-6007139) y Rusia: caso *Anchugov y Gladkov*, de 4 de julio de 2013 (http://hudoc.echr.coe.int/sites/eng-press/pages/search.aspx?i=003-4425069-5319054).

prensibles al ciudadano, y si éste, como elector, puede comunicarse con el poder público.[10] Por su parte, el TEDH ha dicho que se puede fijar una edad mínima para asegurar que las personas que participen en el proceso electoral sean suficientemente maduras.[11]

La capacidad de autodeterminación política, fruto de la posibilidad de comprender las diferentes opciones y de discriminar entre ellas las que se consideran preferibles para la orientación de la comunidad, es, pues, una exigencia inherente a la participación y, por este motivo, su ausencia es un límite lógico de ese derecho, derivado de la necesidad de preservar su propia idiosincrasia, pues si la intervención política no es expresión de la libertad del individuo, no hay una participación democrática auténtica.

En algunos ordenamientos la Norma Fundamental ha fijado una edad precisa para el ejercicio del sufragio, mientras que en otros el Legislador está habilitado por la Constitución para desarrollar ese extremo; es decir, para concretar su alcance.

En el primer caso están, por ejemplo, las Constituciones que han establecido la edad mínima electoral en los dieciocho años[12] o a la más temprana edad de dieciséis, como ocurre en el artículo 47 de la Constitución de Nicaragua ("son ciudadanos los nicaraguenses que hubieran cumplido dieciséis años de edad. Sólo los ciudadanos gozan de los derechos políticos consignados en la Constitución y las leyes, sin más limitaciones que las que se establezcan por razones de edad"); en el segundo supuesto están los textos constitucionales que permiten al Legislador concretar la mayoría de edad a efectos electorales, que puede ser distinta de la mayoría de edad civil, pudiendo darse la circunstancia de que esta última sea incluso superior a la exigida para votar.

Es posible también que una circunstancia personal –estar o haber estado casado- se equipare a la mayoría de edad a efectos de presunción de capacidad electoral, como sucede en la Constitución de la República Dominicana, de 2002 (de acuerdo con el artículo 12, "son ciudadanos todos los dominicanos de uno y otro sexo que hayan cumplido dieciocho años de edad, y los que sean o hubieren sido casados, aunque no hayan cumplido esa edad; el artículo 13 declara que "son derechos de los ciudadanos: 1. El de votar con arreglo a la ley…"), o que la minoría de edad convierta en voluntario el sufragio, que es obligado para los mayores de

---

[10] BVerfGE 89, 155 [185] http://www.bverfg.de/entscheidungen.html

[11] Asunto *Hirst contra Reino Unido* (n° 2), de 6 de octubre de 2005, disponible en http://hudoc.echr.coe.int/sites/eng/pages/search.aspx?i=001-70442

[12] Así, en Europa se pueden citar el artículo 38 de la Constitución alemana; 61 de la belga, 57.1 de la estonia, 14.1 de la finlandesa, 16.2 de la irlandesa; 50 de la noruega, 48.2 de la portuguesa, 18.3 de la Constitución de la República Checa, y artículo 2 del Capítulo III de sueca. En América, el artículo 13 de la Constitución chilena o la Enmienda XXVI de la estadounidense. El 14 de la brasileña permite el alistamiento electoral de los mayores de 16 años y menores de 18.

edad, como ocurre en Brasil (artículo 14 de la Constitución: "§ 1.º O alistamento eleitoral e o voto são: I obrigatórios para os maiores de dezoito anos; II- – facultativos para: a) os analfabetos; b) os maiores de setenta anos; c) os maiores de dezesseis e menores de dezoito anos)" y en Ecuador (artículo 62.2: El voto será facultativo para las personas entre dieciséis y dieciocho años de edad).

Estos ejemplos de exigencia de edades diferentes para el sufragio y para otros actos de autodeterminación personal, pueden trasladarse a otros ordenamientos en los que, como sucede por ejemplo en la Constitución española, se ha fijado una mayoría de edad general –dieciocho años–, que el Legislador electoral podría rebajar, aunque hasta la fecha se haya anudado la emisión del voto a la mayoría de edad civil.

Con la fijación constitucional de la mayoría de edad general (habitualmente a los dieciocho años) se establece la presunción de que por encima de esa edad todos los ciudadanos tienen plena capacidad intelectiva, lo que impide al Legislador imponer un sufragio capacitario. Pero por debajo de esa edad, salvo que el constituyente haya previsto una incapacidad de obrar genérica, no se debe deducir una regla normativa restrictiva de la eficacia de los derechos fundamentales.

Es obvio, como ya se ha dicho, que para el ejercicio de los derechos se requiere una determinada capacidad, que de faltar ha de ser tenida en cuenta a la hora de delimitar el ejercicio de los derechos. Pero ha de ser el Legislador, en este caso el electoral, el que justifique de manera adecuada la conformidad constitucional de estas delimitaciones, lo que resulta coherente con la consideración de la minoría de edad como un proceso durante el cual la psicología de la persona se va formando y, con ello, su capacidad de autodeterminación.[13]

Por estos motivos, nos parece constitucionalmente posible y democráticamente conveniente reflexionar sobre una eventual rebaja de la mayoría de edad electoral por debajo de los dieciocho años, como ya ocurre en algunos ordenamientos, y como sucede en general con la capacidad para el ejercicio de otros derechos de impronta similar, como los de reunión y manifestación, el derecho de asociación, la libertad de expresión o la elección de los representantes sindicales. Y es que si se garantiza y promueve el ejercicio de estos derechos por los menores de dieciocho años no parece que existan motivos democráticamente aceptables para excluir al sufragio. No debe olvidarse que la reducción de la edad para la emisión del voto ha sido una constante a lo largo de la historia (de veinticinco a veintitrés años, de veintitrés a veintiuno, de veintiuno a dieciocho) y sirve para fomentar el desarrollo de la participación política, tanto desde el

---

[13] Es de cita obligada en este ámbito la obra de Jean PIAGET *Seis estudios de psicología*, 12 ed., Barcelona, Ariel, 1981.

punto de vista del individuo, como desde la perspectiva de la sociedad política en la que dicho individuo está integrado y a cuya existencia contribuye.[14]

Al respecto debe recordarse que la Asamblea Parlamentaria del Consejo de Europa instó, el 23 de junio de 2011, a todos los Estados a "estudiar la posibilidad de rebajar la edad para votar a los dieciséis años en todos los países y en todo tipo de elecciones" y ello a partir, entre otras consideraciones, de las siguientes: cuanto mayor sea la cantidad de personas que participan en las elecciones, más representativos serán los elegidos; las personas con dieciséis o diecisiete años de edad ya tienen responsabilidades dentro de la sociedad pero no tiene derecho a voto; una mejor participación ayudará a los jóvenes a definir su lugar y su papel en la sociedad; la rebaja de la edad electoral fomentaría una mayor participación de los que votan por primera vez y, por tanto, una mayor participación en general.

Una vez que se ha alcanzado la edad mínima fijada por cada ordenamiento (dieciséis o dieciocho años) necesaria para el ejercicio del derecho de sufragio, únicamente se puede excluir de esa forma de participación política a las personas que carezcan de las condiciones intelectivas necesarias para que su intervención sea libre; es decir para que sea expresión de una voluntad con capacidad reflexiva y de discernimiento; por este motivo no es contraria al principio democrático la exclusión de los incapaces de la toma de las decisiones políticas. Pero esta exclusión procede una vez que ha quedado desvirtuada la presunción de capacidad que se deriva del cumplimiento de la edad y ha de llevarse a cabo a través de un procedimiento en el que se constate de manera expresa la incapacidad específica para el ejercicio de ese derecho.

En este sentido, debe recordarse que estamos hablando de la ausencia de las facultades intelectivas para autodeterminarse políticamente, y puesto que esta incapacidad afecta a un bien protegible por el Estado, la misma tendría que ser apreciada en un proceso judicial de incapacitación en el que se demuestre la ausencia de dicha capacidad para el ejercicio del sufragio. En algunos ordenamientos se incluye de manera explícita en la Constitución esta incapacidad;[15] en otros viene prevista en las leyes electorales, aunque no siempre va acompañada de la correspondiente, y debida, garantía judicial, aspecto en el que ha insistido el TEDH: "el Tribunal toma nota de la recomendación de la Comisión de Venecia según la cual la supresión de derechos políticos debe ser acordada por un tribunal

---

[14] Véase el estudio colectivo *The Rights of Children* (edited by Bob Franklin), Oxford, Basil Blackwell, 1986, en especial el trabajo de Bob FRANKLIN "Children's Political Rigths", págs. 24 y sigs.

[15] Así, por ejemplo, el artículo 16 de la Constitución chilena, 88 de la dominicana, 33 de la peruana, 64 de la venezolana.

en una decisión específica.[16] Como en otros contextos, un tribunal independiente que aplique un procedimiento contradictorio ofrece una sólida garantía contra la arbitrariedad" (asunto *Hirst c. Reino Unido*, n° 2).

Pues bien, ha sido precisamente la ausencia de un procedimiento garantista e individualizado de la efectiva capacidad de autodeterminación política lo que ha censurado el TEDH por considerar tal cosa contraria al derecho a participar en unas elecciones libres, derecho, recuerda el TEDH, que "no es un privilegio. En el siglo XXI, la presunción en un Estado democrático debe estar a favor de la inclusión El sufragio universal se ha convertido en el principio básico (asunto *Mathieu-Mohin y Clerfayt*). Cualquier alejamiento del principio de sufragio universal corre el riesgo de minar la validez democrática del legislativo elegido y de las Leyes que promulgue. La exclusión de cualquier grupo o categoría de la población en general deberá, por tanto ser reconciliable con los propósitos subyacentes del artículo 3 del Protocolo número 1.

Por estos motivos, el TEDH "no puede aceptar que una prohibición absoluta de votar para cualquier persona bajo tutela parcial, independientemente de sus facultades reales, quede dentro de un margen de apreciación [del Estado parte en el Convenio] aceptable. De hecho, aunque el Tribunal reitera que este margen de apreciación es amplio, no es global. Además, si se aplica una restricción de derechos fundamentales a un colectivo especialmente vulnerable de la sociedad como el de los discapacitados mentales, que ya ha sido objeto de una considerable discriminación en el pasado, entonces el margen de apreciación del Estado es sustancialmente más estrecho y deberá contar con razones de peso para las restricciones en cuestión... La razón de este enfoque, que cuestiona ciertas clasificaciones en sí mismas, reside en que estos colectivos han sido objeto de prejuicios con consecuencias a largo plazo, que han provocado su exclusión social. Estos prejuicios pueden incluir estereotipos legislativos que prohíben la evaluación individualizada de sus capacidades y necesidades.

El Tribunal además considera que tratar como una única clase a aquellas personas con discapacidad intelectual o mental es una clasificación cuestionable, y el recorte de sus derechos deberá estar sujeto a un examen minucioso... El Tribunal concluye por tanto que una eliminación indiscriminada del derecho a voto, sin una evaluación judicial individual y exclusivamente basada en una discapacidad mental que precise una tutela parcial, no puede considerarse compatible con las bases legítimas para restringir el derecho a voto" (caso *Alajos Kiss contra Hungría*, al que también se remite el caso *Gajcsi contra Hungría*)

---

[16] http://www.venice.coe.int/docs/2002/CDL-AD(2002)023rev-f.asp

En términos iusfundamentales, las previsiones legales que privan del sufragio a una persona por razón de una enfermedad mental, y sin atender a si esa enfermedad merma su capacidad de autodeterminación política, lesionan la dignidad y libre determinación de ese individuo y lo colocan en una situación de mayor vulnerabilidad.

Y es que se menoscaba la dignidad[17] cuando se sitúa, a personas concretas o grupos de personas, en una posición de desigualdad e injusticia respecto de otras personas, bien sea en su condición individual o en cuanto integrante de un determinado grupo social. Cuando tal cosa ocurre estamos, como recuerda Jiménez Campo, ante una situación de *discriminación primaria*.[18] Y la dignidad opera aquí frente a lo que Luigi Ferrajoli ha denominado una "diferenciación jurídica de las diferencias":[19] una identidad determinada por una diferencia -en nuestro caso la plenitud de facultades mentales- se asume como fuente de derechos mientras que otra –una incapacidad mental– se configura como un estatuto discriminatorio y excluyente. De este modo, la igualdad es una igualdad amputada, relativa a una parte de la sociedad, que arbitrariamente se confunde con la totalidad.

La exclusión del derecho de sufragio de las personas con una discapacidad mental también lesiona su libre desarrollo personal entendido como un principio que protege el desenvolvimiento de la persona en lo que depende del propio individuo y lo hace, fundamentalmente, frente a las limitaciones que pretendan imponerle el Estado u otros particulares, facultando al titular del derecho para decidir no solo lo que no quiere hacer sino también lo que quiere hacer en ese ámbito vital, concretando espacio-temporalmente su conducta. Tanto la libertad ideológica como el derecho de sufragio contienen una dimensión externa de *agere licere* que faculta a los ciudadanos para actuar con arreglo a sus propias convicciones y mantenerlas frente a terceros.

En otro orden de cosas, y para concluir este apartado, debe recordarse que la autodeterminación personal en el ejercicio del sufragio resulta garantizada con la proclamación constitucional del carácter secreto del voto. En rigor, no se trata de que el voto tenga que mantenerse reservado por parte de la persona que lo emite, sino que no pueda conocerse en contra de su voluntad, por lo que no resultaría afectado este principio si por las circunstancias que sean el individuo decide revelar si ha votado, o no, y en caso afirmativo cuál ha sido el sentido de su pronunciamiento.

---

[17] Véanse los trabajos de Ingo W. SARLET: *Dignidade da Pessoa Humana e Direitos Fundamentais na Constituição de 1988*, Livraria do Advogado, Porto Alegre, 2008, y *Dimensões da Dignidade: Ensaios de Filosofia do Direito e Direito Constitucional*, Livraria do Advogado, Porto Alegre, 2013 (2ª edición).

[18] "Artículo 10.1", CASAS BAAMONDE/RODRÍGUEZ PIÑERO, E. (dirs.), *Comentarios a la Constitución española*, Wolters-Kluwer, Madrid, 2008, pág. 182.

[19] *Derechos y garantías. La ley del más débil*, Trotta, Madrid, 1999, págs. 73 a 96.

El aseguramiento de la privacidad del voto se ha articulado a través de una serie de instrumentos técnicos, que van desde las características que han de revestir los sobres y papeletas o boletas electorales hasta la existencia de una cabina o cubículo de votación con las características precisas para asegurar el anonimato, todo ello con el fin de que el elector pueda decidir de manera íntima el sentido de su decisión. No obstante, sigue habiendo problemas para asegurar el carácter secreto del sufragio de las personas invidentes, pues la previsión de que puedan auxiliarse con otra persona o, peor todavía, que deban declarar su voto ante los miembros de la Mesa electoral, imposibilita el carácter secreto de su decisión y, en el supuesto del voto asistido, no asegura que la decisión ejercitada sea la que realmente deseaba el titular del derecho.

Este menoscabo del derecho fundamental de sufragio de estas personas podría subsanarse con la introducción de un sistema, manual o electrónico accesible a las personas invidentes que garantice un ejercicio del derecho de participación política en igualdad de condiciones (sufragio universal, libre, igual, directo y secreto) que para las demás personas, como se ha realizado en el sistema electoral brasileño, donde han incorporado al teclado de la terminal de votación puntos en Braille.

De acuerdo con la Corte Constitucional colombiana (Sentencia T-473/03, de 9 de junio de 2003),[20] la introducción de mecanismos de votación que aseguren el carácter secreto de todos los electores, incluidos los ciegos, no es una mera opción, entre otras del Legislador, sino que forma parte de la dimensión objetiva del derecho fundamental de sufragio, "lo que apareja necesariamente,..., la obligación correlativa por parte de las autoridades electorales a hacer posible el ejercicio de tal derecho... El aislamiento del ejercicio de los derechos políticos de los ciudadanos limitados físicamente, significaría soslayar las anteriores normas constitucionales dado que el distanciamiento de la vida, en su dimensión política, coloca en situación de discriminación a un sector deprimido del pueblo. En este orden de ideas, el aparato estatal debe crear el ambiente propicio en el cual las personas con limitaciones físicas puedan desenvolverse con la dignidad humana que las caracteriza".

## 2. El derecho de voto de los presos como expresión de su dignidad personal

En la ya citada sentencia del TEDH *Hirst c. Reino Unido* (n° 2), este órgano incluyó en la relación de hechos que preceden a la fundamentación jurídica un estudio sobre el derecho de voto de los presos, realizado por

---
[20] En http://www.ramajudicial.gov.co/csj_portal/

el Gobierno demandado a partir de las informaciones aportadas por sus representaciones diplomáticas.

Según dicho estudio, en dieciocho países (Albania, Alemania, Azerbaiyán, Croacia, Dinamarca, Macedonia, Finlandia, Islandia, Lituania, Moldavia, Montenegro, Países Bajos, Portugal, República Checa, Eslovenia, Suecia, Suiza, Ucrania) los presos podían votar sin ninguna restricción; en trece países (Armenia, Bélgica,[21] Bulgaria, Chipre, Estonia, Georgia, Hungría, Irlanda, Reino Unido, Rusia, Serbia, Eslovaquia,[22] Turquía) todos los presos estaban condenados a la prohibición de votar o estaban imposibilitados para hacerlo, y en once países (Austria,[23] Bosnia-Herzegovina,[24] España,[25] Francia,[26] Grecia,[27] Italia,[28] Luxemburgo,[29] Malta,[30] Noruega,[31] Polonia,[32] Rumania) el derecho de voto de los presos podía estar limitado de alguna manera. El Tribunal afirmó que en Rumania los presos podían estar privados del voto si la pena principal era superior a dos años de prisión; en Letonia los presos que cumplían su pena en una penitenciaría no tenían derecho de voto; en Liechtenstein los presos tampoco tenían derecho de voto.

En este ámbito jurídico es de aplicación, como ya se dijo, el artículo 3 del Protocolo nº 1 del Convenio Europeo de Derechos Humanos: "Las Altas Partes Contratantes se comprometen a organizar, a intervalos razonables, elecciones libres con escrutinio secreto, en condiciones que garanticen la libre expresión de la opinión del pueblo en la elección del cuerpo legislativo".

---

[21] La privación del derecho de voto puede prolongarse hasta el fin de la reclusión.

[22] No hay prohibición pero nada permite a los presos votar.

[23] El derecho de voto se prohíbe a los presos condenados a una pena de más de un año que hayan obrado de manera intencionada.

[24] Las restricciones al derecho de voto se aplican a los presos acusados de graves violaciones del derecho internacional o inculpados por un tribunal internacional.

[25] Aunque no es lo que se dice en el informe citado, con el Código Penal de 1995 ha desaparecido la pena de privación del derecho de sufragio activo.

[26] Los presos pueden votar si el tribunal les concede el derecho.

[27] Las restricciones se aplican a los presos condenados a penas superiores a diez años; los condenados a cadena perpetua son privados definitivamente del derecho de voto. Para las penas comprendidas entre un año y diez, los tribunales pueden limitar el derecho de voto por un período de un a cinco años si el comportamiento demuestra perversidad moral.

[28] Los autores de delitos graves y los quebrados condenados a una pena de cinco años o más pierden automáticamente el derecho de voto, mientras que los autores de infracciones menores excluidos de la función pública pierden, o no, el derecho de voto según la decisión del juez.

[29] Salvo si la supresión de derechos políticos forma parte de la pena impuesta por el juez.

[30] Los condenados por una infracción grave pierden el derecho de voto.

[31] El derecho de voto puede ser suprimido por un tribunal, aunque sea muy raro y puede limitarse a los casos de traición y de atentado a la seguridad nacional.

[32] Los presos condenados a una pena de tres años o más cuando la infracción es "reprochable" (muy grave) pueden ser privados del derecho de voto.

Con carácter más general, las disposiciones del Pacto internacional de derechos civiles y políticos proclaman (artículo 25) que

> Todos los ciudadanos gozarán, sin ninguna de las distinciones mencionadas en el artículo 2 [raza, color, sexo, idioma, religión, opinión política o de otro tipo, origen nacional o social, posición económica, nacimiento o cualquier otra circunstancia], y sin restricciones indebidas, de los siguientes derechos y oportunidades: a) Participar en la dirección de los asuntos públicos, directamente o por medio de representantes libremente elegidos; b) Votar y ser elegidos en elección periódicas, auténticas, realizadas por sufragio universal e igual y por voto secreto que garantice la libre expresión de la voluntad de los electores...

Previamente se dice (artículo 10) que

> 1. Toda persona privada de libertad será tratada humanamente y con el respeto debido a la dignidad inherente al ser humano... 3. El régimen penitenciario consistirá en un tratamiento cuya finalidad esencial será la reforma y la readaptación social de los penados. Los menores delincuentes estarán separados de los adultos y serán sometidos a un tratamiento adecuado a su edad y condición jurídica.

En la observación general n° 25(57) adoptada el 12 de julio de 1996, el Comité de Derechos Humanos de Naciones Unidas declaró respecto del derecho garantizado por el artículo 25:

> 14. En sus informes, los Estados parte deben precisar los motivos de la privación del derecho de voto y justificarlos. Estos motivos deben ser objetivos y razonables. *Si el hecho de haber sido condenado por una infracción es un motivo de privación del derecho de voto, el período durante el que aquella interdicción se aplica debe estar en relación con la infracción y la sentencia. Las personas privadas de libertad no deberían, por ese mero hecho ser desposeídas del derecho de voto.*

Por su parte, el artículo 23 de la Convención Americana de Derechos Humanos -Pacto de San José- señala al respecto:

> Derechos Políticos. 1. Todos los ciudadanos deben gozar de los siguientes derechos y oportunidades: a) de participar en la dirección de los asuntos públicos, directamente o por medio de representantes libremente elegidos; b) de votar y ser elegidos en elecciones periódicas auténticas, realizadas por sufragio universal e igual y por voto secreto que garantice la libre expresión de la voluntad de los electores, y c) de tener acceso, en condiciones generales de igualdad, a las funciones públicas de su país. 2. *La ley puede reglamentar el ejercicio de los derechos y oportunidades a que se refiere el inciso anterior, exclusivamente por razones de edad, nacionalidad, residencia, idioma, instrucción, capacidad civil o mental, o condena, por juez competente, en proceso penal* (las cursivas son nuestras).[33]

La apertura de los textos internacionales y, en numerosos casos, de las propias Constituciones de los Estados ha originado soluciones diversas sobre el estatuto político de los presos y detenidos, ámbito sobre el que también se han venido pronunciando instancias jurisdiccionales internacionales (TEDH) y nacionales (Tribunal Supremo de Estados Unidos,[34]

---

[33] La cita jurisprudencial obligada sobre la interpretación de este artículo es el asunto *Yutama vs. Nicaragua*, de 23 de junio de 2005; http://www.corteidh.or.cr/docs/casos/articulos/seriec_127_esp.pdf

[34] *Richardson v. Ramirez*, 418 U.S. 24 (1974); http://www.justia.us/us/418/24/case.html

Tribunal Supremo de Canadá,[35] Tribunal Supremo de Sudáfrica,[36] Corte Constitucional de Colombia,[37] Corte Suprema de Justicia de Argentina,[38] Sala Superior del Tribunal Electoral de México,[39] Tribunal Superior Eleitoral de Brasil,[40]...).

Esta cuestión es un buen ejemplo de "diálogo de jurisdicciones" entre culturas jurídicas bien distintas, aunque las respuestas no sean coincidentes. Al respecto, y por citar un ejemplo, la Sala Superior del Tribunal Electoral de México al pronunciarse sobre un problema relacionado con el sufragio de los presos hace un *excursus* por las respuestas ofrecidas en otras latitudes:

> Así, por ejemplo, el Tribunal Europeo de Derechos Humanos en el caso Hirst vs Reino Unido estimó que extender la suspensión del derecho al sufragio de forma abstracta, general e indiscriminada era incompatible con las obligaciones derivadas del derecho internacional de los derechos humanos, particularmente del Convenio Europeo en la materia. Lo anterior, entre otras razones porque no existe una liga entre la suspensión de los derechos políticos y la supresión de la criminalidad, siendo que la supresión del derecho al sufragio podría, de manera colateral, actuar contrariamente a la readaptación social del individuo. En sentido similar se ha pronunciado el Comité de Derechos Humanos de Naciones Unidas al señalar que la limitación injustificada del ejercicio del derecho al sufragio a los condenados constituye una sanción adicional que no contribuye a la rehabilitación social del detenido...
>
> En el mismo sentido, la Suprema Corte de Canadá en el caso Sauvé v. Canada (Chief Electoral Officer), estimó que la autoridad electoral había omitido identificar aspectos particulares que justificaran la negación del derecho de voto, a ciudadanos que se encontraban encarcelados. Dicho de otra forma, "la autoridad no ofreció ninguna teoría creíble que justificara por qué la denegación de un derecho fundamental democrático puede ser considerado como una forma de pena estatal...
>
> La Suprema Corte de Israel discutía en 1996 la suspensión de los derechos de ciudadanía de Yigal Amir, quien fuera el asesino del Primer Ministro Yitzak Rabin, para finalmente favorecer al ciudadano. Igualmente, el Tribunal Constitucional de Sudáfrica, en 1999 se pronunció por el carácter universal de los derechos políticos como aspecto fundamental en términos de civilidad y de democracia. En el mismo sentido otros países han limitado la restricción del derecho de sufragio a favor de los condenados entre ellos, Japón, Perú, Noruega, Polonia, Kenya, Dinamarca, Republica Checa, Rumania, Zimbabwe, Holanda, Suecia, Francia y Alemania...[41]

---

[35] *Sauvé c. Canadá* (nº 2), de 31 de octubre de 2002; http://scc-csc.lexum.com/scc-csc/scc-csc/en/item/2010/index.do

[36] *August and another v Electoral Commission and others*, de 1 de abril de 1999, disponible en http://www.constitutionalcourt.org.za/site/home.htm, y *Minister of Home Affairs v. National Institute for Crime Prevention and Re-Integration of Offenders (Nicro) and others*, de 3 de marzo de 2004, http://www.constitutionalcourt.org.za/site/home.htm

[37] Sentencia 329/03, de 29 de abril de 2003; en http://www.ramajudicial.gov.co/csj_portal/

[38] Sentencias de 27 de septiembre de 2001 y 9 de abril de 2002, en http://www.csjn.gov.ar/

[39] Sentencia de 28 de febrero de 2007, http://www.trife.gob.mx/

[40] Resoluciones 20.471, de 14 de septiembre de 1999; 21.160, de 1 de agosto de.2002, y 21.804, de 8 de junio de 2004, en http://www.tse.gov.br

[41] Sentencia de 28 de febrero de 2007, http://www.trife.gob.mx/

Como se puede constatar a la vista de esta panorámica legal y jurisprudencial, el abanico de respuestas jurídicas a los derechos políticos de los presos es muy variado. Con carácter general, en los ordenamientos que privan a estas personas del derecho de sufragio nos encontramos ante una restricción dirigida contra ellas por encontrarse en esa concreta relación jurídica de sujeción especial; se trata, en suma, de la privación de garantía constitucional al comportamiento consistente en la emisión del sufragio en razón del sujeto que lo podría llevar a cabo y que gozaría de plena protección jurídica si fuese realizado por personas que no se encontraran inmersas en la citada relación de sujeción especial.

Este límite puede estar previsto por la propia Constitución; así, por citar algunos casos, se suspende el ejercicio del derecho de sufragio a los presos en el artículo 15 de la Constitución brasileña, el 16 de la chilena (basta el mero procesamiento),...

En Estados Unidos, el Tribunal Supremo ha avalado la capacidad de los Estados para privar a los presos del sufragio, amparándose en la dicción de la Enmienda XIV, donde se excluye por "participar en rebelión o en otro delito".[42] En México, el artículo 38, fracción II, de la Constitución ordena la suspensión de los derechos ciudadanos a quienes se encuentran sujetos a un proceso criminal desde la fecha del llamado "auto de formal prisión" que es una resolución judicial que se dicta al inicio del proceso y, por lo mismo, antes de que se determine la culpabilidad o inocencia del procesado,[43] si bien la jurisprudencia de la Sala Superior del Tribunal Electoral no ha sido congruente con ese mandato constitucional.[44]

---

[42] *Richardson v. Ramirez*, 418 U.S. 24 (1974); disponible en http://www.justia.us/us/418/24/case.html. El apartado segundo de la Enmienda XIV dice: "2. Los representantes se distribuirán proporcionalmente entre los diversos Estados de acuerdo con su población respectiva, en la que se tomará en cuenta el número total de personas que haya en cada Estado, con excepción de los indios que no paguen contribuciones. Pero cuando a los habitantes varones de un Estado que tengan veintiún años de edad y sean ciudadanos de los Estados Unidos se les niegue o se les coarte en la forma que sea el derecho de votar en cualquier elección en que se trate de escoger a los electores para Presidente y Vicepresidente de los Estados Unidos, a los representantes del Congreso, a los funcionarios ejecutivos y judiciales de un Estado o a los miembros de su legislatura, *excepto con motivo de su participación en una rebelión o en algún otro delito*, la base de la representación de dicho Estado se reducirá en la misma proporción en que se halle el número de los ciudadanos varones a que se hace referencia, con el número total de ciudadanos varones de veintiún años del repetido Estado" (la cursiva es nuestra).

[43] "Artículo 38. Los derechos o prerrogativas de los ciudadanos se suspenden: (…) ii. Por estar sujeto a un proceso criminal por delito que merezca pena corporal, a contar desde la fecha del auto de formal prisión (…)". El Tribunal Electoral explica esta figura jurídica con las siguientes palabras: "…el referido auto de formal prisión es aquella resolución judicial dictada por el órgano jurisdiccional al vencer el término de setenta y dos horas, mediante la cual, previa reunión de los datos que sean suficientes para comprobar el cuerpo del delito y que exista presunta responsabilidad del inculpado, se emite prisión preventiva en su contra y, por lo tanto, se le sujeta a un proceso penal, con lo cual, se fija la materia por la que se ha de seguir el mismo; debiéndose precisar que el objeto de dicho auto de formal prisión no se limita a la detención, sino que habrá de tener algunas otras consecuencias como: (…) d) suspende los derechos y prerrogativas del ciudadano, en términos de la fracción II del artículo 38 de la Constitución General de la República".

Si no está expresamente incluida esta limitación del derecho fundamental en la Constitución, la suspensión del sufragio puede ser acordada por el poder público si existe una habilitación para ello en la Norma Fundamental, que suele exigir la aprobación de una norma con rango de ley, donde se fije de manera expresa, precisa y previsible el límite en cuestión, y todo ello con el fin exclusivo de proteger otros derechos o bienes constitucionales.[45]

En palabras del Tribunal Europeo de Derechos Humanos (*Hirst c. Reino Unido*, nº 2),[46]

> las eventuales restricciones no menoscabarán los derechos en aspectos esenciales, privándoles de su contenido y eficacia; responderán a un fin legítimo y los medios empleados no resultarán desproporcionados (*Mathieu-Mohin y Clerfayt c. Bélgica*,..., § 52). En particular, ninguna de las condiciones impuestas pueden afectar a la libre expresión del pueblo para la elección del poder legislativo; dicho de otra manera, deben reflejar, y no contravenir, la integridad y efectividad de un procedimiento electoral dirigido a expresar la voluntad popular a través del sufragio universal. Se puede, por ejemplo, fijar una edad mínima para asegurar que las personas que participen en el proceso electoral sean suficientemente maduras o incluso, en determinadas circunstancias, la elegibilidad puede someterse a criterios tales como la residencia para acreditar que las personas que se presenten tengan relaciones suficientemente estrechas o continuadas con el país en cuestión (*Hilbe c. Liechtenstein*, *Melnitchenko c. Ucrania*). Cualquier limitación al principio de sufragio universal corre el riesgo de socavar la legitimidad democrática del poder legislativo así elegido y de las leyes que apruebe. En consecuencia, la exclusión de cualesquiera grupos o categorías de pobla-

---

[44] Véase el caso "Pedraza Longi" (SUP-JDC-85/2007) y el análisis, en el contexto de la teoría garantista, que realiza Pedro SALAZAR UGARTE: "Dos versiones de un garantismo espurio en la jurisprudencia mexicana", en SALAZAR UGARTE/AGUILÓ REGLA/PRESNO LINERA: *Garantismo espurio*, Fundación Coloquio Jurídico Europeo, Madrid, 2009, págs. 58 y sigs.

[45] El Legislador argentino ha previsto en el Código Electoral Nacional (artículo 3.d) la privación del sufragio a los condenados por delitos dolosos a pena privativa de libertad, pero la Corte Suprema de Justicia ha considerado inconstitucional la privación referida a las personas detenidas sin condena (Sentencias de 27 de septiembre de 2001 y 9 de abril de 2002), http://www.csjn.gov.ar/
La Corte Constitucional de Colombia "ha señalado que las normas que niegan el derecho al sufragio a las personas condenadas, se encuentran acordes con el texto constitucional. Al respecto la Corporación expresó lo siguiente: "(…) el derecho político al sufragio no se concreta en su ejercicio actual y efectivo sino bajo la condición indispensable de hallarse en ejercicio de la ciudadanía, luego quien está afectado con la suspensión de la ciudadanía, ya sea de hecho, por no cumplir los requisitos exigidos, o en virtud de decisión judicial en los casos que determine la ley (C.P. artículo 98), está excluido de la posibilidad de elegir y ser elegido y de ejercer los derechos políticos allí consignados (…) "La Constitución permite que la ciudadanía se suspenda en virtud de decisión judicial "en los casos que determine la ley", como es por ejemplo, el presente caso, en que ella se produce a título de pena por la comisión de un delito, por medio de sentencia debidamente ejecutoriada. En consecuencia, no encuentra fundamento el cargo de la demanda, pues las normas de rango legal objeto de censura simplemente son concreción de aquella norma constitucional."… Ahora bien, en la medida en que es la misma Constitución la que lo autoriza la suspensión el ejercicio de la ciudadanía y, por ende, el ejercicio de los derechos políticos que tal calidad conlleva (arts. 40, 98 y 99 C. P.), no es posible en consecuencia considerar que se vulnere el carácter democrático, participativo y pluralista del Estado Social de derecho que nos rige por el hecho de que se restrinjan en las circunstancias ya anotadas la posibilidad de ejercer funciones públicas" (Sentencia C-329/03, de 29 de abril de 2003), en http://www.ramajudicial.gov.co/csj_portal/

[46] http://cmiskp.echr.coe.int/

ción debe conciliarse con los principios que sustenta el artículo 3 del Protocolo nº 1 (véase, *mutatis mutandis, Aziz c. Chipre*).

El TEDH no excluye que se impongan restricciones a los derechos electorales de la persona que, por ejemplo, ha cometido graves abusos en el ejercicio de funciones públicas o cuyo comportamiento amenaza con socavar el Estado de derecho o los fundamentos de la democracia.

No obstante, no se pueden adoptar a la ligera medidas rigurosas como la privación del derecho de voto y la imposición legal de una restricción global a todos los presos que cumplan su pena, que se les aplique automáticamente, cualquiera que sea la duración de su condena e independientemente de la naturaleza y gravedad de la infracción cometida y de su situación personal, sobrepasa el margen de apreciación aceptable, por amplio que sea, y es incompatible con el artículo 3 del Protocolo n° 1.

A nuestro juicio, la aplicación del principio democrático tendría que conducir a la inexistencia de restricciones políticas a los presos, al menos en todos aquellos ámbitos en los que el ejercicio de los derechos es compatible con su situación administrativa de sujeción especial, y el sufragio lo es sin especiales dificultades.

En todo derecho fundamental, y el voto lo demuestra con claridad, puede diferenciarse una dimensión subjetiva y una dimensión objetiva, y de la dimensión objetiva de las normas que garantizan el derecho fundamental al sufragio se derivan los efectos irradiante y recíproco de este derecho. En lo que al derecho de sufragio se refiere, el efecto de irradiación puede tener especial incidencia en el derecho penal, lo que significará que el Legislador penal deberá actuar de manera que no ignore el contenido esencial del derecho, lo que ocurrirá si aprueba una disposición sancionadora que con carácter general priva a una determinada categoría de personas del ejercicio del derecho de voto.[47]

Por su parte, el efecto recíproco obliga al Legislador a que en su labor limitativa observe el respeto debido a los términos constitucionales que mediatizan su tarea y, en segundo lugar, a que esta última no sea arbitraria o no razonable. En este sentido, y en palabras del TEDH, el margen de apreciación del Estado es sustancialmente más estrecho y deberá contar con razones de peso para las restricciones en cuestión.

La aplicación de estos efectos al derecho de voto nos permite concluir, por citar un ejemplo, que, con arreglo a la Constitución española de 1978, es inconstitucional la privación del derecho de voto a los presos, pues la persona que cumple una condena privativa de libertad no carece de capacidad para autodeterminarse políticamente y, además, esa circunstancia

---

[47] Véase *Minister of Home Affairs v. National Institute for Crime Prevention and Re-Integration of Offenders (Nicro) and others*, http://www.constitutionalcourt.org.za/site/home.htm

no convierte a quien se encuentra en ella en una persona carente de dignidad, por lo que la sanción consistente en la privación del sufragio activo por ese motivo no es en absoluto compatible con el mandato contenido en el artículo 25.2 de la Constitución.[48] Por otra parte ni apelando a razones técnicas se puede justificar que los reclusos no puedan votar, pues es un problema fácilmente solucionable a través del voto por correo.

Por este motivo, entendemos que se ha acertado al convertir en historia la privación del derecho de sufragio activo como consecuencia de una sanción penal.[49] Antes de la entrada en vigor del Código Penal de 1995, esta consecuencia se podía producir bien por razón de una inhabilitación absoluta (artículo 35), una inhabilitación especial (artículo 37) o una suspensión (artículo 39).[50] La primera y la tercera eran penas accesorias a las de privación de libertad, mientras que la segunda era una pena específica.[51]

### Conclusión: el derecho de voto de las personas discapacitadas y de los presos como instrumento de superación de su vulnerabilidad

El reconocimiento, con carácter general, del derecho de sufragio de las personas con una discapacidad y de las que están recluidas en establecimientos penitenciarios es un instrumento normativo para luchar contra

---

[48] "Las penas privativas de libertad y las medidas de seguridad estarán orientadas hacia la reeducación y reinserción social y no podrán consistir en trabajos forzados. El condenado a pena de prisión que estuviere cumpliendo la misma gozará de los derechos fundamentales de este Capítulo, a excepción de los que se vean expresamente limitados por el contenido del fallo condenatorio, el sentido de la pena y la ley penitenciaria. En todo caso, tendrá derecho a un trabajo remunerado y a los beneficios correspondientes de la Seguridad Social, así como al acceso a la cultura y al desarrollo integral de su personalidad".

[49] Había cuestionado la constitucionalidad de esta sanción, vigente hasta la entrada en vigor del Código Penal de 1995, Luis LÓPEZ GUERRA en su estudio "El derecho de participación del artículo 23.2 de la Constitución española", en *Los derechos fundamentales y libertades públicas*. XIII Jornadas de Estudio de la Dirección General del Servicio Jurídico del Estado, Madrid, 1993; véanse las págs. 1177 y 1178.

[50] Según el antiguo artículo 35.2, "La pena de inhabilitación absoluta producirá los efectos siguientes: 2º. La privación del derecho de elegir y ser elegido para cargas públicas durante el tiempo de la condena..."; "La inhabilitación especial para el derecho de sufragio privará al penado del derecho de elegir y ser elegido durante el tiempo de la condena para el cargo electivo sobre que recayere". (artículo 37); "La suspensión del derecho de sufragio privará al penado, igualmente, de su ejercicio durante el tiempo de la condena". (artículo 39).

[51] En la Disposición Derogatoria del Código Penal de 1995 se derogan de manera expresa los términos "activo y" del artículo 137 de la LOREG ("Por todos los delitos a que se refiere este Capítulo se impondrá, además de la pena señalada en los artículos siguientes, la de inhabilitación especial para el derecho de sufragio activo y pasivo."). Habrá que entender también derogada la letra a) del artículo 3 ("Carecen de derecho de sufragio: los condenados por sentencia judicial firme a la pena principal o accesoria de privación del derecho de sufragio durante el tiempo de su cumplimiento), ya que tal pena no existe; véase al respecto el estudio de Laura POZUELO PÉREZ: *Las penas privativas de derechos en el Código Penal*, Colex, Madrid, 1998, págs. 14 y 15.

una exclusión social que deriva de los prejuicios que han venido padeciendo estos grupos de personas y que han desembocado en estereotipos legislativos que prohíben la evaluación individualizada de sus capacidades y necesidades.

Frente a estas situaciones, el papel del Derecho Constitucional debe ser el de promover la participación política de estas personas y remover los obstáculos normativos que generan la discriminación, evitando así la perpetuación de prejuicios y exclusiones.

Compartimos, pues, la conclusión del TEDH según la cual "una eliminación indiscriminada del derecho a voto, sin una evaluación judicial individual y exclusivamente basada en una discapacidad mental que precise una tutela parcial, no puede considerarse compatible con las bases legítimas para restringir el derecho a voto" (caso *Alajos Kiss contra Hungría*).

Y consideramos, además que este razonamiento puede extenderse a las personas presas, en la misma línea que han abierto, por mencionar otros dos ordenamientos, el Tribunal Supremo de Canadá y el Tribunal Supremo de Sudáfrica; el primero (asunto *Sauvé c. Canadá*, de 31 de octubre de 2002) defiende que una interpretación amplia del objeto es particularmente importante en el derecho de voto, sin que deba ser limitado por intereses colectivos opuestos. Los derechos democráticos fundamentales no constituyen «una gama de soluciones aceptables» entre las que el Legislador pueda elegir a su antojo, pues los derechos no son una cuestión de privilegio o de mérito, sino de pertenencia a la sociedad, lo que es especialmente cierto en el derecho de sufragio, piedra angular de la democracia.[52]

Por su parte, el Tribunal Constitucional de Sudáfrica afirmó (*August c. Electoral Commission*, de 1 de abril de 1999) que el derecho de voto impone obligaciones positivas tanto al Legislador como al Ejecutivo, insistiendo en que el sufragio universal de los adultos es uno de los valores fundamentales de todo el sistema constitucional porque es importante no solo para la soberanía popular y la democracia sino también como símbolo de la dignidad e identidad individual. "Literalmente, significa que todo el mundo es importante".[53]

---

[52] http://scc-csc.lexum.com/scc-csc/scc-csc/en/item/2010/index.do
[53] http://www.constitutionalcourt.org.za/site/home.htm

# Parte II

# PERSPECTIVAS E GARANTIAS DE EFETIVAÇÃO

# — 11 —

# Os direitos à organização e ao procedimento como paradigmas à efetivação dos direitos sociais

## GILMAR FERREIRA MENDES[1]

*Sumário:* Introdução; 1. Breves considerações sobre direitos sociais; 2. Estado prestacional; 3. Direitos à organização e ao procedimento; 3.1. Delimitação; 3.2. Dever de proteção e proibição de proteção insuficiente; 4. Direitos à organização e ao procedimento como paradigmas à efetivação dos direitos sociais; a. Garantido mediante políticas sociais e econômicas; b. Políticas que visem à redução do risco de doença e de outros agravos; c. Políticas que visem ao acesso universal e igualitário; d. Ações e serviços para promoção, proteção e recuperação da saúde; Conclusão.

> *A concepção individualista dos direitos humanos tem evoluído rapidamente, (...) por uma extensão, cada vez maior, dos direitos sociais. Já se não vê na sociedade um mero agregado, uma justaposição de unidades individuais, acasteladas cada qual no seu direito intratável, mas uma entidade naturalmente orgânica, em que a esfera do indivíduo tem por limites inevitáveis, de todos os lados, a coletividade. O direito vai cedendo à moral, o indivíduo à associação, o egoísmo à solidariedade humana*
> (Rui Barbosa).

## Introdução

A concepção individualista dos direitos fundamentais evoluiu para abranger uma perspectiva social.[2] Tal como observado por Hesse, a garantia de liberdade do indivíduo que os direitos fundamentais pretendem assegurar somente é exitosa no contexto de uma sociedade livre.

Observa-se, então, que a efetivação desses direitos deve partir de uma hermenêutica capaz de vislumbrar o homem concreto e situado

---
[1] Ministro do Supremo Tribunal Federal; Professor de Direito Constitucional nos cursos de graduação e pós-graduação da Faculdade de Direito da Universidade de Brasília (UnB) e do Instituto Brasiliense de Direito Público (IDP). Doutor em Direito pela Universidade de Münster, Alemanha.

[2] Obras Completas de Rui Barbosa. V. 46, t. 1, 1919. p. 81.

numa realidade histórica, destinado ao livre desenvolvimento, inserido nos contextos culturais, sociais e políticos, como sujeito de direitos e de deveres, e membro participativo da comunidade, da família, dos grupos sociais e políticos, bem como das sociedades políticas.

Destarte, uma sociedade livre pressupõe indivíduos aptos a decidir sobre as questões de seu interesse e responsáveis pelas perspectivas centrais de interesse da comunidade. Essas características condicionam e tipificam, segundo Hesse, a estrutura e a função dos direitos fundamentais, por assegurar não apenas direitos subjetivos, mas também os princípios objetivos da ordem constitucional e democrática.[3]

Portanto, os direitos fundamentais são direitos subjetivos e elementos essenciais da ordem constitucional objetiva. Enquanto direitos subjetivos, os direitos fundamentais outorgam aos seus titulares a possibilidade de impor os seus interesses em face dos órgãos obrigados. Na sua acepção como elemento fundamental da ordem constitucional objetiva, os direitos fundamentais – tanto aqueles que não asseguram, primariamente, um direito subjetivo quanto aqueles outros, concebidos como garantias individuais – formam a base do ordenamento jurídico de um Estado de Direito democrático.

Nesse sentido, Perez Luño aduz que no horizonte do constitucionalismo atual os direitos fundamentais desempenham uma dupla função: no plano subjetivo seguem atuando como garantias de liberdade individual, também na defesa dos aspectos sociais e coletivos da subjetividade e, no plano objetivo, tem assumido uma dimensão institucional a partir da qual seu conteúdo deve funcionar para a consecução dos fins e valores constitucionalmente proclamados.[4]

A complexidade do sistema de direitos fundamentais recomenda que se envidem esforços no sentido de precisar os elementos essenciais dessa categoria de direitos, em especial no que concerne à identificação dos âmbitos de efetivação, proteção e imposição de restrições ou limitações.

No âmbito objetivo dos direitos fundamentais, a doutrina tem evidenciado o direito à organização e ao procedimento (*Recht auf Organisation und auf Verfahren*). Existem direitos fundamentais que dependem, na sua realização, de providências estatais com vistas à criação, conformação de órgãos e procedimentos indispensáveis à sua efetivação. Portanto, a abordagem do tema centra-se na perspectiva dos direitos à organização e ao procedimento como paradigmas à efetivação dos direitos sociais.

---

[3] HESSE, Bedeutung der Grundrechte, in Ernst Benda; Werner Maihofer e Hans-Jochen Vogel, *Handbuch des Verfassungsrechts*, Berlin, 1995, v. I, p. 127 (134).

[4] LUÑO, Antônio E. Perez. *Los derechos fundamentales*. Temas clave de la Constitucion española. Madrid: Tecnos. 2007. p. 25.

## 1. Breves considerações sobre direitos sociais

A concepção dos direitos sociais é revelada por um marco histórico de reconhecimento desses direitos como direitos fundamentais de segunda geração. Diante dessa conquista não se admitem retrocessos, o que revela um marco intangível. Todavia, algumas teorias no âmbito jurídico-político são baseadas numa construção dogmática que acaba por deslocar ou mesmo esvaziar o conteúdo desses direitos, questionando sua natureza jusfundamental. As controvérsias e problemáticas existentes na relação entre a normatividade e a concretude dos direitos sociais acabam por gerar uma intranquilidade discursiva.

Por vezes, ocorre a inserção desses direitos para níveis programáticos, deslocando-os para outras vias de efetividade caracterizada por normas de baixa densidade. Desse modo, a dependência de recursos econômicos para a efetivação dos direitos de caráter social leva parte da doutrina a defender que as normas que consagram tais direitos assumem a feição de normas programáticas, dependentes, portanto, da formulação de políticas públicas para se tornarem exigíveis. Nessa perspectiva, também se defende que a intervenção do Poder Judiciário, ante a omissão estatal quanto à construção satisfatória dessas políticas, pode violar o princípio da separação dos Poderes e o princípio da reserva do financeiramente possível.

As divergências doutrinárias quanto ao efetivo âmbito de proteção da norma constitucional desses direitos decorrem, especialmente, de sua natureza prestacional e da necessidade de compatibilização do que se convencionou denominar mínimo existencial e reserva do possível (*Vorbehalt des Möglichen*).

Ressaltam-se, nessa perspectiva, as contribuições de Stephen Holmes e Cass Sunstein para o reconhecimento de que todas as dimensões dos direitos fundamentais têm custos públicos, dando significativo relevo ao tema da reserva do possível, especialmente ao evidenciar a escassez dos recursos e a necessidade de se fazerem escolhas alocativas, concluindo, a partir da perspectiva das finanças públicas, que levar a sério os direitos significa levar a sério a escassez.[5]

Embora os direitos sociais, assim como os direitos e liberdades individuais, impliquem tanto direitos a prestações em sentido estrito (positivos), quanto direitos de defesa (negativos), e ambas as dimensões demandem o emprego de recursos públicos para a sua garantia, é a dimensão prestacional (positiva) dos direitos sociais o principal argumento contrário à sua judicialização.

---
[5] HOLMES, Stephen; SUNSTEIN, Cass. *The Cost of Rights*: Why Liberty Depends on Taxes. W. W. Norton & Company: Nova Iorque, 1999.

A Constituição brasileira não só prevê expressamente a existência de direitos fundamentais sociais (artigo 6º), especificando seu conteúdo e forma de prestação (artigos 196, 201, 203, 205, 215, 217, entre outros), como não faz distinção entre os direitos e deveres individuais e coletivos (capítulo I do Título II) e os direitos sociais (capítulo II do Título II), ao estabelecer que os direitos e garantias fundamentais têm aplicação imediata (artigo 5º, § 1º, CF/88). Vê-se, pois, que os direitos fundamentais sociais foram acolhidos pela Constituição Federal de 1988 como autênticos direitos fundamentais. Não há dúvida – deixe-se claro – de que as demandas que buscam a efetivação de prestações devem ser resolvidas a partir da análise de nosso contexto constitucional e de suas peculiaridades.

É preciso levar em consideração que, em relação aos direitos sociais, a prestação devida pelo Estado varia de acordo com a necessidade específica de cada indivíduo. Enquanto o Estado tem que dispor de um valor determinado para arcar com o aparato capaz de garantir a liberdade dos cidadãos universalmente, no caso de um direito social como a saúde, por outro lado, deve dispor de valores variáveis em função das necessidades individuais de cada cidadão. Gastar mais recursos com uns do que com outros envolve, portanto, a adoção de critérios distributivos para esses recursos.

Assim, em razão da inexistência de suportes financeiros suficientes para a satisfação de todas as necessidades sociais, enfatiza-se que a formulação das políticas sociais e econômicas voltadas à implementação dos direitos sociais implicaria, invariavelmente, escolhas alocativas. Tais escolhas seguiriam critérios de justiça distributiva (o quanto disponibilizar e a quem atender), configurando-se como típicas opções políticas, as quais pressupõem "escolhas trágicas"[6] pautadas por critérios de justiça social (macrojustiça). Assim, a escolha da destinação de recursos para uma política e não para outra leva em consideração fatores como o número de cidadãos atingidos pela política eleita, a efetividade e eficácia do serviço a ser prestado, a maximização dos resultados, entre outros.

Nessa linha de análise, argumenta-se que o Poder Judiciário, o qual estaria vocacionado a concretizar a justiça do caso concreto (microjustiça), muitas vezes não teria condições de, ao examinar determinada pretensão à prestação de um direito social, analisar as consequências globais da destinação de recursos públicos em benefício da parte com invariável prejuízo para o todo.[7]

---

[6] Acerca das escolhas trágicas, cf. a célebre opinião da Corte Constitucional da África do Sul, referência internacional no que tange à adjudicação dos direitos sociais, em *Soobramoney v. Minister of Health (Kwazulu-Natal)*, (CCT32/97) [1997] ZACC 17; 1998 (1) SA 765 (CC).

[7] AMARAL, Gustavo. *Direito, escassez e escolha*. Rio de Janeiro: Renovar, 2001.

Os defensores da atuação do Poder Judiciário na concretização dos direitos sociais, em especial do direito à saúde ou à educação, argumentam que tais direitos são indispensáveis para a realização da dignidade da pessoa humana. Assim, ao menos o "mínimo existencial" de cada um dos direitos, exigência lógica do princípio da dignidade da pessoa humana, não poderia deixar de ser objeto de apreciação judicial.

Nesse sentido, não são poucos os que se insurgem contra a própria ideia da reserva do possível como limite fático à concretização dos direitos sociais. Isso porque, apesar da realidade da escassez de recursos para o financiamento de políticas públicas de redução de desigualdades, seria possível estabelecer prioridades entre as diversas metas a atingir, racionalizando a sua utilização, a partir da ideia de que determinados gastos, de menor premência social, podem ser diferidos, em favor de outros, reputados indispensáveis e urgentes, quando mais não seja por força do princípio da dignidade da pessoa humana, que, sendo o valor-fonte dos demais valores, está acima de quaisquer outros, acaso positivados nos textos constitucionais.

De qualquer modo, nesse debate, é necessário ressaltar que:

> [...] conquanto seja possível extrair da Constituição um indeclinável dever jurídico, a cargo do Estado, de fornecer as prestações materiais indispensáveis a uma vida digna aos que não têm condições de obtê-las por meios próprios, o legislador continua com o privilégio de especificar quais prestações são estas, o seu montante e o modo como serão realizadas. Cabe a ele, como órgão que exerce responsabilidade política sobre os gastos públicos, conformar as colisões que certamente ocorrerão com outros direitos e bens constitucionais, transformando o direito prima facie em direito definitivo. Porém, em matéria de mínimo existencial, o juiz também está legitimado a desempenhar essa função, embora de forma subsidiária, na falta, total ou parcial, do legislador ou do administrador.[8]

É inegável a existência da controvérsia no âmbito da judicialização dos direitos sociais. Ressalte-se, nesse ponto, a assertiva do professor Canotilho segundo a qual "paira sobre a dogmática e teoria jurídica dos direitos econômicos, sociais e culturais a carga metodológica da vaguidez, indeterminação e impressionismo que a teoria da ciência vem apelidando, em termos caricaturais, sob a designação de 'fuzzismo' ou 'metodologia fuzzy'". Em "toda a sua radicalidade – enfatiza Canotilho – a censura de fuzzysmo lançada aos juristas significa basicamente que eles não sabem do que estão a falar quando abordam os complexos problemas dos direitos econômicos, sociais e culturais".[9]

---

[8] CORDEIRO, Karine da Silva. *Direitos fundamentais sociais*: dignidade da pessoa humana e mínimo existencial, o papel do Poder Judiciário, Porto Alegre: Livraria do Advogado, 2013, p. 169-170.

[9] CANOTILHO, J. J. Gomes. Metodologia "fuzzy" e "camaleões normativos" na problemática actual dos direitos econômicos, sociais e culturais, in *Estudos sobre direitos fundamentais*. Coimbra: Coimbra Editora, 2004, p. 100.

Nesse aspecto, não surpreende o fato de que a questão dos direitos sociais tenha sido deslocada, em grande parte, para as teorias da justiça, da argumentação jurídica e da análise econômica do direito.[10] Enfim, como enfatiza Canotilho, "havemos de convir que a problemática jurídica dos direitos sociais se encontra hoje numa posição desconfortável".[11]

Os direitos fundamentais sociais são direitos cambiantes que passaram por uma instabilidade, na qual foram, por vezes, deslocados da sua real concepção de direitos fundamentais para incorporarem outras naturezas normativo-constitucionais, daí a designação «camaleões normativos».[12]

Tais remodelações culminaram para a instauração de discursos calcados na indeterminação normativa e na confusão entre o conteúdo de um direito juridicamente definido e determinado e o conteúdo sujeito aos moldes político-jurídicos.

Enfim, os direitos fundamentais sociais já percorreram o itinerário cambiante com a trajetória designada no contexto teórico, tendo como ponto de partida a consideração de direitos programáticos, definidores de tarefas estatais (*Staatszielbestimmungen*), sendo designados como normas de organização de planos de governos e garantias institucionais, até chegar à posição em que se encontram: direitos fundamentais subjetivos públicos, em princípio, dotados de efetividade e aplicabilidade no campo jurídico-constitucional.

O discurso contemporâneo enfrenta um desafio ao definir *se, como* e *em que medida* os direitos sociais se traduzem em direitos subjetivos a prestações positivas do Estado, passíveis de garantia pela via judicial.

Nesse sentido, Ingo Sarlet ressalta que:

> Os direitos sociais somente podem ser compreendidos (e aplicados) de modo adequado a partir de uma análise conjunta e sistemática de todas as normas constitucionais que direta ou indiretamente a eles se vinculam, bem como à luz de toda a legislação infraconstitucional e da jurisprudência que os concretiza.

Portanto, as teorias dos direitos fundamentais sociais devem estar atreladas a uma indeclinável concepção do Estado, da Constituição e da cidadania, tendo em vista o papel central que esses direitos desempenham na questão da legitimidade da ordem constitucional, operando como demandantes de uma política estatal de intervenção, mediante procedimentos adequados de criação e manutenção de condições materiais. É nesse

---

[10] CANOTILHO, J. J. Gomes. Metodologia "fuzzy" e "camaleões normativos" na problemática actual dos direitos econômicos, sociais e culturais, cit., p. 98.
[11] Idem, p. 99.
[12] Expressão de J. Isensee retomada por Canotilho. *Estudos* ... p. 101.

contexto que os direitos à organização e ao procedimento são essenciais para a concretização dos direitos sociais.

## 2. Estado prestacional

Os direitos fundamentais são componentes basilares que vinculam o poder estatal realizar as tarefas prestacionais. Tal perspectiva fundamenta e consolida Estado de Direito como uma unidade política material. Nesse sentido, o Estado torna-se garantidor e fornecedor de uma série de prestações de natureza material dirigidas a assegurar uma existência digna aos indivíduos.

A satisfação das demandas encontra-se condicionada à alocação de recursos financeiros que, por sua vez, estão atrelados ao grau de desenvolvimento social, bem como às opções políticas realizadas pelos Poderes públicos. Inúmeras opções políticas e administrativas estão condicionadas pelos fatores econômicos no âmbito das finanças públicas. A conjugação desses fatores leva à constatação, na pós-modernidade, da necessidade de se analisar a sustentabilidade financeira do Estado prestacional.

Nessa perspectiva, Peter Häberle, ao discorrer sobre o Estado prestacional, indica que a problemática emanente do princípio de eficácia poderia resumir-se em três planos: organização, distribuição e o fato de que o Estado social se orienta fundamentalmente de maneira humanitária.[13] Segundo ele, "a gestão ou, se quiser, administração de prestações converte ou transforma os direitos fundamentais em objetivos constitucionais, redistribuindo, planificando, dirigindo e subvencionando, buscando em todo caso sua eficácia *erga omnes,* dirigindo seu uso individual e coletivo em sentido de 'fazer proveitosos' todos os direitos fundamentais, como diria Zacher".[14]

O autor continua ao mencionar que:

> O Estado prestacional pode dotar-se de meios respeitantes ao princípio de prestações; pode, igualmente, administrá-los e distribuí-los incorrendo às vezes em conflitos com os direitos fundamentais, porém também pode tornar efetivos esses direitos básicos independentemente da aplicação do princípio de prestações, toda vez que a posição entre os direitos fundamentais e o Estado prestacional seja, de per si, 'ambivalentes', isto é, que, por uma parte, seja o Estado prestacional aquele que pratica uma política social orientada a garantir os supracitados direitos como encargo próprio do Estado constitucional fomentando-os e inserindo-os na vida social como um todo, enquanto que, por outra, de fato, cria zonas de risco e perigo para com esses, tanto mais quanto que apenas se previram garantias suficientes a respeito. (...)

---

[13] Problemas específicos da constituição pluralista em nível interno ou *ad intra*: os direitos fundamentais no estado de bem-estar, in HÄBERLE, Peter. *Pluralismo e Constituição*: estudos de Teoria Constitucional da Sociedade Aberta, São Paulo: IDP-Saraiva, no prelo.

[14] Idem.

> A Constituição estabelece o marco de formas de organização e de procedimentos prestacionais estatais com os que se coordena entre o Estado e sociedade, a um só tempo que ajuda o Estado a integrar suas estruturas no marco dos direitos fundamentais básicos e coopera para a racionalização e coordenação do poder estatal e social como processo público, acomodando os conflitos sociais dentro de um ordenamento que se pretende mais humano para todos e perante todos.[15]

A Constituição, portanto, estabelece um sistema dotado de formas de organização e procedimentos estatais capazes de efetivar direitos fundamentais e integrar as relações entre Estado e sociedade de forma a coordenar o processo público.

É necessário verificar que no âmbito da concretização dos direitos sociais há uma vasta e complexa rede de serviços públicos que um governo, devido às questões econômicas e financeiras, nem sempre consegue edificar e manter. Diante das crises e das diferentes demandas, novos questionamentos são apresentados na dimensão da efetivação desses direitos.

Canotilho chega a mencionar, nesse domínio, as dificuldades do Estado Fiscal. Segundo o autor, não há Estado Social em "Estado falhado" ou com os cofres vazios, sendo assim que se iniciam os problemas. Para Casalta Nabais, o Estado Social veio, com o andar dos tempos, a concretizar-se na ideia de universalidade dos direitos sociais, o que, aliado ao nível das prestações alcançadas na sua forma de Estado-providência, contribuiu de maneira decisiva para desencadear a atual crise. O autor relata que se trata de uma crise que é simultaneamente financeira, expressa no crescente aumento da diferença entre o ritmo de crescimento econômico e o ritmo do crescimento das despesas sociais, de legitimidade, seja porque já não assegura a sua função de proteção dos mais desfavorecidos, seja porque levou longe demais a política de redistribuição, anulando significativamente as diferenças necessárias ao funcionamento adequado do mercado, e de eficácia de funcionamento, traduzida no rendimento decrescente das despesas sociais decorrente, sobretudo, da crescente burocratização da sua gestão.[16]

Diante desse quadro, o Estado Social caracterizado prestador torna-se incapaz de atender as demandas atuais. Nestas vertentes, pode ser vislumbrado o surgimento das falhas do Estado Social. O perigo maior se encontra na inoperância e até mesmo na impotência estatal diante de suas tarefas. Portanto, o impasse a que chegou o Estado-Providência e o progressivo descomprometimento do Estado tem conduzido ao apareci-

---

[15] Problemas específicos da constituição pluralista em nível interno ou *ad intra*: os direitos fundamentais no estado de bem-estar, in HÄBERLE, Peter. *Pluralismo e Constituição*: estudos de Teoria Constitucional da Sociedade Aberta, São Paulo: IDP-Saraiva, no prelo.

[16] NABAIS, José Casalta. *Por uma liberdade com responsabilidade*. Estudos sobre direitos e deveres fundamentais. Coimbra: Editora Coimbra. 2007. p. 100.

mento não programado de alternativas privadas à produção de bens e serviços sociais.[17]

E o perigo aumenta diante de falhas de atribuições e concretizações dos direitos fundamentais sociais que afetam diretamente o indivíduo isolado ou em grupo, sendo, neste âmbito, que surge o paradoxo do Estado, enfraquecendo os governantes no momento em que os governados esperam mais de sua ação.

Por outro lado, Casalta Nabais menciona que o Estado Prestador é susceptível, ultrapassado que seja um determinado nível ou limite, de ameaçar tanto a estadualidade (própria do Estado moderno) como a liberdade individual, por correr o risco de se tornar um Estado mercador em que o indivíduo, a troco de benesses e prendas sociais, concede maior aceitação para as decisões do Estado, corroendo-se assim tanto a autoridade desse como a liberdade daquele. Ele ressalta que nem o Estado pode comprar os cidadãos a expensas de parcelas da sua autoridade (democrática), nem estes podem comprar aquele abrindo mão de sua liberdade (jusfundamental).[18]

Portanto, a ideia do Estado Prestacional deve-se submeter, nas palavras de Canotilho, a uma «terapia adequada», pois o impasse a que foi levado o Estado do Bem-estar Social fez com que se procurasse um novo equilíbrio político, econômico e financeiro.

Torna-se essencial, portanto, que o Estado prestacional pratique uma política social orientada a garantir os direitos fundamentais como encargo próprio do Estado constitucional, fomentando-os e inserindo-os na vida social como um todo. Para isso, é necessária a realização de direitos evidenciados como organização e procedimentos.

### 3. Direitos à organização e ao procedimento

Nos últimos tempos, a doutrina vem utilizando-se do conceito de *direito à organização e ao procedimento* (*Recht auf Organisation und auf Verfahren*) para designar todos aqueles direitos fundamentais que dependem, na sua realização, tanto de providências estatais com vistas à criação e conformação de órgãos, setores ou repartições (direito à organização) como de outras, normalmente de índole normativa, destinadas a ordenar a fruição de determinados direitos ou garantias, como é o caso das garantias pro-

---

[17] HESPANHA, Pedro. "Novas Perspectivas sobre os direitos sociais". In: *Intervenção Social*, n° 15/16. Instituto Superior de Serviço Social. Dezembro 1996. p. 128.
[18] NABAIS, José Casalta. *Por uma liberdade com responsabilidade*. Estudos sobre direitos e deveres fundamentais. Coimbra: Editora Coimbra. 2007. p. 103.

cessuais-constitucionais (direito de acesso à Justiça, direito de proteção judiciária, direito de defesa).[19]

Reconhece-se o significado do direito à organização e ao procedimento como elemento essencial da realização e garantia dos direitos fundamentais.[20] Trata-se de procedimentos considerados essenciais à concretização de outros direitos fundamentais.

Isso se aplica de imediato aos direitos fundamentais que têm por objeto a garantia dos postulados da organização e do procedimento, como é o caso da liberdade de associação (art. 5º, XVII), das garantias processuais-constitucionais da defesa e do contraditório (art. 5º, LV), do direito ao juiz natural (art. 5º, XXXVII), das garantias processuais-constitucionais de caráter penal (inadmissibilidade da prova ilícita, o direito do acusado ao silêncio e à não autoincriminação, etc.).

Também poder-se-ia cogitar a inclusão, no grupo dos direitos de participação na organização e procedimento, do direito dos partidos políticos a recursos do fundo partidário e do acesso à propaganda política gratuita nos meios de comunicação (art. 17, § 3º) na medida em que se trata de prestações dirigidas tanto à manutenção da estrutura organizacional dos partidos (e até mesmo de sua própria existência como instituições de importância vital para a democracia) quanto à garantia de uma igualdade de oportunidades no que concerne à participação no processo democrático.[21]

Ingo Sarlet ressalta que o problema dos direitos de participação na organização e procedimento centra-se na possibilidade de exigir-se do Estado (de modo especial do legislador) a emissão de atos legislativos e administrativos destinados a criar órgãos e estabelecer procedimentos, ou mesmo de medidas que objetivem garantir aos indivíduos a participação efetiva na organização e no procedimento. Na verdade, trata-se de saber se existe uma obrigação do Estado nesse sentido e se a esta corresponde um direito subjetivo fundamental do indivíduo.[22]

Assim, quando se impõe que certas medidas estatais que afetem direitos fundamentais devam observar determinado procedimento, sob pena de nulidade, não se está a fazer outra coisa senão proteger o direito mediante o estabelecimento de normas de procedimento. Como, quando se impõe que determinados atos processuais somente poderão ser praticados com a presença do advogado do acusado. Ou, tal como faz a Constituição brasileira, quando estabelece que as negociações coletivas

---

[19] Cf., sobre o assunto, HESSE, *Grundzüge des Verfassungsrechts*, cit., p. 144; ALEXY. *Theorie der Grundrechte*, cit., p. 430; CANOTILHO, *Direito constitucional*, cit., 1993, p. 546 e s.
[20] HESSE, *Bedeutung der Grundrechte*, cit., p. 127 (146-147).
[21] SARLET, *A eficácia dos direitos fundamentais*. 11. ed. Porto Alegre: Livraria do Advogado, 2012, p. 196.
[22] Idem, p. 196-197.

só poderão ser celebradas com a participação das organizações sindicais (art. 8°, VI).[23]

## 3.1. Delimitação

Há várias formas de classificar os direitos fundamentais. De fato, nesse campo, as variações taxonômicas são múltiplas. Entretanto, os *direitos à organização e ao procedimento* são normalmente considerados como uma espécie dos *direitos de prestação em sentido amplo*. Já os direitos sociais, que também podem ser chamados de *direitos de prestação em sentido estrito*, são uma outra espécie de *direitos de prestação em sentido amplo*.[24]

Desse modo, o direito à organização e ao procedimento é um tipo de direito fundamental em que os pressupostos fático-materiais são particularmente relevantes para o exercício pleno dos direitos. Por isso, os direitos de prestação em sentido amplo, categoria que engloba os direitos sociais (direitos *de prestação em sentido estrito*) e os *direitos à organização e ao procedimento*, podem consistir na edição de atos normativos pelo Estado, na criação de procedimentos e garantias judiciais, na instituição de auxílios pecuniários (benefícios assistenciais ou previdenciários), na realização de políticas públicas, etc.[25]

Nesse sentido, Ingo Sarlet ressalta que todas as funções dos direitos fundamentais, tanto na perspectiva jurídico-objetiva, quanto na dimensão subjetiva, guardam direta conexão entre si e se complementam reciprocamente (embora a existência de conflitos), podem ser genericamente designadas de função organizatória e procedimental. O autor sustenta que a partir do conteúdo das normas de direitos fundamentais é possível extrair consequências para a aplicação e interpretação de normas procedimentais, mas também para uma formatação do direito organizacional e procedimental que auxilie na efetivação da proteção dos direitos fundamentais, evitando-se os riscos de uma redução do seu significado e conteúdo material.

Canotilho menciona que o direito fundamental material tem irradiação sobre o procedimento, devendo este ser conformado de forma a assegurar a efetividade ótima do direito protegido.[26] Neste contexto, há que considerar a íntima vinculação entre direitos fundamentais, organização e procedimento, no sentido de que os direitos fundamentais são, ao mesmo tempo e de certa forma, dependentes da organização e do pro-

---

[23] Cf. ADI-MC 1.361, *DJ* de 12-4-1996.
[24] BOROWSKI, Martin. *Grundrechte als Prinzipien*, 2. Auf., Baden-Baden: Nomos, 2007, p. 293 e s.
[25] ALEXY, Robert. *Theorie der Grundrechte*, cit., p. 405 e s.
[26] CANOTILHO, J.J. Gomes. *Tópicos sobre um curso de mestrado sobre efeitos fundamentais*: procedimento, processo e organização, Coimbra: Almedina, 1990, tópico 2.2.

cedimento (no mínimo, sofrem influência da parte destes), mas simultaneamente também atuam sobre o direito procedimental e as estruturas organizacionais.[27]

### 3.2. Dever de proteção e proibição de proteção insuficiente

Os direitos fundamentais não contêm apenas uma proibição de intervenção (*Eingriffsverbote*), expressando também um postulado de proteção (*Schutzgebote*). Haveria, assim, para utilizar uma expressão de Canaris, não apenas uma proibição de excesso (*Übermassverbot*), mas também uma proibição de proteção insuficiente (*Untermassverbot*).[28]

Ingo Sarlet destaca que por força dos deveres de proteção, aos órgãos estatais incumbe assegurar os níveis eficientes de proteção para os diversos bens fundamentais, o que implica não apenas a vedação de omissões, mas também a proibição de uma proteção manifestamente insuficiente, tudo sujeito a controle por parte dos órgãos estatais, inclusive por parte do Judiciário.[29]

Desse modo, a concepção que identifica os direitos fundamentais como princípios objetivos legitima a ideia de que o Estado se obriga não apenas a observar os direitos de qualquer indivíduo em face das investidas do Poder Público (*direito fundamental enquanto direito de proteção ou de defesa – Abwehrrecht*), mas também a garantir os direitos fundamentais contra agressão propiciada por terceiros (*Schutzpflicht des Staats*).[30]

A forma como esse dever será satisfeito constitui tarefa dos órgãos estatais, que dispõem de ampla liberdade de conformação.[31] A jurisprudência da Corte Constitucional alemã consolida entendimento no sentido de que do significado objetivo dos direitos fundamentais resulta o dever de o Estado não apenas se abster de intervir no âmbito de proteção desses direitos, mas também de proteger esses direitos contra a agressão ensejada por atos de terceiros.[32]

Tal interpretação do *Bundesverfassungsgericht* empresta, sem dúvida, uma nova dimensão aos direitos fundamentais, fazendo com que o Esta-

---

[27] SARLET, Ingo Wolfgang; MARINONI, Luiz Guilherme; MITIDIERO, Daniel. *Curso de direito constitucional*. São Paulo: Revista dos Tribunais, 2012. p. 312.

[28] CANARIS, Claus-Wilhelm. *Grundrechtswirkungen um Verhältnismässigkeitsprinzip in der richterlichen Anwendung und Fortbildung des Privatsrechts*, JuS, 1989. p. 161.

[29] SARLET; MARINONI; MITIDIERO, loc. cit,. p. 311.

[30] HESSE, *Grundzüge des Verfassungsrechts*, cit., p. 155-156.

[31] Idem, p. 156.

[32] Cf., a propósito, BVerfGE, 39, 1 e s.; 46, 160 (164); 49, 89 (140 e s.); 53, 50 (57 e s.); 56, 54 (78); 66, 39 (61); 77, 170 (229 e s.); 77, 381 (402 e s.). Ver, também, Johannes Dietlein, *Die Lehre von den grundrechtlichen Schutzpflichten*, Berlin: Duncker & Humblot, 1991, p. 18.

do evolua da posição de *adversário* (*Gegner*) para uma função de guardião desses direitos (*Grundrechtsfreund oder Grundrechtsgarant*).[33]

É fácil ver que a ideia de um dever genérico de proteção alicerçado nos direitos fundamentais relativiza sobremaneira a separação entre a ordem constitucional e a ordem legal, permitindo que se reconheça uma irradiação dos efeitos desses direitos (*Austrahlungswirkung*) sobre toda a ordem jurídica.[34]

Assim, ainda que não se reconheça, em todos os casos, uma pretensão subjetiva contra o Estado, tem-se, inequivocamente, a identificação de um dever deste de tomar todas as providências necessárias para a realização ou concretização dos direitos fundamentais.[35]

Nos termos da doutrina e com base na jurisprudência da Corte Constitucional alemã, pode-se estabelecer a seguinte classificação do dever de proteção:[36]

a) dever de proibição (*Verbotspflicht*), consistente no dever de se proibir determinada conduta;

b) dever de segurança (*Sicherheitspflicht*), que impõe ao Estado o dever de proteger o indivíduo contra ataques de terceiros mediante adoção de medidas diversas;

c) dever de evitar riscos (*Risikopflicht*), que autoriza o Estado a atuar com objetivo de evitar riscos para o cidadão em geral mediante a adoção de medidas de proteção ou de prevenção especialmente em relação ao desenvolvimento técnico ou tecnológico.

Discutiu-se intensamente se haveria um direito subjetivo à observância do dever de proteção ou, em outros termos, se haveria um direito fundamental à proteção. A Corte Constitucional acabou por reconhecer esse direito, enfatizando que a não observância de um dever de proteção corresponde a uma lesão do direito fundamental previsto no art. 2º, II, da Lei Fundamental.[37]

Assim, os deveres de proteção implicam deveres de atuação (prestação) por parte do Estado e, no plano da dimensão subjetiva – na condição de direitos à proteção –, inserem-se no conceito de direitos a prestações (direitos à proteção) estatais.[38]

---

[33] Cf., a propósito, Dietlein, *Die Lehre von den grundrechtlichen Schutzpflichten*, cit., p. 17 e s.

[34] MÜNCH, Ingo von. *Grundgesetz-Kommentar*: Kommentar zu Vorbemerkung art. 1-19, n. 22.

[35] Ibidem.

[36] RICHTER, Ingo. Gunnar Folke Schuppert, *Casebook Verfassungsrecht*. 3. ed., München: C. H. Beck, 1996, p. 35-36.

[37] Cf. BVerfGE, 77, 170 (214); ver também Richter e Schuppert, *Casebook Verfassungsrecht*, cit., p. 36-37.

[38] SARLET, Ingo Wolfgang; MARINONI, Luiz Guilherme; MITIDIERO, Daniel. *Curso de direito constitucional*. São Paulo: Revista dos Tribunais, 2012. p. 311.

## 4. Direitos à organização e ao procedimento como paradigmas à efetivação dos direitos sociais

Conforme visto, os direitos à organização e ao procedimento (*Recht auf Organization und auf Verfahren*) são aqueles direitos fundamentais que dependem, na sua realização, de providências estatais com vistas à criação e à conformação de órgãos e procedimentos indispensáveis à sua efetivação.

Nesse domínio, observa-se que é imprescindível aos direitos sociais a efetivação de procedimentos necessários à sua concretização. A título de exemplo, essa perspectiva pode ser verificada no âmbito da concretização do direito à saúde. Vejamos.

A doutrina constitucional brasileira há muito se dedica à interpretação do artigo 196 da Constituição. Teses, muitas vezes antagônicas, proliferaram-se em todas as instâncias do Poder Judiciário e na seara acadêmica. Tais teses buscam definir *se, como* e *em que medida* o direito constitucional à saúde se traduz em um direito subjetivo público a prestações positivas do Estado, passível de garantia pela via judicial.

O fato é que o denominado problema da judicialização do direito à saúde ganhou tamanha importância teórica e prática, que envolve não apenas os operadores do direito, mas também os gestores públicos, os profissionais da área de saúde e a sociedade civil como um todo. Se, por um lado, a atuação do Poder Judiciário é fundamental para o exercício efetivo da cidadania, por outro, as decisões judiciais têm significado um forte ponto de tensão entre os elaboradores e os executores das políticas públicas, que se veem compelidos a garantir prestações de direitos sociais das mais diversas, muitas vezes contrastantes com a política estabelecida pelos governos para a área de saúde e além das possibilidades orçamentárias.

Ainda que essas questões tormentosas permitam entrever os desafios impostos ao Poder Público e à sociedade na concretização do direito à saúde, é preciso destacar de que forma a Constituição estabelece os limites e as possibilidades de implementação deste direito.

O direito à saúde é estabelecido pelo artigo 196 da Constituição Federal como (1) direito de todos e (2) dever do Estado, (3) garantido mediante políticas sociais e econômicas (4) que visem à redução do risco de doenças e de outros agravos, (5) regido pelo princípio do acesso universal e igualitário (6) às ações e serviços para a sua promoção, proteção e recuperação. Importa, para o presente artigo, o exame dos três últimos elementos.

### a. Garantido mediante políticas sociais e econômicas

A garantia mediante políticas sociais e econômicas ressalva, justamente, a necessidade de formulação de políticas públicas que concretizem o direito à saúde por meio de escolhas alocativas. É incontestável que, além da necessidade de se distribuírem recursos naturalmente escassos por meio de critérios distributivos, a própria evolução da medicina impõe um viés programático ao direito à saúde, pois sempre haverá uma nova descoberta, um novo exame, um novo prognóstico ou procedimento cirúrgico, uma nova doença ou a volta de uma doença supostamente erradicada.

### b. Políticas que visem à redução do risco de doença e de outros agravos

Tais políticas visam à redução do risco de doença e outros agravos, de forma a evidenciar sua dimensão preventiva. As ações preventivas na área da saúde foram, inclusive, indicadas como prioritárias pelo artigo 198, inciso II, da Constituição Federal.

### c. Políticas que visem ao acesso universal e igualitário

O constituinte estabeleceu, ainda, um sistema universal de acesso aos serviços públicos de saúde. Nesse sentido, a Ministra Ellen Gracie, na Suspensão de Tutela Antecipada n. 91, ressaltou que o art. 196 da Constituição refere-se, em princípio, à efetivação de políticas públicas que alcancem a população como um todo.[39]

O princípio do acesso igualitário e universal reforça a responsabilidade solidária dos entes da Federação, garantindo, inclusive, a *igualdade da assistência à saúde, sem preconceitos ou privilégios de qualquer espécie* (art. 7º, IV, da Lei 8.080/90).

### d. Ações e serviços para promoção, proteção e recuperação da saúde

A análise do direito à saúde leva a concluir que os problemas de eficácia social desse direito fundamental devem-se muito mais a questões ligadas à implementação e à manutenção das políticas públicas de saúde já existentes – o que implica também a composição dos orçamentos dos entes da Federação – do que à falta de legislação específica. Em outros termos, o problema não é de inexistência, mas de execução (administrativa) das políticas públicas pelos entes federados.

Mesmo diante do que dispõe a Constituição e as leis relacionadas à questão, o que se tem constatado, de fato, é a crescente controvérsia jurídica sobre a possibilidade de decisões judiciais determinarem ao Poder Público o fornecimento de medicamentos e tratamentos, decisões estas nas quais se discutem, inclusive, os critérios considerados para tanto.

---

[39] STA 91-1/AL, Ministra Ellen Gracie, DJ 26.02.2007.

Desse modo, verifica-se que o direito à saúde depende de procedimentos para que seja efetivado como, por exemplo, o fornecimento das mais variadas prestações de saúde, tais como: fornecimento de medicamentos, suplementos alimentares, órteses e próteses; criação de vagas de UTIs e leitos hospitalares; contratação de servidores de saúde; realização de cirurgias e exames; custeio de tratamento fora do domicílio, inclusive no exterior, entre outros.

Assim como o direito à saúde, o direito à moradia apresenta-se, por sua vez, em "prestações fáticas e normativas que se traduzem em medidas de proteção de caráter organizatório e procedimental".[40] Ingo Sarlet destaca que um bom exemplo de medidas de proteção e com caráter organizatório e procedimental é o Estatuto da Cidade (Lei n. 10.257/2001). Este, ao traçar as diretrizes gerais de política urbana, deu importante passo para garantia do direito a moradia condigna no Brasil e implementou instrumentos que visam a sua concretização prática.[41]

Portanto, os direitos à organização e ao procedimento atuam como paradigmas à efetivação dos direitos sociais na medida em que aqueles são essenciais à concretização e à garantia desses.

## Conclusão

A realização dos direitos sociais está condicionada, muitas vezes, à adoção de medidas prestacionais diante das opções políticas que se inserem num quadro limitado de meios financeiros e materiais. Tais direitos causam uma intranquilidade discursiva, devido às problemáticas de efetividade, justiciabilidade e concretização.

Destarte, o Estado Prestador enfrenta o desafio de conciliar o caráter fundamental, levando a sério esses direitos, como elementos estruturantes de uma comunidade jurídico-constitucional ordenada; e as questões orçamentárias que revelam a capacidade financeira do Estado.

A perspectiva da concretização dos direitos sociais não só impõe uma jurisdição constitucional efetiva, regulativa do equilíbrio e harmonia das heterogeneidades sociais, mas também impõem o primado da justiça que deve reger e direcionar a política e os procedimentos adotados pelos governantes.

Nesse domínio, o direito à organização e ao procedimento tem relevância na perspectiva objetiva e pragmática dos direitos sociais. Conforme apresentado, o direito à organização e ao procedimento é um tipo de

---

[40] SARLET, Ingo Wolfgang; MARINONI, Luiz Guilherme; MITIDIERO, Daniel. *Curso de direito constitucional*. São Paulo: Revista dos Tribunais, 2012. p. 589.
[41] Ibidem.

direito fundamental em que os pressupostos fático-materiais são particularmente relevantes para o exercício pleno de outros direitos.

Os direitos à organização e ao procedimento podem consistir na edição de atos normativos pelo Estado, na criação de procedimentos e garantias judiciais, na instituição de auxílios pecuniários (benefícios assistenciais ou previdenciários), na realização de políticas públicas, etc.[42]

Observou-se, no decorrer da exposição, que o direito à saúde depende de procedimentos para que seja efetivado como, por exemplo, o fornecimento das mais variadas prestações de saúde que implicam o fornecimento de medicamentos, suplementos alimentares, órteses e próteses; criação de vagas de UTIs e leitos hospitalares; contratação de servidores de saúde; realização de cirurgias e exames; custeio de tratamento fora do domicílio, inclusive no exterior, entre outros.

Assim como o direito à saúde, o direito à moradia também depende de prestações fáticas e normativas que se traduzem em medidas de proteção de caráter organizatório e procedimental. Um exemplo é o Estatuto da Cidade, o qual traça as diretrizes gerais de política urbana. Tal instituto deu importante passo para garantia do direito a moradia condigna ao implementar instrumentos que visam a sua concretização prática.

Em suma, os direitos à organização e ao procedimento atuam como paradigmas à efetivação dos direitos sociais. A concretização desses direitos impõe ao Estado uma série de tarefas, prestações, bem como atos procedimentais e organizatórios. Portanto, o reconhecimento do direito à organização e ao procedimento é imprescindível para efetivação dos direitos fundamentais, sobretudo, dos direitos sociais.

---

[42] Robert Alexy, *Theorie der Grundrechte*, cit., p. 405 e s.

## — 12 —

# A Convenção Internacional sobre os Direitos das Pessoas com Deficiência e a hierarquia entre direitos humanos e direitos fundamentais da Constituição Brasileira de 1988

### CAROLINA MACHADO CYRILLO DA SILVA[1]

*Sumário*: Introdução; 1. Sobre a hierarquia das normas e a supremacia da Constituição; 2. Direitos humanos e direitos fundamentais; 3. A posição hierárquica da Convenção sobre os Direitos das Pessoas com Deficiência e seu Protocolo Facultativo, assinados em New York; Considerações finais.

### I – Introdução

A reforma da Constituição Federal Brasileira de 1988, ocorrida através da Emenda Constitucional n° 45, de 30 de dezembro de 2004 (de agora em diante EC/45), conhecida como "reforma do poder judiciário", introduziu no ordenamento jurídico brasileiro regra que não diz respeito à reforma do judiciário, mas sim à estrutura das regras no Brasil, em especial com a introdução do § 3° no art. 5° da Constituição, que levou a seguinte redação: "Os tratados e convenções internacionais sobre direitos humanos que forem aprovados, em cada Casa do Congresso Nacional, em dois turnos, por três quintos dos votos dos respectivos membros, *serão equivalentes às emendas constitucionais*".

Com o acréscimo do referido parágrafo, veio à baila a discussão sobre a posição hierárquica das normas no ordenamento brasileiro, em especial no que diz respeito a possível inconsistência do sistema no que concerne à prevalência dos direitos humanos na Constituição brasileira, exposto no art. 4° da Constituição Federal, e a tese ventilada pela dogmática brasilei-

---

[1] Professora de Direito Constitucional e Administrativo da Faculdade Nacional de Direito – FND, da Universidade Federal do Rio de Janeiro (UFRJ). Bolsista da CAPES. Docente de Elementos de Derecho Constitucional da Universidad de Buenos Aires (UBA). Doutoranda em Direito Constitucional (UBA). Mestre em Filosofia e Teoria do Direito pela Universidade Federal de Santa Catarina (UFSC). Especialista em Processo e Constituição (UFRGS).

ra sobre a impossibilidade de inclusão através do Constituinte de reforma (Emenda Constitucional) de Direitos Fundamentais com a mesma força daqueles advindos do Constituinte originário,[2] bem como, a posição do Supremo Tribunal Federal (de agora em diante apenas STF), por maioria, de que os instrumentos de Direito Internacional dos Direitos Humanos vigentes na entrada em vigor EC/45 apenas ingressam no ordenamento jurídico na condição de normas infraconstitucionais (ainda que supralegais),[3] endossando a tese de que, admitir que os tratos internacionais de direitos humanos criam regras de hierarquia Constitucional, seria equivalente a admitir que regras estranhas ao sistema Constitucional Brasileiro têm o condão de modificar e/ou alterar as regras Constitucionais através de fonte externa, inclusive impondo a necessidade de verificação de todos os mecanismos de controle de constitucionalidade (ou de convencionalidade) para os referidos instrumentos.[4]

Por sua vez, o Congresso Nacional aprovou, por meio do Decreto Legislativo n° 186, de 9 de julho de 2008, conforme o procedimento do § 3º do art. 5º da Constituição, a Convenção sobre os Direitos das Pessoas com Deficiência e seu Protocolo Facultativo, assinados em Nova Iorque, em 30 de março de 2007, importante instrumento jurídico internacional de direitos humanos, que protege um grupo vulnerável, a saber a pessoa deficiente. Neste sentido, dentro da estrutura normativa brasileira, a referida convenção goza de equivalência às emendas constitucionais, isto é, os direitos ali reconhecidos equivalem aos direitos reconhecidos através das emendas constitucionais.

Portanto, o que se pretende propor é a discussão sobre o *status* do Direito Internacional dos Direitos Humanos na Constituição Brasileira, enfrentando os argumentos sobre a hierarquia das normas no ordenamento jurídico brasileiro, tomando por base a necessidade de reconhecimento normativo máximo aos direitos fundamentais das pessoas deficientes, como primeiro passo para efetividade de tais direitos.

---

[2] Em seu *Curso de Direito Constitucional* São Paulo: IDP/Saraiva,2007. p. 225. Gilmar Mendes, Paulo Gonet Branco e Inocêncio Coelho consignam o seguinte: *"Se o poder constituinte de reforma não pode criar cláusulas pétreas, o novo direito fundamental que venha a estabelecer – diverso daqueles que o poder constituinte originário quis eternizar – não poderá ser tido como um direito perpétuo, livre de abolição por emenda subseqüente"*.

[3] Trata-se do entendimento consolidado em diversos julgados do STF, em especial no HC 92566, que revogou a Súmula 619 do STF, que autorizava a prisão judicial do depositário infiel, súmula que se encontrava em conflito com o art. 7º da Convenção Americana de Direitos Humanos (Pacto de São José da Costa Rica), que inadmite a prisão civil por dívida, salvo no caso de obrigação alimentar inadimplida. O entendimento foi por maioria. Sustentaram a tese da supralegalidade sem *status* Constitucional os ministros: Gilmar Mendes, Menezes Direito (falecido), Carmém Lúcia, Ayres de Britto e Ricardo Levandowski. Sustentaram a tese da hierarquia Constitucional por força do bloco de Constitucionalidade os ministros Celso Mello, Cezar Peluso, Ellen Gracie e Eros Grau (aposentado).

[4] É o que se extrai do voto do Ministro Gilmar Mendes no RE466343.

## 1. Sobre a hierarquia das normas e a supremacia da Constituição

Para o positivismo jurídico,[5] os indivíduos só possuem direitos jurídicos na medida em que estes tenham sido criados por decisões políticas ou práticas sociais expressas.[6] O positivismo proposto por H.L.A Hart se caracteriza por dar legitimação à validade das regras através dos atos das instituições públicas nos padrões constitucionais aceitos por determinada comunidade por elas governada. A este padrão máximo, H.L.A Hart chama regra de reconhecimento.[7] A regra de reconhecimento está diretamente relacionada à validade das outras regras do sistema (regras primárias e regras secundárias), sendo a regra de identificação do sistema jurídico.[8]

Todo sistema de normas e de atos jurídicos é, ao mesmo tempo, hierarquizado e dinâmico. Ele é hierarquizado porque os atos jurídicos adquirem validade a partir de sua conformidade a normas jurídicas, que dependem por sua vez de outras normas,[9] e assim por diante, até atingir-se a norma fundamental, que não tem justificação jurídica, mas é pressuposta por todas as normas e todos os atos jurídicos do sistema. Um sistema de direito difere de um sistema formal, segundo Hans Kelsen,[10] porque ele não é estático,[11] mas dinâmico. Efetivamente, as normas inferiores e os atos jurídicos não podem ser deduzidos de normas que condicionam sua validade, mas que fornecem unicamente o quadro dentro do qual as normas inferiores, bem como os atos jurídicos que as aplicam, podem inscrever-se validamente.

---

[5] Entendo por positivismo jurídico a teoria do direito que faz a diferenciação entre direito e moral, estabelecendo que direito é o conjunto de normas criadas pela vontade humana numa determinada comunidade política.

[6] CF. DWORKIN, Ronald. *Levando os direitos a sério*. São Paulo: Martins Fontes, 2002, p XV.

[7] Cf. HART, Herbert H.L. A. *O Conceito de Direito*. Lisboa: Fundação Calouste Gulbenkian p. 111.

[8] Entende Carlos Santiago Nino que H.L.A.Hart parece admitir que a regra de reconhecimento é a própria Constituição. NINO, Carlos Santiago. *Fundamentos de derecho constitucional*. Buenos Aires: Asrea. 2005, p. 44. Por sua vez Hart no *Pós-escrito* esclareceu que "a regra de reconhecimento pode incorporar, como critérios de validade jurídica, a conformidade com principios morais ou com valores substantivos", e, portanto, sua doutrina deveria ser designada como "positivismo moderado" ou "*softpositivism*". HART, H.L.A. Pós-escrito. In: *O Conceito de Direito*. Lisboa: Fundação Calouste Gulbenkian; 1996, p. 312.

[9] KELSEN, Hans. *Teoria Pura do Direito*. Coimbra: Aremnio Amado, 1979. p. 269.

[10] Ibidem.

[11] Diferente da posição de Hans Kelsen está a posição de Eugenio Bulygin para quem o sistema normativo é estático e fechado, já que do próprio sistema se pode deduzir logicamente as soluções jurídicas de todos os casos de aplicação das normas no referido sistema. Assim, a derivação de uma norma individual a partir de uma norma geral é um processo mecânico em que as primeiras já estão contidas nas últimas. Cf. ALCHOURRÓN, Carlos; BULYGIN, Eugenio. *Introducción a lametodología de lasciencias jurídicas y sociales*. Buenos Aires: Astrea, 2002, p. 92.

Nesse sistema hierarquizado de normas dos sistemas jurídicos estatais jaz no centro, como ensina Raúl Gutavo Ferreyra,[12] a regra constitucional. Para o autor, a Constituição é a suma regra do sistema jurídico.[13] Por sua vez, a supremacia da Constituição é o postulado no qual se assenta o próprio direito constitucional contemporâneo, oriundo da experiência americana,[14] e assim a Constituição goza de superioridade jurídica em relação às demais normas do sistema jurídico, e, por consequência, nenhuma norma ou ato jurídico pode subsistir validamente no sistema se for incompatível com a mesma.

Para Germán Bidart Campos,[15] dizer que a Constituição goza de supremacia significa dizer duas coisas possíveis, a saber: a) que a Constituição material é a base ou fundamento que dá efetividade e funcionalidade à ordem jurídico-político de um Estado; ou, b) que a Constituição no sentido formal por estar revestida de superlegalidade e supremacia impõe como *dever-ser* que todo o mundo jurídico inferior a ela seja congruente e compatível.

A prova dessa superioridade pode ser encontrada na existência de mecanismos de controle da constitucionalidade das demais regras do sistema através do que se conhece como jurisdição constitucional.[16]

Contudo, resta esclarecer se existe hierarquia de normas jurídicas intraconstitucional, ou seja, se dentro de uma mesma Constituição alguma norma tem *status* mais elevado que as demais, ou se tais regras, como explica Alf Ross,[17] exercem a função de norma básica de um sistema de direitos e portanto imodificáveis mediante procedimento jurídico.

Para tal exposição, é interessante exemplificar os casos de constituições, como a Constituição Federal da República Federativa do Brasil de 1988, que possuem normas jurídicas imodificáveis. Na Constituição brasileira existe um núcleo duro de normas que não podem sofrer reforma, tampouco supressão, e exercem a função de "coto vedado",[18] isto é, são direitos que estão excluídos da negociação parlamentária da reforma

---

[12] FERREYRA, Raúl Gustavo. Fundamentos Básicos de Direito Constitucional. In: *Revista Superior de Justiça*. Vol I. Salvador: Leud, 2011.

[13] FERREYRA, Raúl Gustavo. *Fundamentos constitucionales*. Buenos Aires: Ediar, 2013, p. 211 y ss

[14] CF. BARROSO, Luís Roberto. *Curso de Direito Constitucional Contemporâneo*. São Paulo: Saraiva, 2009. p. 84.

[15] BIDART CAMPOS, Gérman J. *Compendio de Derecho Constitucional*. Buenos Aires: Ediar, 2008, p. 23.

[16] KELSEN, Hans. La garantíajurisdiccional de laConstitución (La justicia constitucional). In: *Escritos sobre la democracia y el socialismo*. Madrid: Editorial Debate, 1988, p. 109. trad. Juan Ruiz Manero.

[17] ROSS. Alf. *Sobre La auto-referencia y um difícil problema de derecho constitucional*. p. 77.

[18] Sobre el debate del término *coto vedado* véase MORESO. José Juan. *La Constitución: modelo para armar*. Madrid: Marcial Pons, 2009. p. 121 y 122.

constitucional. São as chamadas pela doutrina brasileira de "cláusulas pétreas".[19]

Luis Roberto Barroso,[20] discorrendo sobre o tema, esclarece que existe na norma constitucional brasileira um âmbito de super-rigidez material, mas que tal não acarreta de posição hierárquica superior dessas normas, mas sim que as mesmas têm uma proteção especial por seu *status* político. Superioridade política mas não jurídica. Tal posição baseia-se na legitimidade do poder constituinte originário, como poder livre, ilimitado, soberano, político e essencialmente democrático. Seguramente, assenta sua posição em importante precedente do STF do ano de 1996,[21] no qual o então Ministro Moreira Alves sustenta que as cláusulas pétreas não podem ser invocadas para questionar normas constitucionais.

Por outro lado, a tese básica predominante do STF parece ir de encontro à tese do novato membro da Corte, Luis Roberto Barroso, e da antiga composição do STF.

Gilmar Mendes, em recente debate sobre a posição hierárquica das regras no sistema jurídico brasileiro, engendrada em polêmica discussão[22] sobre a possibilidade de inclusão de direitos fundamentais através de reforma, assim dispôs:

O SENHOR MINISTRO GILMAR MENDES "Não podemos falar de cláusula pétrea, Ministro, de norma posta por emenda constitucional".

O SENHOR MINISTRO AYRES BRITTO (RELATOR) – Todo o direito fundamental, ainda que por arrastamento, é cláusula pétrea.

O SENHOR MINISTRO GILMAR MENDES – Desculpe-me, Ministro, não é assim que a doutrina trata a cláusula pétrea. Não. Normas que são introduzidas por emenda constitucional não são cláusulas pétreas

O SENHOR MINISTRO GILMAR MENDES – Vossa Excelência que falou que foi colocado por emenda. Por emenda constitucional, obviamente não é cláusula pétrea.

A SENHORA MINISTRA CÁRMEN LÚCIA – E acrescentar os direitos fundamentais nas cláusulas pétreas, não, Ministro?

A SENHORA MINISTRA CÁRMEN LÚCIA – Mas o que for acrescentado como direito fundamental no artigo 5º não se torna cláusula pétrea?

O SENHOR MINISTRO GILMAR MENDES – Não. Também não.

A SENHORA MINISTRA CÁRMEN LÚCIA – Por emenda constitucional?

GILMAR MENDES – Também não. Há uma vasta doutrina em torno desse assunto.

---

[19] A expressão cláusula pétrea tem ampla aceitação na doutrina brasileira, tem por objetivo remeter a noção de contrato, onde a Constituição exerce o papel de expressão máxima do contratualismo.

[20] BARROSO, Luis Roberto. *Curso de Direito Constitucional Contemporâneo*. São Paulo: Saraiva, 2009, p. 166.

[21] ADIN 815/96, onde o Governador do Estado do Rio Grande do Sul contesta o desmembramento de municípios.

[22] RE 630.147/DF.

É fato que Gilmar Mendes, acompanhado de Paulo Gonet Branco e Inocêncio Coelho Oliveira, consigna o seguinte: "Se o poder constituinte de reforma não pode criar cláusulas pétreas, o novo direito fundamental que venha a estabelecer – diverso daqueles que o poder constituinte originário quis eternizar – não poderá ser tido como um direito perpétuo, livre de abolição por emenda subsequente".[23]

Em outras palavras, os autores parecem dizer que, ainda que uma emenda constitucional crie direitos fundamentais, tais direitos fundamentais serão diversos daqueles criados pelo poder constituinte originário, que, na dicção do § 4º do art. 60 da Constituição, não podem ser objeto de deliberação tendente à abolição por emenda Constitucional. Ou seja, existirão no ordenamento jurídico brasileiro duas classes de direito fundamentais, a saber: aqueles que não poderão ser objeto de emenda tendente a sua abolição (os direitos fundamentais postos pelo poder constituinte originário) e os direitos fundamentais que podem ser objeto de deliberação e supressão, postos pelo Constituinte de reforma.

Daí surge a primeira inquietação: se os tratados internacionais em matéria de direitos humanos ingressam no ordenamento jurídico, quando submetidos aos quórum previsto no § 3º do art. 5º, com equivalência de Emenda Constitucional, os direitos neles reconhecidos ingressam no ordenamento brasileiro como direitos criados pelo poder constituinte de reforma e, portanto, são direitos possíveis de revogação, abolição ou supressão por nova emenda constitucional, o que parece conflitar, *prima facie* a prevalência dos direitos humanos na Constituição Brasileira, exposta no art. 4º da Constituição Federal.

Essa constatação de aporia jurídica acima criada tem especial relevância no que diz respeito à Convenção sobre os Direitos das Pessoas com Deficiência e seu Protocolo Facultativo, assinados em Nova Iorque, uma vez que é o único instrumento de direito internacional dos direitos humanos que possui equivalência às emendas constitucionais na forma do § 3º do artigo 5º da Constituição.[24]

## 2. Direitos humanos e direitos fundamentais

Os direitos fundamentais, como bem ensina Norberto Bobbio, são direitos históricos, pois surgem a partir de determinado contexto social e cultural da humanidade, nascendo de forma gradual, modificando-se e desaparecendo conforme as necessidades existentes nas sociedades em

---

[23] MENDES, Gilmar *et al. Curso de Direito Constitucional*. São Paulo: IDP/Saraiva, 2007. p. 225.

[24] O texto do § 3º do artigo 5º da Constituição diz "tratados" internacionais, não é objeto de análise aqui nessa pequena pesquisa da discussão sobre a inclusão ou não de outros instrumentos internacionais que não são tratados, mas convenções ou pactos.

um dado momento.[25] Assim foi com o surgimento dos *direitos de liberdade* (ou *direitos de primeira geração/dimensão*), dos *direitos sociais ou prestacionais* (ou *direitos de segunda geração/dimensão*), dos *direitos de solidariedade* (ou *direitos de terceira geração/dimensão*) e assim será com os demais direitos que a humanidade eventualmente considerar como sendo fundamentais no decurso de sua história.

Por sua vez, para Ingo Sarlet,[26] direitos fundamentais são os direitos do ser humano reconhecidos e positivados na esfera do direito Constitucional positivo de determinado Estado; a expressão 'direitos humanos', por sua vez, 'guardaria relação com os documentos de direito internacional, por referir-se àquelas posições jurídicas que se reconhecem ao ser humano como tal, independentemente de sua vinculação com determinada ordem Constitucional e que, portanto, aspiram à validade universal, para todos povos e tempos, de tal sorte que revelam um inequívoco caráter supranacional (internacional)'. Os direitos naturais não se equiparam aos direitos humanos, uma vez que a positivação em normas de direito internacional já revela a dimensão histórica e relativa dos direitos humanos.

---

[25] BOBBIO, Norberto. *A era dos direitos*. São Paulo: Campus, 2004. p. 25.

[26] Com base em Ingo Wolfgang Sarlet, pode-se dizer, que os *direitos fundamentais de primeira dimensão* foram os primeiros a serem reconhecidos pelas Constituições escritas e são oriundos do pensamento liberal-burguês do século XVIII. Estes direitos visam limitar o poder do Estado em face do indivíduo no sentido de proteger este contra as arbitrariedades daquele, razão pela qual são também denominados de direitos de defesa. Para se efetivarem, basta que o Estado se abstenha de agir, não intervindo na esfera da liberdade individual, sendo, por isso, considerados direitos de caráter "negativo". Assim, a despeito de se caracterizarem, sobretudo, pelos direitos atinentes à liberdade, não se resumem a eles, abarcando, também, os direitos à vida, à propriedade, à igualdade (formal), à participação política, entre outros direitos que passaram a ser apresentados de forma genérica como direitos civis e políticos. Já os *direitos fundamentais de segunda dimensão* emergiram a partir da influência das doutrinas socialistas e social da igreja, como consequência da grave crise social advinda do período de industrialização no decorrer do século XIX. Estes direitos, por sua vez, surgem com o objetivo de atribuir ao Estado comportamento ativo para realizá-los. Assim, o que os distinguem dos direitos de primeira dimensão é o seu viés "positivo", pois requerem, em regra, que o Estado aja a fim de garantir direitos a prestações sociais: saúde, educação, assistência social, trabalho, etc. Estes direitos de segunda dimensão estão, dessa forma, relacionados aos direitos econômicos, sociais e culturais. Os *direitos fundamentais de terceira dimensão* constituem-se nos denominados direitos de solidariedade e fraternidade. A consagração destes direitos decorre dos impactos ocasionados pela evolução tecnológica e científica. A principal diferença entre eles e os anteriores citados encontra-se na questão da titularidade, pois, enquanto nas primeira e segunda dimensões a titularidade dos direitos pertence ao indivíduo, nesta terceira dimensão pertence a todo o gênero humano, isto é, a coletividade. São dessa dimensão os direitos relativos ao desenvolvimento, à autodeterminação dos povos, à paz, ao meio ambiente e à qualidade de vida, à conservação e utilização do patrimônio histórico e cultural da humanidade, bem como à comunicação. Alguns autores mencionam a existência de *direitos fundamentais de quarta dimensão*. Entretanto, o conteúdo de tais direitos varia. Sarlet leciona que, no Brasil, Paulo Bonavides é um referencial no que toca à abordagem desses direitos, pois defende o reconhecimento da existência dos mesmos sob o argumento de que decorrem do fenômeno da globalização dos direitos fundamentais, entendendo que esta quarta dimensão abrange os direitos à democracia direta, à informação e ao pluralismo. SARLET, Ingo Wolfgang. *A eficácia dos direitos fundamentais*. 5. ed. Porto Alegre: Livraria do Advogado, 2005. p. 54-60.

Assim sendo, quando da ocorrência desta correlação entre os direitos humanos e os direitos fundamentais, emerge então o que Flávia Piovesan chama de Direito Constitucional Internacional, subentendendo-se aquele ramo do direito na qual se verifica a fusão e a interação entre o Direito Constitucional e o Direito Internacional. Esta interação assume um caráter especial quando estes dois campos do direito buscam resguardar um mesmo valor.[27]

Por certo, um traço que difere os dois planos é a fonte de sua criação, ou origem,[28] os direitos fundamentais como expressão da fonte estatal e o direito internacional dos direitos humanos de fonte supraestatal (ou até universal). No entanto, o enfrentamento da correlação entre as duas fontes de produção de normas e as possíveis inconsistências dos sistemas normativos ocorrem quando as Constituições Contemporâneas estabelecem em suas regras estatais disposições normativas concernentes ao direito internacional dos direitos humanos, ou quando as mesmas constituições incorporam ou estabelecem *status* constitucional às regras advindas de fontes supraestatais, através de seus próprios mecanismos de criação jurídica.

Ensina Raúl Gustavo Ferreyra[29] que o século XXI obrigará uma atualização da própria definição do conteúdo do Direito Constitucional, dado de que sua "internacionalização" parece inevitável. Por esta razão, discorre o jurista argentino que se for reconhecida a existência de fontes de produção jurídica estatal e fontes de produção jurídica supra estatal, estar-se-ia amortizando o peso da controvérsia e, consequentemente, o Direito internacional dos direitos humanos poderia hospedar-se no âmbito da noção de Direito Constitucional. Mediante esta construção "sistema constitucional" albergaria no seu sentido conceitual tanto as regras estipuladas no texto Constitucional estatal, como as que, existindo fora dela, tem também igual hierarquia e nível, mas não estão incorporadas em seu marco normativo, apesar de que algumas compartam da primazia do sistema jurídico estatal.

Por certo, no que concerne a interação entre o Direito Constitucional e o Direito Internacional dos Direitos Humanos, a mais acertada proposta é a da reforma constitucional Argentina de 1994, quando, através do art. 75, inciso 22, da Constituição Federal Argentina elevou ao *status* (hierarquia) Constitucional alguns tratados internacionais em matéria de Direitos

---

[27] PIOVESAN, Flávia. *Direitos Humanos e o Direito constitucional Internacional*. 2ª ed. São Paulo: Max Limonad, 1997, p. 45.

[28] Existe na doutrina toda uma discussão sobre as teorias das fontes do Direito chamada de debate entre os monistas e os dualistas. A este respeito consulte-se KELSEN, Hans. *Les Rapport de Système entre le Droit Interne et le Droit International Public*, in RDC, Paris, 1926, vol. IV, t. 14.

[29] FERREYRA, Raúl Gustavo. *Fundamentos Básicos de Direito Constitucional*, in Revista Superior de Justiça. Vol I. Santo Amaro: Leud, 2011.p. 35.

Humanos.[30] Segundo Raúl Gustavo Ferreyra,[31] há na doutrina Argentina, por exemplo, quem entenda que a reforma constitucional de 1994 incorporou no texto constitucional argentino mais de quatrocentas disposições jurídicas provenientes dos onze instrumentos de Direito internacional dos direitos humanos que gozam de hierarquia constitucional, segundo o enunciado do art. 75, inciso 22º,[32] da Constituição Federal Argentina,[33] consideram que as mesmas formam parte do sistema jurídico constitucional, no sentido acima delimitado. Por outro lado, há quem pense, como é o caso do referido autor, que as regras de Direito internacional dos direitos humanos não foram "incorporadas" senão que possuem "hierarquia constitucional".

Aqueles que não são dotados de hierarquia Constitucional ficam definidos como superiores às leis, a hierarquia supralegal. De tal supralegalidade, como diz Germán Bidart Campos,[34] fica investido o direito de integração e o direito comunitário decorrente.

Por sua vez, no que diz respeito à Constituição Federal Brasileira de 1988, em sua redação original, trouxe a regra do art. 5º, § 2º, que dispõe que os direitos e garantias expressos na Constituição não excluem outros advindos de tratados internacionais em que a República Federativa do

---

[30] A este respeito consulte-se: BIDART CAMPOS, Germán J. *Manual de la Constituición reformada*. Buenos Aires: Ediar, 1997; FERREYRA, Raúl Gustavo. *Notas Sobre Derecho Constitucional y Garantias*. Buenos ires: Ediar, 2008.

[31] FERREYRA, Raúl Gustavo. Fundamentos Básicos de Direito Constitucional, In: *Revista Superior de Justiça*. Vol I. Salvador: Leud, 2011. p. 36.

[32] Artículo 75: Corresponde al Congreso... inciso 22º: Aprobar o desechar tratados concluidos con las demás naciones y con las organizaciones internacionales y los concordatos con la Santa Sede. Los tratados y concordatos tienen jerarquía superior a lãs leyes. La Declaración Americana de los Derechos y Deberes del Hombre; la Declaración Universal de Derechos Humanos; la Convención Americana sobre Derechos Humanos; el Pacto Internacional de Derechos Económicos, Sociales y Culturales; el Pacto Internacional de Derechos Civiles y Políticos y su Protocolo Facultativo; la Convención sobre la Prevención y la Sanción del Delito de Genocidio; la Convención Internacional sobre la Eliminación de todas lãs Formas de Discriminación Racial; la Convención sobre la Eliminación de todas las Formas de Discriminación contra la Mujer; la Convención contra la Tortura y otros Tratos o Penas Crueles, Inhumanos o Degradantes; la Convención sobre los Derechos del Niño; en las condiciones de su vigencia, tienen jerarquía constitucional, no derogan artículo alguno de la primera parte de esta Constitución y deben entenderse complementarios de los derechos y garantías por ella reconocidos. Sólo podrán ser denunciados, en su caso, por el Poder Ejecutivo nacional, previa aprobación de las dos terceras partes de la totalidad de los miembros de cada Cámara. Los demás tratados y convenciones sobre derechos humanos, luego de ser aprobados por el Congreso, requerirán Del voto de las dos terceras partes de la totalidad de los miembros de cada Cámara para gozar de la jerarquía constitucional.

[33] A Lei 24.820 – publicada no Boletim Oficial de 29/5/1997 – outorgou hierarquia constitucional a Convenção Interamericana sobre Desaparecimento Forçado de Pessoas, aprovada pela XXIV Assembleia Geral da OEA, nos termos do artigo. 75, inciso 22º, da Constituição federal. A Lei 25.778, publicada no BO de 3/9/2003, outorgou hierarquia constitucional à Convenção sobre a Imprescritibilidade dos Crimes de Guerra e dos crimes de Lesa Humanidade, adotada pela Assembleia Geral da ONU de 26/11/1998 e aprovada pela Lei 24.584.

[34] BIDART CAMPOS, Gérman J. *Compendio de Derecho Constitucional*. Buenos Aires: Ediar, 2008, p. 24.

Brasil seja parte. Diante desse dispositivo constitucional, a doutrina[35] passou a ser dividida nas seguintes vertentes acerca da posição hierárquica do direito internacional dos direitos humanos: a) aqueles que entendem o *status* supraconstitucional;[36] b) os que entendem o status constitucional;[37] c) os que entendem o *status* supralegal, mas infraconstitucional;[38] e d) os que entendem que têm *status* de lei ordinária (*status* legal).[39]

Inspirada na reforma Argentina, emenda-se a Constituição de 1988 através da EC/45 para incluir o § 3º no art. 5º e reconhecer a equivalência hierárquica constitucional das normas internacionais de direitos humanos, consagrando a doutrina do status Constitucional dos tratados, porém, dispondo que para receber a equivalência Constitucional de emenda à Constituição os tratados devem vir aprovados através do *quorum* qualificado, impondo sua aprovação pelo Congresso Nacional nos limites formais que já vinham estampados no art. 60, § 2º, do texto constitucional (forma de aprovação de emenda constitucional). Portanto, impondo que para que os tratados internacionais em matéria de direitos humanos ganhem o *status* Constitucional sigam a forma mais rígida de aprovação se comparada à forma de aprovação comum de Tratados até então praticada (aprovação do Congresso Nacional, em conformidade com o art. 49, I da CF, ou seja, *quorum* de lei ordinária, ou seja, maioria simples).

Assim, se por um lado o dispositivo sedimentou a tese doutrinária de que as normas internacionais de direitos humanos têm hierarquia constitucional, por outro, gerou uma enorme gama de problemas de difícil solução, alguns que já vêm sendo resolvidos pelo STF, que não esgotam o principal que quero propor:

a) aqueles tratados que porventura não obtiverem o *quorum* qualificado de aprovação não terão natureza de norma constitucional? Ainda que o Brasil se paute pela prevalência dos direitos humanos?

---

[35] Pablo Luis Manili explica que para Kelsen deve ser descartada a coexistência de dois ramos distintos do direito de modo que ambos se encontrassem numa terceira ordem a do direito moral. Segundo Manili Kelsen entende que os direitos internacionais estão acima do direito interno e que dão suporte de validade ao segundo. MANILI, Pablo Luis. *El bloque de Constitucionalidad. La recepción Del Derecho Internacional de los Derechos Humanos em El Derecho Constitucional Argentino*. Buenos Aires: La Ley, 2003, p..84.

[36] ALBUQUERQUE MELLO, Celso. *O § 2º do art. 5º da Constituição Fedral*. In: TORRES, Ricardo Lobo (org.). *Teoria dos direitos fundamentais*. Rio de Janeiro: Renovar, p. 25.

[37] PIOVESAN, Flávia. *Direitos Humanos e o Direito constitucional Internacional*. 2ª ed. São Paulo: Max Limonad, 1997, p. 83. E o Min. Celso Mello que em seus votos expressa que tal diploma legal assenta a tese de que os tratados internacionais em matéria de direitos humanos conformam o bloco de constitucionalidade.

[38] Atual posição do STF, por maioria, referente aos tratados já ratificados quando da entrada em vigor do § 3º do art. 5º através da EC/45, como o Pacto de San Jose da Costa Rica.

[39] Antiga posição do STF (RE80004/SE).

b) É possível a retroatividade da norma contida no art. 5º, § 3º em relação às normas internacionais de direitos humanos anteriormente ratificadas pelo Brasil?

Os dois problemas acima vêm sendo solucionados pelo Supremo Tribunal Federal da Seguinte forma:

O Plenário do Supremo Tribunal Federal, no ano de 2008,[40] decidiu que com a introdução do Pacto de São José da Costa Rica, que restringe a prisão civil por dívida ao descumprimento inescusável de prestação alimentícia (art. 7º, 7), no ordenamento jurídico brasileiro restaram derrogadas as normas infraconstitucionais definidoras da possibilidade de prisão do depositário infiel, revogando, portanto, a Súmula 619 do STF que autorizava a prisão do depositário infiel.

No julgamento, prevaleceu a tese do *status* de supralegalidade, mas não do *status* Constitucional, do Pacto de São José da Costa Rica, tese que foi inicialmente defendida pelo Min. Gilmar Mendes no julgamento do RE 466343/SP, que faz a seguinte consideração:

> De qualquer forma, *o legislador constitucional não fica impedido de submeter o Pacto Internacional dos Direitos Civis e Políticos e a Convenção Americana sobre Direitos Humanos – Pacto de San José da Costa Rica, além de outros tratados de direitos humanos, ao procedimento especial de aprovação previsto no art. 5º, § 3º, da Constituição, tal como definido pela EC nº 45/2004, conferindo-lhes status de emenda constitucional.*

No entanto, vale mencionar que no RE – 466343, o Min. Celso de Mello, embora tenha concluído pela inadmissibilidade da prisão civil do depositário infiel, defendeu a tese de que os tratados internacionais de direitos humanos subscritos pelo Brasil teriam hierarquia constitucional, e não *status* supralegal, pois destacou a existência de três distintas situações relativas a esses tratados: 1) os tratados celebrados pelo Brasil (ou aos quais ele aderiu), e regularmente incorporados à ordem interna, em momento anterior ao da promulgação da CF/88, revestir-se-iam de índole constitucional, haja vista que formalmente recebidos nessa condição pelo § 2º do art. 5º da CF; 2) os que vierem a ser celebrados pelo Brasil (ou aqueles que o Brasil venha a aderir) em data posterior à entrada em vigor da EC 45/2004 para terem natureza constitucional, deverão observar o procedimento do § 3º do art. 5º da CF, ou seja se submeterem ao quórum qualificado da emenda Constitucional; 3) aqueles celebrados pelo Brasil entre a promulgação da CF/88 e a superveniência da EC 45/2004, assumiriam caráter materialmente constitucional, porque essa hierarquia jurídica teria sido transmitida por efeito de sua inclusão no bloco de constitucionalidade.[41]

---

[40] HC 87585/TO.
[41] Explica Pablo Luis Manili que a ideia do Bloco de Constitucionalidade vem do direito francês. MANILI, Pablo Luis. *El bloque de Constitucionalidad*. Buenos Aires: La Lay, 2003, p. 304.

Assim, a discussão está em exigir ou não o cumprimento da formalidade de aprovação normativa requerida pelo art. 5º, § 3º, por parte das normas internacionais de direitos humanos internalizadas antes do advento da Emenda Constitucional n. 45.

### 3. A posição hierárquica da Convenção sobre os Direitos das Pessoas com Deficiência e seu Protocolo Facultativo, assinados em New York

O Supremo Tribunal Federal ainda não enfrentou o problema central da posição hierárquica dos instrumentos internacionais dos direitos humanos no sistema constitucional brasileiro, a saber, se eles encontram-se formalmente em posição hierárquica inferior aos direitos fundamentais estabelecidos pelo poder Constituinte originário.

É certo que negar a posição hierárquica constitucional plena aos instrumentos internacionais dos direitos humanos é negar a própria Constituição Brasileira, em especial o art. 4º que dispõe que a organização jurídica Brasileira observará a primazia dos Direitos Humanos, neste sentido valem os ensinamentos sobre o tema de Germán Bidart Campos[42] quando conclui que:

> Si luego define la supremacía de la constitución respecto de él, incurre en una contradicción consigo misma o, al menos, en una incongruencia, porque niega la jerarquía que el próprio derecho internacional se atribuye como principio o norma general de su ordenamiento. La contradicción no se redime por decir – con acierto – que la constitución es la fuente primaria del orden jurídico estatal y que, como tal, escalona jerárquicamente sus distintos planos según decisión propria. Y no se redime porque sigue siendo incongruente que si se asume dentro del derecho interno al producto de la fuente internacional, se lo haga desvirtuando el principio básico del derecho internacional, que es el de su primacía.

Portanto, a prevalecer a posição do STF, isto é, tese da supralegalidade mas da hierarquia inferior à Constituição, ou a tese da possibilidade de diferença entre direitos fundamentais reconhecidos por norma constitucional advinda do poder originário e do poder de reforma,[43] estar-se-ia considerando que, mesmo com hierarquia constitucional, o direito internacional dos direitos humanos trazidos para o ordenamento na forma do § 3º do artigo 5º, não guardam o mesmo *status* de imutabilidade dado aos direitos fundamentais originários, em evidente posição hierárquica inferior dos primeiros em relação aos segundos.

---

[42] BIDART CAMPOS, Germán. *El Derecho de la Constitución y su Fuerza Normativa*. Buenos Aires: Ediar, 2004. p. 463.

[43] Sustento que o poder constituinte da Constituição de 1988 não pode caracterizar-se como poder constituinte originário, pois, de fato, ele é uma verdadeira reforma constitucional (emenda) operada na Constituição de 1967, com origem na Emenda Constitucional n. 26/85. E por ser expressão do poder reformador não se lhe pode conferir o *status* político e jurídico de constituinte originário.

Em outras palavras, a prevalecer a tese da diferença hierárquica normativa dos direitos fundamentais advindos das emendas (ou dos tratados internacionais em matéria de direitos humanos equivalentes as emendas), em relação àqueles provenientes do poder constituinte originário, poderia alguém sustentar que uma nova emenda constitucional poderia suprimir esses novos direitos fundamentais historicamente reconhecidos (sejam reconhecidos pelo processo de reforma constitucional através da emenda à Constituição ou através da equivalência às emendas atribuída aos instrumentos de Direito Internacional dos Direitos Humanos).

### Considerações finais

Do breve recorrido que se fez nas páginas precedentes e todo debate posto na doutrina e na jurisprudência sobre a posição hierárquica dos direitos internacionais dos direitos humanos feita no Brasil, após a inclusão do § 3º do art. 5 da CF, através da EC/45, segue um problema sem solução, a saber:

Mesmo que as normas de direitos internacionais dos direitos humanos sejam internalizadas através do *quorum* exigido para Emenda Constitucional, na forma do § 3º do art. 5º, incluído pela EC/45, como solucionar a tese lançada por Gilmar Mendes, Paulo Gonet Branco e Inocêncio Oliveira de que o poder constituinte de reforma não pode incluir no ordenamento jurídico normas imodificáveis (cláusulas pétreas) e, portanto, os direitos fundamentais incluídos através de Emenda Constitucional não tem a proteção de serem direito perpétuo livre de abolição por emenda subsequente?

Por dedução lógica, se os tratados internacionais em matéria de direitos humanos, pós-EC nº 45, na forma do § 3º do art. 5º, ingressam no ordenamento jurídico com *status* de reforma (equivalentes à Emenda Constitucional), os mesmos podem ser objeto de deliberação e/ou eliminação por Emenda Constitucional superveniente, havendo nítida hierarquia entre os direitos fundamentais concebidos pelo poder constituinte originário (perpétuos, livres e imutáveis) e àqueles advindos das fontes de Direitos Internacionais de Direito Humanos, pois ingressam no ordenamento como Emenda Constitucional e terão formalmente caráter inferior em relação aos direitos fundamentais estabelecidos na Constituição Federal pelo Poder Constituinte Originário, dado que, por virem da reforma, são possíveis de abolição por norma jurídica de reforma superveniente.

Em outras palavras, a prevalecer a tese acima, desenvolvida pela doutrina e usada no STF, os direitos internacionais dos direitos humanos jamais terão verdadeira hierarquia constitucional no âmbito do Estado Brasileiro, pois, mesmo que tenham *status* Constitucional, esse será um status constitucional precário, pois os direitos dali decorrentes poderão ser abolidos por nova Emenda Constitucional. Assim, a prevalecer a tese dominante, existe nítida hierarquia formal entre direitos fundamentais oriundos do poder Constituinte originário e o direito internacional dos direitos humanos no Brasil, pois esses, na melhor das hipóteses, ganham a hierarquia equivalente às emendas constitucionais.

Por fim, a tese normativa da hierarquia formal dos direitos fundamentais pode esvaziar a real importância do reconhecimento constitucional do direito das pessoas com deficiência, a saber, a necessidade do marco constitucional para um adequado desenvolvimento das políticas públicas com capacidade de dar efetividade a tais direitos.

## — 13 —

# A tutela dos direitos como fim do processo civil no estado constitucional

### DANIEL MITIDIERO[1]

*Sumário*: Introdução; 1. Fundamentos, meios e fins do estado constitucional; 2. O processo civil como meio para tutela dos direitos. A necessidade de prolação de uma decisão justa e de formação de precedente como imposições do estado constitucional: dois discursos a partir da decisão judicial; 3. A tutela dos direitos em uma dimensão particular e em uma dimensão geral: teoria da decisão justa e teoria do precedente; Considerações finais.

### Introdução

A passagem do Estado Legislativo para o Estado Constitucional acarretou uma *tríplice alteração* no que concerne à compreensão do Direito.[2] Essas três grandes mudanças fizeram com que o processo deixasse de ser pensado simplesmente com um *perfil subjetivo*, pré-ordenado somente para *resolução de casos concretos* em juízo.

A primeira mudança concerne à teoria das normas.[3] No Estado Legislativo, pressupunha-se que toda norma era sinônimo de *regra*. Os princípios eram compreendidos como *fundamentos* para normas, mas jamais

---

[1] Pós-doutor em Direito (*Università degli Studi di Pavia*, Itália, UNIPV). Doutor em Direito (Universidade Federal do Rio Grande do Sul, Porto Alegre, Brasil, UFRGS). Professor de Direito Processual Civil dos Cursos de Graduação, Especialização, Mestrado e Doutorado da Faculdade de Direito da UFRGS. Professor Visitante na *Università degli Studi di Pavia* (UNIPV) e na *Università degli Studi di Firenze* (UNIFI, Florença, Itália). Membro da *International Association of Procedural Law* (IAPL), do Instituto Iberoamericano de Direito Processual (IIDP) e do Instituto Brasileiro de Direito Processual (IBDP). Advogado.

[2] Sobre a passagem do Estado Legislativo (*Stato di Diritto – Rechtsstaat*) para o Estado Constitucional (*Stato Costituzionale – Verfassungsstaat*), Gustavo Zagrebelsky, *Il Diritto Mite – Legge, Diritti, Giustizia*, 13. ristampa. Torino: Einaudi, 2005, p. 20/56; sobre o seu impacto sobre o conceito de jurisdição, MARINONI, Luiz Guilherme, *Curso de Processo Civil*. São Paulo: Revista dos Tribunais, 2006, p. 21/139, vol. I; sobre a ideologia da sociedade, da unidade legislativa e da interpretação jurídica subjacente ao Estado Legislativo, MARTINS-COSTA, Judith, *A Boa-Fé no Direito Privado*, 1. ed. 2. Tiragem. São Paulo: Revista dos Tribunais, 2000, pp. 276/286.

[3] Amplamente, ÁVILA, Humberto. *Teoria dos Princípios – Da Definição à Aplicação dos Princípios Jurídicos*. 12. ed. São Paulo: Malheiros, 2011.

*como normas*. No Estado Constitucional, a teoria das normas articula-se em três grandes espécies – as normas podem ser enquadradas em *princípios, regras* e *postulados*. Os princípios ganham força normativa – vinculam os seus destinatários.[4] Ao lado dos princípios e das regras, teoriza-se igualmente a partir de *normas que visam a disciplinar a aplicação de outras normas* – os postulados normativos.[5] Ao lado dessa mudança *qualitativa*, o Estado Constitucional convive com uma *pluralidade fragmentada de fontes*: a forma Código perde o seu caráter de *plenitude*, próprio do Estado Legislativo, e passa a desempenhar função de *centralidade infraconstitucional*.[6] Abundam *estatutos, legislações especiais* e *instrumentos infralegais* que concorrem para disciplina da vida social.[7] O ordenamento jurídico adquire feição *complexa*.[8] Daí que se soma à mudança qualitativa uma mudança igualmente *quantitativa* no campo das normas.

A segunda refere-se à técnica legislativa. Nesse campo, passa-se de uma legislação redigida de forma *casuística* para uma legislação em que se misturam técnica casuística e técnica *aberta*. No Estado Constitucional, o legislador redige as suas proposições ora prevendo exatamente os casos que quer disciplinar, particularizando ao máximo os termos, as condutas e as consequências legais (técnica casuística), ora empregando termos indeterminados, com ou sem previsão de consequências jurídicas na própria proposição (técnica aberta). Como facilmente se percebe, entram no segundo grupo os *conceitos jurídicos indeterminados* e as *cláusulas gerais* – os primeiros como espécies normativas em que, no suporte fático, há previsão de termo indeterminado e há consequências jurídicas legalmente previstas; as segundas, como espécies normativas em que há previsão de termo indeterminado no suporte fático e não há previsão de consequências jurídicas no próprio enunciado legal.[9]

---

[4] BARBERIS, Mauro. *Stato Costituzionale*. Modena: Mucchi Editore, 2012, p. 66/71.

[5] De que são exemplos a ponderação, a concordância prática, a proibição de excesso, a igualdade, a razoabilidade e a proporcionalidade, de acordo com a conhecida proposta de Humberto Ávila, Teoria dos Princípios – Da Definição à Aplicação dos Princípios Jurídicos, 12. ed. São Paulo: Malheiros, 2011, pp. 154/185. No mesmo sentido, referindo que "Humberto Ávila tem razão quando identifica a proporcionalidade (juntamente com outros critérios como a proibição de excesso etc.) como algo qualitativamente diferente, seja de princípios, seja de regras jurídicas", MICHELON, Cláudio, "Princípios e Coerência na Argumentação Jurídica". In: MACEDO JÚNIOR, Ronaldo Porto; BARBIERI, Catarina Helena Cortada (coords.). *Direito e Interpretação – Racionalidades e Instituições*. São Paulo: Saraiva, 2011, p. 274.

[6] COUTO E SILVA, Clóvis do. "O Direito Civil Brasileiro em Perspectiva Histórica e Visão de Futuro". In: FRADERA, Vera (org.). *O Direito Privado Brasileiro na Visão de Clóvis do Couto e Silva*. Porto Alegre: Livraria do Advogado, 1997, p. 11/31; MARTINS-COSTA, Judith. *A Boa-Fé no Direito Privado*. 1. ed. 2. Tiragem. São Paulo: Revista dos Tribunais, 2000, p. 169/270.

[7] Sobre a *decodificação* e a *recodificação* (a partir do eixo constitucional), IRTI, Natalino. *L´Etat della Decodificazione*. 4. ed. Milano: Giuffrè, 1999; e *Codice Civile e Società Politica*. 7. ed. Roma: Laterza, 2005.

[8] GUASTINI, Riccardo. *Teoria e Dogmatica delle Fonti*. Milano: Giuffrè, 1998, p. 163/164.

[9] Amplamente, MARTINS-COSTA, Judith, loc cit., p. 273/348.

A terceira mudança atine ao significado da interpretação jurídica e, no fundo, à própria compreensão a respeito da natureza do Direito. Parte-se do pressuposto de que a atividade jurisdicional constitui uma atividade de *reconstrução* do sentido normativo das proposições e dos enunciados fático-jurídicos[10] à vista do caráter *não cognitivista e lógico-argumentativo* do Direito.[11] Como observa a doutrina, "o essencial é que o Direito não é meramente descrito ou revelado, mas reconstruído a partir de núcleos de significado de dispositivos normativos que, por sua vez, precisam ser conectados com elementos factuais no processo de aplicação. O material normativo, assim, não é totalmente, mas apenas parcialmente dado".[12] Isso quer dizer que se assume a *separação entre texto e norma* – o legislador outorga *textos, não normas*. As normas são fruto de uma *outorga de sentido aos textos* pelos seus destinatários.[13] É enorme, portanto, a diferença entre a interpretação jurídica no Estado Legislativo e no Estado Constitucional – basta perceber que se pressupunha no primeiro uma *unidade entre texto e norma*, pressupondo-se que o legislador outorgava não só o texto, mas também a norma, sendo função da jurisdição tão somente *declarar* a norma preexistente para solução do caso concreto.[14] O Direito deixa de ser um objeto total e previamente dado que o jurista tem de simplesmente *conhecer* para ser uma "harmoniosa composição entre atividades semânticas e argumentativas".[15]

É fácil perceber, portanto, a razão pela qual a doutrina aponta um eloquente deslocamento a partir dessa verdadeira virada conceitual: da *vocação do nosso tempo para legislação e para ciência do direito (vom Beruf unser Zeit für Gesetzgehung und Rechtswissenschaft)*[16] para a *vocação do nosso tempo para jurisdição (vocazione del nostro tempo per la giurisdizione)*[17] – ou, mais

---

[10] ÁVILA, Humberto. *Teoria dos Princípios Jurídicos* – Da Definição à Aplicação dos Princípios Jurídicos, 12. ed. São Paulo: Malheiros, 2011, p. 33/34; GUASTINI, Riccardo. *Lezioni di Teoria del Diritto e dello Stato*. Torino: Giappichelli, 2006, p. 101.

[11] CHIASSONI, Pierluigi. *Tecnica dell'Interpretazione Giuridica*. Bologna: Il Mulino, 2007, p. 147.

[12] ÁVILA, Humberto. *Segurança Jurídica – Entre Permanência, Mudança e Realização no Direito Tributário*. São Paulo: Malheiros, 2011, p. 138.

[13] GRAU, Eros Roberto. *Ensaio e Discurso sobre a Interpretação/Aplicação do Direito*, 3. ed. São Paulo: Malheiros, 2005. E isso por conta da *equivocidade* dos textos jurídicos, que podem dar azo a "*interpretazioni sincronicamente confliggenti e diacronicamente mutevoli*" (GUASTINI, Riccardo. *Interpretare e Argomentare*. Milano: Giuffrè, 2011, p. 413).

[14] Sobre a diferença das relações entre legislação e jurisdição no Estado Legislativo e no Estado Constitucional, MARINONI, Luiz Guilherme. *Curso de Processo Civil – Teoria Geral do Processo*. São Paulo: Revista dos Tribunais, 2006, p. 21/139, vol. I; OLIVEIRA, Alvaro de; MITIDIERO, Daniel. *Curso de Processo Civil*. 2. ed. São Paulo: Atlas, 2012, p. 123/131, vol. I.

[15] ÁVILA, Humberto. *Segurança Jurídica – Entre Permanência, Mudança e Realização no Direito Tributário*. São Paulo: Malheiros, 2011, p. 254.

[16] SAVIGNY, Friedrich Carl von. *Vom Beruf unser Zeit für Gesetzgehung und Rechtswissenschaft*. Heidelberg: Mohr und Zimmer, 1814.

[17] PICARDI, Nicola. "La Vocazione del Nostro Tempo per la Giurisdizione". In: *Rivista Trimestrale di Diritto e Procedura Civile*. Milano: Giuffrè, 2004.

precisamente, para o processo.[18] A partir dessa passagem, o processo civil passou a responder não só pela necessidade de *resolver casos concretos mediante a prolação de uma decisão justa para as partes*,[19] mas também pela promoção da *unidade do direito* mediante a formação de *precedentes*.[20] Daí que o processo civil no Estado Constitucional tem por função dar *tutela aos direitos*[21] mediante a prolação de decisão justa para o caso concreto e a formação de precedente para promoção da unidade do direito para a sociedade em geral.[22]

Essa finalidade responde a dois fundamentos bem evidentes do Estado Constitucional: a *dignidade da pessoa humana* e a *segurança jurídica*. E é justamente levando em consideração esses dois elementos que é possível visualizar esses *dois importantes discursos* que o processo civil deve ser capaz de empreender na nossa ordem jurídica a fim de que essa se consubstancie em uma *ordem* realmente idônea para *tutela dos direitos*. É exatamente dentro desse quadro teórico que o presente ensaio visa a defender que o fim do processo civil no Estado Constitucional é a *tutela dos direitos* nessas duas dimensões.

## 1. Fundamentos, meios e fins do estado constitucional

A República Federativa do Brasil constitui-se em um Estado Democrático de Direito fundado na dignidade da pessoa humana (artigo 1º, inciso III, CRFB). Nessa condição, consubstancia-se em um Estado Constitucional, sintética e expressiva fórmula,[23] sendo o "Estado de Direito" e o "Estado

---

[18] Sobre a passagem da jurisdição ao processo como polo metodológico do processo civil, MITIDIERO, Daniel. *Colaboração no Processo Civil*. 2. ed. São Paulo: Revista dos Tribunais, 2011, p. 48/50.

[19] TARUFFO, Michele. "*Idee per una Teoria della Giusta Decisione*", *Sui Confini – Scritti sulla Giustizia Civile*. Bologna: Il Mulino, 2002, pp. 219/234.

[20] Amplamente, MARINONI, Luiz Guilherme. *Precedentes Obrigatórios*, 2. ed. São Paulo: Revista dos Tribunais, 2011.

[21] Apontando a tutela dos direitos como fim do processo civil, Denti, Vittorio. *La Giustizia Civile – Lezioni Introduttive* (1989), 2. ed. Bologna: Il Mulino, 2004, p. 115/117; PISANI, Andrea Proto. *Lezioni di Diritto Processuale Civile*. 4. ed. Napoli: Jovene Editore, 2002, p. 5/6; MARINONI, Luiz Guilherme, *Tutela Inibitória*. 5. ed. São Paulo: Revista dos Tribunais, 2012, p. 363/373; *Curso de Processo Civil – Teoria Geral do Processo*. São Paulo: Revista dos Tribunais, 2006, p. 240/241, vol. I; MITIDIERO, Daniel. *Antecipação da Tutela – Da Tutela Cautelar à Técnica Antecipatória*. São Paulo: Revista dos Tribunais, 2013, p. 54/55.

[22] Mesmo que alçando mão de outros termos e cuidando apenas e especificamente do problema da atuação da *Corte di Cassazione* na Itália, a dupla direção que a aplicação do Direito ao caso concreto pode assumir também já foi bem destacada por Michele Taruffo: "*l'interpretazione della legge, quando è finalizzata all'applicazione della norma ad un caso particolare, può essere orientata in due direzioni diverse: l'una mirante ad individuare la soluzione più giusta in rapporto alla peculiarità del caso concreto; l'altra mirante a stabilire a livello generale quale è il significato più giusto da attribuire alla norma*" ("*La Corte di Cassazione e la Legge*", *Il Vertice Ambiguo – Saggi sulla Cassazione Civile*. Bologna: Il Mulino, 1991, p. 90/91).

[23] Sintética e expressiva, na medida em que, com ela, se resume todo o contexto em que submersa em geral a cultura jurídica contemporânea, conforme anotam ZAGREBELSKY, Gustavo. *Il Diritto Mite*, 13. ristampa. Torino: Einaudi, 2005, pp. 39/50; e RIDOLA, Paolo. *Diritto Comparato e Diritto Costituzionale Europeo*. Torino: Giappichelli Editore, 2010, p. 22.

Democrático" seus dois corações políticos.[24] No que agora interessa, importa ter presente que, como Estado de Direito, funda-se na segurança jurídica (artigo 1º, *caput*, CRFB). Dignidade da pessoa humana e segurança jurídica são dois *princípios fundamentais* da nossa ordem jurídica.[25]

Esses dois princípios fundamentam a organização de um processo destinado à tutela dos direitos mediante a prolação de uma decisão justa e a formação de precedentes judiciais. *Do ponto de vista do Estado Constitucional, o fim do processo civil só pode ser reconduzido à tutela dos direitos mediante a prolação de uma decisão justa e a formação e respeito aos precedentes.* Daí que a *tutela dos direitos* que deve ser promovida pelo processo tem uma *dupla direção*: dirige-se às *partes* no processo e à *sociedade* em geral. Os meios de que se vale o processo para obtenção desse escopo são igualmente dois: a *decisão justa* – acompanhada, em sendo o caso, de todas as técnicas executivas adequadas para sua efetividade – e o *precedente judicial*. Pode-se tutelar os direitos no processo, portanto, tanto em uma *dimensão particular* como em uma *dimensão geral*.

A dignidade da pessoa humana impõe a necessidade de considerarmos a *tutela dos direitos* como fim do processo. A *juridicidade* pela qual se pauta o Estado Constitucional – isto é, o seu *parâmetro jurídico de atuação* e a *efetiva atuabilidade dos direitos* – assegura *imediatamente* a necessidade de uma *decisão justa* como *meio particular* para obtenção da tutela dos direitos. O foco direto aí são as partes no processo. A *segurança jurídica* impõe *imediatamente* a imprescindibilidade de o direito ser cognoscível, estável, confiável e efetivo mediante a formação e o respeito aos precedentes como *meio geral* para obtenção da tutela dos direitos. O foco direto aí é a ordem jurídica e a sociedade civil como um todo. Solidariamente implicados, dignidade da pessoa humana e segurança jurídica impõem a tutela dos direitos como a finalidade do processo civil no Estado Constitucional.

A dignidade da pessoa humana constitui "qualidade integrante e irrenunciável da própria condição humana"[26] e funciona ao mesmo tempo

---

[24] CANOTILHO, José Joaquim Gomes. *Direito Constitucional e Teoria da Constituição*. 7. ed. Coimbra: Almedina, 2003, p. 98/100.

[25] Quanto à dignidade da pessoa humana, SARLET, Ingo. *Dignidade da Pessoa Humana e Direitos Fundamentais na Constituição Federal de 1988*. 9. ed. Porto Alegre: Livraria do Advogado, 2012, p. 81/90; quanto à segurança jurídica, ÁVILA, Humberto. *Segurança Jurídica* – Entre Permanência, Mudança e Realização no Direito Tributário. São Paulo: Malheiros, 2011, p. 201/244. De resto, observe-se que a qualificação como princípio fundamental não exclui a possibilidade de a dignidade da pessoa humana funcionar igualmente como regra (SARLET, loc cit., p. 87) e de a segurança jurídica manifestar-se também como outra espécie normativa (ÁVILA, loc. cit., p. 669/670). Nada obsta a que tenhamos coexistência de "espécies normativas em razão de um mesmo dispositivo" (ÁVILA, Humberto. *Teoria dos Princípios – Da Definição à Aplicação dos Princípios Jurídicos*. 12. ed. São Paulo: Malheiros, 2011, p. 68). Do mesmo modo, qualificar a dignidade da pessoa humana e a segurança jurídica como normas não afasta, de modo algum, o aspecto axiológico nelas implicado (assim, SARLET, loc. cit., p. 85; ÁVILA, loc cit., p. 250).

[26] SARLET, loc cit, p. 52. Mais demoradamente, entende Ingo Sarlet a dignidade da pessoa humana como "a qualidade intrínseca e distintiva reconhecida em cada ser humano que o faz merecedor do

como "valor-fonte do ordenamento jurídico",[27] fundamento e medida do Estado de Direito e de inúmeros direitos fundamentais.[28] No que agora interessa, a colocação da dignidade da pessoa humana como princípio fundamental do Estado Constitucional impõe como "tarefa"[29] para a doutrina a *realização de uma teorização do direito a partir da pessoa humana*, e não a partir do Estado. Dito de outro modo, o reconhecimento da pessoa humana como fundamento da ordem jurídica revela que o Estado "é uma organização política que serve o homem" e que, portanto, "não é o homem que serve os aparelhos político-organizatórios".[30] Daí que, "consagrando expressamente, no título dos princípios fundamentais, a dignidade da pessoa humana como um dos fundamentos do nosso Estado democrático (e social) de Direito (art. 1º, inc. III, da CF), o nosso Constituinte de 1988 – a exemplo do que ocorreu, entre outros países, na Alemanha –, além de ter tomado uma decisão fundamental a respeito do sentido, da finalidade e da justificação do exercício do poder estatal e do próprio Estado, reconheceu categoricamente que é o Estado que existe em função da pessoa humana, e não o contrário, já que o ser humano constitui a finalidade precípua, e não meio da atividade estatal".[31] Vale dizer: constitui a "pessoa fundamento e fim da sociedade e do Estado".[32]

A maneira como a nossa Constituição foi ordenada é extremamente significativa nesse particular. Pela primeira vez em nosso constitucionalismo, a Constituição inicia arrolando "princípios fundamentais" (artigos 1º a 4º, CRFB) para logo em seguida proclamar "direitos e garantias fundamentais" (artigos 5º a 17, CRFB). Somente *depois* de cuidar da *pessoa e*

---

mesmo respeito e consideração por parte do Estado e da comunidade, implicando, neste sentido, um complexo de direitos e deveres fundamentais que assegurem a pessoa tanto contra todo e qualquer ato de cunho degradante e desumano, como venham a lhe garantir as condições existenciais mínimas para uma vida saudável, além de propiciar e promover sua participação ativa e co-responsável nos destinos da própria existência e da vida em comunhão com os demais seres humanos, mediante o devido respeito aos demais seres que integram a rede da vida" (Idem, p. 73).

[27] MARTINS-COSTA, Judith. "Direito e Cultura: entre as Veredas da Existência e da História", In: *Diretrizes Teóricas do Novo Código Civil Brasileiro*. São Paulo: Saraiva, 2002, p. 181, em coautoria com Gerson Branco.

[28] Sobre as relações entre dignidade da pessoa humana, Estado de Direito e direitos fundamentais, SARLET, Ingo. *Dignidade da Pessoa Humana e Direitos Fundamentais na Constituição Federal de 1988*. 9.ed. Porto Alegre: Livraria do Advogado, 2012, p. 91/140; *A Eficácia dos Direitos Fundamentais – Uma Teoria Geral dos Direitos Fundamentais na Perspectiva Constitucional*. 10. ed. Porto Alegre: Livraria do Advogado, 2009, p. 58/62; sobre as relações entre Estado de Direito e direitos fundamentais, ainda, LUÑO, Antonio Enrique Pérez. *Derechos Humanos, Estado de Derecho y Constitución*. 9. ed. Madrid: Tecnos, 2005, p. 218/251.

[29] Sobre a caracterização da dignidade da pessoa humana como "limite e tarefa do Estado, da comunidade e dos particulares", SARLET, loc cit., 2012, p. 131/140.

[30] CANOTILHO, José Joaquim Gomes. *Direito Constitucional e Teoria da Constituição*. 7. ed. Coimbra: Almedina, 2003, p. 225.

[31] SARLET, loc cit., 2012, p. 79/80.

[32] MIRANDA, Jorge. *Manual de Direito Constitucional*. 3. ed. Coimbra: Coimbra Editora, 2000, p. 180, tomo IV.

*de seus direitos* é que a Constituição se ocupa da "organização do Estado" (artigos 18 a 43, CRFB) e da "organização dos poderes" (artigos 44 a 135, CRFB). A prioridade da pessoa na ordem constitucional em detrimento do Estado é evidente. *Toda e qualquer construção teórica que não leve em consideração essa verdadeira primazia está destinada a falhar no teste de legitimidade substancial em que consiste a dignidade da pessoa humana no Estado Constitucional.*[33]

A segurança jurídica consubstancia-se ao mesmo tempo em fundamento do Estado Constitucional e função que deve ser por ele desempenhada[34] a fim de viabilizar condições institucionais para autodeterminação da pessoa (*"citizens to live autonomous lives"*) e desenvolvimento da vida social em circunstâncias de mútua confiança (*"mutual trust"*).[35] A segurança jurídica é um *princípio instrumental* que visa à *efetiva atuabilidade dos direitos*,[36] sem a qual inexiste o *império da juridicidade* inerente ao Estado Constitucional.[37]

Dado o caráter *não cognitivista* e *lógico-argumentativo* do Direito,[38] o que o coloca em uma situação de permanente desenvolvimento e superabilidade (*defeasibility*),[39] a segurança jurídica deve ser compreendida como *cognoscibilidade, confiabilidade, calculabilidade* e *efetividade* do Direito.[40] É certo que houve um tempo em que bastava ver a segurança jurídica como "determinação normativa" e "garantia de conteúdo" do Direito.[41] Essa maneira *estática* de compreendê-la, no entanto, encontrava-se umbilicalmente ligada ao entendimento de que o Direito em si é um objeto dado

---

[33] Sobre a dignidade da pessoa humana como critério substancial de legitimidade, SARLET, Ingo. *Dignidade da Pessoa Humana e Direitos Fundamentais na Constituição Federal de 1988.* 9. ed. Porto Alegre: Livraria do Advogado, 2012, p. 92.

[34] LUÑO, Antonio Enrique Pérez. *La Seguridad Jurídica.* 2. ed. Barcelona: Ariel, 1994, p. 27/28.

[35] MacCORMICK, Neil. *Rhetoric and the Rule of Law – A Theory of Legal Reasoning.* Oxford: Oxford University Press, 2005, p. 16.

[36] Caracterizando a segurança jurídica como um princípio instrumental ligado à realização dos direitos, ÁVILA, Humberto. *Segurança Jurídica – Entre Permanência, Mudança e Realização no Direito Tributário.* São Paulo: Malheiros, 2011, p. 265.

[37] MacCORMICK, Neil. *Institutions of Law – An Essay in Legal Theory.* Oxford: Oxford Press University, 2008, p. 60.

[38] MacCORMICK, loc. cit., 2005, p. 14/15. Como observa enfaticamente MacCormick, *"a theory of legal reasoning requires and is required by a theory of law"* (*Legal Reasoning and Legal Theory* (1978). Oxford: Oxford University Press, 2003, p. 229). E isso porque, como enquadra com boa dose de razão Robert Alexy (*Theorie der juristischen Argumentation.* Frankfurt am Main: Suhrkamp, 1983, p. 261), o discurso jurídico não passa de um *"Sonderfall des allgemeinen praktischen Diskurs"* (caso particular do discurso prático geral, tradução livre). Interpretar textos jurídicos, em suma, significa interpretar argumentativamente (GUASTINI, Riccardo. *L'Interpretazione dei Documenti Normativi.* Milano: Giuffrè, 2004, p. 7).

[39] MacCORMICK, loc. cit., 2005, p. 53 e, mais longamente, p. 237/253; GUASTINI Riccardo. *Interpretare e Argomentare.* Milano: Giuffrè, 2011, p. 42/43.

[40] É a tese de ÁVILA, Humberto. *Segurança Jurídica – Entre Permanência, Mudança e Realização no Direito Tributário.* São Paulo: Malheiros, 2011, p. 250/256.

[41] Idem, p. 272.

total e previamente pelo legislador, e que a tarefa do intérprete estava em declarar o *"vero (univoco e determinato) significato delle disposizioni legislative"*.[42] Com a derrocada desse modo *cognitivista* de entender o Direito em favor de uma solução não cognitivista e lógico-argumentativa, a segurança jurídica passou a constituir a *dinâmica* "controlabilidade semântico-argumentativa" e "garantia de respeito" do Direito.[43]

A segurança jurídica é um princípio que impõe em primeiro lugar a *cognoscibilidade* do Direito. É preciso viabilizar o *conhecimento* e a *certeza* do Direito, sem os quais não se pode saber exatamente o que é seguro ou não. É claro que o fato de o Direito ser vazado em linguagem – que é indiscutivelmente porosa e polissêmica[44] – requer a compreensão da segurança mais como *viabilização de conhecimento* do que propriamente como *determinação* prévia de sentido. A segurança jurídica exige, portanto, a *controlabilidade intersubjetiva dos processos semântico-argumentativos* que conduzem ao conhecimento e à certeza do Direito e a adoção de *critérios racionais* e *coerentes* para sua reconstrução. Em segundo lugar, exige *confiabilidade* do Direito. O Direito deve ser *estável* e não sofrer *quebras abruptas* e *drásticas*. Evidentemente, não é possível assegurar a sua *imutabilidade*, na medida em que é inerente ao Direito o seu aspecto cultural e, portanto, a sua permanente abertura à mudança. Importa, no entanto, que a confiança depositada pela pessoa no Direito não seja iludida, o que impõe *estabilidade* e *continuidade* normativas e, em sendo o caso, previsão de *normas de salvaguarda da confiança* em momentos de *crise de estabilidade jurídica*. Em terceiro lugar, impõe *calculabilidade*, isto é, *capacidade de antecipação das consequências* normativas ligadas aos atos e fatos jurídicos e das *eventuais variações* (quais e em que medida) da ordem jurídica. Também aqui o caráter cultural, não cognitivista e lógico-argumentativo do Direito repele a *previsibilidade absoluta* e determina a sua substituição pela noção mais elástica de *calculabilidade*. Por fim, em quarto lugar, a segurança jurídica

---

[42] GUASTINI, Riccardo. *Interpretare e Argomentare*. Milano: Giuffrè, 2011, p. 409/412; CHIASSONI, Pierluigi. *Tecnica dell'Interpretazione Giuridica*. Bologna: Il Mulino, 2007, p. 143.

[43] ÁVILA, Humberto. *Segurança Jurídica – Entre Permanência, Mudança e Realização no Direito Tributário*. São Paulo: Malheiros, 2011, p. 272.

[44] Daí a clássica observação de Herbert Hart a respeito da *"open texture of law"* (*The Concept of Law* (1961), 3. ed. Oxford: Oxford University Press, 2012, p. 124/136). Hart, todavia, chama atenção para a textura aberta do Direito para marcar uma diferença entre *zonas de certeza* e *zonas de penumbra* nos enunciados jurídicos, dentro das quais há, respectivamente, apenas *declaração* de uma *norma preexistente* ou *verdadeira criação normativa* por parte dos juízes. Com isso, Hart acaba retirando consequências da indeterminação dos enunciados jurídicos apenas para os casos que recaem sobre a zona de penumbra. Sobre a sua teoria da interpretação e, especificamente, sobre os seus pressupostos filosóficos nesse particular, VILLA, Vittorio. *Una Teoria Pragmaticamente Orientata dell'Interpretazione*. Torino: Giappichelli, 2012, p. 110. Ademais, sublinhando a potencial indeterminação do texto de *qualquer* enunciado linguístico, TARELLO, Giovanni. *L'Interpretazione della Legge*. Milano: Giuffrè, 1980, p. 27; GUASTINI, Riccardo. *L'Interpretazione dei Documenti Normativi*. Milano: Giuffrè, 2004, p. 64/66; *Interpretare e Argomentare*. Milano: Giuffrè, 2011, p. 39/44; CHIASSONI, Pierluigi. *Tecnica dell'Interpretazione Giuridica*. Bologna: Il Mulino, 2007, p. 56.

exige *efetividade* do Direito. Pouco importa a certeza, a confiança e calculabilidade do Direito se, na iminência ou diante de seu descumprimento, o Direito confessa-se impotente para impor a sua própria *realização*. Daí que a efetividade, entendida como *realizabilidade*, compõe o núcleo essencial do conceito de segurança jurídica.[45]

A conjugação da dignidade da pessoa humana com a segurança jurídica impõe a necessidade de pensarmos o processo civil como meio para viabilização da tutela dos direitos. E mais do que isso: dada a tríplice mudança do Direito na passagem do Estado Legislativo para o Estado Constitucional, essa combinação aponta para necessidade de o processo se estruturar de modo a tornar possível a obtenção desse escopo em uma perspectiva tanto particular como geral. Vale dizer: mediante a prolação de uma decisão justa para as partes e a formação e respeito aos precedentes para orientação da sociedade como um todo.

## 2. O processo civil como meio para tutela dos direitos. A necessidade de prolação de uma decisão justa e de formação de precedente como imposições do estado constitucional: dois discursos a partir da decisão judicial

Se é verdade que o processo civil no marco do Estado Constitucional deve ser compreendido como meio para tutela dos direitos, e que essa tutela deve ter uma *dupla direção* e servir-se de um *duplo discurso*, torna-se imprescindível, de um lado, colocar em uma *perspectiva crítica* os mais diversos fins já colimados ao processo civil ao longo da história, e, de outro, aferir de que modo o processo deve se estruturar para comportar o duplo discurso que visa à promoção da tutela efetiva dos direitos.

Em linhas gerais, o processo civil, antes da *Prozeβrechtswissenschaft* e da *scuola storico-dogmatica*, era animado pelo objetivo de realizar o *direito subjetivo afirmado pela parte* em juízo. E isso porque inexistia qualquer quebra conceitual entre direito subjetivo e ação – ou, dito de outro modo, porque não havia qualquer autonomia do processo em relação ao direito material. Era comum a exposição da matéria hoje reconduzida ao campo do direito processual civil em adendos – apêndices – de obras destinadas ao tratamento do direito material.[46] Sendo a ação uma decorrência do direito subjetivo – e o ponto máximo (*Höhepunkt*) desse modo de pen-

---

[45] Tudo conforme ÁVILA, Humberto. *Segurança Jurídica – Entre Permanência, Mudança e Realização no Direito Tributário*. São Paulo: Malheiros, 2011, p. 249/279. Especificamente sobre a efetividade como elemento do conceito de segurança no processo civil, MITIDIERO, Daniel. *Antecipação da Tutela – Da Tutela Cautelar à Técnica Antecipatória*. São Paulo: Revista dos Tribunais, 2013, p. 62/63.

[46] Por exemplo, como observa Riccardo Orestano, as *Pandectas* de Thibaut, até a sétima edição, datada de 1828, incluíam como adendo uma ampla exposição do direito processual civil em seu terceiro volume ("Azione. I – L´Azione in Generale: a) Storia del Problema". In: *Enciclopedia Giuridica*. Milano: Giuffrè, 1959, p. 790, vol. IV).

sar típico de Oitocentos é a conhecida elaboração de Friedrich Carl von Savigny sobre as *materiellen Aktionenrechts*,[47] seu verdadeiro coroamento (*Krönung*) e fim (*Abschluß*)[48] –, restava absolutamente coerente com essa doutrina uma *orientação acentuadamente privatista e individualista* a respeito dos fins do processo.[49]

A transformação da *"procedura"* em *"diritto processuale civile"*[50] foi acompanhada por uma radical mudança no que concerne aos fins do processo civil. Obra da doutrina alemã do final de Oitocentos e da doutrina italiana do início de Novecentos, o aparecimento do direito processual civil como disciplina autônoma foi marcado por uma indiscutível guinada – de uma perspectiva privatista e individualista para uma *perspectiva publicista* e em grande parte também *estatalista* do processo civil.

Adolf Wach – "il maggiore dei tre illustri giuristi a cui la Germania deve la formazione della sua moderna scienza processuale"[51] – é firme em asseverar: "é incorreto afirmar a finalidade subjetiva do processo"[52] (es ist unrichtig, den Prozesszweck subjektiv zu fassen), pertencendo esse aos domínios do "direito público"[53] (*öffentliches Recht*). Daí que "a finalidade do processo, diferentemente, é sempre a única e a mesma: a realização da justiça mediante a jurisdição"[54] ("der Prozesszweck aber bleit stets ein und derselbe: die Wahrung der Gerechtigkeit durch Uebung der Gerichtsbarkeit"). Pressupondo-se que o exercício da jurisdição ocorre mediante a interpretação da lei, e que essa visa à declaração da sua vontade ("a finali-

---

[47] Em seu clássico *System des heutigen römischen Rechts*. Berlin: Veit und Comp., 1841, tomo V, Savigny, depois de definir a *"Klage"* (p. 4/11), arrola as *"Arten der Klagen"* (p. 11/150) – todas fundadas em distinções ligadas ao direito material (por exemplo, *"in persona"* e *"in rem"*). Daí a razão pela qual o seu pensamento a respeito da ação ficou conhecido como direito das ações (*Aktionenrechts*) – como é notório, a ação não é um conceito abstrato e único em Savigny, pertencente ao direito processual, mas sim um conceito de direito material, que admite tantas variações quantos são os direitos subjetivos reconhecidos pela ordem jurídica civil.

[48] NÖRR, Knut Wolfgang. *"Zur historischen Schule im Zivilprozess- und Aktionenrecht"*, *Iudicium est Actum Trium Personarum*. Goldbach: Keip Verlag, 1993, p. 84/86.

[49] CAPPELLETTI, Mauro,. *"Libertà Individuale e Giustizia Sociale nel Processo Civile"*, *Giustizia e Società*. Milano: Edizioni di Comunità, 1977, p. 32. Sobre o assunto, ainda, MITIDIERO, Daniel. *Colaboração no Processo Civil – Pressupostos Sociais, Lógicos e Éticos*. 2. ed. São Paulo: Revista dos Tribunais, 2011, p. 33/34.

[50] SATTA, Salvatore. "Diritto Processuale Civile". In: *Enciclopedia del Diritto*. Milano: Giuffrè, 1964, p. 1.101, vol. XII. Para uma análise das implicações dessa transformação no conceito de jurisdição e na natureza do ato sentencial, NITSCH, Carlo. *Il Giudice e la Legge – Consolidamento e Crisi di un Paradigma nella Cultura Giuridica Italiana del Primo Novecento*. Milano: Giuffrè, 2012, p. 39/128.

[51] CHIOVENDA, Giuseppe, *"Adolf Wach"*, *Saggi di Diritto Processuale Civile (1894-1937)*. Milano: Giuffrè, 1993, p. 263, vol. I. Sobre Adolf Wach, ainda, UNGER, Dagmar. *Adolf Wach (1843 – 1926) und das liberale Zivilprozeßrecht*. Berlin: Duncker & Humblot, 2005.

[52] WACH, Adolf, *Handbuch des deutschen Civilprozessrechts*. Leipzig: Duncker & Humblot, 1885, p. 4.

[53] Idem, p. 115.

[54] Idem, p. 5.

dade da interpretação da lei é a declaração da vontade da lei"[55] – *Zweck der Gesetzeauslegung Klarstellung des Gesetzewillens*), resta claro que o processo a partir daí visa à declaração da vontade da lei – e não mais à realização do direito subjetivo privado sobre que fundada a actio.

Essa orientação claramente *publicista* acabou incorporando também uma dimensão *estatalista* com Giuseppe Chiovenda e Piero Calamandrei. Chiovenda afirma que o *"processo giudiziario"* tem como escopo a *"attuazione della legge"*.[56] Mais demoradamente, Chiovenda observa que *"il processo civile è il complesso degli atti coordinati allo scopo dell'attuazione della legge (rispetto a un bene che si pretende da questa garantito nel caso concreto), per parte degli organi della giurisdizione ordinaria"*.[57] Calamandrei observa igualmente que o *"scopo del processo (anche del processo civile) è l'attuazione del diritto oggettivo"*.[58] Acrescenta, no entanto, que essa discussão seria mais bem situada no campo do *"scopo della giurisdizione, ossia a proposito dello scopo che si propone lo Stato, quando in veste di giudice esercita la funzione giurisdizionale: il quale scopo deve, secondo noi, necessariamente ravvisarsi in prima linea nel mantenimento dell'osservanza del diritto oggettivo, se non si vuol rinnegare quella concezione cosidetta 'publicistica' del processo civile, in difesa della quale ha lavorato la dottrina italiana di quest'ultimo trentennio"*.[59]

A doutrina da época tinha plena consciência da virada conceitual por ela mesma realizada. Refletindo sobre a passagem da doutrina italiana do *método exegético* para o *método histórico-dogmático* e sobre a nova sistematização do direito processual civil, escreve Piero Calamandrei que *"solo nell'opera di Giuseppe Chiovenda, riassunta nei* Principii *(1ª ediz. 1906, 4ª ediz. 1928) e più tardi nelle* Istituzioni *(1ª ediz., 1933-34, 2ª ediz., 1935-36), sorge da queste isolate premesse il sistema compiuto, nel quale la rivendicazione del diritto processuale al diritto pubblico poggia, come un arco su due pilastri, da una parte sulla nozione della azione intesa in senso concreto quale diritto potestativo tendente alla attuazione della legge, e dall'altra sul concetto di rapporto processuale, che, riportando in primo piano la figura del giudice, riafferma la preminenza, anche nel processo civile, dell'interesse pubblico e della autorità dello Stato"*.[60] Com isso, o processo civil passa a ser um ambiente de proeminência do interesse público e da autoridade do Estado.

---

[55] WACH, Adolf. *Handbuch des deutschen Civilprozessrechts*. Leipzig: Duncker & Humblot, 1885, p. 267.

[56] CHIOVENDA, Giuseppe. *"Del Sistema negli Studi del Processo Civile"*, Saggi di Diritto Processuale Civile (1894-1937). Milano: Giuffrè, 1993, p. 230, vol. I.

[57] CHIOVENDA, Giuseppe. *Principii di Diritto Processuale Civile (3. ed., 1923), ristampa inalterata*. Napoli: Jovene Editore, 1965, p. 68. Em nota de rodapé, Chiovenda esclarece que o conceito adotado *"è in sostanza il concetto di Wach"*.

[58] CALAMANDREI, Piero. Istituzioni di Diritto Processuale Civile (1941). In: CAPPELLETTI, Mauro (org.). *Opere Giuridiche*. Napoli: Morano Editore, 1970, p. 73, vol. IV.

[59] Ibidem.

[60] CALAMANDREI, Piero, "Gli Studi di Diritto Processuale in Italia nell'Ultimo Trentennio" (1941). In: CAPPELLETTI, Mauro (org.). *Opere Giuridiche*. Napoli: Morano Editore, 1965, p. 524, vol. I.

É por essa razão que a doutrina posterior observa com inteiro acerto que "la c.d. 'pubblicizzazione' del processo civile inverte i pressuposti di fondo che erano alla base del codice del 1865 e della dottrina ottocentesca: il processo non è piú esclusivamente un 'affare delle parti' ma un luogo in cui si esprime l'autorità dello Stato; esso non mira solo alla tutela di interessi privati, ma realizza l'interesse pubblico all'amministrazione della giustizia; il perno del processo non è piú l'iniziativa delle parti, ma la funzione del giudice. In sintesi, il processo non è piú visto come una forma in cui si esplica l'autonomia privata nell'esercizio dei diritti, ma come uno strumento che lo Stato mette a disposizione dei privati in vista dell'attuazione della legge".[61] O processo civil converte-se integralmente em um instrumento de orientação publicista e "statalistica".[62]

A questão está em saber, portanto, se semelhante modo de pensar a finalidade do processo é suportado pela nossa Constituição. E a resposta é evidentemente negativa. A dignidade da pessoa humana – posta como fundamento do Estado Constitucional e como critério de legitimidade substancial de toda a ordem jurídica – obviamente repele qualquer perspectiva *estatalista* do processo civil. Sendo o Estado Constitucional um meio para realização dos fins da pessoa humana, é evidente que o processo civil nele ambientado só pode ser encarado a partir de uma perspectiva nela centrada. Qualquer teoria que veja como fim do processo civil a aplicação da *"Gesetzewillens"*, da *"volontà concreta della legge"* ou do *"diritto oggettivo"* está em óbvio descompasso com os compromissos sociais da nossa Constituição.

Nossa Constituição exige a colocação da *tutela dos direitos* como fim do processo civil.[63] Sendo o Estado Constitucional ancorado na pessoa humana, e o Estado de Direito nele implicado fundamentado na segurança jurídica, a finalidade óbvia colimada ao processo civil só pode estar na *efetividade dos direitos* proclamados pela ordem jurídica. *O Estado Constitucional existe para promover os fins da pessoa humana – e isto quer dizer que o processo civil no Estado Constitucional existe para dar tutela aos direitos.*

Afirmar a *tutela dos direitos* como escopo do processo civil obviamente não implica retroceder à compreensão do processo como simples meio para *realização de direitos subjetivos*, nem em negar o *caráter público* do processo civil. Na verdade, a postura dogmática preocupada em apontar a tutela dos direitos como fim do processo visa a resgatar o devido *"collega-*

---

[61] TARUFFO, Michele. *La Giustizia Civile in Italia dal '700 a Oggi*. Bologna: Il Mulino, 1980, p. 188.

[62] TARUFFO, Michele. "Sistema e Funzione del Processo Civile nel Pensiero di Giuseppe Chiovenda". *Rivista Trimestrale di Diritto e Procedura Civile*. Milano: Giuffrè, 1986, p. 1148, continuação da nota de rodapé n. 69.

[63] Nessa linha, por todos, MARINONI, Luiz Guilherme. *Tutela Inibitória*. 5. ed. São Paulo: Revista dos Tribunais, 2012, p. 363/373; *Curso de Processo Civil – Teoria Geral do Processo*. São Paulo: Revista dos Tribunais, 2006, p. 240/241, vol. I.

*mento tra diritto sostanziale e processo"*,[64] sem, no entanto, perder de vista o seu caráter autônomo. Nada obstante a *"interdipendenza tra diritto sostanziale e diritto processuale"*[65] no plano da efetividade, é certo que o processo não se confunde com o direito material. E mais: como parece evidente, a efetiva tutela dos direitos não pode ser vista como fim estranho ao Estado. O deslocamento do escopo do processo para o seu campo, portanto, longe de negar o caráter público do direito processual civil, visa apenas a cortar os *"eccessi pubblicistici"*[66] do seu período de formação e apontar para necessidade de a tutela dos direitos constituir condição de sua legitimação social. *No fundo, a colocação da tutela dos direitos como finalidade do processo corresponde, na dogmática processual civil, à proeminência reconhecida à pessoa humana diante do Estado no plano constitucional.*

A tutela dos direitos que o processo civil se propõe a promover, no entanto, está longe de ter uma *dimensão puramente particular* – como se a ordem jurídica não fosse impactada pelas *razões* elaboradas pelos juízes em suas decisões. Por isso, a tutela dos direitos no processo, além de viabilizar a proteção de direitos individuais ou transindividuais afirmados pelas partes mediante decisão justa e, em sendo o caso, sua adequada efetivação (*dimensão particular da tutela dos direitos*), também visa a propiciar a unidade do direito mediante a afirmação e respeito aos precedentes judiciais (*dimensão geral da tutela dos direitos*). Tratar os casos com justiça (*"to deal with cases justly"* – como emblematicamente observa o legislador inglês ao enunciar o *"overriding objective"* das *Civil Procedure Rules*, rule 1.1) e servir à unidade do direito são duas formas de dar tutela aos direitos a que se encontra teleologicamente vinculado o processo civil no Estado Constitucional.

Esse *duplo discurso* que o processo civil tem de ser capaz de desempenhar no Estado Constitucional pressupõe a construção de uma teoria do processo idônea para dar conta da necessidade de propiciarmos a *prolação de uma decisão justa para as partes* no processo e a *formação e o respeito ao precedente judicial para sociedade como um todo*. É necessário perceber, portanto, a necessidade de um duplo discurso no processo a partir da decisão judicial – um discurso ligado às partes e um discurso ligado à sociedade.[67] *Sem esse duplo discurso, a Justiça Civil será incapaz de realizar os direitos proclamados pela ordem jurídica e de orientar de forma segura a conduta social.*

---

[64] MAJO, Adolfo di. *La Tutela Civile dei Diritti*, 4. ed. Milano: Giuffrè, 2003, p. 5.
[65] PISANI, Andrea Proto. *Lezioni di Diritto Processuale Civile*. 4. ed. Napoli: Jovene Editore, 2002, p. 5.
[66] A feliz expressão é de GRASSO, Eduardo. "La Dottrina del Processo Civile alla Fine del Secolo". *Rivista di Diritto Civile*. Padova: Cedam, 1997, p. 387.
[67] MITIDIERO, Daniel. "Fundamentação e Precedente – Dois Discursos a Partir da Decisão Judicial". *Revista de Processo*. São Paulo: Revista dos Tribunais, 2012, p. 61/78, n. 206.

## 3. A tutela dos direitos em uma dimensão particular e em uma dimensão geral: teoria da decisão justa e teoria do precedente

A formação de uma decisão justa para as partes reclama a conjugação de critérios ligados à individualização, interpretação e argumentação referente às normas jurídicas que devem reger o caso concreto levado a juízo, à adequada verificação da verdade das alegações de fato formuladas pelas partes e à justiça da estruturação do processo.[68] Em outras palavras, depende da composição de critérios concernentes ao plano das normas, ao plano dos fatos e ao plano do processo em que a atividade do juiz e das partes se desenvolverá para obtenção de uma decisão justa.

No plano concernente à individualização, interpretação e argumentação jurídica, interessa ter presente a dimensão dialogal do processo[69] – desde a sua formação até a sua extinção[70] – e a necessidade de o discurso jurídico ser *racionalmente estruturado* e *coerente*. Isso quer dizer que o discurso deve ser *intersubjetivamente controlável* a partir da invocação de *razões relevantes* que conduzam ao maior grau possível de aceitação racional da decisão,[71] dado que o *escopo* da justificação está justamente em conduzir a partir daí a um grau significativo de aceitação da decisão.[72]

No plano atinente à adequada verificação das alegações de fato, ganha importância a colocação da verdade como objetivo da prova.[73] Trata-se de pressuposto ético inafastável da conformação do direito ao processo justo.[74] Como as alegações de fato concernem ao *mundo natural*, o

---

[68] TARUFFO, Michele. *"Idee per una Teoria della Giusta Decisione", Sui Confini – Scritti sulla Giustizia Civile.* Bologna: Il Mulino, 2002, p. 224.

[69] OLIVEIRA, Alvaro de. *Do Formalismo no Processo Civil – Proposta de um Formalismo-Valorativo.* 4. ed. São Paulo: Saraiva, 2010, p. 159.

[70] MITIDIERO, Daniel. *Colaboração no Processo Civil – Pressupostos Sociais, Lógicos e Éticos*, 2. ed. São Paulo: Revista dos Tribunais, 2011, p. 119/173.

[71] ÁVILA, Humberto. *Teoria dos Princípios – Da Definição à Aplicação dos Princípios Jurídicos.* 12. ed. São Paulo: Malheiros, 2011, p. 26.

[72] Por todos, DICIOTTI, Enrico. *Interpretazione della Legge e Discorso Razionale.* Torino: Giappichelli, 1999, p. 68/73.

[73] TARUFFO, Michele. *La Prova dei Fatti Giuridici.* Milano: Giuffrè, 1992, p. 1/66; *La Semplice Verità – Il Giudice e la Costruzione dei Fatti.* Roma: Laterza, 2009, p. 74/134 (há tradução disponível em português, *Uma Simples Verdade – O Juiz e a Construção dos Fatos*, tradução de Vitor de Paula Ramos. São Paulo: Marcial Pons, 2012); BELTRÁN, Jordi Ferrer. *Prueba y Verdad en el Derecho.* 2. ed. Madrid: Marcial Pons, 2005, p. 18; FENOLL, Jordi Nieva. *La Valoración de la Prueba.* Madrid: Marcial Pons, 2010, p. 66.

[74] MITIDIERO, Daniel. *Colaboração no Processo Civil – Pressupostos Sociais, Lógicos e Éticos.* 2. ed. São Paulo: Revista dos Tribunais, 2011, p. 108. Ainda, sobre as relações entre prova e verdade, verdade, verossimilhança e probabilidade e sobre os modos de aferição da verdade no processo civil, MITIDIERO, Daniel. *Antecipação da Tutela – Da Tutela Cautelar à Técnica Antecipatória.* São Paulo: Revista dos Tribunais, 2013, p. 95/111.

processo adquire uma *"dimensione epistemica"*[75] e a prova passa a ser um instrumento racional para o seu conhecimento. A verdade deve ser compreendida a partir da ideia de *correspondência*, de modo que uma proposição é verdadeira se ela corresponde à realidade.[76] Daí que a verdade é ao mesmo tempo *objetiva* – existe fora do sujeito que a investiga – e *relativa* – o conhecimento que dela se pode obter normalmente é fundado em um retrato aproximado da realidade.[77] *A decisão será tanto mais justa quanto maior for a abertura do processo para a busca da verdade.*

No plano da justa estruturação do processo, ganham relevo os direitos fundamentais processuais que compõem o direito ao processo justo.[78] Em especial, a observância do direito de ação, de defesa, do direito ao contraditório, do direito à prova e do dever de fundamentação das decisões judiciais. Esses direitos processuais visam a responder aos problemas fático-normativos vinculados à formação da decisão justa e muito especialmente aos problemas de interpretação (*"proper interpretation of legal materials"*), qualificação (*"proper characterization of facts"*), relevância (*"proper relevance to the legal materials adduced"*) e prova (*"proper drawing of inference from evidence"* ou *"evaluation of conflicting pieces of evidence"*) inerentes às disputas judiciais.[79] Tudo somado, o *problema da decisão justa* acaba sendo um problema cuja *correção da solução* se pode aferir a partir de um adequado discurso ligado à *fundamentação* das decisões judiciais[80] – donde é possível aferir ao mesmo tempo a *verdade das proposições* de fato e a *coerência dos enunciados* jurídicos que compõem o esquema *lógico-argumentativo* em que se consubstancia a decisão judicial como um todo.

---

[75] TARUFFO, Michele. *La Semplice Verità – Il Giudice e la Costruzione dei Fatti*. Roma: Laterza, 2009, p. 135/192.

[76] TARUFFO, Michele. *La Prova dei Fatti Giuridici*. Milano: Giuffrè, 1992, p. 36/38.

[77] TARUFFO, loc. cit., 2009, p. 83.

[78] Sobre o direito ao processo justo e os direitos fundamentais processuais que o compõem, MARINONI, Luiz Guilherme; MITIDIERO, Daniel. *Curso de Direito Constitucional*. São Paulo: Revista dos Tribunais, 2012, p. 615/681, em coautoria com Ingo Sarlet; ainda, MATTOS, Sérgio. *Devido Processo Legal e Proteção de Direitos*. Porto Alegre: Livraria do Advogado, 2009.

[79] MacCORMICK, Neil. *Rhetoric and the Rule of Law*. Oxford: Oxford University Press, 2005, p. 27; ÁVILA, Humberto. *Segurança Jurídica – Entre Permanência, Mudança e Realização no Direito Tributário*, 2011, p. 274.

[80] Assim, TARELLO, Giovanni. *L'Interpretazione della Legge*. Milano: Giuffrè, 1980, p. 67/75; GUASTINI, Riccardo. *Interpretare e Argomentare*. Milano: Giuffrè, 2011, p. 34; CHIASSONI, Pierluigi. *Tecnica dell'Interpretazione Giuridica*. Bologna: Il Mulino, 2007, p. 11. Sobre o problema na perspectiva da teoria do direito, CHIASSONI, loc. cit., p. 11/47; na perspectiva da teoria do processo, TARUFFO, Michele. *La Motivazione della Sentenza Civile*. Padova: Cedam, 1975; BRÜGGEMANN, Jürgen. *Die richterliche Begründungspflicht*. Berlin: Duncker & Humblot, 1971; SANTOS, Tomás-Javier Aliste. *La Motivación de las Resoluciones Judiciales*. Madrid: Marcial Pons, 2011; SILVA, Ana de Lourdes Coutinho. *Motivação das Decisões Judiciais*. São Paulo: Atlas, 2012; FLACH, Daisson. *Dever de Motivação das Decisões Judiciais na Jurisdição Contemporânea*, Tese de Doutorado, UFRGS, Orientador Professor Doutor Danilo Knijnik, 2012.

A formação e o respeito ao precedente judicial exigem certamente uma adequada teoria dos precedentes.[81] E isso porque é tarefa do precedente *reduzir o âmbito de equivocidade* inerente ao Direito, viabilizando a sua maior cognoscibilidade. A necessidade de seguir precedentes não pode ser seriamente contestada no Estado Constitucional – dada a exigência de segurança jurídica que lhe serve de base. Como observa a doutrina, *"it is a basic principle of the administration of justice that like cases should be decided alike"*.[82] Vale dizer: constitui "um requisito elementar de justiça" tratar "casos iguais de modo igual e não de modo arbitrariamente diferente".[83] Compreendida na perspectiva do Estado Constitucional, essa lição remete-nos automaticamente ao reconhecimento da vigência da regra do *stare decisis* entre nós[84] e ao problema da construção de uma teoria do precedente judicial constitucionalmente adequada ao direito brasileiro.

Isso quer dizer que os conceitos ligados à *identificação* do precedente (*ratio decidendi* e *obiter dictum*) e ao *trabalho* com o precedente – necessidade de realizar distinções (*distinguishing*), de sinalizações para mudança do precedente (*signaling* e *drawing of inconsistent distinctions*), de superação total (*overruling*) ou parcial do precedente (*overturning*, de que espécies a *transformation* e a *overriding*) e concernente à eficácia da sua superação (*prospective overruling*) – devem ser trabalhados pela doutrina, sem o que dificilmente se poderá bem operar o sistema.[85] É imprescindível, portanto, um adequado discurso ligado à teoria dos *precedentes* judiciais.

A fidelidade ao precedente consiste no respeito às *razões necessárias e suficientes* empregadas pelo Supremo Tribunal Federal e pelo Superior

---

[81] Entre outros, na doutrina brasileira, MARINONI, Luiz Guilherme. *Precedentes Obrigatórios*. 2. ed. São Paulo: Revista dos Tribunais, 2011; MARINONI, Luiz Guilherme (coord.). *A Força dos Precedentes*. 2. ed. Salvador: JusPodium, 2012; TUCCI; José Rogério Cruz e. *Precedente Judicial como Fonte do Direito*. São Paulo: Revista dos Tribunais, 2004; ROSITO, Francisco. *Teoria dos Precedentes Judiciais*. Curitiba: Juruá, 2012; MELLO, Patrícia. *Precedentes – O Desenvolvimento Judicial do Direito no Constitucionalismo Contemporâneo*. Rio de Janeiro: Renovar, 2008; TARANTO, Caio. *Precedente Judicial – Autoridade e Aplicação na Jurisdição Constitucional*. Rio de Janeiro: Forense, 2010; BUSTAMANTE, Thomas da Rosa de. *Teoria do Precedente Judicial – A Justificação e a Aplicação de Regras Jurisprudenciais*. São Paulo: Noeses, 2012; MOTTA, Otávio. "Precedente e Jurisprudência no Estado Constitucional Brasileiro". In: DANIEL, Mitidiero (coord.). *O Processo Civil no Estado Constitucional*. Salvador: JusPodium, 2012, p. 263/320.

[82] CROSS, Rupert; HARRIS, J. W. *Precedent in English Law* (1991). 4. ed. Oxford: Oxford University Press, 2004, p. 3.

[83] MICHELON, Cláudio. "Princípios e Coerência na Argumentação Jurídica". In: MACEDO JÚNIOR, Ronaldo Porto; BARBIERI, Catarina Helena Cortada (coords.). *Direito e Interpretação – Racionalidades e Instituições*. São Paulo: Saraiva, 2011, p. 282.

[84] ZANETI JÚNIOR, Hermes. *Processo Constitucional – O Modelo Constitucional do Processo Civil Brasileiro*. Rio de Janeiro: Lumen Juris, 2007, p. 252.

[85] Esboçar uma teoria do precedente judicial está fora do escopo do presente trabalho. Os conceitos mencionados, no entanto, foram brevemente trabalhos por nós no ensaio "Fundamentação e Precedente – Dois Discursos a Partir da Decisão Judicial". *Revista de Processo*. São Paulo: Revista dos Tribunais, 2012, p. 68/75, n. 206. Sobre o assunto, com amplo recurso às fontes, MARINONI, Luiz Guilherme. *Precedentes Obrigatórios*. 2. ed. São Paulo: Revista dos Tribunais, 2011.

Tribunal de Justiça para solução de uma determinada *questão* de um caso.[86] Constitui, portanto, respeito à *ratio decidendi*, que constitui a *universalização das razões necessárias e suficientes* constantes da *justificação judicial* ofertadas pelas Cortes Supremas para solução de determinada questão de um caso.[87] Tal é a *dimensão objetiva* do precedente.[88] O que não se oferece como *indispensável* para sustentação da solução da questão não pode ser considerado como integrante da *ratio decidendi* e compõe a categoria do *obiter dictum* – literalmente, dito de passagem, pelo caminho (*saying by the way*),[89] cujo conteúdo não constitui precedente.[90] Isso quer dizer que o respeito ao precedente pressupõe em *primeiro lugar* o seu *reconhecimento* pelo juiz encarregado de aplicá-lo e em *segundo lugar* a *individualização dos pressupostos fático-jurídicos* que tornam os casos idênticos ou similares e que justificam a aplicação do precedente.[91] O raciocínio judicial aí é eminentemente analógico.[92] O respeito ao precedente pressupõe, desse modo, juízes sensíveis e atentos às particularidades dos casos e capazes de empreender sofisticados processos de *apreensão* e *universalização* de razões e *comparação* entre casos – um *papel nada autômato e certamente decisivo* para promoção da tutela do direito.

A unidade do Direito que deve ser promovida pelo Supremo Tribunal Federal e pelo Superior Tribunal de Justiça por meio de precedentes move-se tanto *retrospectiva* como *prospectivamente*. Para que ambas as direções possam ser trilhadas, a regra do *stare decisis* tem de ser observada de forma *horizontal* e *vertical* por todos os órgãos do Poder Judiciário.

A expressão *stare decisis* é oriunda do brocardo *stare decisis et non quieta movere* e visa a garantir a *estabilidade* e a *confiabilidade* do precedente. Com a *determinação do significado* do Direito a partir de determinado caso no *precedente*, o que visa a proporcionar a sua *cognoscibilidade*, a estabili-

---

[86] Para identificação da *ratio decidendi* na tradição do *Common Law* são notórios dois métodos: o teste de Wambaugh e o método Goodhart. Sobre o assunto na doutrina inglesa, CROSS, Rupert; HARRIS, J. W. *Precedent in English Law* (1991). 4. ed. Oxford: Oxford University Press, 2004, p. 52/71; na doutrina brasileira, MARINONI, Luiz Guilherme. *Precedentes Obrigatórios*, 2. ed. São Paulo: Revista dos Tribunais, São Paulo, 2011, p. 224/228.

[87] MacCORMICK, Neil. *Legal Reasoning and Legal Theory*(1978). Oxford: Oxford University Press, 2003, p. 215; "*Why Cases Have* Rationes *and What These Are*". In: GOLDSTEIN, Laurence (coord.). *Precedent in Law*. Oxford: Oxford University Press, 1987, p. 170; GUASTINI, Riccardo. *Interpretare e Argomentare*. Milano: Giuffrè, 2011, p. 264.

[88] TARUFFO, Michele. "Dimensionidel Precedente Giudiziario". *RivistaTrimestrale di Diritto e Procedura Civile*. Milano: Giuffrè, 1994, p. 419; TUCCI, José Rogério Cruz e. *Precedente Judicial como Fonte do Direito*. São Paulo: Revista dos Tribunais, 2004, p. 305/306.

[89] DUXBURY, Neil. *The Nature and Authority of Precedent*. Cambridge: Cambridge University Press, 2008, p. 68.

[90] CROSS; HARRIS, loc. cit., p. 81.

[91] TARUFFO, Michele. "Precedente e Giurisprudenza". *RivistaTrimestrale di Diritto e Procedura Civile*. Milano: Giuffrè, 2007, p. 712.

[92] CROSS; HARRIS, loc. cit., p. 26/27 e 192.

dade da ordem jurídica é assegurada pela *necessidade de respeito àquilo que foi decidido anteriormente*, o que gera a confiança na sua *manutenção* por um determinado período de tempo e na sua *aplicação* aos casos futuros idênticos e semelhantes. A regra do *stare decisis*, portanto, é a regra pela qual a segurança jurídica é promovida judicialmente em um sistema que respeita precedentes.

A primeira condição para que exista segurança jurídica pelo precedente é que esse seja *respeitado pela própria corte* que o emanou. Não por acaso essa *dimensão horizontal* do *stare decisis* – que vincula os próprios membros da corte que formou o precedente – foi a primeira a ser afirmada expressamente no direito inglês.[93] Se a própria corte responsável pela formação do precedente não se sentisse submetida à sua força vinculante, é claro que a cognoscibilidade e a estabilidade da ordem jurídica ficariam enfraquecidas e seriamente comprometidas.[94] Sem *autovinculação*, o precedente não teria como contar com qualquer força de orientação. É claro, porém, que pouco adianta em termos de segurança jurídica assegurar o respeito da própria corte ao precedente *se as demais cortes a ela submetidas não respeitarem igualmente o precedente*. Sendo a organização judiciária uma *organização hierarquizada ("chain of command")*,[95] em que determinados órgãos têm competência para rever as decisões de outros, a segurança jurídica depende do efetivo respeito ao precedente pelas cortes que se encontram na base da organização judiciária. Do contrário, o precedente não teria nenhum influxo sobre a atividade dessas cortes e não teria condições de viabilizar a *igualdade* de todos perante a ordem jurídica e proporcionar *segurança* ao jurisdicionado na sua pronta aplicação. Daí a razão pela qual é essencial à promoção da segurança jurídica igualmente a *dimensão vertical* do *stare decisis*, isto é, a vinculação de todos os juízes e das Cortes de Justiça àquilo que foi decidido pelas Cortes de Precedentes.[96] A junção de ambas as dimensões assegura um *forte sentimento unidade institucional do Poder Judiciário*, imprescindível para sua atuação *orquestrada*.

A combinação do *stare decisis* horizontal e vertical assegura a unidade do Direito em uma perspectiva *retrospectiva*, isto é, garante que uma *questão cuja solução era variável* na atividade dos tribunais seja resolvida *uniformemente* em um determinado período de tempo por força do precedente. Como, contudo, a unidade do Direito que deve ser promovida

---

[93] No célebre caso *London Tramways v. London County Council*, julgado em 1898 pela *House of Lords*, conforme CROSS, Rupert; HARRIS, J. W. *Precedent in English Law*(1991). 4. ed. Oxford: Oxford University Press, 2004, p. 102.

[94] SCHAUER, Frederick. *Thinking like a Lawyer – A New Introduction to Legal Reasoning*. Cambridge: Harvard University Press, 2009, p. 43/44.

[95] Idem, p. 36.

[96] TARUFFO, Michele. "Dimensionidel Precedente Giudiziario". *RivistaTrimestrale di Diritto e Procedura Civile*. Milano: Giuffrè, 1994, p. 416.

pelas Cortes Supremas também é *prospectiva*, vale dizer, deve ser suficientemente aberta para permitir o tratamento de *novas questões sociais* e a *contínua evolução do Direito*, a regra do *stare decisis* horizontal pode ser justificadamente deixada de lado pela *corte responsável pelo precedente*. Isso quer dizer que as Cortes Supremas podem, para promover a unidade do Direito prospectivamente, afastar-se *justificadamente* dos próprios precedentes, superando-os total (*overruling*) ou parcialmente (*overturning*) mediante transformação (*transformation*) ou reescrita (*overriding*) do precedente.

A *superação total* de um precedente (*overruling*) constitui a resposta judicial ao desgaste da sua *dupla coerência* (congruência social e consistência sistêmica)[97] ou a um *evidente equívoco* na sua solução.[98] Quando o precedente carece de dupla coerência ou é evidentemente equivocado e os princípios básicos que sustentam a regra do *stare decisis* – segurança jurídica e igualdade – deixam de autorizar a sua replicabilidade (*replicability*), o precedente deve ser superado, sob pena de estancar-se o processo de contínua evolução do Direito.[99] Essa conjugação é tida pela doutrina como a norma básica para superação de precedentes (*basic overruling principle*).[100]

A *alteração parcial* de um precedente (*overturning*) pode ocorrer mediante a sua transformação (*transformation*) ou reescrita (*overriding*). Isso porque para promoção da unidade prospectiva do Direito pode não ser *oportuna* ou *necessária* a superação total do precedente. Há *transformação* quando a corte, sem negar formalmente o precedente, isto é, sem admitir desgaste ou equívoco da antiga solução, *reconfigura-o parcialmente*, tomando em consideração aspectos fático-jurídicos *não tidos por relevantes* na decisão anterior. Em tese, a transformação serve para alterar em parte o precedente com a produção de resultado com ele compatível.[101] Há

---

[97] O termo *coerência*, nessa passagem, é empregado em sentido amplo e abrange tanto o conceito de congruência social (*social congruence*) como o de consistência sistêmica (*systemic consistency*). Como lembra Melvin Eisenberg, *"the term coherence has several senses, depending on the type of material to which it is applied. One sense of the term is the 'integration of social and cultural elements based on a consistency pattern of values and a congruous set of ideological principles' – or coherence as congruence. A second sense is a 'systematic or methodical connectedness or interrelatedness [especially] when governed by logical principles' – or coherence as consistency"* (The Nature of the Common Law. Cambridge: Harvard University Press, 1991, p. 44).

[98] GERHARDT, Michael. *The Power of Precedent*. New York: Oxford University Press, 2008, p. 19.

[99] A possibilidade de a antiga *House of Lords*, por exemplo, afastar-se dos seus próprios precedentes foi reconhecida pelo *Practice Statement* de 1966, emanado pela própria corte, sendo uma das razões elencadas para fundamentar esse poder o fato de uma *"rigid adherence to precedent"* importar restrição ao *"proper development of the law"* (CROSS, Rupert; HARRIS, J. W. *Precedent in English Law* (1991). 4. ed. Oxford: Oxford University Press, 2004, p. 104).

[100] EISENBERG, Melvin. *The Nature of the Common Law*. Cambridge: Harvard University Press, 1991, p. 104/105; MARINONI, Luiz Guilherme. *Precedentes Obrigatórios*. 2. ed. São Paulo: Revista dos Tribunais, 2011, p. 390/403.

[101] EISENBERG, loc. cit., p. 132/135.

*reescrita* quando a corte *redefine o âmbito de incidência* do precedente. O precedente é normalmente reescrito com o fim de restringir o seu âmbito de aplicação. A partir da reescrita algo que *não foi considerado* na decisão anterior é sopesado e aí o seu alcance é comprimido.[102]

É evidente que apenas a corte que é responsável pela formação do precedente pode dele se afastar legitimamente. Vale dizer: apenas o Supremo Tribunal Federal pode se afastar de seus precedentes constitucionais, e o Superior Tribunal de Justiça, de seus precedentes federais. As Cortes de Justiça e os juízes de primeiro grau a ela ligados *não podem deixar de aplicar um precedente apenas por que não concordam com a solução nele formulada*, isto é, com o seu conteúdo.[103] *É um equívoco que decorre da falta de compreensão da natureza do Supremo Tribunal Federal e do Superior Tribunal de Justiça como Cortes Supremas* – de interpretação, e não de controle; de precedentes, e não de jurisprudência – *imaginar que os Tribunais de Justiça e os Tribunais Regionais Federais podem se afastar dos precedentes do Supremo Tribunal Federal e do Superior Tribunal de Justiça por não concordarem com as razões e as soluções neles formuladas.*

Uma Corte de Justiça que se afasta de um precedente que deve aplicar formulado por uma Corte Suprema *não está dessa divergindo*. Está, na verdade, *desobedecendo* à interpretação da legislação formulada pela Corte Suprema. A possibilidade de *divergência* pressupõe cortes que ocupem o *mesmo grau na hierarquia* judiciária.[104] Imaginar que uma Corte de Justiça pode contrariar ou deixar de aplicar um precedente de uma Corte Suprema por não concordar com o seu conteúdo equivale supor que *inexiste ordem* e *organização* na estrutura do Poder Judiciário e que todas as cortes judiciárias desempenham a *mesma função* dentro do sistema de distribuição de justiça – o que, como é óbvio, constitui manifesto equívoco.

Mais do que isso, a suposição de que a regra do *stare decisis* pode ser violada pelo simples desacordo dos juízes obrigados a seguir o precedente a respeito do acerto ou desacerto da solução nele contida ignora a diferença básica existente entre *aprender* com o passado (*"learning from*

---

[102] EISENBERG, Melvin. *The Nature of the Common Law*. Cambridge: Harvard University Press, 1991, p. 135/136.

[103] Como corretamente observa o Lord Devlin em *Jones v. DPP*, julgado pela House of Lords em 1962 (conforme noticiam VARANO, Vincenzo; BARSOTTI, Vittoria. *La Tradizione Giuridica Occidentale*. 3. ed. Torino: Giappichelli, 2006, p. 299, vol. I). A propósito, sublinhando a gravidade institucional e moral implicada na recusa à adoção de um precedente, observam Rupert Cross e J. W. Harris que: *"if a judge persistently and vociferously declined to follow cases by which he was bound according to countless statements of other judges, it is possible that steps would be taken to remove him from his office, but it would be a mistake to think in terms of such drastic sanctions for the judge´s obligation to act according to the rules of precedent. Those rules are rules of practice, and, if it is thought to be desirable to speak of a sanction for the obligation to comply with them, it is sufficient to say that non-compliance might excite adverse comments from other judges"* (*Precedent in English Law* (1991). 4. ed. Oxford: Oxford University Press, 2004, p. 99).

[104] MARINONI, Luiz Guilherme. *Precedentes Obrigatórios*. 2. ed. São Paulo: Revista dos Tribunais, 2011.

*the past"*) e *seguir* o passado (*"following the past"*),[105] isto é, a diferença entre *experiência* (*"experience"*) e *precedente* (*"precedent"*).[106] Se determinado juiz está convencido – *persuadido*– da *bondade* de certa solução anterior, ao aplicá-la, ele rigorosamente não está raciocinando à base do precedente. Ele está simplesmente se valendo do aprendizado oferecido por determinada experiência anterior. Quando, no entanto, *"courts are constrained by precedent, they are obliged to follow a precedent not only when they think it correct, but even when they think it incorrect. It is the precedent´s source or status that gives it force, not the soundness of its reasoning or the belief of the instant court that its outcome was correct"*.[107] A *autoridade* do precedente, ao contrário do *acerto* da experiência, é o que efetivamente conta para justificar o dever de seguir precedentes.

Isso não quer dizer, contudo, que os juízes de primeiro grau, os Tribunais de Justiça e os Tribunais Regionais Federais não possam manifestar nenhuma *discordância* com determinado precedente. É evidente que podem – inclusive por força constitucional, já que é livre a manifestação de pensamento em um Estado Democrático (artigos 1º, *caput*, e 5º, inciso IV, CRFB). O que juízes e desembargadores que compõem as Cortes de Justiça não podem é *usar suas razões dissidentes para julgar o caso concreto*. E isso porque a *violação do precedente* é *danosa para as partes*, que aí passam a ter o ônus de interpor recurso para as Cortes Supremas para poder ver o caso apreciado de acordo com o Direito, com manifesta violação da igualdade, da segurança jurídica e da duração razoável do processo, e é *danosa para o próprio Poder Judiciário*, que passa a ter o dever de atuar apenas para reafirmar aquilo que já se encontra devidamente solucionado com o precedente, com manifesto prejuízo à eficiência administrativa e à racionalização da atividade judiciária. Como observa a doutrina, a ausência de uniformidade na aplicação do Direito causa um *dano atual* e um *dano potencial* ao sistema jurídico – a existência de duas decisões diferentes para casos iguais acarreta a *imediata* violação do *direito à igualdade* de todos perante a ordem jurídica e produz *tendencialmente* um sentimento de *insegurança jurídica* pela ausência de cognoscibilidade do Direito.[108] Inexiste qualquer razão jurídica que autorize agressões de tamanha envergadura ao Estado Constitucional.

---

[105] SCHAUER, Frederick. *Thinking like a Lawyer – A New Introduction to Legal Reasoning*. Cambridge: Harvard University Press, 2009, p. 38.

[106] SCHAUER, Frederick. *Playing by the Rules – A Philosopical Examination of Rule-Based Decision-Making in Law and in Life*. Oxford: Oxford University Press, 1991, p. 182.

[107] SCHAUER, loc. cit., 2009, p. 41.

[108] Embora formulada a partir de pressupostos teóricos distintos, essa lição de Piero Calamandrei a respeito da importância fundamental da uniformidade na aplicação do Direito é inteiramente invocável, conforme *La Cassazione Civile – Disegno Generale dell´Istituto*(1920). In: CAPPELLETTI, Mauro (org.). *Opere Giuridiche*. Napoli: Morano Editore, 1976, p. 70/73, vol. VII.

Uma alternativa interessante para viabilizar a manifestação da discordância dos juízes e das Cortes de Justiça em relação aos precedentes das Cortes Supremas sem prejudicar as partes e a racionalidade do sistema de distribuição de justiça está na adoção da prática de uma espécie de *dissenting opinion* – ou simplesmente *dissent* – na redação das decisões judiciárias. Embora seja uma prática oriunda da antiga *House of Lords* inglesa e da *Supreme Court* estadunidense utilizada para *reportar por escrito* determinada divergência manifestada pelos *Lords* e pelos *Justices* no debate oral de determinado caso que ao final do julgamento restou vencida,[109] nada obsta a que semelhante prática seja adotada como forma de viabilizar a *crítica judicial* ao precedente. Trata-se de solução que pode inclusive servir como um bom parâmetro para aferição do grau de aprovação do precedente e eventualmente como elemento capaz de indicar o desgaste e necessidade de sua superação.[110]

## Considerações finais

Tudo alinhado, parece-nos inegável que a compreensão da *interpretação jurídica* como um momento de *adscrição de sentido* a elementos textuais e não textuais da ordem jurídica – vale dizer, a interpretação jurídica como momento de produção normativa – conjugada com a colocação da dignidade da pessoa humana e da segurança jurídica como fundamentos do Estado Constitucional apontam para necessidade de enxergarmos no processo civil um meio para *tutela dos direitos*. E isso não apenas em uma dimensão *particular*, como tradicionalmente se entende, mas também em uma dimensão *geral*, ligada à produção de um discurso para a sociedade civil a partir do caso concreto enfrentado no processo. A normatividade dos precedentes e a necessidade de trabalharmos de forma crítica as técnicas processuais concernentes à teoria dos precedentes também para tradição romano-canônica são simples decorrências desses movimentos mais profundos oriundos da teoria do Direito.

---

[109] GORLA, Gino. *"La Strutturadella Decisione Giudiziale in Diritto Italiano e nella 'Common Law': Riflessi di tale Strutturasull'Interpretazionedella Sentenza, sui 'Reports' e sul 'Dissenting'"*, Giurisprudenza Italiana. Torino: UTET, 1965, p. 1.255.

[110] Sobre a relação entre o instituto das *dissenting opinions*, a democracia e o desenvolvimento do Direito na doutrina estadunidense da metade de Novecentos, entre outros, DOUGLAS, William Orville. "The Dissent – A Safeguard for Democracy", *Journal of the American Judicature Society*, 1948, vol. XXXII; STEPHENS, Richard B. "The Function of Concurring and Dissenting Opinions in Courts of Last Resort". *University of Florida Law Review*, 1952, vol. V, ambos citados igualmente por TARELLO, Giovanni. *Il Realismo Giuridico Americano*. Milano: Giuffrè, 1962, p. 14/15, nota de rodapé n. 28.

— 14 —

# Verdade e verossimilhança: a facilitação da prova como instrumento de tutela dos direitos materiais

### ALEXANDRE FERNANDES GASTAL[1]

*Sumário:* Introdução; 1. A função da prova; 2. A ideia de *verdade* no processo de decisão das questões fáticas; 3. O emprego do juízo de verossimilhança na decisão da questão fática; 4. Quando e sob que fundamento admitir-se a suficiência da verossimilhança das afirmações; 5. Máximas de experiência e ônus da prova no Novo CPC; Conclusão.

## Introdução

O direito fundamental de acesso à Jurisdição, imprescindível à própria concepção de Estado Democrático de Direito, só é mais que mera garantia formalmente estampada na Constituição quando se revela capaz de efetivamente assegurar a tutela dos direitos materiais que no processo buscam guarida. O propósito deste trabalho é o de examinar o quanto o manejo da prova, notadamente do grau de sua intensidade e da responsabilidade pela sua produção, pode constituir técnica fundamental à tutela dos direitos materiais.

Para tanto, será necessário um olhar atento sobre o processo de apuração das questões fáticas, que não têm, de regra, merecido da doutrina a devida atenção. Trata-se de um território sobre o qual ninguém reivindica soberania. Como bem diagnosticou Taruffo,[2] os teóricos do direito têm o problema das decisões fáticas como algo de interesse exclusivo dos processualistas. Esses, por sua vez, consideram que apenas os aspectos estritamente processuais lhes dizem respeito.

---

[1] Mestre e Doutor em Direito pela Universidade Federal do Rio Grande do Sul. É professor adjunto da disciplina de Direito Processual Civil da Universidade Federal de Pelotas e da Universidade Católica de Pelotas. Diretor da Faculdade de Direito da Universidade Federal de Pelotas, desde 2010.

[2] "... per qualche non chiara ragione i teorici del diritto pensano che la decisione in fatto sia tema riservato esclusivamente ai processualisti (i quali, a loro volta, e per ragioni altrettanto poco chiare, solitamente ritengono che spetti ai teorici di occuparsi dei profili non strettamente processuali della decisione sui fatti." (*La prova dei fatti giuridici*. Milano: Giuffrè, 1992, p. 47).

Calamandrei teve por uma *una cosa non solo saggia, ma santa* a advertência de que a crise do processo é a crise da verdade[3] e que se o processo pretende ser mais que instrumento de submissão à força e à destreza, se pretende justificar-se como instrumento da razão, precisa ser valorizado como mecanismo de cognição. O diagnóstico correto impõe, contudo, compreender que, em vez de revelar fatos verdadeiramente existentes, o processo de cognição fixa aqueles sobre os quais haverá o juiz de concretizar a norma.

A velocidade das transformações na civilização atual, a massificação das relações jurídicas e, por consequência, dos conflitos que delas resultam, a dissolução da identidade do indivíduo em meio à categoria a que pertence, tudo conduz à necessidade de abandonar a ideia de que o único paradigma aceitável é o da verdade, para reconhecer que em certas hipóteses é preciso contentar-se com um juízo de verossimilhança, sob pena de transformarmos o acesso à jurisdição numa garantia puramente formal, sem substância. Quer dizer, assegura-se ao cidadão o direito de acesso à jurisdição, mas o reconhecimento de sua razão em juízo depende de uma demonstração que o próprio processo não lhe permite fazer, dada a natureza dos conflitos que por vezes o envolvem.

Essa percepção de que o monopólio jurisdicional do Estado não pode ser fonte de supressão dos direitos materiais cuja tutela lhe incumbe já há bom tempo vem encontrando resposta no direito probatório, seja no que toca à distribuição do ônus da prova, partilhando-o sob critérios mais justos, seja no que respeita ao grau de densidade da prova, exigindo o que Gerhard Walter[4] denominou de *redução do módulo da prova*.

É disso que trata o presente artigo, ao longo de cinco capítulos. O primeiro examina a função da prova no processo de apuração judicial dos fatos. O segundo reflete sobre o papel da ideia de verdade no processo de decisão das questões fáticas e o terceiro sobre a função que nele pode desempenhar o juízo de verossimilhança. O quarto identifica situações em que se admite a suficiência da verossimilhança e conclui que, se a ideia de verdade absoluta é uma construção meramente ideal, da qual o processo não necessita, se a cognição não é senão um instrumento para a determinação dos fatos, então é possível cogitar de que o grau mínimo de intensidade da prova não seja o mesmo em todas as circunstâncias e

---

[3] Valendo-se de tal advertência, feita por Giuseppe Capograssi, Calamandrei registra que a crise da verdade, viera do campo filosófico para instalar-se no campo do direito processual: "Questa crisi che ha devastato il campo filosofico, è penetrata anche, per sottili e forse inconsapevoli infiltrazioni, nel campo del diritto processuale; tutte le teoriche che in tanti capitoli della nostra scienza, hanno mirato a far prevalere la volontà sulla intelligenza, l'autorità sulla ragione, o a porre sullo stesso piano sistemático il processo di cognizione e quello di esecuzione forzata, sono rivelatrici di questa crisi dell'idea di verità." (Processo e giustizia. *Rivista di Diritto Processuale*, 1950, p. 284).

[4] WALTER, Gerhard. *Libre apreciación de la prueba*. Tradução de Tomás Banzhaf. Bogotá: Editorial Temis Librería, 1985.

processos. O quinto discorre sobre o trato que o Novo Código de Processo Civil deu ao tema.

## 1. A função da prova

As diferentes funções que a história do processo atribuiu-lhe e o próprio caráter polissêmico da expressão impõem uma maior atenção ao conceito de prova, de modo a esclarecer o sentido com que o texto o empregará: como resultado da atividade probatória desenvolvida no processo.

De afastar-se desde logo a ideia de que a prova seja descoberta ou demonstração dos fatos litigiosos, que é presa ao superado paradigma epistemológico da rigorosa separação entre o mundo dos fatos e o mundo dos valores, da norma. Uma concepção equivocada, radicada no cientificismo iluminista, que tem o fato como algo apreensível objetivamente, cientificamente demonstrável.[5] A prova serviria ao juiz para que ele, à semelhança do historiador,[6] fosse capaz de construir a representação do passado, conhecendo o modo como os fatos ocorreram. Ocorre, no entanto, que o universo sobre o qual se debruçam o juiz e o historiador não é o mesmo. Ao juiz incumbe, ao contrário do que ocorre com o historiador, verificar qual das versões contrapostas melhor se adapta à representação que a prova propicia. Há outras diferenças de método e de instrumentos entre a cognição do juiz e a do historiador, mas a diferença crucial é que os limites da busca desenvolvida pelo historiador são traçados por ele, ao passo que, em princípio, são as partes que constroem as versões entre as quais o juiz haverá de transitar.

Em outras palavras, a função da prova não é demonstrar uma realidade cognoscível na sua plenitude, mas verificar a correspondência entre as versões de fato e a realidade, o que João de Castro Mendes chama de *relação de conformidade*.[7] Isso não significa, adverte Taruffo,[8] que se deva

---

[5] Como diz Danilo Knijnik, a consequência dessa ideia é que ao direito probatório restava a função de introduzir o fato no silogismo judiciário. (Os *standards* do convencimento judicial: paradigmas para seu possível controle. In: Revista Forense nº 353, Rio de Janeiro: Forense, 2001, p. 18/19).

[6] Sobre essa associação entre o juiz e o historiador, ver, entre muitos outros, Taruffo (Il giudice e lo storico: considerazione metodologiche. In: *Rivista di Diritto Processuale*, Vol. XXII (II Serie), p. 438-465. Padova: CEDAM, 1967); e Massimo Nobili (*Il principio del libero convincimento del giudice*. Milano: Giuffré, 1974).

[7] O autor adverte, contudo, que essa relação é posta ao juiz como hipótese prévia, que a ele cumpre confirmar ou rejeitar. "Quer dizer: autor e réu não se podem limitar a apresentar versões de facto; devem apresentá-las e afirmar a sua correspondência com a realidade, a qual é verificada – e não rigorosamente descoberta – pelo juiz." (*Do conceito de prova em processo civil*, Lisboa: Edições Ática, 1961, p. 370). Na mesma linha vai Taruffo, ao dizer que se trata de pensar a prova como um experimento, que permitirá avaliar a atendibilidade de uma enunciação (La prova dei fatti giuridici, p. 269-272).

[8] Explica o autor: "È del resto innegabile che fattori persuasivi o retorici esistano nell'assunzione delle prove in giudizio. Il problema non è però di stabilire se essi esistano, bensì di decidere se essi siano

ter o processo como um "jogo retórico-persuasivo", em que a verdade seja valor prescindível. Tampouco que a prova seja elemento semiótico, autorreferencial, do qual se exige só que propicie coerência interna ao discurso. Muito pelo contrário. A verdade tem função legitimante do próprio exercício da jurisdição. Como dizem Marinoni, Arenhart e Mitidiero, é a prova que confere ao discurso judicial uma pretensão de validade.[9] Não a prova como puro procedimento, esvaziada de valor intrínseco, mas a prova comprometida com o propósito de convencer o julgador de que certa versão tende a aproximar-se mais da verdade porque oferece maior correspondência com a experiência que a prova ensejou no espírito do julgador.[10]

Por isso, é acertada a definição de João de Castro Mendes, ao tê-la como instrumento que forja no julgador a convicção de que há razões justificáveis para aceitar determinada alegação fática como fundamento da decisão jurisdicional.[11]

Ainda em relação à função da prova, é de notar, como faz Taruffo,[12] que ela varia conforme o diferente aspecto do fenômeno probatório que se observe. Primeiramente, propicia que o julgador verifique o grau de atendibilidade de cada versão. A seguir, funciona como elemento de escolha, a permitir que o julgador eleja a hipótese que considera como a adequada descrição dos fatos. Por fim, no terceiro momento lógico da decisão, serve como instrumento de justificação da decisão tomada, fornecendo elementos que conferem racionalidade à escolha.[13]

Essa necessidade de observar o processo pela lente do provável e não do verdadeiro, do relativo e não do absoluto, é uma imposição da nossa

---

così importante da giustificare una teoria 'retorica' della prova che possa essere assunta come dominante, o addirittura come teoria esclusiva e unica della prova. È su questo piano, e non su quello della constatazione della presenza di elementi retorici nell'assunzione delle prove, che la teoria della prova come argomento persuasivo incontra difficoltà insormontabili." (*op. cit.*, p.324).

[9] Para os autores, "O verdadeiro e o falso não têm origem nas coisas, nem na razão individual, mas no procedimento" (Luiz Guilherme Marinoni, Sérgio Cruz Arenhart e Daniel Mitidiero. *Novo Curso de Processo Civil.*. São Paulo: Revista dos Tribunais, 2015, p. 248); "A prova, em direito processual, é todo meio retórico, regulado pela lei, e dirigido a, dentro dos parâmetros fixados pelo direito e de critérios racionais, convencer o Estado-Juiz da validade das proposições, objeto de impugnação, feitas no processo." (*idem*, p. 251).

[10] Neste sentido a posição de Carnelutti, anotada por Giacomo Augenti no apêndice à obra de Carnelutti. Este autor considera o conceito de prova como meio que traz ao juiz uma experiência e que, por isso, serve-lhe para relacionar o passado e o futuro. (*op. cit.*, p. 227/228)

[11] A sua exata definição de prova é: "Prova é o pressuposto da decisão jurisdicional que consiste na formação através do processo no espírito do julgador da convicção de que certa alegação singular de facto é justificavelmente aceitável como fundamento da mesma decisão." (*op. cit.*, p. 741).

[12] *Op. cit.*, p. 421-425.

[13] Esclarece o autor: "In altri termini, la prova opera qui come premessa di argomenti, o meglio: di inferenze giustificative che mirano a convalidare la scelta di tale ipotesi. A seconda dei casi, la prova può fondare argomenti che giustificano il rifiuto di un'ipotesi sul fatto, o argomenti che giustificano l'accettazione dell'ipotesi sul fatto." (Idem, p. 418/419).

época. É reflexo da frustração experimentada pela filosofia quanto à condição de o homem conhecer a verdade.[14] Então, não é mais possível que se construa o conceito de prova com alicerce na ideia de verdade, como um dado natural da realidade.[15] Por um lado, isto aumenta o compromisso do julgador com a qualidade de sua reflexão e realça-lhe o dever de demonstrar a racionalidade de sua convicção. Por outro, impõe a contribuição da doutrina no estabelecimento de novos padrões probatórios. Afinal de contas, sepultada a convicção de que a verdade é o inexorável resultado do procedimento probatório, é importante construir parâmetros que permitam o controle social da verificação da coerência e da racionalidade desse julgamento. Isso evitará que o juiz, com a liberdade que lhe conferem a concepção clássica da prova e o relativismo que lhe é próprio, e na solidão em que a omissão da doutrina o coloca, acabe por tornar-se *medida e metro*, como adverte Giovanni Verde.[16]

## 2. A ideia de *verdade* no processo de decisão das questões fáticas

A evolução no sentido de que é possível conferir racionalidade à valoração da prova conduziu à conclusão equivocada de que haveria dois tipos de verdade: a *material*, rigorosamente fiel à realidade dos fatos ocorridos, e a *formal*, aquela que o processo, com as limitações que lhe são próprias, permite apurar.[17] Carlo Furno sustenta que essa distinção é apenas um *jogo de palavras*,[18] pois não é correto identificar a verdade material com a verdade absoluta, uma entidade meramente ideal, nem com a certeza

---

[14] Como lembra bem Jean Carlos Dias, o processo é criação da intelectualidade humana e, portanto, é um objeto cultural sobre o qual repercute a condição do homem em determinado tempo. (A dimensão jurídica da prova e sua valoração no moderno estudo do processo civil. In: *Revista de Processo* n° 107, jul./set. São Paulo: Revista dos Tribunais, 2002, p. 89).

[15] João de Castro Mendes realça esse papel, que coube à ideia de verdade – embora discorde de um tal emprego, de servir como um suporte natural, como uma conexão entre o conceito de prova e a realidade. Segundo ele, "O facto de que a verdade é um conceito de carácter filosófico, não perturbou os positivistas – reparando bem, todos os conceitos básicos de qualquer ciência revestem essa natureza –; e a ideia de verdade dá a maior impressão de exactidão, de tangibilidade, de 'naturalidade'." (*Op. cit.*, p. 365/366).

[16] La prova nel processo civile. Profili di teoria generale. In: Quaderni del Consiglio Superiore della Magistratura (*La prova nel processo civile* – Vol. Primo). Disponível em: <http://www.csm.it/quaderno/quad_108/quad_108_1b.pdf>. Acesso em: 03. fev.2005.

[17] Como anota Eduardo Cambi, trata-se de um evidente engano, pois que a verdade processual e a de fora do processo são uma só a diferença está, isto sim, nas técnicas empregadas para o seu conhecimento: o que pode variar é o "grau de aproximação com o mundo empírico, o que implica a ponderação dos problemas que envolvem a adequada construção da técnica processual." (*Direito constitucional à prova no processo civil*. São Paulo: Revista dos Tribunais, 2001, p. 71-73).

[18] A expressão, que Carlo Furno considera apropriada, é de Schmidt. (*Contributo alla teoria della prova legale*, p. 20).

matemática.[19] O resultado do processo é capaz, apenas, de produzir uma *certeza histórica*.

Tratando-se, então, não de duas espécies de verdade,[20] mas de dois modos de aquisição da certeza histórica no processo, verifica-se que a rigor o problema não reside numa diferença essencial, que diga respeito à qualidade de uma e de outra suposta espécie de verdade, mas no modo de adquirir a certeza que a prova propicia. Foram vãos os esforços empregados na discussão da suposta dicotomia entre verdade material e verdade formal e por muito tempo afastaram a discussão daquilo que verdadeiramente importa: a *quantidade de verdade* que o processo há de produzir.[21]

Sob tal perspectiva, o tema propõe três questões complexas: a necessidade de substituir-se no processo o conceito de verdade pelo de certeza; a conveniência de lidar-se com a noção de *verdade suficiente*, com a verificação do grau de certeza histórica empírica que se faz necessário para a sentença de mérito; e a função que as máximas de experiência desempenham, quer no momento de aquisição dessa certeza, quer na definição dessa *quantidade de verdade* tida como *verdade suficiente*.

É o próprio Carnelutti quem aponta[22] o caminho para a melhor compreensão do tema. O processo não resulta na verdade, considerada em si mesma. Tampouco é o oposto dessa *verdade ontológica*. Do processo resulta, isto sim, a fixação de certos fatos, sobre os quais haverá o juiz de fazer incidir a norma aplicável ao caso concreto. A verdade, entendida como a

---

[19] Também ela, a verdade material, "si riduce praticamente alle modeste proporzioni della certezza empirica." (*idem*, p. 20).

[20] Chamando a atenção para o claro erro de acreditar-se na existência de uma pluralidade de verdades, disse Egas Moniz de Aragão: "Evidente que não há três verdades (ou três graus de verdade): a que é mesmo; a que se supõe que seja 'verdade material' (que os processualistas penais se jactam de alcançar); a que não o é, conquanto também possa sê-lo, sendo até irrelevante se é ou não é, 'verdade formal' (com que deveriam se contentar os processualistas civis). Basta enunciar essas proposições para perceber sua improcedência." (*Exegese do Código de Processo Civil*, p. 83).

[21] Como anota Furno, "di fronte al diritto, che è fenomeno pratico, l'antitesi fra verità materiale e verità formale (valori entrambi astratti) si elude discendendo di livello: dall'assoluto al relativo; dalla verità alla certezza storica, empirica, non fine ma mezzo. Mezzo commisurato al fine secondo una legge universale di economia." (*op.cit*, p. 43).

[22] Veja-se, a propósito, *La prueba civil*, p. 20/21, em que Carnelutti expressa o seguinte: "el resultado de la búsqueda jurídicamente limitada o regulada no es, pues, la *verdad material* o, como diríamos mediante una eficaz redundancia, la *verdad verdadera*, sino una verdad *convencional*, que se denomina verdad *formal*, porque conduce a una indagación regulada en las formas, o verdad *jurídica*, porque se la busca mediante leyes jurídicas y no sólo mediante leyes lógicas, y únicamente en virtud de esas leyes jurídicas reemplaza a la verdad material. Pero sin duda no se trata aquí más que de una metáfora; en substancia, es bien fácil observar que la verdad no puede ser más que una, de tal modo que, o la verdad formal o jurídica coincide con la verdad material, y no es más que verdad, o discrepa de ella, y no es sino una no verdad, de tal modo que, sin metáfora, el proceso de búsqueda sometido a normas jurídicas que constriñen y deforman su pureza lógica, no puede en realidad ser considerado como un medio para el conocimiento de la verdad de los hechos, sino para una *fijación o determinación de los proprios hechos,* que puede coincidir o no con la verdad de los mismos y que permanece por completo independiente de ellos".

maior aproximação possível entre uma certa representação da realidade e a própria realidade, funciona apenas como um elemento mítico, como a bússola que haverá de apontar o rumo da boa fixação dos fatos.

Neste sentido, é útil observar se atende aos propósitos da jurisdição e à necessidade de efetiva tutela aos direitos materiais a concepção de que, em certas circunstâncias, baste uma suficiente probabilidade dos fatos.[23] Quer para a pacificação das partes, quer para a atuação do ordenamento jurídico, é importante, como assinala Cândido Dinamarco,[24] que a técnica processual não implique impedimento à fruição ou à defesa de direitos.

### 3. O emprego do juízo de verossimilhança na decisão da questão fática

Como se viu, o processo não é instrumento capaz de assegurar a representação fiel da realidade, e a instrução é meio de fixação judicial dos fatos que o juiz terá por existentes. Compreendeu-se que a verdade não é o padrão com o qual se há de avaliar a adequação da prestação jurisdicional, mas a ideia que a legitima. Tudo isso, portanto, autoriza que se cogite do emprego da noção de verossimilhança como um critério também suficiente, em determinados casos, para a fixação dos fatos controvertidos.

É disso que tratará este capítulo, dedicado a considerar a possibilidade de que o julgamento da lide faça-se, por vezes, com alicerce na mera verossimilhança.

Não é possível avançar sem precisar o sentido com que se emprega neste texto a expressão *verossimilhança*. Calamandrei, no clássico *Verità e Verosimiglianza*, indagava: se todo o juízo de verdade é, no fundo, verossimilhança, que sentido há em sustentar-se a possibilidade do emprego dessa verossimilhança?[25] Claro, quando se tem a verdade como o mais alto grau de verossimilhança de uma afirmação, ou quando se diz que a certeza do julgador é consequência de um juízo sobre a elevada probabilidade de que os fatos tenham se passado de tal maneira, está-se tratando de uma probabilidade forte o suficiente para convencer o julgador, para infundir em seu espírito a crença de que a afirmação fática condiz com a sua representação

---

[23] Examinando o tema por uma perspectiva que parte da consideração dos fins da jurisdição, diz bem Carlos Alberto Alvaro de Oliveira que por vezes as "exigências do bem conhecer", haverão de recuar diante de situações em que a busca ilimitada da verdade prejudicaria o bom exercício da jurisdição. Identifica, com acerto, que se trata, aqui, "do velho conflito entre celeridade e ponderação", ou, dito de outro modo, da "possível dissonância entre justiça e pacificação." (*Do formalismo no processo civil*, São Paulo: Saraiva, 1997, p. 146).

[24] DINAMARCO, Cândido. *A instrumentalidade do processo*. 3ª ed. São Paulo: Malheiros, 1993, p. 253.

[25] A questão de Calamandrei era: "Se todo o juízo de verdade é, no fundo, verossimilhança, porque a lei fala em possibilidade, verossimilhança e probabilidade?" (*Verità e verosimiglianza*, p. 621).

da realidade. Dizer isto não é mais que explicar como se dá, normalmente, a formação da convicção do julgador. O que se está a examinar aqui é coisa diferente:[26] é a possibilidade de que o juiz, tão só porque verossímeis as afirmações, tenha por fixados fatos dos quais não se convenceu, a respeito dos quais a prova não lhe fez brotar certeza alguma.

Como explica Calamandrei,[27] *possível*, *verossímil* e *provável* são graus de aproximação ao reconhecimento de que algo é verdadeiro. Quando se afirma que em matéria de decisão fática tudo se reduz a um juízo de probabilidade, a expressão "probabilidade" está sendo utilizada para descrever esse grau máximo de aproximação com a verdade, que a prova é capaz de propiciar. A verossimilhança, por sua vez, consiste na constatação de que determinada alegação é adequada a um juízo prévio e genérico a respeito de certo tipo de fato ou situação. É, como explica Taruffo, o grau de capacidade representativa de uma descrição em relação a uma hipótese formulada em torno da realidade, que é adotada como padrão para avaliar se a afirmação é ou não verossímil.[28] Não se confunda, portanto, verossimilhança com veracidade nem com probabilidade. Essas últimas expressões dizem com a existência de elementos concretos, recolhidos do conjunto probatório, que ensejam a construção de um juízo racional sobre a atendibilidade de determinada afirmação.[29] De outra parte, a verossimilhança implica o exame da afirmação em tese e é, assim, um conceito de aquisição anterior à aquisição da prova.[30] Ao invés da pesquisa histórica sobre a verdade, emprega-se um parâmetro genérico, pré-adquirido.[31]

---

[26] A diferença vai muito bem esclarecida nesta interessante passagem de Luiz Guilherme Marinoni, Sérgio Cruz Arenhart e Daniel Mitidiero: "A lógica da verossimilhança preponderante funda-se na premissa de que as partes sempre convencem o juiz, ainda que minimamente, o que é totalmente equivocado. Porém, o juiz não se convence quando é obrigado a se contentar com o que prepondera. Frise-se que a teoria da verossimilhança preponderante não se confunde com a possibilidade de o juiz reduzir as exigências de prova ou as exigências de convicção para atender a uma particular situação de direito material. Neste último caso, não se trata de julgar com base na verossimilhança exigível à luz das circunstâncias do caso concreto, quando então o juiz se convence, ainda que da verossimilhança, por ser essa a convicção de verdade possível diante do caso concreto." (*op. cit.*, p. 264. São Paulo. 2015).

[27] *Op. cit.*, p. 620/621.

[28] *Idem*, p. 161.

[29] É apropriado aqui lembrar de Mittermayer, que dizia haver probabilidade quando a razão, apoiando-se em graves motivos, considera um fato verdadeiro, sem que, no entanto, tenham sido completamente aniquilados os motivos sérios em contrário. (MITTERMAYER, C. J. A. *Tratado da prova em matéria criminal*. 4ª ed. Campinas: Bookseller, 2004, p. 88).

[30] Como explica bem Taruffo: "quando se fala na eventualidade de que um fato seja provável, ou mais provável que outro, não se está fazendo referência à verossimilhança, mas à prova daquele fato, ou seja, à presença de elementos cognoscitivos que confirmam a hipótese a ele relativa; vice-versa, um fato é verossímil não quando existem elementos de prova, mas quando se revela conforme ao *id quod plerumque accidit*." (*op. cit.*, p. 475/476).

[31] Calamandrei, *op. cit.*, p. 620.

Assim, verossímil é aquilo que é semelhante ao conhecido.[32] O que ultrapassa os limites da experiência é o que se rotula de inverossímil, ainda que excepcionalmente, corresponda à verdade. O tema tem, portanto, estreita relação com a noção de máxima de experiência, conceito que permite forjar a noção de verossimilhança e ao mesmo tempo controlar a sua aplicação em juízo. É na generalização da experiência empregada como parâmetro para a verificação do verossímil que reside a possibilidade de controle da coerência e da racionalidade de que se revestirá a decisão da questão fática.

Daí, justamente, a importância de conhecer melhor a figura das máximas de experiência. A constatação de que, dadas determinadas circunstâncias, os fatos normalmente ocorrem de certa forma, induz à formulação de uma regra geral, abstrata, no sentido de que sempre que aquelas circunstâncias se produzirem será razoável crer na ocorrência do que normalmente acontece. Porque se estribam na ideia do normal, e porque o normal é fruto de um consenso cronológica e geograficamente localizado, as máximas de experiência são relativas[33] e modificam-se conforme se transformem a cultura e o comportamento de uma determinada sociedade.

Foi Stein[34] quem deu elaboração dogmática à máxima de experiência, na sua famosa obra intitulada *O Conhecimento Privado do Juiz*, lançada em 1893. Ao explicar a sua origem, a sua estrutura e o modo como opera no raciocínio do julgador, Stein contribuiu para a melhor compreensão[35] do percurso lógico por que passa o raciocínio do julgador.

Como qualquer pessoa, o juiz não consegue abstrair de suas percepções o que a cultura de seu tempo incutiu-lhe. O juiz que se deseja, aliás, é

---

[32] Giuseppe di Stefano esclarece que a inverossimilhança não é a "dessemelhança do verdadeiro", mas a "dessemelhança do conhecido". Nas suas palavras:"Inverosimiglianza è dunque piuttosto che dissomiglianza dal vero dissomiglianza dal noto." (*Collisione di prove civili*. Milano: Giuffrè, 1951, p. 16).

[33] Como assinala Stein, "Las máximas de la experiencia carecen también, como todas las proposiciones obtenidas mediante el audaz salto de la inducción, de aquella certeza lógica. No son más que valores aproximativos respecto de la verdad, y como tales, sólo tienen vigencia en la medida en que nuevos casos observados no muestren que la formulación de la regla empleada hasta entonces era falsa." (*El conocimiento privado del juez*, p. 40/41).

[34] Segundo o autor, máximas de experiência "son definiciones o juicios hipotéticos de contenido general, desligados de los hechos concretos que se juzgan en el proceso, procedentes de la experiencia, pero independientes de los casos particulares de cuya observación se han inducido y que, por encima de esos casos, pretenden tener validez para otros nuevos." (*idem*, p. 30).

[35] O mérito de Stein não foi o de descobrir novidade alguma, mas o de tratar sistematicamente de algo de cuja existência não se duvidava. Como ele próprio esclarece no prólogo de sua obra, as questões acerca do emprego das máximas de experiência eram – e são – temas que dizem respeito à vida jurídica de todos os dias, e, justamente por isso, provavelmente, não tivessem merecido até então a devida atenção por parte da doutrina. Por incrível que pareça, essa constatação feita por Stein ao final do século XIX não perdeu a atualidade. Ainda hoje o tema não merece da doutrina e dos tribunais uma consideração proporcional à importância de sua função na atividade judicante. Paradoxalmente, como diagnosticou o autor, quanto mais natural e inexorável o emprego das lições da experiência para a formação da convicção do julgador, menos a atenção do estudioso desperta para o tema.

sensível ao que também toca a coletividade em que se insere, é sintonizado com as expectativas sociais de uma época e de uma cultura. De um juiz assim, então, não é exigível que raciocine, pondere, cogite, valore, compare, sem deixar que a experiência influencie a lógica de seu raciocínio.

Examinada a substância das máximas de experiência, é conveniente entender melhor a repercussão que têm na distribuição do ônus da prova.

O ônus da prova consiste na responsabilidade que o litigante tem de provar as afirmações fáticas de cuja existência depende o acolhimento de sua pretensão. Como não se concebe que a ausência de convicção do magistrado possa levá-lo a deixar de prestar jurisdição, como não se admite, portanto, a prolatação de um *non liquet*, a lei distribui a carga probatória entre as partes, estabelecendo critério para a fixação dos fatos. É, assim, uma *regra de julgamento* a norma que regula o ônus da prova, que somente haverá de ser aplicada quando, ao final da instrução, constate o julgador a ausência de convicção a respeito de determinado fato.[36] Por aí já se percebe a relação entre o ônus da prova e o tema da suficiência da verossimilhança para o julgamento de mérito.

Na medida em que o juiz somente haverá de considerar o ônus da prova quando não se achar convencido a respeito do fato probando, importa refletir sobre o grau de *certeza* necessário ao convencimento e a importância que as máximas de experiência podem ter na construção desse convencimento.

No tocante à apuração dos fatos, o juiz está condicionado do início ao fim pelo ordenamento jurídico, a começar pela circunstância de que a consideração do fato haverá de sujeitar-se às afirmações das partes.[37] Quer dizer, o sistema se apoia no pressuposto de que deixar às partes a incumbência de afirmar os fatos é o meio mais seguro e mais rápido de conseguir que o seu acertamento ajuste-se o melhor possível à verdade. Além dessa circunstância de que o julgador não poderá movimentar-se senão nos limites impostos pelas próprias partes, há ainda a considerar que o ordenamento jurídico regula o procedimento por meio do qual o juiz conhecerá os fatos.

Em outras palavras, o processo de busca dos fatos não é um instrumento para *conhecê-los*, mas para *fixá-los*, de modo que o juiz deve *ter por existentes* os fatos que no processo resultaram determinados. Mesmo

---

[36] Como dizem muito bem Luiz Guilherme Marinoni, Sérgio Cruz Arenhart e Daniel Mitidiero, " (...) a regra do ônus da prova apresenta-se como regra destinada a viabilizar a decisão do juiz em caso de dúvida ou, em outros termos, a dar ao juiz não convencido a possibilidade de decidir." (*op. cit.*, 2015, p. 63).

[37] "La pugna de intereses que determina y vivifica el proceso, permite considerar que el hecho silenciado por todas las partes no puede existir y que el hecho afirmado por todas ellas no puede dejar de ser real, mientras que la posibilidad de que esta previsión sea falaz en algún raro caso, no disminuye sensiblemente la destacada ventaja de seguridad y economía." (Carnellutti, *op. cit.*, p. 10/11).

que por vezes – e até na maioria das vezes, como reconhece Carnelutti[38] – o resultado da busca dos fatos por meios juridicamente limitados possa coincidir com o resultado de uma busca livre, em que os meios lógicos não sejam conformados nem condicionados por norma alguma, isto não impede que se reconheça que o ordenamento jurídico assegura a posição de um fato na sentença porque ele foi formalmente fixado no processo e não porque ele é verdadeiro. Essa coincidência pode eventualmente ocorrer, mas será *contingente* e *não necessária*.[39]

Ou seja, admitir a fixação formal dos fatos implica reconhecer que a produção das consequências jurídicas da norma em juízo não depende dos mesmos pressupostos que compõem a descrição material da conduta que ela tipifica. Para desencadear os seus efeitos no universo do processo, o importante é a presença nos autos de meios que permitam eleger os fatos que alicerçarão o juízo de concreção da norma. Por essa razão, é preciso reconhecer que os meios de prova funcionam como fatos jurídicos *processuais*,[40] já que as consequências jurídicas que o processo reconhece são aquelas que deles resultam. Se a sentença é resultado da fixação dos fatos, e para a sua fixação não é necessário que eles efetivamente hajam se produzido, mas é suficiente que haja nos autos meios que ensejem essa fixação, então é forçoso reconhecer que a razão da sentença não pode ser buscada na efetiva existência dos fatos, pois reside na existência de instrumentos que permitam determinar no processo os fatos que o juiz *terá por* existentes. Quer dizer, o conteúdo da sentença poderá não estar vinculado diretamente ao *fato*, por exemplo, documentado ou testemunhado, mas tão só à própria existência do documento ou do testemunho.[41]

Ao admitir-se que é da essência do sistema de fixação formal a possibilidade de discrepância entre a realidade e a situação suposta na sentença e que um dano maior adviria de uma busca livre dos fatos,[42] é legítimo pensar em outros critérios de fixação dos fatos, como, por exemplo, o emprego da verossimilhança.

Se a verdade era tida como o elemento que preenchia axiologicamente o processo, a razão que o legitimava como meio de solução dos

---

[38] Carnellutti, *op. cit.*, p. 22.

[39] *Ibidem*.

[40] A ênfase que Carnelutti põe no adjetivo "*processuais*" dá-se em função de que o efeito jurídico que deles deriva só se produz no âmbito do processo: por isso é um *efeito processual* e não um *efeito material*. (*idem*, p. 32).

[41] *Idem*, p. 31/32

[42] Diz Carnelutti que a utilidade característica do sistema consiste na busca econômica e segura de uma solução apropriada às situações normais, ainda que com o sacrifício dos casos anormais. Nas suas palavras: "todos los límites al poder de búsqueda del juez se inspiran fundamentalmente e n el propósito de utilizar las experiencias acumuladas para la eliminación de errores (seguridad de la búsqueda), los cuales serían posibles si la búsqueda fuese libre, con daño en conjunto mayor del que podría resultar de la inadaptabilidad de aquellos límites a los casos anormales". (*idem*, p. 19).

conflitos, uma outra questão exige resposta: se se abdica da confortável ilusão de que é a verdade dos fatos provados o que justifica e legitima a atuação judicial da norma, que âncora axiológica prenderá o processo? Como assegurar que o processo não se esvazie eticamente, não perca o compromisso com o valor do *justo*?

A noção de determinação formal do fato, não é de modo algum incompatível com o compromisso de que o processo implique solução justa. A própria Taruffo assinala que o princípio da verdade dos fatos é compatível com todas as ideologias que acreditam que o objetivo do processo seja o de propiciar decisões justas.[43] Ocorre que, embora não se possa identificá-la com o natural resultado do procedimento probatório, a verdade é fundamental como objeto mítico[44] que o processo persegue, como conceito fundamental do processo.[45]

Por outro lado, não é só na noção de verdade que haverá de residir o compromisso do processo com a noção do *justo*. Na medida em que se reconhece que a fixação dos fatos não se dá necessariamente de acordo com a realidade, avulta a importância do procedimento como fator de legitimação da decisão judicial. Quer dizer, o caráter justo da decisão advirá não só do fato de que a busca da verdade foi o móvel inspirador do processo, mas também da circunstância de que a decisão foi o resultado legítimo de um procedimento com todas as garantias necessárias a uma fixação dos fatos tão próxima quanto possível da verdade. Portanto, o *justo* está também na racionalidade do procedimento, que radica fundamentalmente na qualidade do contraditório que nele se proporciona,[46] no consenso que haverá de resultar das argumentações contrapostas. Isto

---

[43] *Op. cit.*, p. 49.

[44] A expressão de tal ideia encontra-se, por exemplo, nas palavras de José Carlos Barbosa Moreira, referindo-se às dificuldades do juiz no terreno da prova e do convencimento: "Sem dúvida que assim é; mas a impossibilidade de atingir um ideal não nos dispensa de fazer esforços em sua direção. Podemos ter mil escusas para não alcançar o ideal, mas só estaremos autorizados a invocá-las se realmente houvermos feito tudo o que pudermos, se realmente nos houvermos disposto a todos os esforços que estejam ao nosso alcance; e é preciso que tenhamos sempre, a cada momento, essa imagem ideal diante de nós, para que ao menos saibamos em que direção devemos caminhar, ainda que conscientes da nossa impossibilidade de atingir a meta." (O juiz e a prova. *Revista de Processo*. São Paulo, nº 35, jul./set. São Paulo: Revista dos Tribunais, 1984, p. 184).

[45] Posições como as que se recolhe, por exemplo, da lição de Giuseppe Capograssi (*apud* CAMBI, Eduardo. *Direito constitucional à prova no processo civil*, p. 77), que propõe que se recupere a ingenuidade de crer na verdade, porque é ela que, sendo a "a mãe da Justiça", dá sentido ao processo; assim como da observação de Egas Moniz de Aragão, no sentido de que "nenhum (processo) subsistiria, nem encontraria defensores, se não se propusesse a atingir a 'verdade dos fatos'" (*op. cit.*, p. 83); ou, ainda, da seguinte frase de Klein: "A tarefa do juiz, para pronunciar a verdade, é a de investigar conforme a verdade. Pois, uma imagem verdadeira e correta é a principal condição de uma sentença justa." (*apud* OLIVEIRA, Carlos Alberto Alvaro de. *Do formalismo no processo civi*l, p. 49).

[46] Veja-se, a propósito da importância do princípio do contraditório, como elemento que confere racionalidade ao convencimento judicial e, ao mesmo tempo, enseja que se o controle, o artigo de Carlos Alberto Alvaro de Oliveira, intitulado: "Garantia do Contraditório". In: *Garantias Constitucionais do Processo Civil*. TUCCI, José Rogério Cruz e (org.). São Paulo: RT, 1999.

não significa – reitere-se – reduzir o processo a um jogo de mera retórica,[47] o que, aí sim, lhe esvaziaria o conteúdo valorativo, mas reconhecer a importância fundamental que a argumentação tem no processo de decisão da questão fática.[48]

Bem, é preciso, agora, identificar em que tipo de situação a verossimilhança das afirmações haverá de ser suficiente para que o juiz tenha os fatos por fixados, e por que razões será razoável que assim seja. É disso que se tratará no próximo capítulo.

## 4. Quando e sob que fundamento admitir-se a suficiência da verossimilhança das afirmações

Os pressupostos teóricos até aqui examinados, se não considerados com cautela e bom senso, poderão conduzir a um relativismo exagerado, que acabe por generalizar a todas as lides a ideia de que à definição dos fatos baste um juízo de verossimilhança.

Mas não se trata de abdicar do modelo tradicional, em que a decisão vem alicerçada na certeza de que os fatos ocorreram de modo muito aproximado daquele que restou provado. Ao contrário, a defesa da possibilidade de que em certas situações seja suficiente a preponderante verossimilhança[49] principia exatamente pela assunção de que este não é o

---

[47] Ainda que, numa posição de absoluto ceticismo quanto à possibilidade de conhecer-se objetivamente a realidade, se tivesse o processo por instrumento de pura retórica, seria de atentar para uma advertência que Giuliani faz quando examina a retórica grega. Diz o autor que, antes de acusar-se a retórica de imoralidade, deve-se compreender que ela implica uma concepção de fato despojada de qualquer *fisicidade*. Da mesma forma, aqui, quando se trata de verificar se é justo um processo cuja fixação dos fatos prescinde da constatação de que eles sejam efetivamente verdadeiros, ajuda esta ideia de que lhes falta fisicidade. Assim, ainda que sob um extremado ceticismo, poder-se-ia concluir que a sentença que fixa fatos sem compromisso com a realidade passada não desconhece nem despreza a realidade, mas a constrói no processo. Nas palavras do autor: "le parti in realtà non presentano dei *fatti*, ma delle 'ipotesi' fra cui il giudice dovrà scegliere. Dato che le parti faranno vedere il *pro* e il *contra* la contradittorietà rappresentarà un aspetto costitutivo nella ricostruzione del fatto: è implícita una vera e propria metodologia dell'ipotesi argomentativa, una lógica dell'opinione". (*Il concetto di prova*, p. 14/15). Com isto se poderia repelir a pecha de injusta, que alguém pretendesse atribuir à sentença que não fosse resultado de uma verificação *segundo a realidade*, para recorrer outra vez à expressão de Carnelutti.

[48] Como diz muito bem Danilo Knijnik: "... ou se assume que a argumentação tem um papel fundamental a desempenhar naqueles setores 'essenciais da vida humana' em que verdades e premissas universais e 'necessariamente' válidas não são praticáveis, ou se relegam essas mesmas experiências vitais da humanidade – dentre elas o direito – ao subjetivismo, à arbitrariedade, à irracionalidade." (*op. cit.*, p. 28).

[49] Não é o caso, contudo, de encampar as teorias escandinavas, chegando ao ponto de sustentar que se deva anular a importância da regra do ônus da prova, de modo que a decisão deva sempre acolher a versão que conta com um mínimo de preponderância da prova. Por essa perspectiva, quando, mesmo que minimamente, a posição de uma das partes é mais verossímil que a da outra, esta maior aproximação dela com a verdade é o quanto basta a que seja ela a eleita pelo julgador. Como explica Luiz Guilherme Marinoni, nessa concepção, de desenvolvimento especialmente sueco, a ideia de ônus da prova acaba funcionando como uma espécie de régua que indica qual das partes deve ter considerada a sua versão dos fatos: "O ônus da prova constituiria o ponto central dessa régua, e assim o ônus de

módulo legal de prova, de que não é assim que a lei preconiza que deva ser na generalidade dos casos. Mas conflitos de características diferentes podem exigir diferentes graus de solidez da certeza de quem os julga, a depender da natureza do direito material cuja tutela se pretenda no processo.

A relação estreita entre as necessidades do direito material e as regras relativas ao ônus da prova foi por muito tempo encoberta pela suposta neutralidade do procedimento ordinário. A concepção de que a todas as ações houvesse de corresponder igual procedimento, capaz de abrigar cognição de igual profundidade, impediu que se refletisse sobre o ônus da prova à luz das necessidades do direito material. Hoje este exame se impõe e, para tanto, um bom começo é a advertência correta e responsável de Gehrard Walter,[50] no sentido de que qualquer teoria, que com alguma seriedade pretenda refutar o módulo legal de prova, módulo radicado na noção de verdade, precisará encontrar consistente justificativa teórica.

Walter recorre à noção de *redução teleológica*,[51] presente na metodologia de Larenz,[52] para por intermédio dela admitir que razões de direito material poderão justificar uma limitação à regra legal, "ainda que contrariamente ao que ela literalmente dispõe, mas de acordo com a teleologia imanente da lei". Quer dizer, a norma probatória tem um fim imediato e auxiliar, que é o de estabelecer critério para a constatação de um fato, e outro mediato e principal, que é o de com isso permitir que se promova a realização do direito material subjacente nas pretensões em conflito. Assim, quando se aplica uma norma de processo, não é possível perder de vista os propósitos do direito material que nele se examina e, nas situações em que a sua finalidade prioritária vir-se frustrada pela aplicação rigorosa do módulo de prova normal, haver-se-á de reduzi-lo. A *redução teleológica* de uma norma processual pode ser exigida ou reclamada pela finalidade prioritária de uma outra norma, que de outro modo não se poderia alcançar.[53]

A razão que justifica a facilitação da prova é a de evitar que uma extraordinária dificuldade probatória comprometa a implementação do direito material *sub judice*. Numa tal situação excepcional, exigir que a

---

produzir prova não pesaria sobre nenhuma das partes". Mereceria ganhar a causa, "a parte que conseguisse fazer a régua pender para o seu lado, ainda que a partir de um mínimo de prova." (A questão do convencimento judicial. Disponível em: <http://jus2.uol.com.br/doutrina/texto.asp?id=5966>. Acesso em: 07. mar. 2006, p. 4/5).

[50] *Op. cit.*, p. 182.
[51] *Idem, loc.cit.*
[52] LARENZ, Karl. *Metodologia da ciência do direito*. 2ª ed. trad. José Lamego. Lisboa: Fundação Calouste Gulbenkian, 1989, p. 473-480.
[53] WALTER, *op. cit.*, p. 185.

decisão dê-se de acordo com o módulo geral de convicção judicial poderá impor severo prejuízo àquele litigante a quem incumbe o ônus da prova. Em situações assim, é preciso excepcionar a regra processual para atender aos propósitos da regra material.

Normalmente, a necessidade de reduzir o módulo da prova surge em situações nas quais há extrema dificuldade na produção da prova por parte de quem teria a incumbência de fazê-lo. Mas não é propriamente a dificuldade probatória que, por si só, autorizará o abandono do módulo normal de prova.[54] A justificativa última é mesmo a forte probabilidade de que o direito material veja frustrada a possibilidade de sua defesa em juízo, se se exigir que a demonstração dos fatos que lhe ensejam dê-se de acordo com o módulo normal da prova.

São dois, então, os requisitos capazes de ensejar que uma decisão judicial se ampare em juízo de verossimilhança: primeiro, o caso concreto deve dizer respeito a um setor da vida[55] que, por sua natureza, não seja de fácil explicação; segundo, as razões que justificam o direito material, as que lhe dão sentido, devem exigir que as dificuldades na constatação dos fatos não revertam em prejuízo daquele a quem, justamente, a norma material pretendia favorecer.[56] Não fosse assim, aquele direito material, cujo albergue em juízo depende de uma demonstração fática impossível ou muito difícil de se produzir, não passaria de ilusão, de miragem que encanta o jurisdicionado, mas não lhe oferece nenhuma perspectiva de vir a implementar-se *in concreto*.

Agindo com responsabilidade, sopesando os critérios que iluminam o procedimento de constatação dos fatos sob a égide do melhor respeito à garantia do contraditório,[57] o juiz terá por fixados fatos meramente verossímeis porque vê coerência, coesão e sentido na estória que os narra; porque é da forma narrada que, consoante aponta a experiência, *normalmente* ocorrem fatos tais quais os narrados. O juiz deverá ter por suficiente a verossimilhança porque em tais situações a excessiva dificuldade da prova impõe que se reduzam as exigências probatórias, a bem de evitar a frustração do propósito do direito material sob exame.

---

[54] WALTER, *op. cit.*, p. 244.

[55] São setores nos quais, segundo Walter, o nosso saber é ainda menor que o nosso saber geral, para o qual se criou a fórmula da "verosimilitud rayana em certeza", expressão que, ao significar um grau de verossimilhança no limite da certeza, descreve o módulo legal de prova. (*idem*, p. 258)

[56] José Carlos Barbosa Moreira aponta, como razões que justificam a atenuação do rigor na capacidade de persuasão da prova, "o fim protetivo da norma jurídica a ser aplicada; a especial dificuldade do interessado, por motivos objetivos e constantes, de conseguir elementos suficientes para lançar plena luz sore os antecedentes do pleito; e a verossimilhança consideravelmente maior, em princípio, de uma das versões contrapostas do episódio." (Alguns problemas atuais da prova civil. *Revista de Processo*. São Paulo, nº 53, jan./mar. São Paulo: Revista dos Tribunais, 1989, p. 128).

[57] OLIVEIRA, Carlos Alberto de Alvaro. *Garantia do contraditório*, especialmente p. 113-115.

Por fim, na medida em que estamos em plena *vacatio legis* do novo Código de Processo Civil, é interessante verificar o modo como ele disciplina os assuntos sob exame.

## 5. Máximas de experiência e ônus da prova no Novo CPC

A possibilidade de emprego das máximas de experiência na formação do convencimento judicial está consagrada no art. 375[58] do Novo Código de Processo Civil, que expressamente determina ao juiz que considere as regras da experiência, desde que essa experiência seja uma *experiência comum*, constatada por meio da *observação do que ordinariamente acontece*, ou uma regra de *experiência técnica* cujo conhecimento não exija a produção de prova pericial.

Trata-se de um dispositivo que deve ser interpretado em conjunto com o disposto no art. 371[59] do Novo Código de Processo Civil, de modo a depreender-se da leitura de ambos que o convencimento do juiz deve construir-se, é claro, a partir de elementos que estejam nos autos, mas sem deixar de considerar o conhecimento que a experiência lhe incutiu e que se vê consagradas nas denominadas máximas de experiência.

A redação do dispositivo melhorou em relação à do artigo 335[60] do Código de Processo Civil de 1973. Suprimiu-se na nova redação a oração "Em falta de normas particulares, o juiz aplicará as regras de experiência...", que dava início ao texto e ensejava debate sem sentido e nada proveitoso. A expressão dava a entender que a regra de experiência incidiria somente na hipótese de lacuna da lei. Como disse José Carlos Barbosa Moreira, em seu sentido literal, a norma sugeria uma alternativa que não é exata: ou se aplica uma norma jurídica ou se aplica uma máxima de experiência.[61]

O mal-entendido decorrente do texto suprimido deveu-se a um lapso de tradução do legislador de 1973, ao importar quase literalmente o texto que, no art. 78 do Código de Processo Civil do Vaticano, determinava ao juiz semelhante conduta. A lei processual do Vaticano explicava a que "normas particulares" estava se referindo: deixava claro que as regras da experiência comum haveriam de ser aplicadas quando não hou-

---

[58] Art. 375. O juiz aplicará as regras de experiência comum subministradas pela observação do que ordinariamente acontece e, ainda, as regras de experiência técnica, ressalvado, quanto a estas, o exame pericial.

[59] Art. 371. O juiz apreciará a prova constante dos autos, independentemente do sujeito que a tiver promovido, e indicará na decisão as razões da formação de seu convencimento.

[60] Art. 335. Em falta de normas jurídicas particulares, o juiz aplicará as regras de experiência comum subministradas pela observação do que ordinariamente acontece e ainda as regras da experiência técnica, ressalvado, quanto a esta, o exame pericial.

[61] *As presunções e a prova*, p. 69/70.

vesse "normas jurídicas particulares *para a dedução, do fato a provar, do fato percebido*". Assim, quando se conhece a origem comparada do dispositivo legal do Art. 335 do Código de Processo Civil de 1973, compreende-se que as "normas jurídicas particulares", cuja existência impediria que o juiz se valesse de regras de experiência, são normas de prova legal, que estabelecem presunções legais.

Outro dispositivo legal de extraordinária importância a reconhecer a regra de experiência como fonte da verossimilhança é o artigo 6º, VIII, do Código de Defesa do Consumidor.[62] Esta norma tem a experiência como razão que funda a verossimilhança, como elemento que lhe confere um mínimo de objetivação, como padrão que o juiz empregará para apurar se é ou não verossímil a afirmação do consumidor. Quer dizer, o juiz inverterá o ônus da prova quando, *a seu critério*, a afirmação do consumidor encontrar guarida na expressão do que normalmente ocorre naquelas determinadas circunstâncias.

É interessante observar, a propósito dessa norma de proteção consumerista, a enorme atenção que ela atraiu, em contraste com o pouco interesse que sempre despertou o art. 335 do Código de Processo Civil de 1973 e que provavelmente seguirá a colher o art. 375 do novo CPC. É curioso, porque o artigo 6º, VIII, enseja facilitação da prova nas relações de consumo, enquanto os arts. 335 e 375, respectivamente, do Código de Processo Civil de 1973 e do Código de Processo Civil de 2015, promovem essa facilitação no processo civil em geral. Se para facilitar a defesa em juízo dos direitos do consumidor, a lei autoriza a inversão do ônus da prova, por óbvio também autoriza que o juiz reduza o módulo da prova em benefício do consumidor, de modo a facilitar-lhe a comprovação de suas afirmações, quando não se dê a inversão que o texto menciona. Se o art. 6º, VIII, concede ao juiz o *mais*, não há de lhe negar o *menos*.

No que respeita à distribuição do ônus da prova, o novo CPC promoveu considerável avanço ao incorporar a *teoria da carga dinâmica* da prova, em seu artigo 373, § 1º.[63]

Neste caso, o juiz pode (e, se pode, deve) desviar-se da tradicional atribuição de responsabilidade probatória a quem haja afirmado o fato cuja existência lhe interessa, quando constate uma excessiva dificuldade

---

[62] Art. 6º. "São direitos básicos do consumidor: (...) VIII – a facilitação da defesa de seus direitos, inclusive com a inversão do ônus da prova, a seu favor, no processo civil, quando, a critério do juiz, for verossímil a alegação ou quando ele for hipossuficiente, segundo as regras ordinárias de experiência".

[63] Art. 373, § 1º. "Nos casos previstos em lei ou diante de peculiaridades da causa relacionadas à impossibilidade ou à excessiva dificuldade de cumprir o encargo nos termos do caput ou à maior facilidade de obtenção da prova do fato contrário, poderá o juiz atribuir o ônus da prova de modo diverso, desde que o faça por decisão fundamentada, caso em que deverá dar à parte a oportunidade de se desincumbir do ônus que lhe foi atribuído".

no cumprimento do encargo. Ou ainda, de outra parte, quando verifique que há uma maior facilidade de obtenção da prova do fato contrário.

Tal distribuição do ônus da prova sob critérios dinâmicos, observáveis caso a caso, alicerça-se, sem dúvida, na ideia de verossimilhança. Na medida em que o juiz inverta a responsabilidade pela prova, e caiba, então, a uma das partes provar que o fato afirmado pela outra não ocorreu, isto implica que, se não houver essa prova contrária, o juiz terá por existente o fato meramente afirmado. Ou seja, embora o novo CPC (ao contrário do que faz o CDC em seu art. 6º, VIII) não refira a verossimilhança da afirmação como condição para o emprego do art. 373, § 1º, é lógico que o juiz não cogitará de aplicá-lo a afirmações inverossímeis, que não passem no *teste* da coerência com os padrões que a experiência permitiu construir.

## Conclusão

As considerações acima permitem concluir que o Novo Código de Processo Civil trouxe avanço considerável ao incorporar a possibilidade de uma dinâmica distribuição do ônus da prova e, consequentemente, admitir em certos casos a suficiência do juízo de verossimilhança quando necessário à efetiva possibilidade de tutela do direito material.

Ainda que, como se viu, a regra continue a ser a de que o juiz deve decidir as questões fáticas à luz de uma "convicção de verdade" e, quando em dúvida, recorrer à ortodoxa fórmula do art. 373, *caput*, haverá circunstâncias em que peculiaridades do direito material a tutelar imporão que o processo não exija da parte mais que a demonstração da mera verossimilhança.

Isto não deve provocar receio nem insegurança. Muito pelo contrário. O fato de que esta reflexão sobre a intensidade do convencimento faça-se sob a perspectiva do direito material compromete o processo com o justo, com o ético, evitando que ele navegue à deriva, ensimesmado na só-observância do procedimento e descompromissado com a sociedade a que serve.

# — 15 —

# Diálogos entre juízes e direitos humanos: a legitimidade e a atratividade entre novas formas de autoridade[1]

## JÂNIA MARIA LOPES SALDANHA[2]

*Sumário*: Introdução; 1. Um problema de estrutura; 2. As razões plurais para o "diálogo"; 3. Um problema mais de cooperação que de concorrência; 4. Um problema ético vinculado à argumentação e à qualidade das decisões; 5. Diálogos e "comunidade de princípios": uma integridade global; 6. As transformações da legitimidade; 7. Novas formas de atratividade: o problema do acesso à justiça; Considerações finais.

## Introdução

Este trabalho aborda o tema dos diálogos interjurisdicionais. Trata-se de uma prática importante e, quiçá, inexorável. Ela resulta da abertura imaginativa dos juízes, da existência de instrumentos processuais que viabilizam a cooperação e, ainda, da facilitação das trocas comunicacionais favorecidas pelos sofisticados recursos técnicos que hoje são utilizados pelos sistemas de justiça nacionais e não nacionais. Se a prática é inegável, o tema do ponto de vista teórico ainda está em construção, razão pela qual, merece a atenção da doutrina.

É possível afirmar que esses diálogos encontraram um campo fértil quando o domínio a ser enfrentado é o dos direitos do homem. Assim, do ponto de vista da estética, a geometria dos diálogos é variável pois envolve Cortes nacionais e não nacionais. Do ponto de vista ético, os diálogos

---

[1] Este trabalho é parte do livro "Diálogos interjurisdicionais e ordem mundializada" em curso de construção e da Conferência apresentada pela autora na Corte de Cassação francesa em 17 de abril de 2015. É também resultado parcial das pesquisas pós-doutorais que a autora realizou no IHEJ – Institut des Hautes Études sur la Justice e na Université Sorbonne Panthéon-Assas (Paris II) sob os auspícios da CAPES – Proc-Bex 2417-14-6.

[2] Pós-doutora em direito pelo IHEJ e Sorbonne Panthéon-Assas. Doutora em direito público da UNISINOS – Universidade do Vale do Rio dos Sinos. Professora Associada II do Programa de Pós-graduação em Direito e do Departamento de Direito da UFSM – Universidade Federal de Santa Maria.

reivindicam cooperação e uma sorte de mentalidade alargada[3] para colocar-se no lugar do outro considerando a ampliação do auditório que a circulação global de fatores, atores e normas produz.

Escolher tratar do tema dos diálogos interjurisdicionais na perspectiva da mundialização dos direitos do homem[4] é não só uma maneira de destacar o importante papel dos tribunais para sua efetivação, quanto, mais particularmente, trata-se do caminho encontrado para homenagear o Professor Ingo Wolfang Sarlet, cuja contribuição doutrinária para a consolidação de uma teoria adequada dos direitos humanos tem sido fundamental no contexto das jovens democracias da América Latina.

O ensaio está dividido em sete partes que compõem seu conteúdo. Na parte 2, demonstro que os diálogos interjurisdicionais apresentam um problema de estrutura e um problema semântico. Na terceira, dedico-me a apresentam algumas razões que justificam o diálogo. A cooperação, mais do que a concorrência, é o que os qualifica, como destaco na quarta parte. A ética é um caminho possível para explicá-los. Disso trato no item quinto. O exercício dos diálogos em matéria de direitos humanos obedece a razões de princípios, como anoto na sexta parte. Na sétima parte apresento breves transformações na legitimidade judiciária para, finalmente dizer, na oitava, que os diálogos fomentam novas atratividades.

## 1. Um problema de estrutura

A legitimidade dos sistemas de justiça e dos juízes nacionais – nessa expressão, por escolha, incluo as Altas Cortes – constitucionais, de cassação, de apelação e os juízes de outras instâncias de jurisdição – tradicionalmente teve origem, entre outras razões, na sua capacidade de decidir considerando e respeitando, do ponto de vista material, o sistema jurídico interno, o princípio da soberania, a autorreferência e, do ponto de vista formal, a independência, a imparcialidade e o contraditório.

Ainda hoje a legitimidade da jurisdição deriva dessa consideração e a formação dos juristas, como se sabe, ainda é fortemente ancorada, como efetivamente deve ser, no domínio do direito interno. Então sob o ponto de vista da "estrutura" a jurisdição atendia às reivindicações das sociedades espacial – envolvendo cultura e tradições –, e temporalmente – envolvendo ritmos de vida, ritmos da técnica e da vida cotidiana – limitadas.

Muitas razões conhecidas colocaram em questão esse paradigma do "nacionalismo metodológico a que fez referência Ulrich Beck. A desespacialização e a destemporalização foram dois dos efeitos importantes pro-

---
[3] ARENDT, Hannah. *Entre o passado e o futuro.* São Paulo: Perspectiva, 2001, p. 248-281.
[4] Não será feita a distinção doutrinária entre direitos humanos e direitos do homem.

duzidos pelos acontecimentos do Breve Século XX, a que fez menção Eric Hobsbawum. Primeiro pela emergência da economia globalizada e pela normatização dos direitos do homem para além dos espaços nacionais. Segundo, pela sofisticação da técnica e pelo desenvolvimento avassalador das tecnologias de informação e comunicação que facilitaram o surgimento das nossas sociedades aceleradas.[5]

Embora seja simples a descrição desse cenário altamente complexo e plural, é possível perceber que os sistemas de justiça foram profundamente afetados por um problema de estrutura, pois a emergência dos diálogos interjurisdicionais se inscrevem nesse contexto de intensa permeabilidade entre os vários sistemas que altera de forma substancial as razões jurídicas.

Há, de fato, uma pluralidade semântica a qualificar essas "trocas comunicacionais" entre juízes. Se ela é importante, não se pode desconhecer que talvez evidencie mais a onipresença de uma estética e menos de uma ética que resulte da consciência do caráter histórico e analógico do fenômeno da compreensão e da interpretação judiciária.

Quer se trate de conversações judiciárias "à bâton rompus" ou "un dialogue de sourds",[6] constitui uma forma de expressão da linguagem. Essa pluralidade dos diálogos interjurisdicionais é identificada em expressões como:

| EXPRESSÃO | AUTOR |
| --- | --- |
| Cross-judicial influence | A.K. Thiruvengadam[7] |
| Cross-constitutional influence ou cross-constitutional fertilization | S. Choudhry[8] |
| Trans-judicial communication or judicial dialogue; judicial comity | Anne-Marie Slaughter[9] |
| Trans-judicial borrowing or precedente borrowing | K. L. Scheppele[10] |
| cross-polinisation | Claire L'Heureaux-Dube[11] |

---

[5] VIRILIO, Paul. *Le grande accélérateur*. Paris: Galilée, 2010.

[6] As expressões dão de CARON, Slovia. La cour de cassation et le dialogue des juges. Thèse. Disponível em: https://halshs.archives-ouvertes.fr/tel-00769401/document. A primeira significa "muito abertos". A segunda, reticentes.

[7] *Legal transplants through judiciaires: Cross-judicial influences on constitutional adjudication in the post world war II Era. A study comparative constitutional law focusing on theorical and empirical issues.* New York University, 2001.

[8] *Globalisation in Search of justification: Twords a Theory of Comparative Constitutional Interpretation.* Indiana, 1999.

[9] *A typology of transjudicial communication*, 1994. Disponível em:https://litigation-essentials.lexisnexis.com/.../app?

[10] *Aspirational and aversive constitucionalismo: The case for studying cross-constitutional influence through negative models*, 2003. Disponível em: icon.oxfordjournals.org/content/1/2/296.abstract?ck...

[11] *The importance of dialogue: globalization and the international impacto of Rehnquist* Court, p. 8, 1998. Disponível em: digitalcommons.law.utulsa.edu/.../viewcontent.cgi?

Dialogue between judges............................Andrea Lollini[12]
Comércio entre juízes..............................Antoine Garapon e Julie Allard[13]
Conversações constitucionais....................Marcelo Neves[14]
Dialogue de cooperation..........................Guy Canivet[15]
Dialogue entre les juges..........................Benoit Frydman[16]
Dialogue des juges................................Laurence Burgorgue-Larsen[17]

A prática e a teoria dos diálogos entre juízes, expressão atribuída a Bruno Genevois nas conclusões da célebre decisão do processo *Cohn Bendit*, de 22 de dezembro de 1978,[18] não conhece uniformidade. As Cortes Supremas dos Estados e as Cortes globais agem ora com abertura ora com reticente fechamento.

Quanto às Cortes nacionais, exemplo de abertura é o das Cortes Constitucionais da África do Sul, do Canadá e da Colômbia. Exemplo de fechamento reticente é o da Corte Suprema dos EUA. Lembre-se dos votos originalistas dissidentes do juiz Scalia. A Corte Suprema do Brasil é ainda exemplo da prática de um relativo provincianismo constitucional e de timidez na aplicação do direito convencional, face ao reconhecimento da constitucionalidade da lei de anistia,[19] contrária à decisão da CIDH – Corte Interamericana de Direitos Humanos.[20]

Os juízes das Cortes internacionais, transnacionais e regionais também praticam o diálogo em um "circuito de legitimidade",[21] isto é, o povo outorga seus mandatos e após recebe suas decisões. Essas, apesar do ris-

---

[12] *Legal argumentation based on foreign law*. Disponível em: http://www.utrechtlawreview.org/index.php/ulr/article/view/195

[13] ALLARD, Julie. GARAPON, Antoine. *Les juges dans la mondialisation. La nouvelle révolution du droit*. Paris: La republique des idées/Seuil, 2005, p. 7.

[14] *Transconstitucionalismo*. São Paulo: Martins Fontes, 2009, p. XXV.

[15] CANIVET, Guy. *Éloge de la bénévolence des juges*. Disponível em: http://www.ahjucaf.org/Les-influences-croisees-entre,7177.html

[16] *Le dialogue international des juges et la perspective idéale d'une justice universelle*. Disponível em: http://www.philodroit.be/IMG/pdf/B._FRYDMAN_-_Conclusion_-_Le_dialogue_international_des_juges_-_30_mars_2007.pdf

[17] *De l'internationalisation du dialogue des juges. Missive doctrinale à l'attention de Bruno Genevois*. Disponível em: http://www.univ-paris1.fr/fileadmin/IREDIES/Contributions_en_ligne/L._BURGORGUE-LARSEN/M%C3%A9langes/LBL_M%C3%A9langes_Genevois-1.pdf.

[18] BURGOURGUE-LARSEN, LAURENCE. *De l'internationalisation du dialogue des juges. Missive doctrinale à l'attention de Bruno Genevois*, op. cit.

[19] ADPF 153. Disponível em: http://www.stf.jus.br/portal/jurisprudencia/listarJurisprudencia.asp?s1=%28153%2ENUME%2E+OU+153%2EACMS%2E%29%28PLENO%2ESESS%2E%29&base=baseAcordaos&url=http://tinyurl.com/pyzomo8.

[20] Caso Gomes Lund e Outros v. Brasil. Disponível em: http://www.corteidh.or.cr/docs/casos/articulos/seriec_219_esp.pdf.

[21] ALLARD, Julie. GARAPON, Antoine. *Les juges dans la mondialisation. La nouvelle révolution du droit*, op. cit., p. 76.

co, não podem derivar de um "efeito de clube"[22] em face da interdição de que sejam discricionárias e arbitrárias.

Trata-se da tensão entre manter a legitimidade e autoridade decisória adotando o fechamento ao nacional ou, ao contrário, praticar a abertura ao que dizem os "pares" que, nesse caso, é a própria condição de possibilidade de expansão da legitimidade e da autoridade extraída do reconhecimento da comunidade internacional. A CIDH tem dado bons exemplos desse diálogo com relação à jurisprudência da CEDH – Corte Europeia de Direitos do Homem. Mas, como se sabe, a recíproca é assimétrica.

Assim, de que maneira os "diálogos interjurisdicionais" nos colocam um problema de estrutura?[23]

Ora, do mesmo modo que o dogma da vontade da lei foi derrubado do pedestal em que a modernidade o colocou, a crença na completude do direito nacional esboroou-se diante da emergência das dependências humanas recíprocas que transpassam as fronteiras do Estado-Nação e que têm à base os direitos do homem.

Inevitavelmente, frente a essa inegável realidade, os juízes como um todo e os das Cortes Supremas, em particular, dada as especificidades das matérias que são chamados a enfrentar, são confrontados com as grandes linhas do sistema jurídico nacional, com seus pressupostos políticos – um deles, a ideia de processo como ciência –, que aspiram, como todas as leis científicas, o *status* de "verdades eternas".[24] E os juízes das Cortes globais, formados em seus respectivos sistemas jurídicos, veem-se compelidos a transcender suas culturas e os sistemas normativos nacionais de onde são originários.

A superação epistemológica do certo e do errado, da separação radical entre fato e direito e da crença na completude do direito nacional, é a contingência inegável que o diálogo entre juízes produz. Formar um novo tipo de jurista neste amplo e complexo cenário de transformação da teoria jurídica, da teoria das fontes e da teoria da decisão é, de fato, outro problema estrutural que aqui não cabe analisar.

---

[22] ALLARD, Julie. GARAPON, Antoine. *Les juges dans la mondialisation. La nouvelle révolution du droit*, op. cit., p. 76.

[23] BAPTISTA DA SILVA, Ovídio Araújo. Da função à estrutura. *Constituição, Sistemas Sociais e Hermenêutica. Anuário 2008*. Programa de Pós-Graduação em Direito UNISINOS. Porto Alegre: Livraria do Advogado, 2008. p. 89-100. LOPES SALDANHA, Jânia Maria. Do funcionalismo processual da aurora das luzes às mudanças estruturais e metodológicas do crepúsculo das luzes: A revolução paradigmática do sistema processual e procedimental de controle concentrado de constitucionalidade no STF. *Constituição, Sistemas Sociais e Hermenêutica. Anuário 2008*. Programa de Pós-Graduação em Direito UNISINOS. Porto Alegre: Livraria do Advogado, 2008. p. 113-134.

[24] Essas ideias estão em BAPTISTA DA SILVA, Ovídio Araújo. *Processo e ideologia*. Rio de Janeiro: Forense, 2004.

Escolher – adequadamente – entre permanecer no lugar da "autarquia", da introversão à quimérica completude do próprio sistema, numa espécie de narcisismo introvertido ou no chamado "provincianismo constitucional"[25] e convencional ou abrir-se às trocas e à jurisprudência de outras jurisdições é o grande desafio.

Muitas são as razões apresentados pela doutrina que conduzem às práticas desses diálogos que têm provocado o surgimento de "novas formas de autoridade" como resultado das transformações na estrutura e nas funções do trabalho do juiz.

## 2. As razões plurais para o "diálogo"

Os diálogos interjurisdicionais podem assumir plurais direções e plurais motivações. E se na prática é fenômeno que conheceu crescimento após a criação das Cortes globais, as trocas entre juízes já eram feitas no Século XVIII e o exercício da comparação que viabilizam não é algo novo.

A perspicácia sensível de Nietzsche[26] percebeu esse fenômeno quando apontou o Século XIX como a "era da comparação". Ele afirmou ser a interpenetração de homens e a polifonia de esforços para se colocar em contato verdadeira oposição ao isolamento e ao fechamento das sociedades nacionais.

Exercer o comparatismo e adotar o ponto de vista do "outro" traduz uma experiência singular, ocasião em que seu autor se universaliza na medida em que se abre ao aprendizado de encontrar respostas em ordenamento jurídico que não é o seu.

Uma razão filosófica mais profunda contribui para explicar esse fenômeno: esses diálogos podem relacionar-se à busca de um sentido para o Direito. Essa foi a posição adotada por Benoit Frydman.[27] Ele afirmou estar o diálogo entre juízes centrado mais na maneira de dizer (a), descobrir (b) e fabricar (c) o direito e menos na sua dimensão sociológica. Nesse sentido, as decisões judiciárias encontrariam fundamento não apenas nos precedentes, mas também nos "excedentes" ou nos "extracedentes".[28]

Necessidades funcionais – então do comércio – e éticas – então da ambição humanista –, por outro lado, são fatores reais que conduzem a

---

[25] NEVES, Marcelo. *Transconstitucionalismo*, op. cit., p. 131.
[26] No Capítulo das Coisas primeiras e últimas disse: "... Uma era como a nossa adquire seu significado do fato de nela poderem ser comparadas e vivenciadas, uma ao lado da outra, as diversas concepções de mundo, os costumes, as culturas; algo que antes, com o domínio sempre localizado de cada cultura, não era possível; em conformidade com a ligação de todos os gêneros de estilo ao lugar e ao tempo". NIETZSCHE, F. *Humano demasiado humano*. São Paulo: Companhia de Bolso, 2005, p. 31.
[27] FRYDMAN, Benoit. *Le dialogue international des juges et la perspective idéale d'une justice universelle*, op. cit.
[28] Ibid., p. 11.

essas comunicações, como refere Antoine Garapon.[29] Essa necessidade de "conversação" entre as Cortes domésticas entre si,[30] com as Cortes internacionais e destas entre si que provêm da força das relações globalizadas é, para outros, condição de manutenção de sua autoridade argumentativa e fator de alargamento de sua legitimidade. E essa seria consequência de sua capacidade de considerar os interesses em jogo do ponto de vista do direito constitucional e internacional.[31]

Os diálogos interjurisdicionais também podem ser compreendidos como uma das vias possíveis para ordenar e reduzir a dispersão que a pluralidade – de atores, de fatores, de normas e de processos –, que configura os processos de interação jurídica, não só dinâmicos quanto profundamente complexos, pode provocar.

Ao tratar da atuação da Corte Suprema do Canadá, a juíza Claire L'Heureux-Dube aponta quatro razões para a existência e expansão dos diálogos judiciais: a) similares problemas; b) a natureza internacional dos direitos humanos; c) os avanços da tecnologia; d) contato pessoal entre os juízes.

A ideia de Metrópolis planetária adotada e expandida por Xifaras ajuda a explicar a razão pela qual as sociedades nacionais, mesmo as consideradas periféricas, são afetadas direta ou indiretamente pela globalização do direito.[32] Ainda que os juristas dessas sociedades se situem ao centro ou à margem da sua comunidade, eles são expostos aos fenômenos supra ou transnacionais, bem assim à necessidade da prática da "solidariedade transnacional".

Ora, na medida em que os direitos do homem se inscrevem na lista de modos de racionalidade e de normatividade desse mundo global, os diálogos entre juízes acabam sendo um importante motor para a sua

---

[29] GARAPON, A. ALLARD, Julie. No campo das necessidades funcionais desenvolve-se um método operativo por exigências do comércio pois, afinal, há um direito global no campo econômico. Por outro lado, no campo da ética, há uma ambição humanista que está associada, à extensão da mundialização aos direitos humanos que conduz à construção de uma ordem pública global mínima. ALLARD, Julie. GARAPON, Antoine. *Les juges dans la mondialisation. La nouvelle révolution du droit*, op. cit., p. 29-33.

[30] Acrescente-se, ainda, nesse cenário complexo, o necessário diálogo autêntico não apenas entre Tribunais, mas destes com instituições de outras esferas de exercício do poder, nacionais e não nacionais, o que, como lembra Ingo Sarlet, também passa pelo respeito ao princípio e correspondente dever de cooperação. Cf. SARLET, Ingo W. Os *Direitos Sociais como Direitos Fundamentais*: contributo para um balanço aos vinte anos da Constituição Federal de 1988. Disponível em: http://www.stf.jus.br/arquivo/cms/processoAudienciaPublicaSaude/anexo/artigo_Ingo_DF_sociais_PETROPOLIS_final_01_09_08.pdf. Acesso em 04 abr. 2015.

[31] BENVENISTE, Eyal. Reclaiming Democracy: The Strategic Uses of Foreign and International Law by National Courts, p. 248/249. American Journal of International Law, Vol. 102, 2008 Disponível em: http://papers.ssrn.com/sol3/papers.cfm?abstract_id=1007453.

[32] XIFARAS, M. Après les théories générales de l'État: le Droit Global, p. 25. Disponible: http://www.juspoliticum.com/IMG/pdf/JP8-Xifaras.pdf.

efetivação nessa escala internacionalizada que esses direitos alcançaram. Motor que decorre da cooperação e não da concorrência.

### 3. Um problema mais de cooperação que de concorrência

Seguramente a questão aqui tratada não é puramente acadêmica. Ela coloca em causa a realidade das relações entre as várias ordens judiciárias nacionais e não nacionais. Trata-se de verificar se as primeiras estão ou não subordinadas às últimas. E de saber se quando as justiças dos Estados abrem-se ao diálogo com as Cortes não nacionais competem – ou não – com outras e exercem soberania com relação a fatores não nacionais.

Ao fim, o que estaria à base deste debate? Seria a existência de mecanismos de construção de um direito comum – mas em que domínio? – ou esses diálogos consistiriam mais em "elos" e instrumentos de convergência de uma ordem jurídica globalizada?[33]

Embora não se possa negar que na mundialização as diferenças entre as jurisdições estabelecem uma "concorrência" entre elas que podem se tornar vantagens e desvantagens comparativas para os consumidores, pela possibilidade de exercício do *forum shopping*, o propósito é demarcar que o tema dos diálogos interjurisdicionais é analisado na perspectiva da efetivação dos direitos do homem e não das questões vinculadas a economia.

É que a concorrência, se possuir "uma ética", é aquela do modelo neoliberal – essa forma de governamentalidade denunciada pela luminosa verve intelectual de Foucault – de quem ela – a concorrência – é o elemento central que orienta o poder e a construção das instituições neoliberais que, por origem e função, são diversos do Poder judiciário e de suas instituições.

Claro, não desconhecemos os amplos movimentos de reforma da justiça em vários países para que adote o modelo da empresa. Foucault já fez essa advertência: "se a economia é um jogo, as instituições jurídicas que enquadram a economia devem ser pensadas e tratadas como 'regras desse jogo'".[34]

Assim, pensar em termos de cooperação e não de concorrência, é reagir à afirmação de que a principal função atribuída à jurisdição é a de "de governar a ordem da vida econômica", como também denunciou Foucault.[35]

---

[33] CANIVET, Guy. *Éloge de la bénévolance des juges*, op. cit., p. 1.
[34] FOUCAULT, Michel. Naissance de la biopolitique. Paris: Gallimard/Seuil, 2004, p. 178.
[35] Idem, p. 178-179.

O exercício desse "diálogo" decorre, em verdade, de uma sorte de partilhamento de princípios e valores comuns presentes em dado momento da história e que extrapolam os limites dos Estados nacionais. Por isso, certo está Antoine Garapon ao dizer que que os diálogos aspiram a "uma função de instituição"[36] que encontra legitimidade na confiança e numa sorte de avaliação recíproca permanente entre os juízes.

Considerando esse contexto, interessa menos a lógica da estética geométrica dos diálogos, seja ela vertical o horizontal e a força dessa estética, seja ela vinculada ou espontânea.[37]

Assim, se é possível reconhecer a importância dessas demarcações de geometria variável nos contextos dos esforços para construir uma teoria adequada dos diálogos interjurisdicionais, pois há quem diga que eles não existem e por isso não seriam jurídicos, na falta de um sistema ordenado.

Mas a mundialização da justiça, como diz Garapon,[38] implica que nenhum tribunal poderá ser indiferente ao que fazem seus homólogos. Assim, nos afastamos das preocupações estéticas, porque as interações entre os juízes não possuem como razão central a produção de um sistema. Qual rumo tomar para justificar não só a existência, mas a importância e necessidade dos diálogos interjurisdicionais para expandir sua legitimidade, aprofundar sua autoridade e criar novas formas de atratividade?

É preciso pensar os diálogos sobre bases éticas, pois não é ela que está presente quando o tema é a liberdade de expressão, a eutanásia, o suicídio assistido, o uso do véu, os direitos dos imigrantes, etc. A lista é longa!

Ora, os diálogos interjurisdicionais não envolvem o exercício de mera técnica, aliás, ainda em construção. A mediação cultural que realizam deriva de uma ética que deve ser reconhecida pelos destinatários dos serviços da justiça.

### 4. Um problema ético vinculado à argumentação e à qualidade das decisões

De fato, a resposta está vinculada ao problema ético da função de julgar e à necessidade de construção de uma teoria da decisão adequada à efetivação dos direitos do homem. A utilização das decisões proferidas por outros juízes agrega uma nova racionalidade às decisões de justiça e, tende a melhorar sua qualidade.

---

[36] ALLARD, J.; GARAPON, A. *Les juges dans la mondialisation*. Paris: Seuil, 2005, p. 31.
[37] PIOVESAN, Flávia; SALDANHA, Jânia. *Diálogos judiciais e direitos humanos*. Brasília: Gazeta jurídica, 2015, no prelo.
[38] ALLARD, J.; GARAPON, A. *Les juges dans la mondialisation*, op. cit., p. 27.

Isto porque, numa perspectiva geral pode-se identificar que os diálogos interjurisdicionais sobre questões vitais de direitos do homem podem envolver por exemplo:[39] a) direito internacional e direito estatal; b) direito supranacional e direito estatal; c) direitos nacionais entre si; d) direitos nacionais e direitos locais extraestatais; e) direito supranacional e internacional.

Esse conjunto variado demonstra que antes de ser uma unanimidade, a internacionalização dos direitos do homem é, no entanto, uma fecunda realidade. A natureza internacional desses direitos cria "links" entre as várias dimensões jurídicas e jurisdicionais de sua aplicação para aumentar os índices de sua efetivação.

Esses "links" com o direito internacional dos direitos humanos auxiliam a formar um tipo de denominador comum para os juízes interpretarem os documentos locais nacionais, regionais, supranacionais e internacionais sobre a matéria.

Na perspectiva da ética, os diálogos em matéria de direitos humanos podem então, encontrar um primeiro fundamento na noção de pregnância desenvolvida por Cassirer,[40] que apresenta em sua base a ideia de "relações".

Sua aplicação ajuda a explicar a razão pela qual o exercício desses diálogos pelos juízes pressupõe que esses devam considerar os mundos e as realidades históricas para, assim, conformar culturas híbridas, mas que tenham os direitos do homem como ponto de contato.

A ousadia aguda é construir um quadro de harmonização que dependeria do exercício da "hibridação". Essa estaria caracterizada pela reciprocidade e pelo exercício de "gramática comum"[41] entre diferentes sistemas.

De fato, o tempo que vivemos mostra mesmo que os juízes estão comprometidos com um conjunto de princípios mais amplos do que propõe o regime jurídico do Estado-Nação.

A crítica refinada de François Gény[42] denunciou que o postulado da plenitude do Direito, como entendiam os civilistas tradicionais, era abertamente equivocado, pois a exigência de plenitude e preexistência de re-

---

[39] NEVES, Marcelo. *Transconstitucionalismo*. São Paulo: Martins Fontes, 2009, p. 142.

[40] Uma leitura atenta de Cassirer pode ser encontrada na obra de MAIGNÉ, Carole. *Ernest Cassirer*. Paris: Belin, 2013, p. 117-119.

[41] DELMAS-MARTY, Mireille. *Les forces imaginantes du droit (II). Le pluralisme ordonné*. Paris : Seuil, 2007, p. 122 e 215.

[42] GÉNY, François. *Método de interpretatión y fuentes em derecho privado positivo*. Madrid: Editorial Reus, 1925, p. 97. Veja-se também em: LÓPEZ MEDINA, Diego Eduardo. *El derecho de los jueces*. 2. ed. Bogotá: Legis, 2006, p. 276-277.

gra clara para qualquer situação da vida era de impossível ocorrência, uma vez "As necessidades da sociedade serem variadas...".

Seguramente, tais dificuldades ainda são de extrema atualidade e obscurecem o entendimento de que a aptidão para compreender o fenômeno histórico depende da capacidade do jurista-intérprete ter a sabedoria de comparar situações análogas e de encontrar em cada uma delas aquilo que, em "sua singularidade, as torne distintas",[43] sem jamais esquecer a necessidade de "recuo ético" em relação à sua própria tradição, recuo esse que é, aliás, uma das virtudes do juiz.[44] Esse seria o segundo fundamento ético.

Não se trata, assim, de produzir uma decisão aleatória e solipsista, em que o julgador encontra-se apenas com ele próprio e sua consciência, o que lhe é vedado. Ao contrário, há uma antecipação de sentido e uma antecipada comunicação com os outros, com quem "chega-se a um acordo".[45] A "virtude da dignidade" do juiz é orientada pela separação entre sua pessoa e a função pública que exerce e que existe no interesse do bem comum e dos interesses gerais.[46]

A renúncia às posições pessoais e particulares – que devem ocupar o lugar apenas da vida privada – é o que identifica o modo alargado de pensar que Hannah Arendt recuperou de Kant e o que justifica e ética dos diálogos interjurisdicionais baseada no exercício de um esforço de imaginação, de autonomia e independência, outra expressão da virtude da dignidade e o terceiro fundamento ético.[47]

É que os juízes na condição de intérpretes não estão dissociados do trabalho hermenêutico cuja finalidade, como disse Gadamer,[48] é sempre restituir o acordo, preencher lacunas. Assim, o juízo adquire validade específica nesse "acordo potencial"[49] em que as decisões dos pares apresentam uma "autoridade persuasiva".

O acordo potencial, a capacidade de colocar-se na perspectiva do outro – então com mentalidade alargada – com o sentido de realizar uma "unidade de entendimento" na diversidade cultural e de opiniões por meio da autoridade persuasiva das decisões, contribui para reabilitar o caráter antes moral do que político da pluralidade social e da comunidade

---

[43] BAPTISTA DA SILVA, Ovídio A. *Processo e ideologia*. São Paulo: Forence, 2004, p. 265.
[44] GARAPON, A. ALLARD, Julie. GROS, Fréderic. *Les virtus du juge*. Paris: Dalloz, 2008, p. 32-44.
[45] Ibidem.
[46] GARAPON, A. ALLARD, Julie. GROS, Fréderic. *Les virtus du juge*, op. cit., p. 33.
[47] Idem, p. 32-44.
[48] GADAMER, Hans-Georg. *O problema da consciência histórica*. Rio de Janeiro: Editora FGV, 2003. p. 59.
[49] Ibidem.

humana, pois somente o caráter moral permitirá que pensemos a prática dos diálogos com vistas ao "bem comum".[50]

Entretanto, se a ideia de mentalidade alargada não é desprezível para explicar o fundamento ético que está à base das comunicações entre os juízes, Paul Ricouer remarcou que foi a obra kantiana de 1784 – *L'idée d'une histoire universelle au point de vue cosmopolitique* – no conceito de "constituição civil perfeita" que poderá ser encontrado o fio condutor da passagem das ações humanas desprovidas de projeto às ações concretas voltadas a um fim, a passagem entre uma "teleologia natural à cidadania mundial, isto é, do cosmos à *polis*".[51]

De fato, os juízes em diálogo não somente têm atrás de si essa ideia reguladora de uma situação cosmopolita universal, quanto também assumem a condição de expectador/ator do juízo teleológico que tem "um problema a resolver". Nada mais nada menos. É o juízo prático que faz essa mediação entre o político e o ético e que, assim, vincula os juízes por meio de uma cadeia de princípios.

## 5. Diálogos e "comunidade de princípios": uma integridade global

O diálogo entre os juízes pode ser um vetor de difusão de princípios quanto, antes, é orientado por um quadro principiológico. Quando a substância dos diálogos são os direitos do homem, há que se ver que eles sempre reconstroem, a partir do material disponível – interno ou "extracedente" –, um conjunto de precedentes que lhes permitem justificar a decisão.

Com isso demonstram que o Direito – nacional ou não – assenta sob uma base coerente de princípios que fazem parte do "romance em cadeia", escrito por múltiplas mãos, universalmente compartilhado e polifônico, como disse Dworkin.[52]

Quando o intérprete argumenta com princípios o que faz é ultrapassar a pura objetividade, já que caminha em direção "a um todo contextual coerentemente (re)construído",[53] essência da tarefa de interpretar.

É que, segundo Dworkin, os princípios se situam num âmbito de crenças e decisões que tomadas no passado possibilitam a abertura para o futuro. Isso não significa tornar-se refém da cultura e da tradição mas ao contrário, considerá-las para mantê-las ou reinterpretá-las. Essas lições

---

[50] FLAHAUT, François. *Oú est passé le bien commun?* Paris: Mille et une nuits, 2011, p. 18.
[51] RICOUER, Paul. Le juste. Paris: Esprit, 1995, 153-161.
[52] DWORKIN, Ronald. *O Império do Direito.* São Paulo: Martins Fontes, 2007. p. 275-278.
[53] Idem, p. 201.

de Dworkin permitem mesmo perceber que ele estava menos preocupado com a formalidade dos argumentos que compõem uma decisão e mais com a sua substância, com seu horizonte político-ético. Paul Ricouer[54] faz alusão a Dworkin, destacando que, segundo esse último, os princípios podem ser compreendidos na experiência do sentido da *appropriateness*, ou seja, os princípios têm força normativa própria e tampouco é possível fazer um percurso completo daqueles que estão em vigor.

Na obra "Comment vivre ensemble", Roland Barthes[55] deixa algumas pistas. O sonho de uma vida solitária e ao mesmo tempo coletiva que Barthes descreve metaforicamente por meio da palavra *idiorrythmie* – idiorritmia[56] – serve bem para ilustrar o desafio lançado aos sistemas de justiça da contemporaneidade: ora voltar-se para sua tradição e cultura – então para a individualidade de seu sistema –, ora abrir-se ao universo mais amplo da comunidade global de sistemas de justiça – então reconhecer o pertencimento ao grupo.

A tese filosófica da "unidade do valor" apresentada por Dworkin em sua última obra auxilia a aprofundar essa reflexão sobre o ideal humanista que está à base do diálogo interjurisdicional e a explica o papel dos princípios na construção da gramática comum dos direitos do homem, cujo coração é a dignidade humana e a luta contra o desumano.[57]

Sua preocupação é demonstrar que o Direito não deve ser compreendido ou pensado como uma questão de fatos brutos, desvinculados da moralidade substantiva. Por isso, coloca a integridade em um nível elevado de generalidade.

É a autoridade do argumento moral[58] que sustenta o devido valor que, em qualquer lugar, deve ser dado à dignidade humana.[59] Esse "holismo dworkiniano"[60] conduz o leitor a identificar em sua teoria a defesa de que existem verdades e responsabilidades éticas e objetivas, de modo que

---

[54] RICOUER, Paul. Le juste, op. cit., p. 170-171.

[55] BARTHES, Roland. "Comment vivre ensemble" ("How to live together"). Lectures at the Collège de France, 1977. Disponível em: http://www.ubu.com/sound/barthes.html. Acesso em: 02 de abril de 2015.

[56] ALAIN, Olivier. *Desdobrando manchas. (Trans)versões do sujeito em Roland Barthes*. Dissertação de mestrado; UFSC, 2003, p. 83. Disponível em http://repositorio.ufsc.br/bitstream/handle/123456789/85987/192948.pdf?sequence=1. Acesso em 24 de janeiro de 2013.

[57] DELMAS-MARTY, Mireille. *Les forces imaginantes du droit (IV). Vers une communauté de valeurs?*, op. cit., p. 237 280.

[58] Sobre isso veja-se rico texto de BORGES MOTTA, Francisco José. Ronald Dworkin e o sentido da vida. In: CONJUR. Disponível em http://www.conjur.com.br/2013-fev-16/diario-classe-ronald-dworkin-sentido-vida. Acesso em 28 de fevereiro de 2013.

[59] DWORKIN, Ronald. *Justice for hedgehogs*. Cambridge, Massachusetts, London: Belknap/Harward, 2011, p. 191-218.

[60] MACHADO, Igor Suzano. As raposas e o porco-espinho. *Boletin CEDES*, out-dez/2011, p. 4. Disponível em http://www.soc.puc-rio.br/cedes/PDF/out_2011/raposas.pdf.

as interpretações de situações concretas alcançassem uma "integridade global"[61] como expressão de uma rede de princípios.

Então, cabe ao juiz o exercício de uma sorte de "fidelidade imaginativa"[62] por meio da qual ele aplica os princípios e, ao mesmo tempo, mantém sua posição crítica em relação ao próprio sistema, outra expressão da virtude da dignidade.[63]

O caráter de transcendência inextrincável dos princípios, como o do processo equitativo, por exemplo, é que possibilita o encontro com o mundo prático e com a experimento do caso concreto, ambos refratários à ideia de que existem princípios de justiça "análogos a princípios matemáticos" por meio dos quais sempre a resposta justa seria encontrada.

Perelman,[64] cujo pensamento jamais abandonou a percepção de que a realidade devem apreendida valorativamente, dizia que uma avaliação de sua razoabilidade deveria ser realizada pelos interlocutores que integram o auditório universal, que é a comunidade de intérpretes.

A crença corrente de que se possa chegar a uma definição de princípio ou garantia ou que seja possível traçar os limites de sua aplicação no plano da abstração da matemática, não resiste ao momento da *applicatio* em que se vislumbra a sua "reação".[65] Será esse o trabalho incansável do intérprete.

Desta maneira, quando uma Corte regional, como a CIDH, dialoga com a CEDH e decide, usando um argumento de princípio, o que faz é tomar de empréstimo a autoridade persuasiva da decisão de sua homóloga.

O argumento de princípio servirá de guia para futuros julgamentos em casos similares porque a noção de direito como integridade é o que possibilita que a história jurídica de uma comunidade seja continuamente construída e reconstruída.

Esse entendimento expressa, induvidosamente, a posição central que o homem, como sujeito de direito, passou a (re)ocupar no plano interno e no plano internacional. Cada vez mais a revitalização dos fundamentos do direito internacional e o soterramento das emanações de Westphália são exigências inexoráveis do direito internacional dos direitos do homem.

Assim a integridade não é pensada em termos de rigor, nem como conformidade à lei, mas como coerência que é uma das expressões da

---

[61] DWORKIN, Ronald. *Justice for hedgehogs*. Cambridge/Massachusetts/London: Belknap, 2011, p. 100-101.

[62] GARAPON, A. ALLARD, Julie. GROS, Fréderic. *Les virtus du juge*, op. cit., p. 118.

[63] Idem, p. 34-42.

[64] PERELMAN, Chaim. *Ética e Direito*. São Paulo: Martins Fontes, 2002, p. 253.

[65] ZAGLEBELSKY, Gustavo. *El derecho dúctil. Ley, derechos, justicia*. Madri: Trotta, 2009, p. 111.

virtude da interpretação como integridade.[66] A quadratura do círculo está em finalmente reconhecer que os mitos políticos tendem a perder seu lugar, embora a história demonstre a necessidade humana de criar e de acreditar em "um grande homem" indispensável a cada época.

Esse é o caso do mito do isolamento estatal em si mesmo, um mito que desabou na própria transformação de seus valores e de sua "linguagem".[67]

Uma das respostas a essa exigência de mudanças é justamente a que coloca os princípios no lugar de estrelas guias dessa evolução do direito internacional, porque expressões de uma lenta construção interpretativa da (comun)idade internacional.[68]

### 6. As transformações da legitimidade

Se nesse ponto de análise o reconhecimento dos diálogos são inegáveis, o que vem ao espírito é se a referência às decisões dos homólogos de outras Cortes, sobretudo não nacionais, enfraquece ou reforça a legitimidade dos juízes.

Está a legitimidade vinculada ao reconhecimento da qualidade e do conteúdo decisório, tendo então um sentido jurídico? Ou também terá um sentido político e decorrerá do reconhecimento da comunidade interna de onde tem origem os juízes, da comunidade internacional e da comunidade de juristas? As duas vertentes podem ser respondidas positivamente.

Alguns podem temer por um déficit democrático.[69] Mas, independentemente da origem dos juízes, estando os diálogos inspirados e – fundados – na ética da cooperação e das decisões fundamentadas adequadamente do ponto de vista constitucional e convencional, poderá mesmo haver uma quebra do pacto democrático?

De fato, se as decisões dos juízes não estão mais apenas vinculadas aos textos legislativos feitos pelo legislador nacional, à primeira vista parece haver uma ruptura com o pacto fundador. Afinal, na perspectiva clássica da vontade geral, o uso da decisão estrangeira não terá sido escolha dessa vontade.

---

[66] GARAPON, A. ALLARD, Julie. GROS, Fréderic. *Les virtus du juge,* op. cit. p. 117.

[67] CASSIRER, Ernest. *El mito del Estado.* Mexico: Fondo de Cultura Economica, 1997, p. 334.

[68] Essa foi a referência de Cançado Trindade. Quando ainda juiz da CIDH. Por ocasião de voto concorrente proferido na Opinião Consultiva nº 18 afirmou que "... El reconocimiento de ciertos *valores* fundamentales, sobre la base de un sentido de justicia objetiva, en mucho ha contribuído a la formación de la *opinio juris communis* en las últimas décadas del siglo XX, que cabe seguir desarrollando en nuestros días para hacer frente a las nuevas necesidades de protección del ser humano". Disponível em: http://www.corteidh.or.cr/index.php/es/opiniones-consultivas

[69] ALLARD, Julie. GARAPON, A. *Les juges dans la mondialisation. La nouvelle révolution du droit,* op. cit., p. 72

Entretanto, quando o juiz toma uma decisão estrangeira, mesmo não tendo feito parte ou não tendo conhecimento profundo das circunstâncias em que ela foi proferida, o que faz é considerar a sua autoridade persuasiva atrás da qual, em geral, haverá um texto normativo ou um pacto regional ou internacional a que o seu sistema jurídico também está vinculado, como ocorre com os direitos do homem.

Afinal, como destaca Ingo Sarlet, os direitos fundamentais previstos nas constituições e nos tratados internacionais, já de partida, receberam no momento do pacto fundante proteção e força normativa reforçada, decisão esta que não pode ser desconsiderada pelos que – na condição de poderes constituídos – devem, por estar diretamente vinculados, assegurar a esses direitos fundamentais a sua máxima eficácia e efetividade.[70]

Não haverá ruptura democrática e tampouco fragilização da legitimidade do juiz. Ao contrário, se firmar os pactos globais, se reconhecer a existência de um *jus commune* em matéria de direitos humanos, é exercer soberania, a vontade geral continua preservada.

Sem ser *naïff*, apesar dos conhecidos desafios – e desvantagens – que o tema apresenta, como o do "cherry picking"[71] do qual pode decorrer uma espécie de *shopping*, por exemplo, os diálogos trazem um alargamento da legitimidade judiciária, na medida em que os juízes contribuem favoravelmente para a internacionalização dos direitos e, com isso, para a emergência de uma "jurisprudência global em matéria de direitos do homem".[72]

Talvez mais do que enveredar a uma unificação, os diálogos contribuirão passo a passo à harmonização dos direitos humanos no plano global. Um trabalho hermenêutico de difícil concretização, não impossível e que decorre da cooperação.

As transformações da legitimidade também interferem no problema da tradicional inseparabilidade entre *imperium* e *jurisdictio*. É a autoridade persuasiva da decisão estrangeira que conta mais e menos a força executória da regra utilizada.[73] Mobilizando uma jurisprudência de outra Corte não nacional, a tradicional legitimidade do juiz vai ao encontro do reconhecimento de um auditório mais vasto. Veja-se o caso da CIDH, cujo particularismo em matéria de diálogos estimulou, de um lado, a constitu-

---

[70] SARLET, Ingo W. *Os Direitos Sociais como Direitos Fundamentais*: contributo para um balanço aos vinte anos da Constituição Federal de 1988. Disponível em: http://www.stf.jus.br/arquivo/cms/processoAudienciaPublicaSaude/anexo/artigo_Ingo_DF_sociais_PETROPOLIS_final_01_09_08.pdf. Acesso em 04 abr. 2015.

[71] O termo significa a possibilidade de escolher as melhores cerejas do bolo. Veja-se em: ALLARD, Julie. *Le dialogue des juges dans la mondialisation*, op. cit., 77.

[72] HENNEBEL, Ludovic. *Les références croissés entre les juridictions interna'tionales des droits de l'homme*. Disponível em: http://papers.ssrn.com/sol3/papers.cfm?abstract_id=1819764.'

[73] ALLARD, Julie; GARAPON, A. *Les juges dans la...*, op. cit., p. 58-60.

cionalização de inúmeros direitos do homem e a humanização do direito latino-americano.[74]

No caso dos diálogos, trata-se de reconhecer uma tradição mais alargada. Com isso, a legitimidade transforma-se porque na mundialização as qualidades jurídicas devem ser reconhecidas por aquele auditório mais amplo que compartilha um conjunto de princípios.

### 7. Novas formas de atratividade: o problema do acesso à justiça

Os diálogos estimulam a possibilidade mais alargada de participação política. No plano nacional porque as pessoas passam a demandar mais em justiça usando das vias processuais individuais e coletivas para a defesa dos direitos fundamentais violados. E no plano não nacional seja pela via das ações individuais, como ocorre no sistema protetivo de direitos do homem europeu ou mediante representação, como no sistema interamericano, quando a justiça nacional não oferece as respostas compatíveis com a responsabilidade internacional assumida pelo Estado.

Há assim um visível aumento das demandas perante os sistemas regionais. Em 2014, o número de casos submetidos à CIDH cresceu 50% em relação aos dois anos anteriores.[75] Na CEDH, em 2014, embora tenha havido uma redução do número de processos em relação a 2013, face às exigências do art. 47 do regulamento da Corte, 56.250 demandas foram recebidas.[76]

Trata-se de contornar os déficits democráticos em matéria de acesso à justiça, essa sorte de contra-poder que pode ser exercida pelos indivíduos e grupos e que representa um desafio tanto jurídico quanto político.

Nesse último caso percebe-se um deslocamento da judicialização da política que já acontece no plano interno, como é o caso das jovens democracias da América Latina. Veja-se que lentamente a questão das violações dos direitos sociais chega à CIDH. As demandas que chegam à CIDH indicam que a confiança na jurisprudência dessa Corte e na sua capacidade de responsabilizar os Estados por violação dos pactos de direitos do homem.

Os limites de acesso aos indivíduos do sistema americano são, de certo modo, compensados pela abertura da CIDH à maior participação

---

[74] HENNEBEL, Ludovic. La Cour interamericaine desd roits de l'homme': entre particularisme e universalisme. *In:* HENNEBEL, Ludovic. TRIGROUDJA, Hélène. *Le particularisme interaméricain.* Paris: Pedone, 2009, p. 91-104.

[75] Corte Interamericana de Direitos Humanos. Relatório de 2014, p. 22. Disponível em: http://www.corteidh.or.cr/tablas/ia2014/portugues.pdf.

[76] Cour Européenne de droits de l'Homme. Analyse statistique 2014, p. 4. Disponível em: http://www.echr.coe.int/Documents/Stats_analysis_2014_FRA.pdf.

das vítimas e aos terceiros, como o *amicus curiae* e *experts* que participam das audiências públicas, como ocorreu nos casos Bámaca Velásquez c. Guatemala e Comunidad Moiwana c. Suriname.

Os diálogos, assim, reforçam o pacto fundador porque não apenas estimulam a busca pela jurisdição interna, encarregada de garantir o respeito aos direitos fundamentais, quanto reforçam a legitimidade e o crédito depositado na atuação das Cortes não nacionais cuja jurisdição os Estados reconhecem e que, em contrapartida, tem-lhes assegurado *la marge national d'appréciation*.

Se o risco de déficit democrático apresentado pelo exercício dos diálogos é uma realidade, seguramente, ele é menor do que a possibilidade que representam de permitir a compatibilidade entre a particularidade das culturas e os valores universalizáveis, algo que a França tem sabido estimular por meio da participação de seus juízes na rede de juízes, pela existência dos "juízes de ligação", pela formação contínua oferecida pela ENM – École National de Magistrature, pela sofisticação das comunicações virtuais, pelas comunicações intranet, pelo sofisticado site legifrance, etc. É um bom exemplo a ser seguido se o primeiro passo for praticar uma profunda reforma na formação dos juízes.

## Considerações finais

A abertura às trocas interjurisdicionais em nome de direitos universalizáveis e da garantia de acesso à justiça é representação da hospitalidade ao que é estrangeiro. Aqui, emerge a necessidade de que sejam, inclusive, reconstruídas[77] muitas das categorias de direito processual justamente para que os guardiães das Constituições e das Convenções tenham condições de possibilidade para responder às demandas e vicissitudes que a complexidade do Século XXI apresenta.

A internacionalização e a constitucionalização dos direitos do homem, sem dúvida, podem ser consideradas como os dois grandes estímulos dessas profundas modificações e os fermentos para a expansão dos diálogos entre os juízes. Ao fim, trata-se de debater sobre algo que o espaço deste texto não permitiu, ou seja, sobre os "bens comuns" que devem ser a base das sociedades democráticas cosmopolitas.

Uma instituição e as práticas de seus atores serão cosmopolitas sempre que colocarem em causa, sem as abolir, as fronteiras entre os "de dentro" e os "de fora";[78] fazendo mundo e não se rendendo a ele como algo pré-dado inexoravelmente.

---

[77] ASTUDILLO, César. *Doce tesis em torno al Derecho Procesal Constitucional*, p. 55. Disponível em: http://biblio.juridicas.unam.mx/libros/6/2555/82.pdf. Acesso em 30 de março de 2015.

[78] FOESSEL, Michaël. *Aprés la fin du monde*. Paris: Seuil, 2012, p. 280.

# — 16 —

## Judiciário multiportas: a mediação como ferramenta efetiva para tratamento de conflitos – uma análise a partir dos movimentos de ADR´s (*Alternative Dispute Resolution*) Norte-Americanas

### SIMONE TASSINARI CARDOSO[1]

Sumário: 1. ADR's e solução de litígios – premissas básicas; 1.1. *Court-annexed arbitration*; 1.2. *Court-annexed mediation* – conciliação endoprocessual; 1.3. *Summary jury trial*; 1.4. *Mini-trial*; 1.5. *Early Neutral Evaluation* – ENE; 1.6. *Settlement conference*; 1.7. *Appellate mediation*; 1.8. Outros modelos indicados por Oscar Chase; 2. Sistema multiportas, definição e Judiciário brasileiro: resultados projeto piloto; 3. Conclusões: Judiciário multiportas, uma noção em construção.

### 1. ADR's e solução de litígios – premissas básicas

A preocupação com as dificuldades da justiça tradicional tem despertado investigações em vários países.[2] O número de processos e o tempo necessário para julgamento são variáveis que nem sempre estão no mesmo sentido da efetividade e acesso à justiça.[3] Em um primeiro mo-

---

[1] Advogada. Mediadora de Conflitos. Instrutora em Formação pelo Conselho Nacional de Justiça. Professora da Universidade Federal do Rio Grande do Sul – UFRGS. Doutora e Mestre em Direito pela Pontifícia Universidade Católica do Rio Grande do Sul, pesquisadora do grupo vinculado ao CNPq "Núcleo de Estudos em Direito Civil Constitucional, do(a) Universidade Federal do Paraná", coordenado pelo prof. Luiz Edson Fachin. Diretora do IBDFAM/RS.

[2] Um exemplo significativo desta preocupação diz respeito ao Relatório Florença, do qual é síntese a obra publicada em português intitulada *Acesso à Justiça* de CAPPELLETTI, Mauro e GARTH, Bryant. Porto Alegre: Sergio Fabris, reimpressão 2002.

[3] Em se tratando de acesso à justiça, CAPPELLETTI, Mauro e GARTH, Bryant. Porto Alegre: Sergio Fabris, reimpressão 2002, na página 8, informam que o acesso à justiça, em que pese seja de difícil definição, refere-se ao fato de que o sistema jurídico deve ser acessível a todos e deve conduzir a resultados social e individualmente justos. E no caso brasileiro, ainda se verifica nos art. 5, LXXVIII e no art. 37 da Constituição Federal a preocuapção com a duração razoável do processo e com a eficiência no que tange à administração pública. Veja-se:Art. 5º, LXXVIII, da CF: a todos, no âmbito judicial e administrativo, são assegurados a razoável duração do processo e os meios que garantam a celeridade de sua tramitação. (Incluído pela Emenda Constitucional nº 45, de 2004). Art. 37 da CF:. A administração pública direta e indireta de qualquer dos Poderes da União, dos Estados, do Distrito Federal

mento, cumpre questionar se o meio judicial é sempre o mais efetivo para chegar a uma solução que possa atender aos interesses das partes e, em um segundo momento, a questão que se coloca é em que medida a mudança cultural é paradigma essencial para que estas metodologias possam ser efetivamente utilizadas nas práticas cotidianas brasileiras. Ou ainda, poderia o Estado criar espaços de diálogos qualificados dentro de suas estruturas, a fim de propiciar aos administrados outras opções que não apenas a judicialização tradicional?[4] Longe de situar-se como questão nova, no Brasil, esta situação vem sendo levantada desde a década de 90. Todavia, em âmbito internacional, a discussão é anterior.

A problemática do acesso à justiça foi enfrentada, inicialmente, nos Estados Unidos, na década de 70, especificamente no ano de 1976, quando um seminário discutia as causas da insatisfação popular com a administração da justiça tradicional.[5]

Naquele momento, havia a tentativa de tornar o procedimento de solução dos litígios mais flexível e informal. A partir disso, iniciou-se um movimento naquele país, a fim de se implantar várias modalidades de soluções de controvérsias sem, necessariamente, a intervenção judicial. Essas metodologias receberam o nome de ADRs[6] (Alternative Dispute Resolution). *"Con las sigla A.D.R. (Alternative Dispute Resolution) se designa*

---

e dos Municípios obedecerá aos princípios de legalidade, impessoalidade, moralidade, publicidade e eficiência e, também, ao seguinte: (Redação dada pela Emenda Constitucional nº 19, de 1998).

[4] SANDER, Frank. The Multi-Door Courthouse: Settling Disputes in the Year 2000. HeinOnline: 3 Barrister 18, 1976. p. 18.

[5] *"Se puede señalar que el nacimiento concreto del movimiento a favor de la difusión de los A.D.R., coincide con la conferencia desarrollada en el año 1976 en los EE.UU., para celebrar el 70º aniversario del discurso hecho por Roscoe Pound frente a la American Bar Association, sobre el tema 'The Causes of Popular Dissatisfaction with the Administration of Justice'. Al constatarse que más de medio siglo de reformas desarrolladas, ya sea en la estructura del ordenamiento judicial, como en la disciplina del proceso, no habían influído mínimamente sobre el bajísimo índice de aceptación manifestado por los ciudadanos em relación con la administración de justicia, las varias relaciones presentadas en la conferencia formularon una serie de propuestas tendientes a sustraer de las Cortes algunas categorías de controversias y entregar a otros órganos –ajenos al aparato jurisdiccional y de naturaleza privada–, operantes de acuerdo a reglas que configuren un procedimiento flexible e informal. El motivo central de la referida conferencia era la exigencia de diversificar el procedimiento en función de la materia del contencioso, de modo de reducir el trabajo excesivo de los tribunales y de permitir que sus escasos recursos pudieran ser destinados a la definición de pocos casos, para los cuales el proceso no constituye la solución más antieconómica entre aquellas abstractamente hipotizables".* "1976: The causes of popular dissatisfaction with the administration of Justice" (SALAMANCA, Andrés Bordalí. *Justicia privada* Disponível em:< http://www.scielo.cl/scielo.php?script=sci_arttext&pid=S0718-09502004000100008&nrm=iso&lng=en&tlng=en> Acesso em: 28 agos. 2009).

[6] O conjunto de medidas para soluções extrajudiciais foi nominado como metodologias alternativas, para referir-se a situações de solução distinta do Poder Judiciário. Ou seja, em alguma medida, na origem, havia uma referência de que a solução judiciária seria a mais formal e complexa, enquanto as demais, menos formais e, portanto, alternativas, de segunda ordem. Esta compreensão vem sendo criticada na doutrina nacional, pois se entende contemporaneamente, que há certos litígios em que o Poder Judiciário deve ser a *ultima ratio*. Deve ser chamado, portanto, somente nos casos em que as metodologias adequadas não forem suficientes. Fala-se em Poder Judiciário multiportas, com opções pelo tratamento convencional somente nos casos em que os métodos adequados não forem suficientes para o tratamento do conflito.

*a todas las vías privadas que intentan sustituir al proceso y, por ende, a la Jurisdicción, como instancia pública de resolución de los conflictos de relevancia jurídica".*[7]

Todavia, não foi apenas nos Estados Unidos que esta preocupação se tornou significativa. Em 1978, através do Decreto 38, de 20 de março, a França estruturou seu sistema de conciliação e através dele,[8] também a partir da preocupação com as dificuldades da justiça tradicional. Na hipótese francesa,

> os conciliadores têm jurisdição sobre todo o tipo de causas cíveis, exceto sobre as que envolvem os particulares e a administração Pública, arrendamentos rurais, conflitos individuais de trabalho e matéria de estado civil das pessoas. Matéria criminal de menor importância, envolvendo a reparação de danos, também pode ser trazida ao conciliador. (...) Durante o período experimental a maior parte dos problemas trazidos perante o conciliador diziam respeito a querelas de vizinhança, direitos do consumidor, inclusive débitos e questões oriundas das relações de locação.[9]

Pode-se perceber que o tema das ADRs tem ocupado cenário internacional desde a década de 70. Dentre os fatores que podem ser identificados nos Estados Unidos para que se desenvolvessem as chamadas alternativas para solução das controvérsias, pode-se exemplificar a inadequação do processo ordinário para fazer frente à demanda crescente de Justiça, inviabilidade do aumento constante do número de juízes e expansão da estrutura do Poder Judiciário, a existência de limitações orçamentárias, a ausência de sucumbência, os altos custos necessários para sustentar a fase da *Discovery*, e os Acordos feitos *on the court steps.*[10]

Além disso, ainda podem ser identificados outros fatores, tais quais a inacessibilidade da Poder Judiciário tradicional, tornando uma lide muito cara e lenta até sua final solução e o fato de que o meio contencioso não é próprio para certos tipos de lide, pois o processo formal deveria ser reservado aos casos mais complexos e importantes, preservando-se, quando necessário o sigilo das informações. Além disso, as lides de trato continuado, como por exemplo, as lides familiares, de vizinhança, entre parentes em geral, tem a tendência de se verem resolvidas no judiciário, enquanto o conflito que a estrutura permanece, levando as partes a novas demandas decorrentes do mesmo conflito.

---

[7] SALAMANCA, Andrés Bordalí. *Justicia privada* Disponível em:< http://www.scielo.cl/scielo.php?script=sci_arttext&pid=S0718-09502004000100008&nrm=iso&lng=en&tlng=en> Acesso em: 28 agos. 2007, às 14h. p.1.

[8] CAPPELLETTI, Mauro. *Acesso à Justiça*. Porto Alegre: Martins Fontes, 2002. p. 85.

[9] Ibidem.

[10] FACCHINI NETO, Eugênio. ADR (*Alternative Dispute Resolution*) – Meios Alternativos de Resolução de Conflitos: Solução ou Problema? *Direitos Fundamentais e Justiça*. n. 17, out/dez 2011. Porto Alegre: HS Editores. 2011. p. 118 – 141.

No Brasil o marco do que se pode chamar de "cultura de paz" tem sido identificado pela doutrina como sendo o ano de 2000.[11] A partir dele, algumas medidas começam a ser tomadas em âmbito nacional para transformar a cultura beligerante. Enquanto no modelar dos Estados Unidos tem-se na data de hoje mais de trinta anos de aplicação, na experiência brasileira, se está há cerca de quinze anos nesta trajetória. O Novo Código de Processo Civil acaba por prever hipóteses de conciliação e mediação em várias oportunidades. No Brasil, pode-se falar em Metodologias Adequadas para Tratamento de Conflitos de forma mais sistemática a partir de 2010, quando o Conselho Nacional de Justiça editou a resolução com o objetivo de estruturar a Política Judiciária para o tratamento de conflitos e interesses.

Considerando que os Estados Unidos têm trabalhado com as ADRs há mais de trinta anos, têm apresentado algumas alternativas interessantes dentro do âmbito particular e também no sistema estatal, e o estudo de sua realidade pode contribuir de alguma forma para novas opções no sistema brasileiro, ou mesmo fortalecer as opções já existentes. Analisando-se o sistema norte-americano, tem-se uma série de medidas experimentais de soluções extrajudiciais, mas outras ocorrem no âmbito do processo e outras, ainda, em situações pré-processuais, mas no ambiente forense.

Embora se pudesse discorrer sobre o conjunto das medidas, as mais interessantes para este trabalho são aquelas que acontecem dentro dos processos já judicializados, ou pré-processuais, mas no ambiente forense. No modelo americano estas medidas são chamadas de *Multi-door courthouse (MDCH), multidoor Center (MDC), Courthouse of many doors, Multidoor Program,* fazendo referência à tradução do que no Brasil se chama Judiciário Multiportas, ou Sistema de Múltiplas Portas, tentando designar a possibilidade de que o usuário do sistema de justiça escolha a modalidade mais adequada para o enfrentamento do seu conflito individual ou coletivo. Neste caso, poderia optar pelo processo tradicional, ou, ainda, pelo acesso pela modalidade conciliatória e pela metodologia da mediação de conflitos.

Para abordar o Sistema Multiportas, importante se faz conhecer algumas das metodologias americanas para as ADRs. Em 1985 foram desenvolvidos 8 (oito) programas piloto para aplicação das ADRs. Em 1988 entrou em vigor o *Judicial Improvements and Access to Justice Act.*[12]

---

[11] A UNESCO lançou em 2000 o programa para conscientização acerca da não violência e da cultura de paz. Tratou-se do "ano internacional da cultura de paz". (http://www.unesco.org/new/pt/brasilia/social-and-human-sciences/youth/open-schools-programme/, acesso em 08.02.2015)

[12] Twenty district courts retain authority to refer cases to arbitration under a 1988. ADR Guide – http://www.fjc.gov/public/pdf.nsf/lookup/adrguide.pdf/$file/adrguide.pdf, p. 1.

Durante os anos 1980 e 1990, muitos tribunais federais implementaram a resolução alternativa de litígios (ADR) começaram a fornecer serviços e processos, como a mediação, a arbitragem e a avaliação neutra antecipada. Esta evolução ocorreu em todos os três tipos de tribunais distritais, de falência e de apelação, refletindo tanto uma tendência geral da sociedade para uma maior utilização dos ADR e específica autorização legal para utilizar ADR.[13]

Com o *Alternative Dispute Resolution Act of 1998*, o sistema de justiça alternativa é identificado como política pública para os Tribunais Federais para diminuir o número de processos,[14] através da disciplina do seguinte:

*Alternative Dispute Resolution Act of 1998:* Congresso conclui que:
(1) a resolução alternativa de litígios, sempre apoiada pela bancada e advogados, e utilizando devidamente terceiros neutros em um programa adequadamente administrado pelo tribunal, tem o potencial para fornecer vários benefícios, incluindo uma maior satisfação das partes, métodos inovadores de resolução de litígios, e uma maior eficiência na consecução dos acordos;
(2) certas formas de resolução alternativa de litígios, incluindo a mediação, a *early neutral evaluation, minitrials*, e a arbitragem voluntária, podem ter potencial para reduzir o elevado acúmulo de processos atualmente em curso em alguns tribunais federais em todo os Estados Unidos, permitindo assim, que os tribunais tratem o restante dos casos de forma mais eficiente, e
(3), o crescimento contínuo dos Federal *appellate court-annexed mediation programs* sugere que esta forma de resolução alternativa de litígios podem ser igualmente eficazes na resolução de litígios Federais no julgamento tribunais; portanto, os tribunais distritais devem incluir programas mediação nos seus locais de resolução alternativa de litígios.[15]

A partir deste marco regulatório – Act –, pode-se elencar uma série de metodologias destinadas à solução de litígios. Nas cortes federais puderam ser destacadas modalidades obrigatórias e facultativas, cujos

---

[13] No original: *"During the 1980s and 1990s, many federal courts implemented alternative dispute resolution (ADR) procedures and began providing services such as mediation, arbitration, and early neutral evaluation. These developments occurred in all three types of courts—district bankruptcy,2 and appellate3—and reflected both a general societal trend toward greater use of ADR and specific statutory authorization to use ADR."* (ADR Guide – http://www.fjc.gov/public/pdf.nsf/lookup/adrguide.pdf/$file/adrguide.pdf, p. 1).

[14] *"Based in part on the courts' experiences with ADR, in 1998 Congress passed and the President signed the alternative Dispute Resolution Act of 1998 (ADR Act)"*. Alternative Dispute Resolution Act of 1998, Pub. L. No. 105-315, 112 Stat. 2993 (codified at 28 U.S.C. §§ 651–658 (Supp. 1998). ADR Guide – http://www.fjc.gov/public/pdf.nsf/lookup/adrguide.pdf/$file/adrguide.pdf, p. 1.

[15] (http://www.epa.gov/adr/adra_1998.pdf) No original: *Congress finds that--(1) alternative dispute resolution, when supported by the bench and bar, and utilizing properly trained neutrals in a program adequately administered by the court, has the potential to provide a variety of benefits, including greater satisfaction of the parties, innovative methods of resolving disputes, and greater efficiency in achieving settlements; (2) certain forms of alternative dispute resolution, including mediation, early neutral evaluation, minitrials, and voluntary arbitration, may have potential to reduce the large backlog of cases now pending in some Federal courts throughout the United States, thereby allowing the courts to process their remaining cases more efficiently; and(3) the continued growth of Federal appellate court-annexed mediation programs suggests that this form of alternative dispute resolution can be equally effective in resolving disputes in the Federal trial courts; therefore, the district courts should consider including mediation in their local alternative dispute resolution programs.*

resultados não são vinculantes, mas correspondem às condições de procedibilidade das ações civis em geral.

Ao lado destas, podem-se encontrar modelos conciliatórios (*consensual-oriented model*) que importam na elaboração da decisão pelas próprias partes, sem que um terceiro neutro lhes indique a solução. De outro lado, existem também modelos decisionais (*decision-oriented model*), que se estabelecem quando o terceiro neutro imputa às partes uma decisão. Importa ressaltar que a própria adesão das partes a esta metodologia importa em aceitação da decisão do árbitro.

Além destas variáveis, ainda podem ser identificadas modalidades internas ao processo (Modelos Endoprocessuais) ou externas a ele (Modelos Extraprocessuais). Dentre os modelos de ADRs existentes podem-se identificar os seguintes:[16]

1. Court-annexed arbitration;
2. Court-annexed mediation;
3. Summary jury trial;
4. Minitrial;
5. Early neutral evaluation;
6. Settlement conference;
7. Final-offer arbitration;
8. One-way arbitration;
9. Appellate mediation;
10. Compulsory arbitration;
11. "rent-a-judje experiment".

### 1.1. Court-annexed arbitration

O primeiro modelo de resoluções alternativas de litígios é o *court-annexed arbitration*. Este sistema de solução alternativa de litígios constituiu-se em uma arbitragem vinculada ao Juízo, que ocorre na fase inicial do processo, submetendo-se a demanda a terceiros neutros que deverão apreciar a controvérsia. Segundo o guia das ADRs das Cortes Federais, *arbitration* é definida como

> uma audiência com a participação de advogados e seus clientes, em que um ou três árbitros ouvem os argumentos de cada lado do caso, e em seguida, emite-se uma decisão

---

[16] São muitas as modalidades de ADRs nos EUA, portanto, a fim de ampliar a pesquisa, traz-se a classificação trazida por FIADJOE, Albert K, que identifica os seguintes modelos: *"dispute prevention, negotiation, negotiation, a mix of mediation/arbitration, or arbitration/ mediation, the institution of the ombudsman, private mini-trial, judicial mini-trial, pre-trial conference, early neutral evaluation, arbitration, administrative hearing, case management and rent a judge".* (*Alternative dispute resolution: developing a world perpective.* New York: British Library, 2004. p. 19-20).

baseada em fatos e legislação aplicável. As partes podem aceitar a decisão, caso em que se torna um julgamento da corte, ou podem requerer um *"trial de novo"*. A arbitragem geralmente ocorre após a fase da *discovery*, pelo menos, que seu núcleo tenha sido concluído. Embora as testemunhas não sejam freqüentemente chamadas e as regras acerca da prova podem ser flexibilizadas, a arbitragem é uma audiência justa em um processo formal.[17]

No caso específico do *Court-annexed arbitration,* as partes submetem-se a um árbitro ou colégio arbitral (advogados e juízes aposentados) a fim de que sua demanda seja decidida por um terceiro. Esta solução encontrada pelo terceiro neutro – árbitro – não é vinculante às partes, que podem pedir nova análise da questão.

Esta segunda submissão da questão para nova análise chama-se *trial de novo* e pode ocorrer no prazo de 30 dias após a decisão. Uma das grandes críticas que se faz a este tema é o fato de poder submeter a um novo julgamento, sem qualquer penalidade em caso se obtenha o mesmo resultado, tornando o processo de ADR, por vezes, tão demorado quanto o processo tradicional.[18]

Uma variante deste sistema considerada por Garth e Capelletti (1988, p 89) aperfeiçoada é a chamada *Michigan Mediation,* que se constitui em sistema similar, no que diz respeito ao tratamento do litígio, mas incorpora a penalidade condenatória para aquele que se recusa ao cumprimento do terceiro decisor. Aquele que se recusa a cumprir o decidido pelos árbitros e não obtém vantagem superior a 10% necessita realizar o pagamento das custas processuais e honorários do advogado do réu.[19]

A norma de 1998 proibiu arbitragem endoprocessual obrigatória, tendo admitido somente a modalidade voluntária.

### 1.2. Court-annexed mediation – conciliação endoprocessual

Um segundo modelo de ADR a ser apresentado é o *Court-annexed mediation.* Trata-se de modelo de mediação endoprocessual, quando, após

---

[17] No original tem-se: *"Arbitration. In a hearing attended by attorneys and their clients, one or three arbitrators hear adversarial presentations by each side in the case, then issue a decision based on the facts and applicable law. The parties may accept the decision, in which case it becomes the judgment of the court, or they may request a trial de novo. Arbitration generally occurs after at least core discovery has been completed. Although witnesses frequently are not called and the Rules of Evidence may be relaxed, the arbitration hearing is a fairly formal process".* ADR Guide – http://www.fjc.gov/public/pdf.nsf/lookup/adrguide.pdf/$file/adrguide.pdf, p. 8-9.
[18] CAPPELLETTI, Mauro, *Acesso à Justiça.* Porto Alegre: Martins Fontes, 2002. p. 88.
[19] "A mediação se verifica a pedido de uma ou de ambas as partes ou por decisão do tribunal. Três peritos realizam uma audiência e chegam a um a conclusão sobre o montante exato dos danos. Se o autor não concordar com esse montante, ele deverá obter pelo menos 110% dessa quantia, através do julgamento, ou então terá que suportar as custas do julgamento, incluindo os honorários do advogado do réu. Ao contrário do plano inglês, no entanto, o réu também pode sofrer uma penalidade semelhante, se não aceitar as condições do acordo e o resultado for superior a 90% do valor fixado pelos peritos. (CAPPELLETTI, Mauro, *Acesso à Justiça.* Porto Alegre: Martins Fontes, 2002. p. 89).

o *opening statement,* ouve-se as partes em conjunto ou mesmo separadamente. Após isso, as partes chegam ou não a um consenso. Se o resultado for obtido, redige-se o acordo, ou a sessão é suspensa para que os procuradores a redijam. Esta modalidade de ADR pode ser requerida pelas partes, ou mesmo, através da iniciativa do próprio juiz da ação.

Esta ADR pode ser desempenhada por um juiz magistrado – de carreira. O processo de mediação é definido pelo Guia das ADRs das Cortes Federais como sendo um processo em que

> um terceiro neutro facilita discussões entre as partes para ajudá-los a encontrar uma solução mutuamente aceitável para a resolução do caso. O objetivo do mediador, que poderá reunir-se com as partes em conjunto e separadamente, é ajudá-los a identificar os seus interesses subjacentes, a melhoria das comunicações, e gerar liquidação opções. Na mediação sessões são informais, confidenciais, geralmente com a participação de ambos os advogados e clientes, e podem ocorrer em qualquer ponto do litígio.[20]

Trata-se da mediação realizada no âmbito de um processo litigioso. Anexada à corte a mediação pode ser realizada tanto por um juiz togado, quanto por terceiro sem jurisdição.

### 1.3. Summary jury trial[21]

Paolo e Guidi definem esta metodologia como um julgamento sumário por júri, em princípio não vinculativo, de caráter consultivo.[22] Tem-se, portanto, a presença do Júri, a fim de que realize um *Advisory judgement* (júri de advertência), para facultar às partes um *Judicial reality check,* aqui considerado, teste de realidade no Judiciário. Segundo o guia de ADRs do Sistema Federal de Justiça, são duas as modalidades de *Summary jury trial:* o *summary jury trial,* especificamente, e o *summary bench trial.*

> O *summary jury trial* e *summary bench trial* se distinguem uma da outra pela presença ou ausência de um júri. Neste ensaio (consulta simulada), como processo presidido por um

---

[20] "Mediation. In court-based mediation, a neutral third party facilitates discussions among the parties to assist them in finding a mutually acceptable resolution of the case. The goal of the mediator, who may meet with the parties jointly and separately, is to help them identify their underlying interests, improve communications, and generate settlement options. Mediation sessions are informal, confidential, generally attended by both attorneys and clients, and may occur at any point in the litigation". (ADR Guide – http://www.fjc.gov/public/pdf.nsf/lookup/adrguide.pdf/$file/adrguide.pdf, p. 8).

[21] "See Lambros, T. The summary jury trial. *"An alternative method of resolving disputes"* 1986 69 Judicature 286. The origins of this procedure are credited to Judge Thomas Lambros of the District Court for the Northern District of Ohio who established that a trial of six to eight weeks could be compressed into one or two days using to summary jury trial procedure". Tradução livre : "Vide Lambros, T. O summary jury trial. "Um método alternativo de resolução de litígios" 1986 69 Judicatura 286. As origens desse processo são creditadas ao juiz Thomas Lambros do Tribunal Distrital do Norte para o distrito de Ohio, que estabeleceu que um julgamento de seis a oito semanas poderia ser compactado em um ou dois dias usando o procedimento do summary jury trial". (FIADJOE, Albert K, Alternative dispute resolution. New York: British Library, 2004. p. 28).

[22] DE PALO, Giuseppe e GUIDI, Guido. *Risoluzione alternativa delle controversie (ADR) nelle corti federali degli Stati Uniti.* Milano: Giuffrè, 1999, p. 86.

juiz, cada parte apresenta uma versão abreviada do seu caso, geralmente baseando-se em exposições orais, em vez de interrogar testemunhas. Depois de receber uma consulta de veredicto de um júri ou o juiz, as partes podem utilizar o veredicto como uma base para a liquidação ou debates que podem proceder o julgamento. Esta forma de ADR é geralmente utilizado depois que *discovery*[23] está completa.[24]

A grande vantagem desta modalidade de ADR é a possibilidade de checagem acerca das provas que cada parte conseguiu produzir com a finalidade de medir os riscos da demanda, para prosseguimento ou encerramento em acordo. Certamente, qualquer conselho dos advogados das partes minimiza-se frente a uma simulação de realidade no ambiente do foro.

### 1.4. Minitrial

O guia de ADRs define o *Minitrial* como

um julgamento simulado em que cada lado apresenta um breve versão do seu caso às partes representativas e com poder decisório no caso. Um juiz, ou terceiro pode presidir e auxiliar na resolução das negociações, caso seja solicitado a fazê-lo após as apresentações. O objetivo é apresentar o caso antes das decisões de cada parte, a fim de que altos executivos de grandes corporações envolvidas, que possam ser esclarecidos, caso estejam relativamente desinformados sobre o caso.[25]

Trata-se, portanto, de um processo simulado em que o Júri é composto por altos dirigentes das partes envolvidas. Trata-se de um estímulo da *mea culpa*, e uma forma de dar ciência aos dirigentes acerca das questões envolvidas em cada caso concreto. A vantagem desta estratégia é viabilizar a quem tem poder diretivo dentro de determinadas entidades, a apreciação da situação de litígio provável, ou já existe, uma análise prévia, antecipada à lide processual. Ou seja, há possibilidade de reflexão sobre os termos das propostas e das contestações.

---

[23] *Discovery* é a fase processual da coleta de provas no modelo norte americano.

[24] Tradução livre de: *"The summary jury trial and summary bench trial are distinguished from each other by the presence or absence of a jury. In this trial-like proceeding, presided over by a judge, each party presents an abbreviated version of its case, usually relying on exhibits rather than live witnesses. After receiving an advisory verdict from a jury or the judge, the parties may use the verdict as a basis for settlement discussions or may proceed to trial. This form of ADR is generally used after discovery is complete"*. (ADR Guide – http://www.fjc.gov/public/pdf.nsf/lookup/adrguide.pdf/$file/adrguide.pdf, p. 9).

[25] Tradução livre de: *"Minitrial:. In a court-based minitrial, each side presents a brief version of its case to party representatives who have settlement authority. A judge or other third party may preside and may assist in settlement negotiations if asked to do so after the presentations are made. The goal is to put the case before each party's decision makers, such as the senior executives of corporate parties, who may be relatively uninformed about the case"*. (ADR Guide – http://www.fjc.gov/public/pdf.nsf/lookup/adrguide.pdf/$file/adr-guide.pdf, p. 9).

## 1.5. Early neutral evaluation – ENE

Já o sistema de *Early Neutral Evaluation*. É definido como

> Em uma sessão confidencial com a participação de advogados e seus clientes, uma terceira parte neutra ouve apresentações de cada lado, no caso, em seguida, dá as partes uma avaliação dos pontos fortes e fracos das suas posições. O avaliador, que é muitas vezes um advogado com experiência no assunto do caso, também pode ajudar as partes nas discussões acerca da liquidação ou o desenvolvimento de um plano de *discovery*. A avaliação precosse é geralmente utilizada no início do litígio e tem por objetivo a maior simplificação do processo mais do que no julgamento tradicional.[26]

Trata-se, de fato, de uma avaliação preliminar, existente na fase inicial do processo – *pre-trial*. Ou seja, após a contestação as partes apresentam suas versões a um *neutral evaluator* – advogado ou *magistrate judge*, a fim de receber um parecer. Se não houver acordo, nada será comunicado ao juiz do julgamento.

## 1.6. Settlement Conference

Em 1983 tornou-se obrigatória a partir da *Rule 16* das *Federal Rules of Civil Procedure*. Trata-se de uma audiência de conciliação normalmente não presididas por um *district judge*, mas por um *magistrate judge*.

Uma variação desta modalidade é chamada de *Settlement Week*. "Durante a semana de julgamento, a corte suspende todas as atividades de julgamento e utiliza o espaço para a mediação do tribunal dos casos. Mediadores Voluntários conduzem as mediações em sessões confidenciais".[27]

## 1.7. Appellate Mediation

A *appellate mediation* constitui-se em uma mediação e grau recursal. Tem sido adotada nas *Federal Courts of appeals*. Em cada Tribunal Federal há entre 1 e 3 espaços para a realização desta metodologia.

---

[26]Tradução livre de *"In a confidential session attended by attorneys and their clients, a neutral third party hears presentations by each side in the case, then gives the parties a nonbinding assessment of the strengths and weaknesses of their positions. The evaluator, who is often an attorney with expertise in the subject matter of the case, also may assist the parties in settlement discussions or development of a discovery plan. Early neutral evaluation is generally used early in the litigation and is aimed more at streamlining the case than at settlement"* (ADR Guide – http://www.fjc.gov/public/pdf.nsf/lookup/adrguide.pdf/$file/adrguide.pdf, p. 8).

[27] Tradução livre de *"During a settlement week, the court sets aside all trial activity and uses the courthouse space for mediation of trial-ready cases. Volunteer mediators conduct the confidential mediation sessions"*. (ADR Guide – http://www.fjc.gov/public/pdf.nsf/lookup/adrguide.pdf/$file/adrguide.pdf, p. 9).

Em um primeiro momento as questões passam por uma triagem e a intervenção ocorre antes da apelação propriamente dita. Tão logo recebida a *notice to appeal*, que se constituiria de um aviso de que se vão apresentar razões recursais.

### 1.8. Outros modelos indicados por Oscar Chase[28]

Oscar Chase indica outros modelos de ADRs. São eles o *Final-offer arbitration*, o *One-way aritration* e o *Rent a judge* .No *Final-offer arbitration*, o árbitro escolhe entre as hipóteses de composição do litígio propostas pelas partes. Já no *One-way aritration:* quando somente uma das partes fica vinculada ao laudo arbitral. Um exemplo tradicional nesta modalidade pode ser dado através das demandas consumeiristas, quando somente o fornecedor submete-se ao laudo.

A terceira modalidade indicada é o *Rent a judge*. Segundo Fiadjoe[29] ao comentar a modalidade *rent* a *judge*:

> No âmbito deste processo, as partes normalmente utilizam os serviços de um aposentado ou ex-juiz que conhece o caso e toma uma decisão. As partes selecionam e contratam uma empresa privada neutra para tentar solucionar o caso, tal como seria no tribunal de direito. As regras de produção probatória são seguidas rigorosamente, incluindo a aplicação de *strateggy* e precedentes. A decisão do *judge* é privada neutra e concentrada como uma sentença do tribunal. A taxa é normalmente paga ao juiz aposentado. Este procedimento foi submetido a críticas, visto que este tipo de processo está disponível apenas para os ricos. Os ricos é que se beneficiam das consideráveis poupanças resultantes da utilização deste procedimento, em comparação com o habitual processo contencioso. Outras vantagens deste processo são reivindicados para que as partes tenham a oportunidade de escolher seu próprio juiz, que pode ter conhecimentos específicos na área do litígio e que possam dedicar seu tempo integral para disputa. Uma ADR é, portanto, muito mais rápido do que um tribunal de julgamento. Além disso, as regras de prova aplicável e, portanto, o respeito aos direitos são melhor protegidos.[30]

---

[28] *Apud* FACCHINI NETO, Eugênio. ADR (*ALTERNATIVE DISPUTE RESOLUTION*) – Meios Alternativos de Resolução de Conflitos: Solução ou Problema? *Direitos Fundamentais e Justiça*. n.17, out/dez 2011. Porto Alegre: HS Editores. 2011. p. 118 – 141.

[29] FIADJOE, Albert K. *Alternative dispute resolution*. New York: British Library, 2004. p. 30.

[30] No original: "Under this process, the parties usually utilize services of a retired or former judge who hears the case and renders a decision. The parties select and hire a private neutral party to try the case, just as it would be in court of law. The rules of evidence are followed strictly, including the application of strateggy and precedents. The decision of the private neutral party is trated as a judgment of the court. A fee is normally payable to the retired judge. While this has led to the legitimate cristicism that this type of process is only available to the rich and wealthy, it is acknowledged tat considerable savings result from the use of this procedure, compared with the usual litigation process. Other advantages claimed for this process are that the parties have the opportunity to pick their own judge, who may have special expertise in the area of the dispute and who can devote their full time to dispute. A resolution of the dispute is thus far quicker than in a court trial. Additionally, rules of evidence apply and, therefore, the parties' rights are better protected". (FIADJOE, Albert K. Alternative dispute resolution: developing a world perspective. New York: British Library, 2004. p. 30)

Em que pese esteja falando de uma modalidade específica de ADR, o autor acaba por indicar algumas vantagens e desvantagens destas metodologias.

Segundo Fiadjoe,[31] trata-se de uma metodologia, mais rápida e com os mesmos direitos protegidos quando nas modalidades da justiça tradicional, todavia, aponta as críticas indicando que o custo deve ser suportado pelas partes, o que implica que os ricos tenham acesso efetivo a estas modalidades de resoluções de litígios.

## 2. Sistema multiportas, definição e Judiciário brasileiro: resultados projeto piloto

Em 2010, o Conselho Nacional de Justiça publicou a Resolução 125. O objetivo central desta Resolução é a disciplina da Política Judiciária Nacional de tratamento adequado dos conflitos de interesses no âmbito do Poder Judiciário. Parte do pressuposto de que os jurisdicionados podem optar pelo método tradicional de solução de litígios, ou ainda optar por outras metodologias.

Este sistema não é novo e pode ser atribuído às pretensões de Frank Sander – professor da Universidade de Harvard –, que, no discurso que realizou naquele seminário sobre as causas da insatisfação com o sistema de justiça, acaba por questionar se o sistema tradicional é mesmo o único possível para solução dos litígios sociais.

Segundo ele:

> Nós, advogados, temos tido um pensamento muito fechado quando o assunto é resolução de conflitos. Nós tendemos a crer que os tribunais são os naturais e óbvios – e únicos – solucionadores de conflitos. De fato, lá existe uma rica variedade de processos que podem resolver conflitos de forma bem mais efetiva. Muitas vezes a polícia tem procurado "resolver" disputas raciais, na escola e entre vizinhos e nós, povo, temos realizado mais e mais demandas nas cortes para resolver disputas que outrora eram lidadas por outras instituições da sociedade. Obviamente, as cortes não podem continuar a se responsabilizarem de forma efetiva por todas as demandas que necessitam ser equacionadas de modo rápido. É, portanto, essencial que se examinem outras alternativas.[32]

---

[31] FIADJOE, Albert K. *Alternative dispute resolution*. New York: British Library, 2004. p. 30.

[32] SANDER, Frank. *The Multi-Door Courthouse: Settling Disputes in the Year 2000*. HeinOnline: 3 Barrister 18, 1976. Tradução livre de: "We lawyers have been far too single-minded when it comes to dispute resolution. We have tended to assume that the courts are the natural and obvious-and only dispute resolvers. In fact there exists a rich variety of processes which may resolve conflicts far more effectively. Much as the police have been looked to to "solve" racial, school and neighborly disputes, so too have we been making greater and greater demands on the courts to resolve disputes that used to be handled by other institutions of society. Quite obviously, the courts cannot continue to respond effectively to these accelerating demands. It becomes essential therefore to examine other alternatives".

O professor Sander[33] propôs um sistema centralizado constituído de várias portas para resolução de controvérsias. Segundo ele, cada caso deveria ser diagnosticado e direcionado à porta competente para cada situação. A proposta do centro para tratamento de conflitos parte do pressuposto de que certos conflitos serão melhores tratados com métodos adequados de solução de controvérsias do que com as soluções tradicionais.

A grande vantagem que se pode perceber é a possibilidade de encontrar uma série de "portas" dentro de um único lugar, de forma que, ao ser constatada alguma necessidade específica, a demanda pode ser encaminhada ao local que melhor atenderia aos interesses em questão. É importante destacar que os modelos americanos iniciaram como programas experimentais, em pequena escala e após comprovar ser possível e efetivo, foi ampliado.[34] Este sistema apresenta os métodos mais apropriados para solução de disputas, com economia de tempo e de dinheiro para ambos os lados: o Judiciário e os participantes.[35]

No procedimento de atuação, a primeira etapa após a procura do centro seria uma espécie de triagem. Logo, é necessário que se avalie quais casos devem ser encaminhados para quais possibilidades de tratamento. Gérardine Meishan Goh[36] identifica alguns fatores que influenciam de modo crítico as opções para cada modalidade. E, embora trabalhe no plano internacional, suas considerações são aplicáveis às questões internas. Segundo a autora, deve-se atentar para:

a) Os interesses, perspectivas e posições relativas das partes;

b) A natureza e as consequências da violação de direitos alegada ou o aparecimento do conflito;

c) O enquadramento de eficácia, custo, credibilidade e desenvolvimento do mecanismo proposto;

d) A importância do desenvolvimento do caso para a legislação internacional e interna.

---

[33] SANDER, Frank. *The Multi-Door Courthouse: Settling Disputes in the Year 2000.*

[34] KESSLER, Gladys; FINKELSTEIN, Linda J. Multi-Door Courthouse, *Catholic University Law Review*, Vol. 37: 577-590, 1988. *"Each new Multi-Door program was started on an experimental basis with the assumption that if it worked, the court would attempt to continue and institutionalize the procedure. However, the program would end if it did not succeed. Each program was to start on a small scale, and only as it proved workable and effective would it be expanded".* (p. 579)

[35] SANDER, Frank; CRESPO, Mariana Hernandez: Evolution of the Multi-door Courthouse, *University of Dt. Thoms Law Journal*, Vol. 5:3 *"The multi-door courthouse is an innovative institution that routes incoming court cases to the most appropriate methods of dispute resolution, saving time and money for both the courts and the participants or litigants".* Disponível em <http://www.pon.harvard.edu/daily/conflict-resolution/a-discussion-with-frank-sander-about-themulti-door-courthouse/>. (Electronic copy available at: http://ssrn.com/abstract=1265221) (p. 666)

[36] GOH, Gérardine Meishan. Dispute Settlement in International Space Law – The Multi-Door Courthouse for Outer Space. Leiden, Boston: Martinus Nijhoff, 2007. p. 8.

Nesta análise, tanto as próprias partes podem solicitar o acesso a uma "porta" no sistema de Justiça, ou algum responsável judiciário pode fazê-lo. Dê-se como exemplo uma situação peculiar envolvendo processual – ação de família requerendo guarda dos filhos. Em alguma medida o julgador pode considerar que se for oportunizado às partes espaço maior de diálogo e de confiança, talvez, seu litígio possa ser melhor tratado em uma sala de mediação do que em uma sala de audiência. Trata-se, portanto, de um litígio que tem por base uma relação de trato sucessivo ou continuado, com tendência à perpetuação e sequência de outros processos, pois, dado o grau de beligerância que uma ação como esta é capaz de causar, eventual tudo ou nada decidido por sentença pode levar estes litigantes a exigir condutas um do outro, questionar o horário, a forma o modo do exercício do poder familiar, incansavelmente discutir sobre alimentos, enfim, se for do interesse das partes o eterno litígio sobre o tema, assim será.

Um enfrentamento adequado e metodologicamente acompanhado em uma mediação familiar pode levar o grau de comunicação a outro nível – superior e adequado, e, talvez, a uma melhor absorção do conflito pelas partes. No caso do exemplo acima, o próprio juízo vislumbrou a possibilidade de tratamento mais adequado via mediação familiar.

Trata-se de uma opção nova que está sendo utilizada em algumas comarcas do país. Em 2014, um estudo em parceria da Secretaria de Reforma do Judiciário com o Centro Brasileiro de Estudos e Pesquisas Judiciais e a Fundação Getúlio Vargas – Direito SP –, publicou o resultado de uma pesquisa qualitativa sobre as Boas Práticas em Mediação no Brasil.[37]

Este relatório procurou apresentar uma análise pormenorizada de várias iniciativas – para não afirmar serem todas – nas cinco regiões do país. Não estão vinculados à análise do Judiciário Multiportas, mas sim, investigam e traçam iniciativas em mediação no país inteiro.

Segundo esta análise existem alguns requisitos para que se verifique se os programas são ou não bem-sucedidos em suas práticas. Assim, elegem alguns critérios para a investigação:

1. Nível de institucionalização (custos, tempo de existência, verbas, regulação, espaço, rede de atuação, etc.).
1.2. Capacitação em técnicas e práticas consensuais de solução de conflitos
1.3. Avaliação de satisfação com o resultado e do processo (estratégias e formulários)
1.4. Como medir o sucesso da mediação?
1.5. Adaptação às peculiaridades regionais

---

[37] GRINOVER, Ada Pellegrini, SEDEK, Maria Tereza e WATANABE, Kazuo (Coords) (CEBEPEJ) Estudo qualitativo sobre boas práticas em mediação no Brasil / E82q, Daniela Monteiro Gabbay e Luciana Gross Cunha (FGV Direito SP) ; colaboradores : Adolfo Braga Neto ... [et al.]. – Brasília : Ministério da Justiça, Secretaria de Reforma do Judiciário, 2014.

1.6. Número de pessoas atendidas
1.7. Divulgação da prática
1.8. Relação da prática com outras instituições do sistema de justiça.[38]

Como não analisaram somente os projetos vinculados ao Judiciário Multiportas, mas a ampla gama de boas práticas, o que incluiu sistemas de Justiça Comunitária, Conciliação, Mediação de Conflitos, Justiça Restaurativa, dentre outros, foram encontradas alguns pontos em comum nas práticas bem-sucedidas:

> Legitimação pelos atores do sistema de Justiça;
> Importância da pré-mediação, acolhimento e adesão;
> Supervisão;
> Estabelecimento de parcerias com entes públicos, privados e sociedade.[39]

Estes elementos são importantes e significativos, uma vez que, quando se compara as iniciativas desenvolvidas nos programas Multiportas há uma tendência de maior legitimação, entretanto, os itens de importância da etapa da pré-mediação e da supervisão são absolutamente dependentes dos atores sociais. De outro lado, as parcerias entre atores públicos e privados precisa ser bem desenhada, a fim de que sejam cumpridos todos os princípios da administração pública nesta atividade. Há necessidade de submissão da prática à legalidade, impessoalidade, moralidade, publicidade, eficiência, além da probidade administrativa, boa-fé, motivação, dentre outros.[40]

Como exemplo de análise de programa em Judiciário Multiportas, apresentam-se os dados quali-quantitativos colhidos nos primeiros seis meses de trabalho do Centro Judiciário de Mediação Familiar, anexo à Vara de Família do Foro Regional do Partenon – Comarca de Porto Alegre/RS.

> Resultado de proposta submetida em junho de 2012 e formalizado por meio da Resolução COMAG 955/2013, o Projeto Piloto "Centro Judiciário de Mediação Familiar", CJMF, foi oficialmente instalado no dia 24 de outubro de 2013, no Foro Regional do Partenon, na Comarca de Porto Alegre (...)Trata-se, portanto, de uma política pública em fase de implantação no âmbito do Tribunal de Justiça do Rio Grande do Sul, TJRS, sob a coordenação do Núcleo Permanente de Métodos Autocompositivos de Solução de Conflitos, NUPEMEC, e da Corregedoria-Geral da Justiça, CGJ/TJRS.[41]

---

[38] GRINOVER, Ada Pellegrini, SEDEK, Maria Tereza e WATANABE, Kazuo (Coords) (CEBEPEJ) Estudo qualitativo sobre boas práticas em mediação no Brasil / E82q, Daniela Monteiro Gabbay e Luciana Gross Cunha (FGV Direito SP); colaboradores: Adolfo Braga Neto ... [et al.]. – Brasília : Ministério da Justiça, Secretaria de Reforma do Judiciário, 2014. p. 179-187.
[39] Idem. p. 188-190.
[40] FREITAS, Juarez. *O controle dos atos administrativos*. São Paulo: Malheiros, 2004. p. 31-88.
[41] TRIBUNAL DE JUSTIÇA DO RIO GRANDE DO SUL. LOREA, Roberto Arriada. *1º Relatório do Projeto Piloto*, Centro Judiciário de Mediação Familiar, 15.03.2014.

No relatório, foram colhidas 80 fichas de avaliações das mediações realizadas, dentre elas as manifestações de usuários do sistema e dos advogados. Importante referir que o Conselho Nacional de Justiça elaborou as diretrizes de avaliação para o sistema multiportas no que tange às mediações realizadas. Assim, são questionadas a cortesia do servidor, o tempo médio da duração do processo de mediação, a satisfação com o procedimento, avaliação dos mediadores na condução dos trabalhos, a existência ou não de acordo, a melhora no diálogo e a recomendação ou não desta metodologia a alguém no futuro.

Com relação à cortesia do servidor, tem-se uma avaliação de excelência para 83% dos casos, tendo sido considerados ótimos 13% e 4% bons os atendimentos. Nenhuma avaliação foi regular ou ruim, demonstrando satisfação com o grau de acesso ao serviço.

Quanto ao tempo, tem-se que 42% das pessoas o considerou excelente, enquanto 50% o considerou ótimo. Da mesma forma que no item anterior, nenhuma avaliação considerou o tempo da mediação regular ou ruim. E 8% dos entrevistados considerou bom o tempo da sessão.

Os dados representativos da satisfação com o procedimento de mediação são muitíssimo interessantes, uma vez que o nível de procedimentos em que não houve acordo é de 51%, contra 38% de acordos parciais e 11% de acordos em parte. Ou seja, a maioria dos procedimentos não chegou ao resultado final: acordo. Todavia, quando perguntados sobre a satisfação com o procedimento da mediação, têm-se 53% dos entrevistados completamente satisfeitos, anunciando excelência; 29% indicando que o procedimento foi ótimo e 17% avaliando o procedimento como bom. Apenas 1% avalia como regular e ninguém aponta ter sido ruim.

No item melhora do diálogo entre os mediandos, tem-se 71% indicando melhora, 18% indicando melhora em parte e apenas 11% afirmando que não houve melhora na situação de diálogo.

Uma das preocupações mais marcantes com o tema das metodologias de solução de litígios é sua efetividade. Muitos pesquisadores têm questionado acerca de quais são os objetivos finais da mediação de conflitos, e uma medida significativa para efetividade poderia ser o volume de acordos obtidos. Todavia, a resposta aos formulários de entrevista anunciam dado distinto. Considerando que 99% dos entrevistados estiveram satisfeitos com o procedimento sem que suas questões fossem encerradas em acordo, pode-se identificar que há outros fatores que atingem o nível de satisfação com o atendimento judiciário neste aspecto que não apenas o acordo. Na mediação há oportunidade de fala e de escuta, e há tempo para que cada um dos envolvidos apresente o conflito sob a sua perspectiva. Talvez isso possa ser significativo no nível de satisfação com a metodologia.

Outra situação habitualmente trazida pela doutrina como positiva é a melhora nas condições de diálogo e, novamente, pode-se perceber que mesmo nos casos em que os usuários consideraram não haver melhora nas condições de diálogos (11%) ainda sim há satisfação com o processo. Talvez uma melhora dos formulários de entrevista, com perguntas mais abertas, consiga identificar quais são os fatores que levam à satisfação com o procedimento e no que isso influencia ou não no tratamento do litígio.

A última tabela e mais significativa traça um paralelo entre a satisfação e os acordos e verfica-se que 48,7% dos usuários que não tiveram acordo ainda sim julgam o procedimento execelente; 28,2% indica ser ótimo.

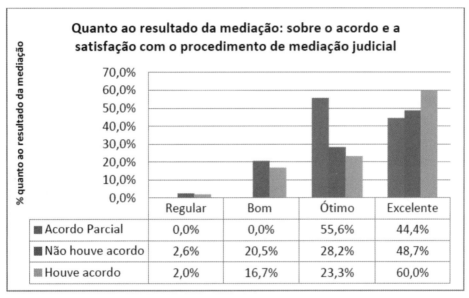

Mais razões ainda para reforçar a noção de um judiciário multiportas, porque mais do que o objetivo de enfrentamento do litígio com resultado de acordo, o usuário do serviço de justiça, que tenha uma causa passível de submissão a outras metodologias, talvez, necessite de um bom, ótimo ou excelente serviço para enfrentamento de suas questões, e não de uma decisão que lhe afirme ou negue direitos.

Há conflitos específicos, que pelo interesses envolvidos e relação entre as partes, a natureza do litígio, a credibilidade no procedimento e a importância do tema para cada uma deles,[42] merecem tratamento distinto, e este pode-se dar através de um centro efetivo com "portas" múltiplas adequadas a cada uma das situações. Esta adequação torna o sistema ju-

---

[42] GOH, Gérardine Meishan. *Dispute Settlement in International Space Law – The Multi-Door Courthouse for Outer Space*. Leiden, Boston: Martinus Nijhoff, 2007. p. 8.

diciário eficiente, pois aos magistrados restam os conflitos não possíveis de serem solucionados de outra forma.

Interessante ressaltar, ainda, as principais conclusões apresentadas no relatório das cinco regiões brasileiras, pois apontam os maiores desafios. Na pesquisa, o primeiro desafio apresentado diz respeito às dificuldades em

> se manter um programa de mediação em funcionamento, mesmo quando vinculado a uma instituição pública. Os casos estudados muitas vezes refletem iniciativas pessoais de membros das instituições estudadas (juiz, defensor público ou promotor de justiça, os próprios funcionários e os mediadores/conciliadores) que dão andamento ao projeto movidos por seu próprio ímpeto de implementar práticas de mediação no âmbito de sua atuação. São realizadas parcerias diversas entre instituições, com universidades, organizações da sociedade civil e entes governamentais, facilitando a ampliação da iniciativa. Contudo, a continuidade da experiência por vezes depende da liderança de um indivíduo específico, que se responsabiliza por conduzir a articulação necessária para implementação e manutenção do projeto.[43]

Ou seja, o desafio é a efetiva institucionalização, que desenvolva e permita o seu funcionamento e aprimoramento constantes. "É necessário que o programa subsista às mudanças institucionais e que não seja totalmente dependente de lideranças individuais que foram fundamentais à sua concepção".[44] Neste aspecto, são necessários investimentos de estrutura e de pessoal. O que implica outro ponto extremamente significativo, que é a possibilidade de remuneração do serviço realizado, e isso não apenas para os mediadores, mas também ajudas de custo para formação do pessoal, investimento em reciclagem e troca de experiências, remuneração para os instrutores e supervisores, quando não prestando atividades para as quais já foram lotados. Isso para que não ocorra uma confusão entre os papéis desempenhados. A Resolução n. 125 do CNJ, adotou o critério da centralização – por meio dos CEJUSCs – como modalidade de institucionalização dos programas de mediação. Todavia, é necessário questionar se o CEJUSCs tem pessoal suficiente e verba para eventuais despesas necessárias.

> O desafio da institucionalização dos CEJUSCs está relacionado ao suporte recebido dos atores do sistema de justiça, no caso, especialmente do Judiciário, para que não dependa apenas de boas iniciativas e consiga se tornar permanente. Esse suporte institucional depende de recursos (financeiro, pessoal, de instalações, etc.), de regulação e de apoio político (no caso, importante destacar a política judiciária de mediação implementada pelo CNJ). Outro desafio diz respeito à ausência de remuneração dos mediadores. A boa prática da mediação requer acompanhamento e reciclagem das técnicas utilizadas pelos mediado-

---

[43] GRINOVER, Ada Pellegrini, SEDEK, Maria Tereza e WATANABE, Kazuo (Coords) (CEBEPEJ) *Estudo qualitativo sobre boas práticas em mediação no Brasil* / E82q, Daniela Monteiro Gabbay e Luciana Gross Cunha (FGV Direito SP); colaboradores: Adolfo Braga Neto ... [*et al.*]. – Brasília : Ministério da Justiça, Secretaria de Reforma do Judiciário, 2014. p. 190.

[44] Ibidem.

res que, sem remuneração pelos seus serviços, não conseguem muitas vezes arcar com o alto valor cobrado pelos cursos e oficinas de mediação. Embora os mediadores tenham se mostrado envolvidos pela causa e preocupados em utilizar as técnicas aprendidas nos cursos de capacitação, sem remuneração e reciclagem de seu conhecimento existe uma possibilidade de a qualidade das mediações restar prejudicada.[45]

Outro desafio levantado foi o envolvimento efetivo da sociedade nestas práticas, o que, de início, pode levar a questionar a necessidade de formação jurídica diferenciada. Segundo Frank Sander,[46] há uma educação a ser realizada no sentido do conhecimento destas metodologias:

> E, claro, em seguida, os advogados têm de ser educados. Essa é uma consequência desse tipo [ legal ] de obrigação . Lembro que uma vez fui convidado para dar um curso de curta duração em ADR em uma grande escritório de advocacia em Washington, DC. E eu perguntei-lhes: "Por que você me pedir para fazer isso?". Eles disseram : "Bem, alguns dos nossos advogados têm ido ao tribunal, e o juiz disse: Você deveria considerar um mini-*trial*", que foi uma forma de solução de disputa para este caso. O advogado voltou, envergonhado, para a empresa e perguntou: "O que é um mini-*trial*?". Então , há alguma educação que tem que ocorrer, e que é um coisa boa.

Com razão o professor Sander há trinta anos e, novamente, há quinze anos – há sim um processo educativo a ser realizado. E, considerando o Novo Código de Processo Civil, urge sejam tomadas medidas nas faculdades de Direito a fim de conhecer e dominar as ferramentas da conciliação, negociação e mediação de conflitos.

Autores e estudiosos processualistas tem-se debruçado acerca dos problemas contemporâneos do direito processual, com a pretensão de vislumbrar soluções adequadas e pertinentes para que o processo supere dois obstáculos que, embora inter-relacionados, são autônomos: a falta de efetividade e a morosidade.[47]

O Estado tem o dever de promover a pacificação social atuando para a eliminação dos conflitos de forma justa com o menor custo possível e no menor espaço de tempo. Esta é a premissa assegurada pela legislação bra-

---

[45] GRINOVER, Ada Pellegrini, SEDEK, Maria Tereza e WATANABE, Kazuo (Coords) (CEBEPEJ) *Estudo qualitativo sobre boas práticas em mediação no Brasil* / E82q, Daniela Monteiro Gabbay e Luciana Gross Cunha (FGV Direito SP); colaboradores: Adolfo Braga Neto ... [et al.]. – Brasília : Ministério da Justiça, Secretaria de Reforma do Judiciário, 2014. p. 33-34.

[46] SANDER, Frank. *The Multi-Door Courthouse: Settling Disputes in the Year 2000*. HeinOnline: 3 Barrister 18, 1976. Tradução livre de: "*And of course, then the lawyers have to be educated. That is one consequence that kind of [legal] obligation. I remember once I was asked to give a short course on ADR at a major Washington, D.C. law firm, and I asked them, "Why did you ask me to do this?" They said, "Well, some of our lawyers have gone into court, and the judge has said, 'You ought to consider a mini-trial,'" which was one form of the dispute process for this case. The lawyer went back, embarrassed, to the firm and asked, "What's a mini-trial?" So, there is some education that has to take place, and that is a good thing*". (p. 672)

[47] CAVALCANTI, Bruno; ELALI, André; VAREJÃO, José Ricardo do Nascimento (org.). *Novos temas do processo civil.* p. 9.

sileira. Carnelutti,[48] apesar de concordar com a morosidade processual,[49] justifica a mesma quando afirma: "Desgraçadamente, a justiça, se é segura não é rápida, e se é rápida não é segura".

Diversa é a manifestação de Ovídio Baptista,[50] pois acredita na possibilidade:

> Na verdade, parece ter-se chegado à compreensão de que os procedimentos plenários, apesar de sua intrínseca morosidade, não atendem nem à certeza de uma justiça tão perfeita quanto seu custo, nem muito menos à segurança de um julgamento produzido pela suposta univocidade lógica do raciocínio silogístico, que foi a generosa esperança nutrida pela doutrina moderna.

A morosidade e a inefetividade dos processos estão relacionados à velocidade das mudanças sociais que exige dos serviços judiciários presteza e urgência nas demandas propostas aliada ao crescente número de litígios que buscam tutela jurisdicional, provocaram o descompasso entre a exigência de proteção jurisdicional e os meios pelos quais o Estado dispõe para concretizá-la.[51] Ovídio ressalta o número excessivo de recursos do nosso sistema processual,[52] a cumulação de ações, a denunciação da lide, o princípio da eventualidade.[53]

Dentre as possíveis soluções para os problemas citados, não há como ignorar as incipientes, mas não inexpressivas metodologias extraprocessuais, que seriam a mediação e prática restaurativa de resolução de conflitos, que importam para uma visão de Judiciário Multiportas.

Para que sejam apreciadas sem interpretações equivocadas, importa frisar que não são "alternativas substitutas do poder de império do estado-juiz".[54] Tratam-se de medidas para auxiliar e complementar o trabalho do judiciário, bem como atuar em espaços processuais, paraprocessuais, ou seja mesmo em um contexto extrajudicial. Esta percepção coaduna-se com a de Kosen,[55] que esclarece: "não que o modo da tradição não seja mais necessário enquanto instrumento de tutela jurídica de determinados

---

[48] CARNELUTTI, Francesco. *Como Se Faz Um Processo*. p. 22.

[49] *Apud* SILVA, Ovídio Baptista. *Da sentença liminar à nulidade da sentença*. Rio de Janeiro: Forense, 2002. p.225.

[50] Idem, p. 223.

[51] Idem, p. 224.

[52] "Se fosse praticamente possível a construção de um sistema processual que se submetesse ao princípio da oralidade absoluta e radical – com seu consectário lógico da concentração numa única audiência do inteiro tratamento da causa – as decisões interlocutórias acabariam desaparecendo". Idem, p. 3.

[53] Idem, p. 225-232.

[54] VASCONCELOS, Carlos Eduardo de. *Inserção da mediação*: e práticas restaurativas na organização judiciária. São Paulo:(2008). Texto disponível em http://www.ambitojuridico.com.br/site/index.php?n_link=revista_artigos_leitura&artigo_id=4294. Acesso em: 20 abril 2009.

[55] BRANCHER, Leonardo e Silva, Susiâni (Org.). *Justiça Para o Século 21*-Instituindo Práticas Restaurativas-Semeando Justiça e Pacificando Violências. p. 95.

bens e interesses em uma sociedade movida pelo Estado Democrático de Direito".

Segundo Muñoz Conde:[56] "O Direito e o Estado não são, sem embargo, expressão de um consenso geral de vontades, senão reflexo de um modo de produção e uma forma de proteção de interesses de classe, a dominante, no grupo social a que esse direito e Estado pertencem". Sugere o autor a releitura do disposto, trazendo as ideias para o direito penal, isso significa a negação radical do mito do direito penal como direito igualitário, e, com ela, a ilegitimidade de todo o intento de entender a pena como prevenção integradora do consenso social.[57] Ainda no sentido da mudança, Luiz Eduardo Soares[58] adverte, "se as instituições deixam de funcionar, isto é, deixam de resolver problemas e se tornam parte dos problemas, ou se o tipo de solução que oferecem não interessa a todos – ou seja, não é justa –, temos de mudá-las, substituí-las por outras".

Esta é também a percepção de Zehr[59] quando comenta o sistema de justiça dos Estados Unidos:

Nosso sistema judicial é acima de tudo, um sistema para discutir a culpa. Conseqüentemente, está centrado no passado. [...] Nossa primeira – e, em geral, única – reação depois do estabelecimento da culpa é infligir dor como punição. Infligida a dor, considera-se que foi feita a justiça.

O Conselho Parlamentar pela Cultura da Paz compartilha desta premissa quando divulga "A Cultura de Paz é esforço e dedicação para o diálogo, a negociação e a mediação, de forma a tornar a guerra e a violência inviáveis, e deve ser entendida como um processo, uma prática cotidiana que exige o envolvimento de todos: cidadãos, famílias, comunidades, sociedades e Estado".[60] Quanto à mediação, consoante amplamente trabalhado acima, é meio de solução de conflitos em que as partes, na presença de um terceiro, o facilitador, resolvem as controvérsias por si mesmas através de um acordo. O mediador não fará sugestões de acordo. Ele aproxima as partes, procura identificar os pontos controvertidos e facilitar o entendimento.[61]

Leonardo Sica[62] evidencia o fato de que "o mediador não tem poder, ou melhor, não exerce poder sobre as partes ou sobre o procedimento; daí

---

[56] CONDE, Francisco Muñoz. *Direito Penal e Controle Social*. Rio de Janeiro: Forense, 2005. p. 34.
[57] Idem, p. 35.
[58] SOARES, Luiz Eduardo. *Segurança tem saída*. Rio de Janeiro: Sextante, 2006. p. 18.
[59] ZEHR, Howard. *Trocando as Lentes*: um novo foco sobre o crime e a justiça. p. 144.
[60] CONPAZ (Conselho Parlamentar pela Cultura de Paz). *Carta aberta aos Candidatos às Eleições 2006*. Assembleia Legislativa do Estado de São Paulo, junho/2006. Disponível em: www.comitepaz.org.br Acesso em 20/04/2009.
[61] CÂMARA DE MEDIAÇÃO E ARBITRAGEM DE SÃO PAULO. Disponível em: http://www.camaradearbitragemsp.org.br/duvidas/frc_meio.htm#28 Acesso em 19/04/2009.
[62] SICA, Leonardo. *Justiça Restaurativa e Mediação Penal*. p .69.

a expressão muito comum na doutrina italiana para se referir ao mediador: *mediatore senza potere"*.

A globalização, a informatização e a facilidade de acesso aos bens de consumo são alguns dos instrumentos transformadores da sociedade. Destas mudanças, no âmbito empresarial e comercial, surge a necessidade de ajustes ou, até mesmo, novas regras para acompanhar a dinâmica negocial dos contratos privados. O Estado se mostra moroso e por vezes arbitrário nas lides empresariais. A morosidade, ou seja, o tempo acima do razoável para julgar a lide, poderá ocasionar um dano irreparável para uma sociedade empresária. Por exemplo, a não liberação de financiamento em instituições bancárias até o final do processo. A arbitrariedade se exemplifica quando certas demandas que necessitam de avaliação especializada são julgadas sem assessoria técnica trazendo inestimáveis prejuízos.

Eugênio Facchini Neto[63] identifica como argumentos favoráveis às alternativas de soluções de litígios um argumento quantitativo, que se refere ao fato de que estes procedimentos são mais eficientes, mais rápidos e têm custo menor. Outro argumento qualitativo, destacando a maior participação dos interessados, maior controle sobre o resultado, maior possibilidade de reconciliação. Apresenta outro argumento referente à cultura da decisão, no qual o processo é visto como um instrumento pelo qual são atuados os valores incorporados no Ordenamento Jurídico, à Cultura do compromisso. E, por fim identifica que o acordo é a melhor solução quando se trata de conflito entre pessoas que deverão conviver após a resolução do conflito, por exemplo, condôminos, colegas de trabalho, família.

No entanto, o autor também identifica[64] críticas a estas modalidades, tais como a ausência de garantias para a parte mais fraca, através da função reequilibradora do juiz . A não vinculação das decisões ao projeto constitucional de sociedade. A possibilidade de terem sido concebidas em uma visão romântica da Justiça consensual, mas operante numa sociedade conflitada. A possibilidade de contribuição para a manutenção das desigualdades sociais, quando envolve partes socialmente desiguais, tendendo a tornar triviais os conflitos e frustrar respostas coletivas, correndo o risco de tornar-se uma justiça de segunda classe com operadores menos qualificados, não independentes, pois ausentes as garantias processuais.

E para construir uma compreensão mais ponderada sobre o tema, o autor identifica uma possibilidade de utilização do que ele mesmo chama

---

[63] FACCHINI NETO, Eugênio. ADR (*Alternative Dispute Resolution*) – Meios Alternativos de Resolução de Conflitos: Solução ou Problema? *Direitos Fundamentais e Justiça*. n.17, out/dez 2011. Porto Alegre: HS Editores. 2011. p. 118 – 141., 2009.

[64] Ibidem.

de via do meio.⁶⁵ Ou seja, identificar conflitos para os quais é indispensável a intervenção de uma magistratura profissional, pública, organizada de forma independente, sujeita a procedimentos formalizados, com autoridade para decidir litígios com base em regras e valores adequados à implementação do projeto social esboçado na Constituição e aliar a isso a previsão de um sistema complementar, público e/ou privado, para o qual poderão ser encaminhados os casos que não se enquadrarem na situação acima, e para os quais sejam predominantes os valores celeridade, baixo custo, maior participação dos envolvidos, necessidade de coexistência das partes na fase pós-decisional, escassa repercussão social ou futura da solução.

### 3. Conclusões: Judiciário multiportas, uma noção em construção

Para apresentar conclusões a este estudo, opta-se por fazê-lo em itens, tomando-se por premissa a possibilidade mais concreta de enfrentamento do mesmo, de forma mais sistematizada.

I.- O modelo americano das *Alternative Dispute Rosolutions* (ADRs) apresenta uma série de metodologias que podem servir como inspiração para o sistema jurídico brasileiro. Destacam-se entre estas: *Court-annexed arbitration;Court-annexed mediation;Summary jury trial;Minitrial;Early neutral evaluation;Settlement conference;Final-offer arbitration;One-way arbitration; Appellate mediation;Compulsory arbitration;"rent-a-judje experiment"*.

II.- Este modelo é plural e envolve sistemáticas que acontecem dentro do processo, fora dele, mas ligado à corte, ou totalmente no âmbito privado. Neste sentido, tem especial importância a noção trazida pelo Sander⁶⁶ em 1976, com a proposta de um sistema centralizado constituído de várias portas para resolução de controvérsias. Segundo ele, cada caso deveria ser diagnosticado e direcionado à porta competente para cada situação. A proposta do centro para tratamento de conflitos parte do pressuposto de que certos conflitos serão melhores tratados com métodos adequados de solução de controvérsias do que com as soluções tradicionais. Trata-se da noção americana de *Multi-doors Courthouse*, ou *Perspectives on Court Annexed Alternative Dispute Resolution*.

III.- No Brasil, o Conselho Nacional de Justiça procurou sistematizar a matéria através da Resolução 125/2010, centralizando a experiência no Judiciário através dos CEJUSCs – Centros Judiciários de Solução de Con-

---

⁶⁵ FACCHINI NETO, Eugênio. ADR (*Alternative Dispute Resolution*) – Meios Alternativos de Resolução de Conflitos: Solução ou Problema? *Direitos Fundamentais e Justiça*. n.17, out/dez 2011. Porto Alegre: HS Editores. 2011. p. 118 – 141.

⁶⁶ SANDER, Frank. *The Multi-Door Courthouse*: Settling Disputes in the Year 2000.

flitos e Cidadania. Este sistema vem sendo experienciado em todo o país ao lado de iniciativas privadas, em parcerias público-privadas e totalmente públicas.

IV.- A avaliação qualitativa das boas práticas em mediação de conflitos – o que envolveu outras modalidades e técnicas de solução pacífica de controvérsias, foi realizada em 2014 através de um relatório do "Estudo qualitativo sobre boas práticas em mediação no Brasil", coordenado pelos professores Ada Pellegrini Grinover, Maria Tereza Sedek e Kazuo Watanabe.

V.- O grande desafio apontado neste estudo diz respeito à manutenção dos programas, para além das iniciativas individuais, com a efetiva institucionalização, o que envolve aparelhagem e remuneração aos agentes, além de estratégias significativas para a vinculação público-privada de forma eficiente. Considerando que o estudo tinha por objetivo o mapeamento de toda e qualquer boa prática sobre o tema, fez-se necessário apresentar avaliação de um caso de Judiciário Multiportas, a fim de que se pudessem visualizar os resultados e desafios.

VI.- O estudo de caso do Projeto Piloto de Mediação Familiar do Foro Partenon apresentou-se como "porta" adequada para tratamento de conflitos familiares vinculados ao Judiciário. O encaminhamento pode ser realizado pelo próprio órgão julgador, por qualquer agente de justiça ou mesmo pelas partes. Considerando as avaliações de satisfação com o procedimento, mesmo sem resultado exitoso de acordo, verifica-se uma maior abertura dos envolvidos com estes casos para uma implementação efetiva de Judiciário Multiportas.

VII.- A aprovação do Novo Código de Processo Civil impõe aos operadores de direito a ciência e o domínio destas novas metodologias, pois apresenta uma visão vinculada a princípios constitucionais que podem e devem ser concretizados no âmbito processual. Assim, é necessária uma "educação" da comunidade jurídica a fim de que abandone o preconceito com estas estratégias autocompositivas ou mistas, para contribuir para a efetivação do Direito.

VIII.- Por fim, é necessário encontrar neste tema a via do meio.[67] Ou seja, identificar e separar os conflitos para os quais é indispensável a intervenção de uma magistratura tradicional. Ou seja, profissional, pública, organizada de forma independente, sujeita a procedimentos formalizados, com autoridade para decidir litígios com base em regras e valores adequados à implementação do projeto social esboçado na Constituição. Todavia, é importante aliar a isso a previsão de um sistema complemen-

---

[67] FACCHINI NETO, Eugênio. ADR (*ALTERNATIVE DISPUTE RESOLUTION*) – Meios Alternativos de Resolução de Conflitos: Solução ou Problema? *Direitos Fundamentais e Justiça*. n.17, out/dez 2011. Porto Alegre: HS Editores. 2011. p. 118 – 141.

tar, público – JUCIDIÁRIO MULTIPORTAS – e/ou privado, para o qual poderão ser encaminhados os casos que não se enquadrarem na situação acima. Nestes casos, deverão ser predominantes os valores da maior participação dos envolvidos, compromisso com a ética e a boa-fé, celeridade, necessidade de coexistência das partes na fase pós-decisional.

***Impressão:***
Evangraf
Rua Waldomiro Schapke, 77 - POA/RS
Fone: (51) 3336.2466 - (51) 3336.0422
E-mail: evangraf.adm@terra.com.br